新工科·普通高等教育汽车类规划教材

"十三五"江苏省高等学校重点教材（编号：2018-2-050）

汽 车 设 计

主　编　赵振东

副主编　谢继鹏

参　编　文少波　王　霞

　　　　臧利国　张袁元

机械工业出版社

本书是新工科·普通高等教育汽车类规划教材，"十三五"江苏省高等学校重点教材。

本书系统地介绍了汽车产品开发的一般流程、汽车设计理论及计算方法，在适度保留传统汽车设计内容的同时，增加了电动汽车设计的有关内容。本书分为结构设计篇、性能设计篇和电动汽车设计篇。结构设计篇主要介绍汽车主要参数的选择、布置要求、传动系统设计及行驶系统设计等内容；性能设计篇主要介绍汽车性能设计的概念、轻量化设计、碰撞安全性设计、NVH性能设计及排放后处理设计等内容；电动汽车设计篇主要介绍电动汽车的性能计算及校核、电池选型设计和电动机驱动系统设计等内容。

本书融入了一些工程实践案例，以反映当前国内汽车行业研发中新的技术方法，编排形式及次序有利于授课教师安排课堂教学及学生自学、选学。

本书可作为高等院校车辆工程、汽车服务工程等专业的教学用书，也可供其他专业及从事汽车设计的工程技术人员参考。

本书配有PPT课件、拓展阅读材料等资源，选用本书作为教材的教师可以登录www.cmpedu.com注册下载，或关注"汽车课堂"公众号，输入"汽车设计拓展阅读"索取，也可向编辑（tian. lee9913@ 163. com）索取。

图书在版编目（CIP）数据

汽车设计/赵振东主编. —北京：机械工业出版社，2019.9（2024.6重印）
新工科·普通高等教育汽车类规划教材"十三五"江苏省高等学校重点教材

ISBN 978-7-111-63526-0

Ⅰ.①汽… Ⅱ.①赵… Ⅲ.①汽车-设计-高等学校-教材 Ⅳ.①U462

中国版本图书馆CIP数据核字（2019）第180343号

机械工业出版社（北京市百万庄大街22号　邮政编码100037）
策划编辑：宋学敏　责任编辑：宋学敏　赵　帅
责任校对：刘志文　封面设计：张　静
责任印制：郜　敏
中煤（北京）印务有限公司印刷
2024年6月第1版第4次印刷
184mm×260mm·23.5印张·1插页·550千字
标准书号：ISBN 978-7-111-63526-0
定价：59.00元

电话服务　　　　　　　　网络服务
客服电话：010-88361066　机　工　官　网：www.cmpbook.com
　　　　　010-88379833　机　工　官　博：weibo.com/cmp1952
　　　　　010-68326294　金　书　网：www.golden-book.com
封底无防伪标均为盗版　机工教育服务网：www.cmpedu.com

前　言

汽车产业是制造业的重要组成部分，是体现国家竞争力和制造业实现创新驱动、转型升级、由大变强的标志性领域之一，在国民经济和社会生活中具有举足轻重的地位。当前，新一轮科技革命和产业变革方兴未艾，引发了新一代信息技术与制造技术的深度融合。在此过程中，汽车产业正在加快与新能源、新材料、电子信息等产业的融合发展。汽车技术发展呈现如下两个明显特点：①传统汽车的节能（轻量化）、环保（排放）、防公害（安全问题和噪声）依然是汽车工程领域基础科学理论及技术应用研究的热点；②汽车电动化、智能化的发展趋势愈加明晰，成为重要发展方向。

改革开放四十多年，我国汽车产业规模和总体实力大幅提升。2009 年以来，我国汽车产销量已经连续多年稳居全球第一，成为名副其实的汽车大国。但我国的汽车产业仍大而不强，尚未完全掌握核心技术。实现由汽车大国向汽车强国的转变，是我国汽车产业必须承担的重大战略使命。

与传统汽车设计教材相比，本书在适当保留传统汽车设计内容的基础上，力求系统体现上述技术发展的基础和成熟内容。在结构层次上，本书分结构设计篇、性能设计篇和电动汽车设计篇。

在编写内容上，本书在传统汽车设计的内容基础上，突出了以下特点：

1) 性能设计篇介绍了汽车的结构、材料、设计方法等内容，如汽车轻量化设计，涉及材料、结构设计方法及工艺、优化设计方法等；汽车 NVH 性能设计涉及 NVH 性能评价、设计流程和设计要点等。这种安排既有利于学生融会贯通，也符合现代汽车设计的特点。

2) 介绍了电动汽车设计的内容，以满足行业科技发展和学生学习及工作的需要。

3) 结合当前汽车行业研发实际，将一些汽车设计教材中介绍的"人机工程""受力分析与计算工况"等内容重新提炼、充实，独立成节。

4) 传动系统设计包括离合器、变速器、驱动桥等设计内容；行驶系统设计包括悬架、转向系统、制动系统等设计内容，压缩子总成篇幅。

本书由南京工程学院赵振东编写第 1 章、第 4 章和第 9 章、南京理工大学王霞编写第 2 章，南京工程学院臧利国编写第 3 章，南京理工大学紫金学院谢

继鹏编写第 5 章和第 6 章，南京工程学院张袁元编写第 7 章和第 8 章，南京工程学院文少波编写第 10 章和第 11 章。本书由赵振东任主编，谢继鹏任副主编。在本书编写过程中，研究生陈元丽、尹荣栋协助完成了部分文字的整理工作。

本书部分内容融入了江苏高校"青蓝工程"科技创新团队项目、江苏省自然科学基金项目和江苏省"333 工程"科研项目等研究成果。

由于编写时间仓促，加之编者知识水平有限，书中不免有疏漏之处，望读者不吝指正。

编　者

目　录

第 1 篇

结构设计篇

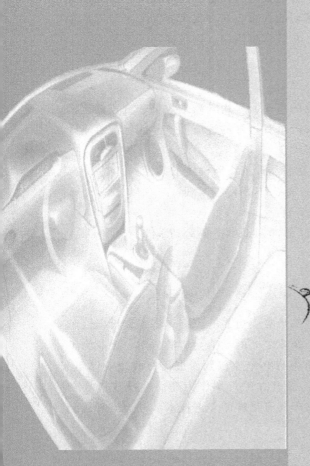

第1章 汽车总体设计

1.1 概述

汽车作为商品在世界上很多地方都有广阔的市场，其生产批量大可给企业带来丰厚利润。由于汽车是综合性能很好的产品，加上现代科学技术在汽车中的大量应用，因此现代汽车设计要考虑很多新的要求。汽车在设计过程中首先要进行汽车的总体设计，总体设计与汽车的使用性能、艺术造型及制造成本有着很密切的关系，它在很大程度上决定着汽车在市场上的销售前景。目前，不仅在生产活动中，在日常生活中人们也离不开汽车。

1.1.1 总体设计应满足的基本要求

由发动机、底盘、车身、电气设备四部分组成的汽车，是用来载送人员和货物的运输工具。汽车运行的工作环境和使用条件多变，要求汽车有良好的适应性，并能保证可靠地工作。由于其特殊性，汽车总体设计应满足如下要求：

1）汽车的各项性能、成本等，要求达到企业在商品计划中所确定的指标。

2）严格遵守和贯彻有关法规、标准中的规定，注意不要侵犯专利。

3）最大可能贯彻三化，即标准化、通用化和系列化。

4）进行有关运动学方面的校核，保证汽车有正确的运动并避免运动干涉。

5）拆装与维修方便。

1.1.2 汽车的开发程序

投资汽车工业能带来丰厚的利润，因此，会进一步吸引更多的投资者将资金投向汽车工业。随着汽车市场趋向饱和，投资就有了风险，企业之间的竞争会愈演愈烈。企业为了生存就要做好与众多对手展开竞争的准备。在竞争中有些企业得到发展，有些企业倒闭。几十年来，汽车工业一直是在竞争中向前发展的。新开发的汽车作为商品在投放市场初期，如果在市场上占有足够多的份额，表明这个汽车具有足够的先进技术，符合当时社会

环境，包括能源、资源、法规、交通等方面的要求，并能充分满足用户的使用要求。经历一段时间以后，由于新技术的出现，社会环境的变化和用户要求的改变以及竞争对手的新产品投放市场，原产品在市场上占有的份额会逐渐减小，并最终被市场淘汰。因此，企业必须一手抓正在生产、销售的产品的工作，同时，另一只手要抓更新换型的新产品的开发工作，以保证企业的产品一直在市场上适销对路，并在市场竞争中占据有利的位置。

为了顺利进行新产品的开发，应当制定企业发展规划，其中商品规划是核心。商品规划是以市场调查与预测和企业目前以及在未来一段时间内可能发展所达到的状态，还有其他相关企业同类产品的技术发展水平为基础制定出来的。商品规划又包括商品系列规划和单个商品规划。单个商品规划是针对商品系列规划中的某一商品制定的具体计划，包括商品计划和概念设计。商品计划的内容主要有：商品开发的必要性、目的、主要性能、造型风格、目标价格；目标用户和市场、适用地区、商品用途及级别；生产纲领、目标利润、投产时间等。概念设计主要包括：车型构成、车辆的主要尺寸、驱动方式和采用的主要部件（如发动机、变速器、驱动桥、悬架、转向器）及附属设备；车辆的总体布置、整车目标性能、目标质量、目标成本及开发日程等。

下面仅就在汽车新产品开发过程中涉及上述问题中的某些部分予以简单介绍。

1. 汽车新产品开发流程

完成新型汽车的开发工作比较复杂，动用的人力、牵涉的部门和单位都很多，所用时间也较长，除此以外还必须有足够的资金以保障开发过程顺利进行。各部门、单位以及参加开发工作的全体人员必须协调一致地工作。为此，负责项目开发工作的组织者要制定图 1-1 所示的汽车新产品开发流程图。图 1-1 表明了从新汽车的规划阶段开始，经过开发阶段、生产准备阶段到生产阶段为止的各阶段内，规划部门、设计部门、试制试验部门、生产部门和销售部门等各自应承担的工作内容。

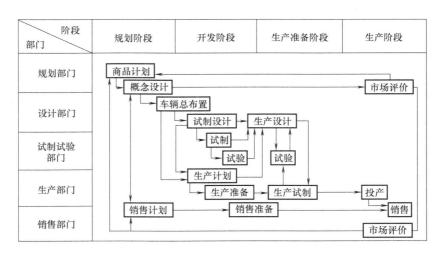

图 1-1 汽车新产品开发流程图

2. 概念设计

概念设计是指从产品创意开始，到构思草图、出模型和试制出概念样车等一系列活动

的全过程。

概念设计是将商品计划中确定开发的产品定义更具体化，使之达到能进行具体设计的程度。

虽然在概念设计阶段可以充分发挥设计人员的创造力与想象力，但是这种创造力、想象力应该以市场需求、用户要求和技术发展水平以及企业自身状况为基础。

在概念设计阶段，还要完成汽车的造型设计工作。造型设计包括外部造型、内饰设计和色彩设计，要求造型设计达到既实用又美观。优美的外部造型在给人以美的享受的同时还影响市场销售，是一项重要工作。但外部造型、设计必须建立在汽车总体布置的基础上，并使汽车有良好的空气动力学特性和制造工艺性。汽车的总体布置是在保证汽车有良好使用性能的基础上进行的，因此，当外部造型设计与总体布置设计出现矛盾时，应该服从总体设计的需要。这就给外部造型的设计工作带来不小的困难，要求造型设计人员能结合各种限定的条件从事创造性工作。在概念设计期间，绘制外形构思草图、美术效果图和制作油泥模型等，是造型设计的主要工作。外形构思草图（图1-2）常以素描画形式表达，经筛选后将选定的方案绘制成彩色效果

图 1-2　外形构思草图

图。实车制造出来之前，在图样上表现新开发汽车造型效果的图称为美术效果图。美术效果图主要表现外形、室内装饰的局部效果，该图应具有真实感，图上应表示出车型前面、侧面、后面的关系，要求能概括出车型的整个形状（图1-3），用来作为初步选型的参考。因为在图面上表达车身外形不能代替空间形体，作为补充还要制作油泥模型。概念设计期间可以制作比例为 1∶10 或 1∶5 的便于制作和修改的油泥模型。缩小比例的模型还可以用于风洞试验，用来确定空气动力学特性。

图 1-3　车型整个形状图

在概念设计阶段，对汽车性能、质量及成本有重大影响的外形尺寸（汽车的长、宽、高、轴距、轮距等）、室内空间（室内长、宽、高、头部及腿部空间）及货箱的长、宽、高等尺寸应予以规定。对发动机、离合器、变速器、驱动桥、悬架、转向系统、制动系统、车身的基本结构和尺寸，以及内饰件、轮胎等也要做出选择。有了上述基本尺寸和主要总成结构之后，就可以画总布置图。总体设计师根据前面对新车型的设想，先行画出多幅总体方案图进行分析比较。方案图对主要总成只画出粗线条的轮廓，重点放在突出各方案之间的差别上，做到对比时一目了然。

总体方案确定后要画总布置草图。此图要对各部件进行较为仔细的布置，要求较为准

确地画出各部件的形状和尺寸,确定各总成质心的位置,然后计算轴荷分配和质心位置(包括质心高度,质心至前、后轴的距离),必要时还要进行调整。此时,应较准确地确定与汽车总体布置有关的各尺寸参数,同时对整车主要性能进行计算,并据此确定各总成的技术参数,要确保各总成之间的参数匹配合理,以保证整车各项性能指标达到预定要求。图1-4所示为汽车内部局部造型的美术效果图。

图1-4 汽车内部局部造型的美术效果图

为了解市场需求,要调查分析市场容量的大小,确定最经济的生产纲领、生产方式等。产品应尽最大可能满足用户要求,力求新开发的车型在同类型产品中居于领先地位,在市场上畅销。通过搜集资料和进行样车试验与测绘,深入了解国内及国外企业同类型汽车的发展水平和动向。对搜集到的各种资料经整理、分类、分析,在消化的基础上加以利用,以保证新车型的先进性,并初定整车及主要总成的形式和主要参数、整车主要性能以及整备质量应达到的指标。为了满足不同用户的要求,在开发基本车型的同时,还应该考虑变型车,使之系列化,以适应市场需要。

上述工作完成后,着手编写设计任务书。设计任务书主要应包括下列内容:

1)可行性分析,其内容包括市场预测,企业技术开发和生产能力分析,产品开发的目的,新产品的设计指导思想,预计的生产纲领和产品的目标成本以及技术经济分析等。

2)产品型号及其主要使用功能、技术规格和性能参数。

3)整车布置方案的描述及各主要总成的结构、特性参数;标准化、通用化、系列化水平。

4)国内外同类汽车技术性能的分析和对比。

5)本车拟采用的新技术、新材料和新工艺。

3. 目标成本

在概念设计阶段,要对成本进行控制,目的是使新开发的汽车在投放市场后占有价格方面的优势。根据对市场的分析预测并结合商品的技术定义来确定商品投放时市场所能够接受的价格,称之为商品的目标价格 P,在此基础上扣除增值税 T_1、附加税 T_2 和企业目标利润 Q 之后,可获得目标成本 C,即

$$C = P - T_1 - T_2 - Q \tag{1-1}$$

如果实际成本(取决于材料、工艺、结构的复杂程度等)大于目标成本,则利润将减少。

4. 试制设计

试制设计是在开发汽车新产品时,试制前进行的技术设计工作。根据设计任务书给定的条件和设计人员以书面形式提出的对各总成的要求和边缘条件等进行设计工作,在此期间要协调总成与整车和总成与总成之间出现的各种矛盾,各总成完成设计后,设计人员负责将各总成的设计结果反映到整车校对图上进行校对,目的是发现问题、解决问题,以减

少试制、装车时出现的技术问题。有关运动校核也是技术设计阶段应该完成的工作。最后，要编制包括整车明细表和技术条件在内的整车技术文件。

5. 样车试制和试验

完成试制设计后，进行样车试制，然后对样车进行试验。其目的是判断根据设计图样制造出来的零部件在组装之后能否达到预期目标，找出不足，并取得进行修改的依据，评价汽车的可靠性及强度。此前仅通过理论计算作为依据是不够的，最终需经过样车试验来判别。试验应根据国家制定的有关标准逐项进行。不同车型有不同的试验标准。试制、试验完成后应对结果进行分析，并针对暴露出来的技术问题进行改进设计。暴露出来的技术问题可能是多方面的，如参数匹配不合理，有的部位质量过大，有的部位强度不足，甚至图面质量有缺欠或者工艺方面有问题等。总之，对于新开发的整车，要求经过一轮设计，其成功率就达到百分之百，这对于结构复杂、精度要求严格、性能要求高又要求工作可靠的汽车而言几乎是不可能的。因此，有必要针对暴露出来的技术问题进行改进设计，再进行第二轮试制和试验。正常情况下，经过 2~3 轮的改进设计和试制、试验就可以完成产品定型，同时画出生产设计图样。

6. 生产准备阶段

生产准备阶段的工作包括正式投产前的生产准备和小批量试生产，并让试生产车进一步经受用户的考验。

7. 销售

经过开发和生产试制阶段以后，已定型的产品要进行正式批量生产，并投放市场销售和进行售后服务工作。在售后服务工作中还要征求用户意见，并将这些意见反映给有关部门以便改进和不断提高产品质量、扩大市场。

1.2 汽车的分类

汽车有很多分类方法，可以按照发动机排量、乘客座位数、汽车总体质量、汽车总长、车身或驾驶室的特点等来分类，也可以取上述特征量中的两个指标作为分类的依据。国家标准 GB/T 15089—2001《机动车辆及挂车分类》对汽车进行了分类，如包括驾驶人座位在内，座位数不超过 9 座的载客车辆为 M_1 类。

 【拓展阅读1-1】 汽车的分类（打开方法请见内容简介，后均同）

GB/T 3730.1—2001《汽车和挂车类型的术语和定义》将汽车分为乘用车和商用车。乘用车是指在设计和技术特性上主要用于载运乘客及其随身行李或临时物品的汽车，包括驾驶人座位在内最多不超过 9 个座位，它也可以牵引一辆挂车。不同国家和地区在对乘用车进行设计时有分级表，见表 1-1。

商用车是指在设计和技术特性上用于运送人员和货物的汽车，并且可以牵引挂车。商用车又分为客车、半挂牵引车和货车等。

客车是指在设计和技术特性上用于载运乘客及其随身行李的商用车辆，包括驾驶人座位在内的座位数超过 9 座。当座位数不超过 16 座时，称之为小型客车。

表 1-1　不同国家和地区的乘用车分级表

分类方法	国家/地区	级别					
	欧系分类	A00	A0	A	B	C	D
	美系分类	A	B	C	D	E	F
	中国	微	小	紧凑	中	中高	高
分类标准	发动机排量/L	<1.0	1.0~1.3	1.3~1.6	1.6~2.0	2.0~2.5	>2.5
	轴距/m	2.0~2.2	2.2~2.3	2.3~2.45	2.45~2.6	2.6~2.8	>2.8
	总长/m	3.3~3.7	3.7~4.0	4.0~4.2	4.2~4.5	4.5~4.8	>4.8
	自重/kg	<680	680~800	800~970	970~1150	1150~1380	>1380

1.3　汽车形式的选择

汽车的形式体现在轴数、驱动形式和布置形式上。

1.3.1　轴数

汽车可以有两轴、三轴、四轴甚至更多的轴数。影响轴数选取的因素主要有汽车的总质量、道路法规对轴载质量的限制和轮胎的负荷能力以及汽车的结构等。

随着设计汽车的乘员数增多或装载质量增加，汽车的整备质量和总质量也增大。在汽车轴数不变的情况下，汽车总质量增加后，公路承受的负荷也增加。当这种负荷超过了公路设计的承载能力以后，会对公路造成破坏，使用寿命也将缩短。为了保护公路，有关部门制定了道路法规，对汽车的轴载质量加以限制。我国公路标准规定，对于四级公路及桥梁，单轴最大允许轴载质量为 10t，双连轴最大允许轴载质量为 18t（每轴 9t）。根据公路对汽车轴载质量的限制、所设计汽车的总质量、轮胎的负荷能力以及使用条件等，可以确定汽车的轴数。当所设计的汽车总质量增加到轴荷不符合道路法规要求时，设计师可选择通过增加汽车轴数来解决。汽车轴数增加后，车轮、制动器、悬架等均相应增多，使结构变得复杂，整备质量以及制造成本增加。

因为双轴汽车结构简单、制造成本低，故总质量小于 19t 的公路运输车辆广泛采用双轴形式。总质量为 19~26t 的公路运输车辆采用三轴形式，总质量更大的汽车采用四轴和四轴以上的形式。

因为乘用车总质量较小，均采用两轴形式。轴荷不受道路、桥梁限制的不在公路上行驶的车辆，如矿用自卸车等，多采用两轴形式。

1.3.2　驱动形式

驱动形式常用 4×2、4×4、6×6 等代号表示，其中第一个数字表示汽车的车轮总数，第二个数字表示驱动轮数。汽车的用途、总质量和对车辆通过性能的要求等，是影响选取驱动形式的主要因素。增加驱动轮数能够提高汽车的通过能力，驱动轮数越多，汽车的结构越复杂，总布置设计工作越困难。乘用车和总质量小一些的商用车辆多采用结构简单、

制造成本低的 4×2 驱动形式。总质量为 19~26t 的公路运输车辆，采用 6×4 或 6×2 等驱动形式。总质量更大的公路运输车辆则采用 8×4 驱动形式。

重型矿用自卸车由于活动场地小，要求机动性高，多采用短轴距的 4×2 驱动形式，少数车采用 4×4 和 6×4 驱动形式。

对于越野车，为了提高其通过性，一般采用全轮驱动的形式。轻型越野车大都采用 4×4 驱动形式，中型越野车一般采用 4×4 和 6×4 驱动形式，而装载质量在 5t 以上的军用越野车则普遍采用 6×6 和 8×8 驱动形式。

1.3.3 布置形式

汽车的布置形式是指发动机、驱动桥及车身（或驾驶室）的相互关系和布置特点等。汽车的使用性能除取决于整车和各总成的有关参数外，布置形式对其也有重要影响。

1. 乘用车的布置形式

乘用车的布置形式主要可分为发动机前置前轮驱动（FF）、发动机前置后轮驱动（FR）和发动机后置后轮驱动（RR），如图 1-5 所示。少数乘用车采用发动机前置全轮驱动。

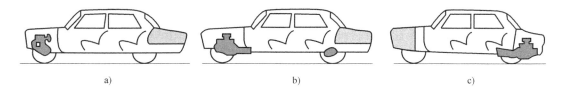

a)   b)   c)

图 1-5　乘用车的布置形式

a）发动机前置前轮驱动（FF）　b）发动机前置后轮驱动（FR）　c）发动机后置后轮驱动（RR）

（1）发动机前置前轮驱动（FF）　这种布置形式广泛用于排量为 2.5L 以下的乘用车。其优点是布置紧凑，发动机、离合器、变速器及主减速器等部件连成一体，省掉传动轴，同时降低了车内地板高度，增加了内部空间，座椅布置方便，便于降低整车成本。有数据显示，发动机前置前轮驱动的布置形式，可使车身轴距缩短 10%，质量减小 8% 且使前轴轴荷加大，增加了行驶的方向稳定性，特别是在弯道加速时，由于前驱动力的作用，可减小汽车的侧滑，有利于提高汽车高速行驶的安全性；由于发动机前置，后部空间不受干扰，可以改造成多种用途的汽车；后部行李舱空间较大，方便备胎和其他大件行李的存放。

发动机前置前轮驱动布置形式的缺点是在上坡和泥泞道路行驶时，由于前轮附着力减小，驱动轮易打滑，使汽车操纵稳定性变差；制动时质心前移，后轮易发生制动抱死而引起侧滑；由于布置紧凑，发动机舱布置较为拥挤，维修方便性和接近性都有所降低。

图 1-6 所示为发动机前置前轮驱动乘用车的发动机布置方案，其中最紧凑的是将发动机横置于前轴之前，如图 1-6a 所示，此种布置尤其适合小排量发动机，此时车身前部空间较大，便于缩短汽车轴距及总长，降低汽车自重。如果发动机纵置于前轴之前，如图 1-6b 所示，则车身的前悬将明显增大，前轴轴荷增加，因此一般用于发动机长度较小

时的布置，如 V 型发动机或水平对置型发动机，如果将发动机布置在前轴之后，如图 1-6c 所示，则能够很好地分配轴荷，但会造成前围板及驾驶座椅后移，虽然缩短了前悬，却使车头部分增长，同时车身造型受到一定的限制，发动机维修的方便性也受到影响。

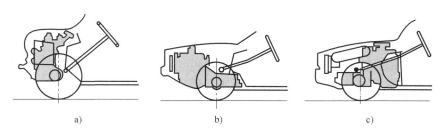

图 1-6　发动机前置前轮驱动乘用车的发动机布置方案

（2）发动机前置后轮驱动（FR）　该布置常用于发动机排量大于 2.5L 的乘用车。一般是将发动机、离合器、变速器装配成一体，使其位于汽车前部，通过万向传动轴将动力传至后桥的主减速器，实现后轮驱动，如图 1-5b 所示。

发动机前置后轮驱动的主要优点是汽车的轴荷分配均匀，具有中性转向特性或轻微不足转向特性，提高了车辆的操纵稳定性和行驶平顺性，增加了轮胎的使用寿命；发动机舱布置宽敞，便于发动机冷却和维修；增强了汽车的爬坡能力。而缺点则是轴距一般较长，如果布置大排量发动机且位于前轴之前，轴距更大，汽车的总长和自身质量都较大，制造成本高；由于增加较多的传动部件，整车的成本增加；由于车身下部要通过传动轴，车厢中部凸起，影响了地板的平整度和高度，座椅布置也受到一定的影响。

（3）发动机后置后轮驱动（RR）　发动机后置后轮驱动一般是将发动机、离合器、变速器及主减速器等装配成一体，无传动轴，将发动机布置在驱动桥（后桥）之后，如图 1-5c 所示。

发动机后置后轮驱动形式的主要优点是减小了整车长度、降低了质心、使地板平整。其缺点是后轴轴荷过大，汽车的转向和操纵性能不佳。此外还存在着前轮附着力过小、高速行驶时转向不稳定、发动机冷却不良以及变速操纵机构复杂等缺点。目前乘用车极少采用该方式。

2. 商用车的布置形式

（1）客车的布置形式　客车的布置形式有发动机前置前轮驱动、发动机前置后轮驱动、发动机后置后轮驱动和发动机中置后轮驱动等。

1）发动机前置前轮驱动。发动机前置前轮驱动的布置形式目前已经少见，一般用于特种客车，如机场摆渡车等。此类客车一般轴距较大，车体较长，前面的驾驶区一般需单独隔离，故常采用发动机前置前轮驱动，如图 1-7a 所示。

采用这种布置形式的主要优点是操纵方便，乘客区较为宽敞，方便乘客上下车辆，乘客区噪声较低等。缺点是由于发动机前置，离合器、变速器和主减速机构等全部集中于车身前部，转向等机构聚集在一起，使结构复杂，布置困难；前转向驱动桥的产量较低，价格较高。

2）发动机前置后轮驱动。早期的客车大多数是用货车底盘改装而来的，沿用货车的

发动机前置后轮驱动形式，如图 1-7b 所示。采用这种布置形式的主要优点是与货车通用部件多，便于由货车改装生产，便于发动机的冷却以及动力和操纵机构相对简单等。缺点是布置座椅时会受到发动机的限制，地板平面距地面较高，传动轴长，难以隔离发动机的振动，舒适性差；采用前开门布置会使前悬加长，同时可能使前轴超载。

3）发动机后置后轮驱动。发动机后置后轮驱动是目前客车中较为常见的布置形式，当发动机纵置时（图 1-7c），能较好地隔离发动机的噪声、气味、热量，检修发动机方便，轴荷分配合理，能改善车厢后部的乘坐舒适性。当发动机横置时（图 1-7d），车厢面积利用较好，并且布置座椅受发动机影响较小；缺点是发动机冷却条件不好，必须采用冷却效果强的散热器，且动力总成操纵机构复杂，驾驶人不容易发现发动机故障。

4）发动机中置后轮驱动和发动机侧置后轮驱动。发动机中置后轮驱动是旅游客车中较为常见的布置形式，如图 1-7e 所示。图 1-7f 所示为发动机侧置后轮驱动，采用这种布置形式的主要优点是轴荷分配合理，传动轴短，车厢面积利用最好且座椅布置不受发动机的限制，乘客车门能布置在前轴之前等。缺点是发动机必须采用水平对置式的，且布置在地板下部，给检修发动机带来困难；发动机在热带的冷却和寒带的保温条件均不好；动力总成操纵机构复杂。

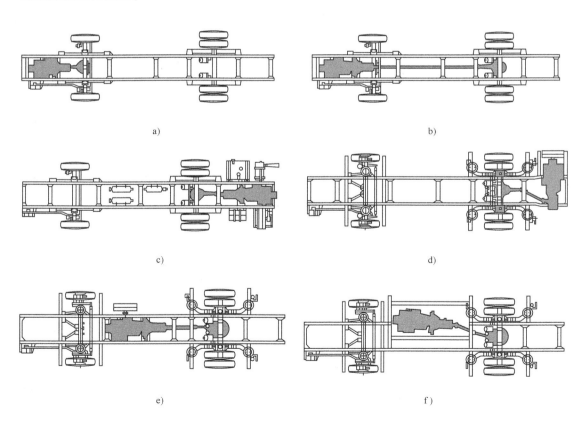

图 1-7　客车的布置形式

a）发动机前置前轮驱动　b）发动机前置后轮驱动　c）发动机后纵置后轮驱动

d）发动机后横置后轮驱动　e）发动机中置后轮驱动　f）发动机侧置后轮驱动

（2）**货车的布置形式**　按驾驶室与发动机相对位置的不同，货车可以分为长头式、短头式和平头式等形式。

1）长头式。长头式货车的发动机位于驾驶室前部，发动机完全突出在驾驶室前部，有独立的发动机舱和盖罩，如图1-8a所示。

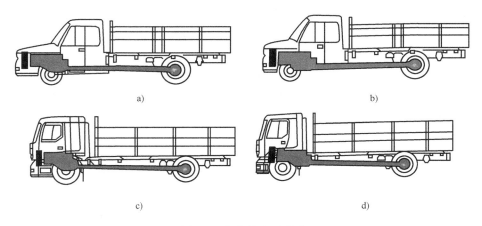

a)　　　　　　　　　　　　　　　　b)

c)　　　　　　　　　　　　　　　　d)

图1-8　货车的布置形式

a）发动机位于前轴之上，驾驶室之前　b）发动机位于前轴之上，部分深入驾驶室
c）发动机位于前轴之上、驾驶室的正下方　d）发动机位于前轴之后、驾驶室的后下方

这种布置形式的主要优点是驾驶室相对靠后，正面碰撞的缓冲区长，安全系数高；发动机维修的接近性好；驾驶室离发动机较远，振动、噪声和热量对驾驶室的影响较小；发动机散热性能好；驾驶室的地板高度较低，上下车比较方便，驾驶室布置容易；汽车的操纵机构简单，易于布置；轴荷分配比较合理。缺点是车身前部较长；转弯半径较大；由于车头部分体积较大，货厢相对整车的面积利用率较低；由于车头突出，前部视野较差。

2）短头式。发动机的一部分伸入到驾驶室内，一部分突出在驾驶室之前，如图1-8b所示。

这种布置形式的主要优点是相对于长头式货车，其视野有显著提高；货箱的面积利用率提高；改善了长头式货车机动性能不好和外形尺寸过大的不足。缺点是由于驾驶室前移，发动机占用了部分驾驶空间，故需抬高驾驶室地板，影响驾乘人员出入的方便性；发动机维修的接近性和维修方便性变差；发动机的振动、噪声和热量较容易传入驾驶室；驾驶室布置较困难。

3）平头式。

①发动机位于前轴之前、驾驶室的正下方。该布置形式的发动机完全伸入到驾驶室内，发动机舱盖位于正副驾驶人座位中间，如图1-8c所示。其优点是可以获得最短的轴距和车长，由于减小了车身的尺寸，可以降低整车整备质量；机动性和视野良好；前面驾驶区缩短，可以大大提高后货箱面积的利用率。缺点是驾驶室容易受到发动机振动、噪声、热量等的影响；发动机占用部分驾驶室空间，发动机舱盖突出于驾驶室内正副驾驶人座位之间，中间不易布设座位；大多数采用翻转式驾驶室，操纵机构相对复杂；驾驶室地板高，一般采用多级踏步，上下车不便。

② 发动机位于前轴之后、驾驶室的后下方。这种布置形式将发动机布置于驾驶室后下方，如图1-8d所示，这也属于平头车的一种，该方式可以布置三人座椅，且中间座椅处没有很高的凸起，目前应用广泛。

（3）**越野车的布置形式**　越野车特别是轴数多的越野车，主要是在传动比、轴距和采用转向轮的方案上有较大的区别。不同方案对传动系统的复杂程度、汽车的通过能力、最小转弯直径以及零件的互换性等有影响。根据驱动桥数目的不同，越野车分为4×4、6×6、8×8等形式。

图1-9所示为具有非贯通式驱动桥的6×6越野汽车布置方案简图，这种布置的特点是动力由发动机传至分动器，然后从分动器传给各驱动桥，即经分动器的三个输出轴和万向节传动轴分别传给三个驱动桥。

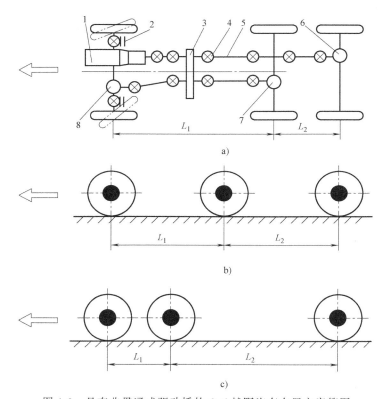

图1-9　具有非贯通式驱动桥的6×6越野汽车布置方案简图

a）$L_1 > L_2$　b）$L_1 = L_2$　c）$L_2 > L_1$

1—发动机　2—等速万向节　3—分动器　4—万向节　5—传动轴　6、7、8—驱动桥

　【拓展阅读1-2】　贯通式驱动桥和汽车传动机构侧边布置

1.4　汽车主要参数的确定

汽车的主要参数包括尺寸参数、质量参数和汽车性能参数。在整车方案初步确定之

后，整车设计人员需要通过图面工作和计算对上述参数进行确定。

1.4.1　汽车主要尺寸的确定

汽车的主要尺寸有外廓尺寸、轴距、轮距、前悬、后悬、货车车头长度和车厢尺寸等。

1. 外廓尺寸

汽车的长、宽、高称为汽车的外廓尺寸。在公路和市区内行驶的汽车的最大外廓尺寸受到有关法规限制，因此不能随意确定，而有些非公路用车辆可以不受法规限制。除法规和汽车的用途以外，还有载客量或装置质量及涵洞和桥梁等道路尺寸条件。汽车长度尺寸小一些不仅可以减小行驶期间需要占用的道路长度，还可以增加车流密度，在停车时占用的停车场地面积也小。除此之外，汽车的整备质量也相应减小，这对提高比功率、比转矩和燃油经济性有利。

GB 1589—2016《汽车、挂车及汽车列车外廓尺寸、轴荷及质量限值》对车辆长度、宽度和高度作了规定，如货车长度不应超过 12m，单铰接客车长度不超过 18m，半挂车长度不超过 13.75m，货车列车长度不超过 20m；半挂车宽度不超过 2.55m；低速货车高度不超过 2.5m 等。

乘用车的总长 L_a 是轴距 L、前悬 L_F 和后悬 L_R 之和。它与轴距的关系为

$$L_a = \frac{L}{C} \tag{1-2}$$

式中　C——比例系数，$C = 0.52 \sim 0.66$，对发动机前置前轮驱动汽车，$C = 0.62 \sim 0.66$；
对发动机后置后轮驱动汽车，$C = 0.52 \sim 0.56$。

乘用车宽度尺寸由乘员空间和车门等装置来决定，同时必须保证发动机、车架、悬架、转向系统和车轮的布置要求。乘用车总宽度 B_a 与车辆总长 L_a 的关系为 $B_a = (L_a/3) + 195(\text{mm}) \pm 60(\text{mm})$，后座乘三人的乘用车，$B_a$ 不应小于 1410mm。

影响乘用车总高 H_a 的因素主要有轴间底部离地高度 h_m、地板及下部零件高度 h_p、室内高度 h_B 和车顶造型高度 h_t 等。

轴间底部离地高度 h_m 应大于最小离地间隙 h_{min}。由座位高、乘员上身长和头部及头上部空间构成的室内高度 h_B 一般在 1120~1380mm 之间。车顶造型高度 h_t 在 20~40mm 之间。

2. 轴距 L

轴距对整备质量、汽车总长、最小转弯直径、传动轴长度及纵向通过半径等都有影响。当轴距短时，上述各指标相应减小。此外，轴距还对轴荷分配、传动轴夹角等有影响，轴距必须在合适的范围内选取。轴距过短会使车厢长度不足或后悬过长；上坡或制动时轴荷转移过大，汽车制动性能和操纵稳定性变差；车身纵向角振动增大，对平顺性不利；万向节传动轴的夹角增大。

原则上发动机排量大的乘用车以及装载质量较大的货车或载客量较大的客车，轴距取得长；对机动性能要求高的汽车，轴距应该取短些。为了满足市场需求，汽车厂商在标准轴距货车的基础上，生产出轴距不同的变型车，其轴距变化推荐为 0.4~0.6m。表 1-2 提供的数据可供初选轴距时参考。

表 1-2　各类汽车的轴距和轮距

车型	类别		轴距 L/mm	轮距 B/mm
乘用车	发动机排量 V/L	$V \leqslant 1.0$	2000~2200	1100~1380
		$1.0 < V \leqslant 1.6$	2100~2540	1150~1500
		$1.6 < V \leqslant 2.5$	2500~2860	1300~1500
		$2.5 < V \leqslant 4.0$	2850~3400	1400~1580
		$V > 4.0$	2900~3900	1560~1620
商用车	客车	城市客车（单车）	4500~5000	1740~2050
		长途客车（单车）	5000~6500	
	4×2 货车	汽车总质量 m_a/t　≤1.8	1700~2900	1150~1350
		1.8~6.0	2300~3600	1300~1650

3. 前轮距 B_1 和后轮距 B_2

改变汽车轮距 B 会影响车厢或驾驶室内宽度、汽车总宽、总质量、侧倾刚度、最小转弯直径等。增加前轮距，可以增加驾驶室内宽度，有利于增加侧倾角，但汽车总宽度和总质量会有所增加，同时会影响到最小转弯直径。

国家标准规定汽车总宽不得超过 2.55m，这就要求轮距不宜过大。但在取定的前轮距 B_1 范围内，应能布置相应总成，如发动机、车架、前悬架和前轮等，并保证前轮有足够的转向空间，同时转向杆系与车架、车轮之间有足够的运动间隙。在确定后轮距 B_2 时应考虑两纵梁之间的宽度、悬架宽度和轮胎宽度及它们之间应留有必要的间隙。各类汽车的轮距可参考表 1-2 提供的数据进行初选。

4. 前悬 L_F 和后悬 L_R

汽车的前悬和后悬尺寸是根据总布置要求最后确定的。前悬尺寸对汽车通过性、碰撞安全性、驾驶人视野、前钢板弹簧长度、上车和下车的方便性以及汽车造型等均有影响。增加前悬尺寸，将减小汽车的接近角，使通过性降低，并使驾驶人视野变差。对平头汽车，前悬还会影响从前门上、下车的方便性。对于长头车，前悬主要受到前保险杠、散热器、风扇、发动机等部件的影响，长头货车前悬一般在 1100~1300mm 的范围内。

后悬尺寸对汽车通过性、汽车追尾时的安全性、货箱长度或行李舱长度以及汽车造型等都有影响，并取决于轴距和轴荷分配的要求。后悬变长，则汽车离去角减小，使通过性降低；而后悬短的乘用车行李舱尺寸较小。客车后悬长度不得超过轴距的 65%，绝对值不大于 3500mm；总质量为 1.8~14.0t 的货车后悬一般在 1200~2200mm 之间，特长货箱的汽车后悬可达到 2600mm，但不得超过轴距的 55%。

5. 货车车头长度

货车车头长度是指从汽车的保险杠到驾驶室的距离。车头长度尺寸对汽车外观、驾驶室的容积、发动机维修的方便性都有很大影响。

一般来说，长头型货车车头长度一般控制在 2500~3000mm，平头型货车车头长度一般控制在 1400~1500mm。

6. 货车车厢尺寸

要求货车车厢的尺寸在运送集装箱和袋装货物时能装至额定吨数。车厢边板高度对汽

车质心高度和装卸货物的方便性有影响，一般在 450~650mm 范围内选取。车厢内宽应在汽车外宽符合国家标准的前提下适当取大些，以利于缩短边板高度和车厢长度。行驶时能达到较高车速的货车，使用过宽的车厢会增加汽车迎风面积，导致空气阻力增加。车厢内长应在能满足运送额定吨位货物的前提下尽可能取小些，以利于减小整备质量。

1.4.2 汽车质量参数的确定

汽车质量参数包括汽车的载客量和装载质量 m_e、整车整备质量 m_0、汽车总质量 m_a、质量系数 η_{m0} 和轴荷分配等。

1. 汽车的载客量和装载质量 m_e

（1）汽车的载客量 乘用车的载客量包括驾驶人在内不超过 9 个（9 座），属于 M_1 类汽车，其他 M_2、M_3 类汽车的座位数、乘员数及汽车的最大设计总质量参见国家标准 GB/T 15089—2001。

（2）汽车的装载质量 汽车的装载质量是指在硬质良好路面上行驶时所允许的额定装载量。汽车在碎石路面上行驶时，装载质量为好路面的 75%~85%。越野汽车的装载质量是指越野行驶时或在土路上行驶时的额定装载量。

货车装载质量 m_e 的确定，首先应与企业商品规划相符，其次要考虑到汽车的用途和使用条件。原则上货流大、运距长或矿用自卸车应采用大吨位货车；货源变化频繁、运距短的市内运输车采用中、小吨位的货车比较经济。

2. 整车整备质量 m_0 及估算

整车整备质量是指车上带有全部装备（包括随车工具、备胎等），加满燃料和水，但没有装货且未载人时的整车质量。

整车整备质量对汽车的成本和使用经济性都有影响。目前，尽可能减小整车整备质量是为了通过降低整备质量增加装载量或载客量，抵消因满足安全标准、排气净化标准和噪声标准所带来的整备质量的增加，节约燃料。减小整车整备质量的措施包括用计算机优化设计；增加铝与复合材料在汽车上的应用比例；改善汽车各总成乃至零件的结构，使强度充分发挥，减小结构尺寸和用料量；采用承载式车身；提高轮胎的可靠性，去掉备胎等。减小整车整备质量，是汽车设计工作中必须遵守的一项重要原则。

估算整车整备质量时，主要考虑的是既要保持先进性又要保持可行性。在总体设计阶段，往往需要预先估算这一数值，其方法如下：

1）对同级构造的相似样车及其部件的质量进行测定和分析，在此基础上初步估计出整车整备质量。

2）在没有样车参考时，首先为新车选择一个适当的质量系数 η_{m0}，此系数定义为汽车装载质量 m_e 与整车整备质量 m_0 之比，即

$$\eta_{m0} = \frac{m_e}{m_0} \tag{1-3}$$

该系数反映了汽车的设计水平和工艺水平，η_{m0} 值越大，说明该汽车的结构和制造工艺越先进。要达到较高的质量系数，就需要努力减轻零部件的自身重量，为达到这种目

的，在材料、制造以及设计方面都要采取有效措施。

在参考同类型汽车选定 η_{m0}（表 1-3）以后，可根据给定的 m_e，计算整车整备质量 m_0。

表 1-3　货车的质量系数 η_{m0}

参　数 车　型	总质量 m_a/t	η_{m0}
货车	$1.8<m_a\leqslant6.0$	$0.80\sim1.10$
	$6.0<m_a\leqslant14.0$	$1.20\sim1.35$
	$m_a>14.0$	$1.30\sim1.70$

乘用车和商用客车的整车整备质量，也可按每人所占汽车整车整备质量的统计平均值估算，见表 1-4。

表 1-4　乘用车和商用客车人均整车整备质量值 　　（单位：t/人）

微型乘用车	轻型乘用车	中级乘用车	高级乘用车	30 座以下客车	30 座以上客车
$0.15\sim0.16$	$0.17\sim0.24$	$0.21\sim0.29$	$0.29\sim0.34$	$0.096\sim0.16$	$0.06\sim0.13$

3. 汽车总质量 m_a

汽车总质量是指装备齐全，并按规定载满客、货时的整车质量。

乘用车和商用客车的总质量由整车整备质量 m_0、乘员和驾驶人质量以及乘员的行李质量三部分构成，其中乘员和驾驶人每人以 65kg 计，即

$$m_a = m_0 + 65n + \alpha n \tag{1-4}$$

式中　n——包括驾驶人在内的载客数；

　　　α——行李系数，可按表 1-5 提供的数据选用。

表 1-5　行李系数

车　型		α
乘用车	发动机排量<2.5L	5
	发动机排量≥2.5L	10
商用客车	城市客车	0
	长途客车	$10\sim15$

商用货车的总质量 m_a 由整备质量 m_0、载质量 m_e 和驾驶人及随行人员质量三部分组成，即

$$m_a = m_0 + m_e + 65n_1 \tag{1-5}$$

式中　n_1——包括驾驶人及随行人员在内的人数，应等于座位数。

4. 轴荷分配与质心计算

汽车的轴荷分配是指汽车在空载或满载静止状态下，各车轴对支承平面的垂直负荷，也可以用占空载或满载总质量的百分比来表示。

轴荷分配是汽车的重要质量参数，它对汽车的轮胎寿命和汽车的许多使用性能都有影响。对轴荷分配有如下要求：从使各轮胎磨损均匀和寿命相近的角度考虑，各个车轮的负

荷应相差不大；为了保证汽车有良好的动力性和通过性，驱动桥应有足够大的负荷，而从动轴上的负荷可以适当减小，以利于减小从动轮滚动阻力和提高在坏路面上的通过性；为了保证汽车有良好的操纵稳定性，又要求转向轴的负荷不应过小。

由上可知，各使用性能对轴荷分配参数的要求是相互矛盾的，这就要求设计时应根据对整车的性能要求、使用条件等，合理地选取轴荷分配。

汽车的驱动形式与发动机位置、汽车结构特点、车头形式和使用条件等均对轴荷分配有显著影响。如发动机前置前轮驱动乘用车和平头式商用货车的前轴负荷较大，而长头式货车的前轴负荷较小。常在坏路面上行驶的越野汽车，前轴负荷应该小些。

当总体布置进行轴荷分配计算不能满足预定要求时，可通过重新布置某些总成、部件（如油箱、备胎、蓄电池等）的位置来调整。必要时，改变轴距也是可行的方法之一。

（1）空车状态下整车质量、轴荷分配和质心高度的计算

整车整备质量 m_0 为

$$m_0 = \sum_{i=1}^{N_0} m_i \tag{1-6}$$

式中　m_i——各总成质量（kg）；

　　　N_0——总成数量。

空车后轴荷 m_{0r} 为

$$m_{0r} = \frac{\sum\limits_{i=1}^{N_0} m_i x_i}{L} \tag{1-7}$$

式中　L——轴距（mm）；

　　　x_i——各总成质心至前轴的距离（mm）。

空车前轴荷 m_{0f} 为

$$m_{0f} = m_0 - m_{0r} \tag{1-8}$$

空车质心高度 h_{g0} 为

$$h_{g0} = \frac{\sum\limits_{i=1}^{N_0} m_i z_i}{m_0} \tag{1-9}$$

式中　h_{g0}——空车质心高度（mm）；

　　　z_i——总成质心至地面高度（mm）。

（2）满载状态下整车质量、轴荷分配和质心高度的计算

整车最大总质量 m_a 为

$$m_a = \sum_{i=1}^{N_1} m_i \tag{1-10}$$

式中　N_1——用于估算整车最大总质量的全部总成和负载的数量。

满载后轴荷 m_{ar} 为

$$m_{ar} = \frac{\sum_{i=1}^{N_1} m_i x_i}{L} \tag{1-11}$$

满载前轴荷 m_{af} 为

$$m_{af} = m_{0c} - m_{ar} \tag{1-12}$$

满载质心高度 h_{g1} 为

$$h_{g1} = \frac{\sum_{i=1}^{N_1} m_i z_{hi}}{m_a} \tag{1-13}$$

各类汽车的轴荷分配见表1-6。

表 1-6 各类汽车的轴荷分配

车　　型		满载		空载	
		前轴	后轴	前轴	后轴
乘用车	发动机前置前轮驱动	47%~60%	40%~53%	56%~66%	34%~44%
	发动机前置后轮驱动	45%~50%	50%~55%	51%~56%	44%~49%
	发动机后置后轮驱动	40%~46%	54%~60%	38%~50%	50%~62%
商用货车	4×2 后轮单胎	32%~40%	60%~68%	50%~59%	41%~50%
	4×2 后轮双胎（长、短头式）	25%~27%	73%~75%	44%~49%	51%~56%
	4×2 后轮双胎（平头式）	30%~35%	65%~70%	48%~54%	46%~52%
	6×4 后轮双胎	19%~25%	75%~81%	31%~37%	63%~69%

1.4.3 汽车性能参数的确定

1. 动力性参数

汽车动力性参数主要有最高车速 u_{amax}、加速时间 t、爬坡能力、比功率 P_b 和比转矩 T_b 等，对于在用汽车常用驱动轮输出功率评价。

（1）最高车速 u_{amax}　随着汽车性能特别是主动安全性能的提高以及道路条件的改善和高速公路的发展，汽车的最高车速普遍有所提高，但设计的 u_{amax} 不应太高，否则不仅费油，还不安全。表 1-7 给出了不同车型的最高车速 u_{amax} 的范围。GB/T 12544—2012《汽车最高车速试验方法》给出了汽车最高车速试验方法。

表 1-7 各类汽车动力性参数范围

汽车类别		最高车速 $u_{amax}/(km/h)$	比功率 $P_b/(kW/t)$	比转矩 $T_b/(N \cdot m/t)$
乘用车	发动机排量 V/L			
	$V \leqslant 1.0$	110~150	30~60	50~110
	$1.0 < V \leqslant 1.6$	120~170	35~65	80~110
	$1.6 < V \leqslant 1.5$	130~190	40~70	90~130
	$2.5 < V \leqslant 4.0$	140~230	50~80	120~140
	$V > 4.0$	160~280	60~110	100~180

（续）

汽车类别			最高车速 u_{amax}/（km/h）	比功率 P_b/（kW/t）	比转矩 T_b/（N·m/t）
货车	最大总质量 m_a/t	$m_a \leq 1.8$	80~135	16~28	30~44
		$1.8 < m_a \leq 6.0$		15~25	38~44
		$6.0 < m_a \leq 14.0$	75~120	10~20	33~47
		$m_a > 14.0$		6~20	29~50
客车	车辆总长 L_a/m	$L_a \leq 3.5$	85~120	—	—
		$3.5 < L_a \leq 7.0$	100~160	—	—
		$7.0 < L_a \leq 10.0$	95~140	—	—
		$L_a > 10.0$	85~120	—	—

（2）加速时间 t 汽车在平直良好的路面上，从原地起步开始以最大的加速度加速到一定车速所用的时间称为加速时间。汽车的加速时间对平均行驶车速有着很大的影响。对于最高车速 $u_{amax} > 100$km/h 的汽车，常用加速到车速 100km/h 所需的时间来评价；对于 $u_{amax} < 100$km/h 的汽车，可用加速到车速 60km/h 所需的时间来评价。

（3）爬坡能力 汽车的爬坡能力用汽车满载时在良好路面上能爬上的最大坡度 i_{max} 来表示。乘用车、货车、越野汽车的使用条件不同，所要求的爬坡能力也不同。通常要求货车和大客车能克服 30% 坡度，越野汽车的最大爬坡度要求在 60% 左右。

（4）比功率 P_b 和比转矩 T_b 比功率是汽车所装发动机的标定最大功率与汽车最大总质量之比，可作为评价汽车动力性的综合指标。乘用车的比功率大于货车和客车的比功率。发动机排量大的乘用车的比功率要大于排量小的乘用车的比功率，而货车的比功率则随总质量的增大而减小。为保证路上行驶车辆的动力性不低于一定水平，防止某些动力性能差的车辆阻碍交通，要对车辆的最小比功率给出规定。国家标准 GB 7258—2017《机动车运行安全技术条件》规定：低速汽车及拖拉机运输机组的比功率应大于等于 4.0kW/t，除无轨电车、纯电动汽车外的其他机动车的比功率应大于等于 5.0kW/t。比转矩是发动机的最大转矩与汽车总质量之比，反映了汽车的牵引能力。不同车型的比功率和比转矩的范围见表 1-7。

2. 燃油经济性参数

汽车的燃油经济性指标是用汽车在水平的水泥或沥青路面上，以经济车速或多工况满载行驶的百公里燃油消耗量［L/（100km）］来评价的，其数值越大，经济性越差，乘用车百公里燃油消耗量见表 1-8。在设计时，这项指标可参考总质量相近的同类车的百公里燃油消耗量或单位汽车质量的百公里燃油消耗量［L/（100km·t）］来估算。

表 1-8 乘用车百公里燃油消耗量

发动机排量 V/L	$V \leq 1.0$	$1.0 < V \leq 1.6$	$1.6 < V \leq 2.5$	$2.5 < V \leq 4.0$	$V > 4.0$
百公里燃油消耗量/［L/（100km·t）］	4.4~7.5	7.0~12.0	10.0~16.0	14.0~20.0	18.0~23.5

货车有时可以用单位汽车质量的百公里燃油消耗量来评价，表 1-9 给出了货车单位汽

车质量燃料消耗量的统计值。

表 1-9　货车单位汽车质量燃料消耗量的统计值

（单位：L/（100km·t））

汽车总质量 m_a/t	汽油机	柴油机	汽车总质量 m_a/t	汽油机	柴油机
<4	3.0~4.0	2.0~2.8	6~12	2.68~2.82	1.55~1.86
4~6	2.8~3.2	1.9~2.1	>12	2.50~2.60	1.43~1.53

目前，节能仍是汽车设计的重大课题，一些主要汽车生产国家对燃油消耗有严格的规定。许多国家竞相开发低油耗汽车，对在研的超经济型乘用车而言，其燃油消耗量的目标值为 3.0L/（100km）。

我国在 2014 年制定了标准 GB 19578—2014《乘用车燃料消耗量限值》，对国内生产的乘用车的燃油消耗量提出了具体的限制指标，用以提高国产汽车的燃油经济性水平。

3. 汽车的最小转弯直径 D_{min}

转向盘转至极限位置时，汽车前外转向轮轮辙中心在支承平面上的轨迹圆的直径称为最小转弯直径 D_{min}。D_{min} 用来描述汽车转向机动性，是汽车转向能力和转向安全性能的一项重要指标。

影响汽车 D_{min} 的因素有两类，即与汽车本身有关的因素和法规及使用条件对 D_{min} 的限定。汽车本身因素包括汽车转向轮最大转角、汽车轴距和轮距以及转向轮数（如全轮转向）等。除此之外，有关的国家法规规定和汽车的使用道路条件对 D_{min} 的确定也有重要的影响。转向轮最大转角越大，轴距越短，轮距越小和参与转向的车轮数越多，汽车的最小转弯直径越小，表明汽车在停车场掉头和通过弯道半径较小路段的能力越强。对机动性要求高的汽车，D_{min} 应取小些。通常，机动车的最小转弯直径不得大于 24m。当转弯直径为 24m 时，前转向轴和末轴的内轮差（以两内轮轨迹中心计）不得大于 3.5m。各类汽车的最小转弯直径见表 1-10。

表 1-10　各类汽车的最小转弯直径

车型	级别		D_{min}/m	车型	级别		D_{min}/m
乘用车	发动机排量 V/L	$V \leq 1.0$	7~10	商用货车	总质量 m_a/t	$m_a \leq 1.8$	8~12
		$1.0 < V \leq 1.6$	9~12			$1.8 < m_a \leq 6.0$	10~19
		$1.6 < V \leq 1.5$	10~13			$6.0 < m_a \leq 14.0$	12~20
		$2.5 < V \leq 4.0$	10~14			$m_a > 14.0$	13~21
		$V > 4.0$	11~15				
商用客车	车辆总长 L_a/m	$L_a \leq 3.5$	8~11	矿用自卸车	装载质量 m_e/t	$m_e \leq 45$	15~19
		$3.5 < L_a \leq 7.0$	10~13				
		$7.0 < L_a \leq 10.0$	14~20			$m_e > 45$	18~24
		$L_a > 10.0$	17~22				

4. 通过性参数

通过性参数有最小离地间隙 h_{min}、接近角 γ_1、离去角 γ_2 和纵向通过半径 ρ_1 等。表

1-11给出了通过性指标的选取范围。

表1-11 汽车的通过性指标

汽车类型	h_{min}/m	$\gamma_1/(°)$	$\gamma_2/(°)$	ρ_1/m
4×2乘用车	150~220	20~30	15~22	3.0~8.3
4×4乘用车	210~250	45~50	35~40	1.7~3.6
4×2货车	180~250	40~60	25~45	2.3~6.0
4×4货车、6×6货车	260~350	45~60	35~45	1.9~3.6
4×2客车、6×4客车	220~370	10~40	6~20	4.0~9.0

5. 操纵稳定性参数

汽车操纵稳定性的评价参数较多，与总体设计有关并能作为设计指标的如下：

（1）不足转向特性参数 为了保证有良好的操纵稳定性，汽车应具有一定程度的不足转向。

通常在总体设计时做到前、后轮的侧偏角之差大于零。常用汽车以0.4g的向心加速度沿定圆转向时，前、后轮侧偏角之差（$\delta_1-\delta_2$）作为评价参数。此参数的值取1°~3°为宜。

（2）车身侧倾角 为保持较好的侧向稳定性，汽车以0.4g的向心加速度沿定圆等速行驶时，车身侧倾角控制在3°以内较好，最大不允许超过7°。

（3）制动点头角 为了使汽车具有较好的乘坐舒适性，要求汽车以0.4g的减速度制动时，车身的点头角不大于1.5°。

6. 汽车制动性参数

汽车制动性是指汽车在制动时，能在尽可能短的距离内停车且保持方向稳定，下长坡时能维持较低的安全车速并有在一定坡道上长期驻车的能力。与总体设计有关的制动性参数包括制动距离、平均制动减速度MFDD、行车制动踏板力和应急制动操纵力。

表1-12列出了GB 7258—2017《机动车运行安全技术条件》中规定的制动距离和制动稳定性要求，可以用来参考选择制动性能参数。

表1-12 制动距离和制动稳定性要求

机动车类型	制动初速度/（km/h）	空载检验制动距离要求/m	满载检验制动距离要求/m	试验通道宽度/m
三轮汽车	20	≤5.0		2.5
乘用车	50	≤19.0	≤20.0	2.5
总质量小于等于3500kg的低速货车	30	≤8.0	≤9.0	2.5
其他总质量小于等于3500kg的汽车	50	≤21.0	≤22.0	2.5
铰接客车、铰接式无轨电车、汽车列车（乘用车列车除外）	30	≤9.5	≤10.5	3.0①
其他汽车、乘用车列车	30	≤9.0	≤10.0	3.0①
两轮普通摩托车	30	≤7.0		—
边三轮摩托车	30	≤8.0		2.5
正三轮摩托车	30	≤7.5		2.3

（续）

机动车类型	制动初速度/ （km/h）	空载检验制动 距离要求/m	满载检验制动 距离要求/m	试验通道 宽度/m
轻便摩托车	20	≤4.0		—
轮式拖拉机运输机组	20	≤6.0	≤6.5	3.0
手扶变型运输机	20	≤6.5		2.3

① 对车宽大于 2.55m 的汽车和汽车列车，其试验通道宽度（单位：m）为"车宽（m）+0.5"。

7. 舒适性参数

汽车应为乘员提供舒适的乘坐环境和方便的操作条件，称为汽车的舒适性。舒适性应包括平顺性、空气调节性能（温度、湿度等）、车内噪声、乘坐环境（活动空间、车门及通道宽度、内部设施等）及驾驶人的操作性能。

汽车的行驶平顺性常用垂直振动参数评价，包括频率和振动加速度等，此外悬架动挠度也用来作为评价参数之一。各类汽车的悬架静挠度、动挠度和偏频见表 1-13。

表 1-13　悬架的静挠度 f_c、动挠度 f_d 和偏频 n

参数 车型	静挠度 f_c/mm	动挠度 f_d/mm	偏频 n/Hz
乘用车	100~300	70~90	0.9~1.6
客车	70~150	50~80	1.3~1.8
货车	50~110	60~90	1.5~2.2
越野车	60~130	70~130	1.4~2.0

1.5　汽车总布置设计

1.5.1　总布置设计的主要内容

在汽车开发整体流程中，总布置设计贯穿于整个过程。汽车总布置设计通过对整车设计的总体规划来确立车身、底盘、动力总成等系统之间的匹配关系、重量、法规和整车的性能指标。

总布置设计（Layout Design 或 Packaging）主要包括以下工作：在进行市场调研和情报收集后确定设计计划任务书；初步进行总布置草图设计；确定设计硬点（Hard Point）和设计控制规则；为避免产生运动学干涉，对各运动机构和非运动部件的关系进行协调；对人机工程学和舒适性设计进行校核；对整车性能计算和仿真分析，进行整车性能匹配和系统优化；确定关键零部件的设计参数，指导设计选型；最后实现产品零部件的产品描述表、爆炸图及零部件明细表的建立。

1.5.2　设计硬点

设计硬点是确定车身、底盘等零部件相互关系的基准点、线、面及控制结构的统称，

主要分为安装装配硬点（ASH，包括尺寸与型式硬点）、运动硬点（MTH）、轮廓硬点及性能硬点四类。整车性能硬点，即对整车性能的要求，一般在设计任务书中已制定。狭义的硬点是描述整车轮廓硬点、运动硬点以及设计布置的安装装配硬点等。

通常可以分成整车外部尺寸参数控制硬点、底盘系统布置主要控制硬点、车身主要总成控制硬点以及人机工程布置设计硬点等。其中整车外部尺寸参数控制硬点，即总布置轮廓硬点是控制整车外部造型的基础性数据，包括总长、总宽、总高、轴距、前/后悬长、前/后轮距、接近角、离去角和最小离地间隙等。底盘系统设计布置硬点和运动硬点包括发动机、传动轴、操纵结构、悬架系统、车轮、转向系统、制动系统、排气系统及散热系统等总成的位置、姿态与安装点坐标以及车轮定位参数和车轮跳动参数等。车身与人机工程布置硬点见 1.6.2 节。

在主要设计硬点确定以后，造型、车身、底盘等设计就有了共同参照的依据和遵循的规范，各个子系统的设计可分别展开。

1.5.3 整车布置的基准线（面）——零线的确定

在初步确定了汽车的驱动形式、车身形式和主要参数后，就应该对汽车总成和部件进行空间布置，使其成为最佳组合，并绘制出总布置图，绘制总布置图前要确定画图的基准线（面）。

在汽车满载的情况下，确定整车的零线（三维坐标面的交线）、正负方向及标注方式，如图 1-10 所示。

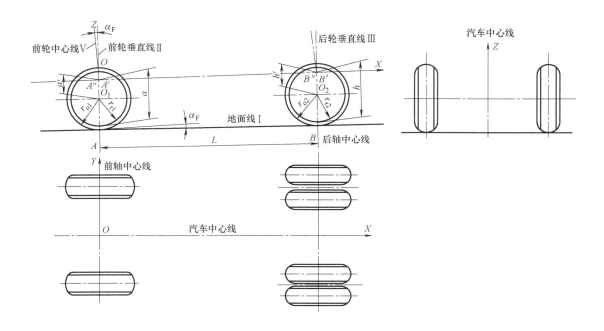

图 1-10　汽车总布置图的坐标系

1. 车架上平面线

车架纵梁上翼面较长的一段平面或承载式车身中部地板或边缘上面在侧（前）视图上的投影线，称为车架上平面线，它作为标注各垂直尺寸的基准线（面），向上为"+"、向下为"–"。货车的车架上平面在满载静止位置时，通常与地面倾斜 0.5°～1.5°，即车架呈前低后高的状态，这样在汽车加速时，货箱可接近水平。

2. 前轮中心线

通过左、右前轮中心并垂直于车架平面线的平面，在侧视图和俯视图上的投影线称为前轮中心线，它作为标注各纵向尺寸的基准线（面）或零线，向前为"–"、向后为"+"。

3. 汽车中心线

汽车纵向垂直对称平面在俯视图和前视图上的投影线称为汽车中心线，它作为标注各横向尺寸的基准线（面），向左为"+"、向右为"–"。

4. 地面线

地平面在侧视图和前视图上的投影线称为地面线。它是标注汽车高度、接近角、离去角、离地间隙和货台高度等尺寸的基准线。

整车设计的设计状态可分为半载状态、空载状态（整车整备质量状态）和满载状态进行设计校核。在整车的布置中，将车身放平（前地板平直部分保持水平），车身作为基准保持不动，在车身上固定的底盘件也随之保持不动。车轮的不同状态构成了不同的地面线，从而得到空载、半载、满载等不同的整车姿态。

5. 前轮垂直线

通过左、右前轮中心并垂直于地面的平面在侧视图和俯视图上的投影线称为前轮垂直线，它是用来作为标注汽车轴距和前悬的基准线。当车架与地面平行时，前轮垂直线与前轮中心线重合（如乘用车）。

1.5.4 底盘总成部件的布置

1. 发动机的布置

（1）**发动机的上下位置** 发动机的上下位置对离地间隙和驾驶人视野有影响。乘用车前部因没有前轴，发动机油底壳至路面的距离应保证满载状态下最小离地间隙的要求。货车通常将发动机布置在前轴上方，考虑到悬架缓冲块脱落以后，前轴的最大向上跳动量达 70～100mm，这就要求发动机有足够高的位置，以防止前轴碰坏发动机油底壳。油底壳通常设计成深浅不一的形状，使位于前轴上方的地方最浅，同时再将前梁中部锻成下凹形状（注意前梁下部尺寸必须保证所要求的最小离地间隙）。所有这些措施都将有利于降低发动机位置的高度，并使发动机舱盖随之降低，这能改善长头车的驾驶人视野，同时有利于降低汽车质心高度。除此之外，还要检查油底壳与横拉杆之间的间隙。发动机高度位置初定之后，用气缸体前端面与曲轴中心线交点 K 到地面高度尺寸 b 来标明其高度位置，如图 1-11 所示。

在发动机高度位置初步确定之后，风扇和散热器的高度随之确定，要求风扇中心与散热器几何中心相重合，以使散热器在整个面积上接受风扇的吹风。护风罩用来增大送风量和减小散热器尺寸。为了保证空气的畅通，散热器中心与风扇之间应有不小于 50mm 的间

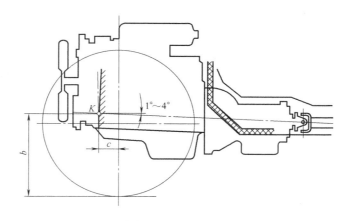

图 1-11 确定动力总成位置的主要尺寸

隙，无护风罩时可减小到 30mm。

由于空气滤清器位于发动机进气歧管上，其高度影响发动机舱盖高度，为此将空气滤清器做成扁平状。发动机舱盖与发动机零件之间的间隙不得小于 25mm，以防止关闭发动机舱盖时受到损伤。

（2）**发动机的前后位置** 发动机的前后位置会影响汽车的轴荷分配、乘用车前排座位的乘坐舒适性、发动机前置后轮驱动汽车的传动轴长度和夹角以及货车的面积利用率。

为减小传动轴夹角，发动机前置后轮驱动汽车的发动机常布置成向后倾斜状，使曲轴中心线与水平线之间形成 1°~4° 的夹角，乘用车多在 3°~4° 之间，如图 1-11 所示。

发动机前置后轮驱动的乘用车，前纵梁之间的距离，必须考虑吊装在发动机上的所有总成（如发电机、空调装置的压缩机等）以及从下面将发动机安装到汽车上的可能性。还应保证在修理和技术维护的情况下，从上面安装发动机的可能性。

发动机的前后位置应与上下位置一起进行布置。前后位置确定以后，在侧视图上画出它的外形轮廓，然后用气缸体前端面与曲轴中心线交点到前轮中心线之间的距离来标明其前后位置，如图 1-11 中的尺寸 c 所示。此后可以确定汽车前围的位置：发动机与前围之间必须留有足够的间隙，以防止热量传入乘员舱并保证零部件的安装；离合器壳与变速器应能同时拆下，而无需拆卸发动机的固定点，此时应特别注意离合器壳上面螺钉的接近性。

（3）**发动机的左右位置** 发动机曲轴中心线在一般情况下与汽车中心线一致。这对底盘承载系统的受力和对发动机悬置支架的统一有利。少数汽车如 4×4 汽车，考虑到前桥是驱动桥，为了使前驱动桥的主减速器总成在上跳时不与发动机发生运动干涉，将发动机和前桥主减速器向相反方向偏移。

2. 转向系统的布置

转向系统布置的主要目的是使驾驶人操纵轻便、舒适，并使汽车具有较好的机动性和灵敏性，转弯时减小车轮的侧滑，减轻转向盘上的反冲力，并具有自动回正的作用。

转向盘位于驾驶人座椅前方，为保证驾驶人转向舒适，应注意转向盘平面与水平面之间的夹角，并以取得转向盘前部盲区最小为佳，不影响驾驶人观察仪表，同时要考虑到应使转向盘周围有足够的空间。

转向盘的位置和倾斜角度应保证驾驶人能舒适地进行转向操作，转向管柱的位置以不妨碍驾驶人操纵离合器等踏板时的腿部运动为原则。为此，转向管柱在水平面内可以布置成与纵向轴线的倾角不大于5°。必要时，转向管柱可做成两节，用万向节来连接。

转向系统布置的关键是保证转向传动装置及拉杆系统有足够的刚度和较小的传动比变化量。

在布置转向杆系时，应检查转向范围内杆件的运动有无死角或死点；转向摇臂与转向直拉杆和转向节臂与直拉杆之间的夹角，在中间位置时，应尽可能布置成接近直角，以保证较高的传动效率。

3. 传动系统的布置

由于发动机、离合器、变速器装成一体，在发动机位置确定后，包括发动机、离合器、变速器在内的动力总成也随之确定。驱动桥的位置取决于驱动轮的位置，同时为了使左、右半轴通用，差速器壳体中心线应与汽车中心线重合。为保证传动轴上的万向节两端夹角尽可能相等，夹角在满载静止时应不大于4°，当车身产生最大垂直振幅时也不应大于7°，常将后驱动桥主减速器轴线设计成向上倾斜一个小的角度，这样可以减小传动轴的夹角。在乘用车布置中，可以布置成变速器和主减速器在上面而传动轴在下面的两端高中间低的形式，这样可以减小地板出现的凸包，降低地板的高度，凸包与中间传动轴之间的最小间隙一般应为10~15mm，图1-12所示为U形布置万向节传动轴。

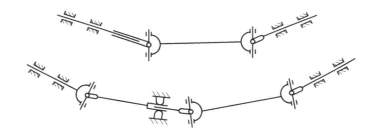

图1-12　U形布置万向节传动轴

4. 悬架的布置

纵置半椭圆形钢板弹簧广泛用于货车、客车的前后悬架及部分乘用车的后悬架。为了使转向轮偏转有足够的空间而不使前轮距增大，常将前钢板弹簧布置于车架纵梁下方，后钢板弹簧则布置于纵梁的外侧。钢板弹簧前端通过弹簧销和支架与车架连接，而后端用吊耳和支架与车架相连。这样布置有利于缓和来自路面的冲击。同时，为了满足主销后倾角的要求，货车的前钢板弹簧应布置成前高后低状；后钢板弹簧布置在车架与车轮之间，应注意钢板弹簧上的U形螺栓和固定弹簧的螺栓与车架之间应有足够的间隙。

减振器应尽可能布置成直立状，这样可以充分利用有效行程，空间不允许时才布置成斜置状。

5. 制动系统的布置

踩下制动踏板所需要的力，比踩下加速踏板要大得多，因此，制动踏板应布置在更靠近驾驶人的位置，并且还要做到制动踏板和驻车制动操纵轻便。应检查杆件运动时有无干涉和死角，不应在车轮跳动时自行制动。

布置制动管路时要注意安全可靠，整齐美观。在一条管路上，当两个固定点之间有相对运动时，要采用软管制动。平行管之间的距离不小于 5mm，或者完全束在一起，交叉管之间的距离应不小于 20mm，同时注意不要将管路布置在车架纵梁内侧的下翼上，以免由于积水使管子腐蚀。

6. 空调装置的布置

在舒适性要求较高的中级以上乘用车和旅游客车上常装有空调装置，乘用车的空调装置大都布置在仪表板的右侧，客车的空调布置则有多种方案：轻型客车多采用整体式空调，空调装置布置在车顶前部，其优点是便于吸入新鲜空气，由空调消耗的功率及燃料也少；对发动机后置的大客车，常将冷凝器布置于发动机之前，将蒸发器布置在车顶。根据需要，大客车的蒸发器可以是一个或几个。当采用多个蒸发器时，数个蒸发器可分散布置在沿车顶的空气管道中，这样布置冷却效果好但结构较复杂，成本也高；当采用一个蒸发器时，可布置在车厢中间偏前的车顶（称为中置式），布置管道比较方便，且能均匀地在乘客间分配调节过的空气。管道可纵向布置在车厢顶盖的中央或两侧。

7. 油箱、备胎、行李舱和蓄电池的布置

（1）**油箱**　根据汽车最大续驶里程（一般为 200~600km）来确定油箱的容积。油箱通常布置在驾驶人座椅一侧（即左侧），以方便加油。乘用车为了在有限空间内布置油箱、备胎等物品，通常根据具体情况确定其形状。布置油箱时应遵守的一条重要原则是：油箱应远离消声器和排气管（乘用车要求油箱与排气管的距离大于 300mm，否则应加装有效的隔热装置；油箱距裸露的电器插头及开关不得小于 200mm），更不应该布置在发动机舱内。乘用车油箱通常布置在行李舱内。消声器、排气管通常布置在汽车的右侧；蓄电池靠近起动机可缩短线路。

（2）**备胎**　乘用车的备胎常布置在行李舱内，此时要求行李舱必须有足够的空间。如将备胎立置于行李舱的侧壁或后壁，这种情况的布置要求行李舱的侧壁或后壁必须有大于车轮直径的高度。货车的备胎则常布置在油箱对面的纵梁上，以使左右纵梁受力较均匀，或布置在车架后部下方。

（3）**行李舱**　乘用车的行李舱布置在后座之后即后悬处，应能容纳大的手提箱等多件行李。货车的工具行李舱通常布置在前后轮之间，长轴距货车考虑到轴荷分配，经常布置在车架尾部。

（4）**蓄电池**　蓄电池与起动机应位于同侧，一般采用负极（阴极）搭铁，这样有利于防腐和安全，同时还要考虑拆装的方便性。

1.6　汽车布置中的人机工程学设计

1.6.1　车辆人机工程学术语

1. 车辆人机工程学

人机工程学是指应用人体测量学、人体力学、劳动生理学、劳动心理学等学科的研究

方法，对人体结构特征和机能特征进行研究，提供人体各部分的尺寸、重量、体表面积、比重、重心以及人体各部分在活动时的相互关系和可及范围等人体结构特征参数；还提供人体各部分的出力范围以及动作时的习惯等人体机能特征参数；分析人的视觉、听觉、触觉以及肤觉等感觉器官的机能特性；分析人在各种劳动时的生理变化、能量消耗、疲劳机理以及人对各种劳动负荷的适应能力；探讨人在工作中影响心理状态的因素以及心理因素对工作效率的影响等。

人机工程学对于汽车舒适性有着重要意义，良好的人机工程学能够使工作强度降低并使工作环境更人性化。在汽车车身设计中应用人机工程学，就是以人（驾驶人、乘客）为中心，研究车身设计（包括布置和设备等）如何适应人的需要，创造一个舒适的、操纵轻便的、可靠的驾驶环境和乘坐环境，即设计出一个最佳的人-车-环境系统。

2. 人体尺寸

人体尺寸决定了人体占据的几何空间和活动范围，是内部布置的主要依据。各国都建立了适合不同要求的人体数据库，GB 10000—1988《中国成年人人体尺寸》定义了我国成年人人体尺寸数据。

为获得人体尺寸分布规律，要进行抽样测量，常用的统计特征量有均值、标准差和百分位数等。将实测尺寸值由小到大排列到数轴上，再将这一尺寸段均分为100份，则将第 n 份点上的数值作为该百分位数。以 95th（第95，以此类推）百分位人体尺寸为例，表示人群中有95%的个体小于该值，有5%的个体大于该值。汽车设计中一般采用5th女性、50th男性和95th男性三种百分位的人体尺寸，分别代表矮小身材、平均身材和高大身材的人体尺寸。

图1-13所示为SAE标准的人体躯干模型，表1-14给出了SAE J833定义的部分人体尺寸数据。

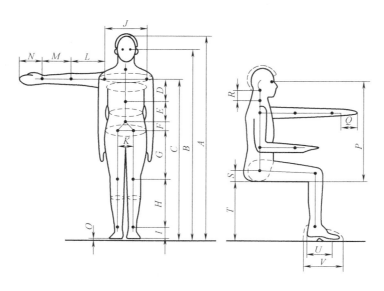

图1-13　SAE标准的人体躯干模型

表 1-14　SAE J833 定义的部分人体尺寸数据（单位：mm）

部位 百分位	A	B	C	D	E	F	G	H	I	J	K
5th	1550	1448	1220	160	160	84	362	351	78	292	168
50th	1715	1605	1358	177	177	88	407	398	86	334	177
95th	1880	1762	1496	194	194	92	452	445	94	376	186

部位 百分位	L	M	N	O	P	Q	R	S	T	U	V
5th	250	221	165	25	696	96	83	64	398	160	250
50th	275	244	185	25	769	110	89	80	440	180	285
95th	300	267	205	25	842	124	95	96	482	200	320

3. _H_ 点装置与关键点

_H_ 点装置（H Point Device）用于建立车内布置的关键参考点和尺寸。车内布置最重要的参考点就是 _H_ 点，用于定义 _H_ 点的装置有两种，即 _H_ 点测量装置（H-Point Machine，HPM）和 _H_ 点设计工具（H-Point Design Tool，HPD）。HPM 是用于对尺寸进行审核和测量对比的设备，HPD 是设计中用于乘员布置的 CAD 工具。将 _H_ 点装置上躯干与大腿的铰接点（胯点）称为 _H_ 点，表示的是实车测得的胯点位置。

进行总布置设计之初，先根据总布置要求确定一个座椅调至最后、最下位置时的"胯点"，并称该点为 _R_ 点（欧洲标准称为 Seating Reference Point，SgRP），以 _R_ 点作为设计参考点进行设计。

在 HPM 和 HPD 上，定义了与设计和人机相关的点和参考线，包括 _H_ 点、_D_ 点、_K_ 点、躯干线、腿线和座椅线等，如图 1-14 所示。鞋是 _H_ 点装置的一部分，对于车室内定位 _H_ 点装置非常重要，与鞋相关的点和参考线分别有 _HOS_、_AHP_、_FRP_、_BOF_、_PRP_ 等，具体含义如下：

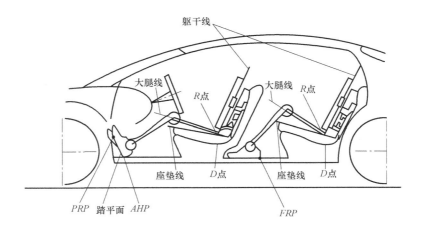

图 1-14　_H_ 点装置与关键点

（1）*HOS*（**Heel of Shoe**）　*H* 点装置鞋跟点，其侧向位置位于鞋底线处。

（2）*AHP*（**Accelerator Heel Point**）　当 *H* 点装置的鞋按照适当方法根据自由状态的加速踏板定位后，其踵点与地板表面的交点。

（3）*FRP*（**Floor Reference Point**）　即地板参考点，是将 *H* 点装置的鞋按一定方法定位后，*HOS* 与地板的交点。

（4）*BOF*（**Ball of Foot**）　此点为鞋底表面一点，与踵点相距 200mm，其侧向位置位于鞋底中心线。

（5）*PRP*（**Pedal Reference Point**）　当鞋按照适当的方法根据加速踏板定位后，加速踏板表面上与 *BOF* 接触的点。

4. 人体模型

常用的人体模型有 *H* 点测量装置、人体设计样板和数字人体模型等。

（1）***H* 点测量装置**　*H* 点测量装置（HPM）有 Oscar 和 HPM-Ⅱ两种，SAE 设计设备委员会将 HPM-Ⅱ纳入 SAE J826 标准，并取代了原来的 Oscar 型 *H* 点测量装置。

HPM-Ⅱ型 *H* 点测量装置由鞋、小腿部、大腿部、座垫盘和躯干部组成，各部分均可以拆卸，如图 1-15 所示；此外，还包括鞋固定装置和头部空间测量装置两个附件。

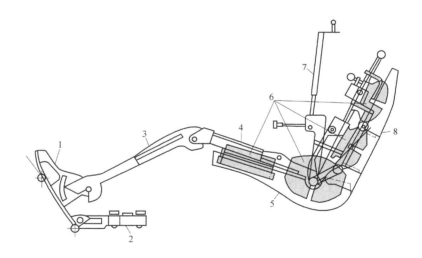

图 1-15　SAE J826 *H* 点测量装置（HPM-Ⅱ型）

1—鞋　2—鞋固定装置　3—小腿部　4—大腿部　5—座垫盘　6—可拆卸重块
7—头部空间测量装置　8—躯干部

（2）**人体设计样板**　人体设计样板（HPD）是车身布置最基本的工具，常用塑料板材等按照 1∶1、1∶5、1∶10 等常用制图比例制成，用于辅助制图、乘员乘坐空间布置和测量以及校核空间尺寸等。

依据 SAE J826 标准制成的人体设计样板也称为 *H* 点设计工具（HPD），HPD 是 HPM-Ⅱ 的 CAD 模型的简化形式，如图 1-16 所示。目前 HPD 广泛用于汽车总布置的二维以及三维设计环境中。

百分位	A	B
50th	417.5	431.5
95th	459.1	456

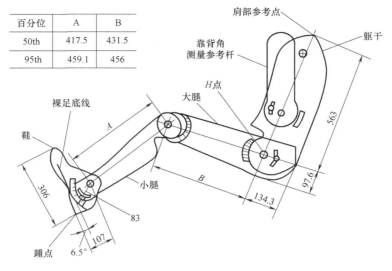

图 1-16　SAE J826 人体设计样板

（3）**数字人体模型**　汽车在概念设计阶段已开始采用三维数字化设计，在三维数字化设计过程中采用数字人体模型对整车进行总布置和校核成为现代汽车设计的趋势。以人体参数为基础建立的数字人体模型，是描述人体形态和力学特性的有效手段，是研究、分析、设计和评价人机系统不可缺少的测量和模拟工具。目前已经出现上百种人体模型软件系统，其中汽车设计领域以采用 DIN33402 标准的 RAMSIS 最为著名。

在汽车设计中，主要根据人机工程学原理应用数字人体模型进行乘员布置设计、驾驶人视野分析、操纵件伸及性分析、舒适姿态预测及评价、布置空间分析、进出方便性分析以及发动机舱盖和行李舱盖的开启方便性检查等。

5. 眼椭圆

眼椭圆（图 1-17）是由美国汽车工程师学会（SAE）车身工程委员会人体模型分会提出的术语，并被国际标准化组织 ISO 采用，变成标准 ISO 4513《道路车辆—视野性能—关于驾驶人眼睛位置眼椭圆的确定方法》。眼椭圆即是用来描述汽车驾驶人以正常驾驶姿态坐在座椅上时，眼睛在车身坐标中的活动范围。由于驾驶人的身体、坐姿及驾驶习惯等方面的差异，所有汽车驾驶人的眼睛位置不可能是某一固定点，而是呈某种形态的曲线。通过对数以千计的男女驾驶人进行实测与统计分析，得出汽车驾驶人的眼睛位置分布范围呈椭圆形的结论，如图 1-18 所示。

眼椭圆可分为第 90 百分位、95 百分位及 99 百分位等投影图，分别代表一定百分比的驾驶人眼睛位置。眼椭圆本身包络线的周边由无数划分眼睛位置的平面所形成，因此有 $P\%$ 的眼

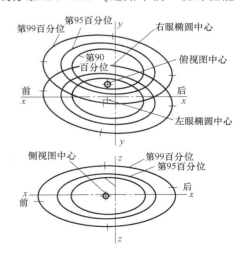

图 1-17　眼椭圆

睛在平面的一侧，而（100-P）%的眼睛在另一侧。例如，某一侧视图上投影为直线的平面与第95百分位眼椭圆的上缘相切，说明有95%的驾驶人眼睛位置在此线下方，而5%的驾驶人眼睛位置在此线上方。反之，某一在侧视图上投影为直线的平面与第95百分位眼椭圆的下缘相切，则说明95%的驾驶人眼睛位置

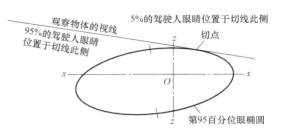

图 1-18　眼椭圆的意义

在此线上方。如果对第95百分位的眼椭圆作上、下两条切线，则相当于有90%的驾驶人眼睛位置位于两条切线间的区域，而各有5%的驾驶人眼睛位置分布在两侧。

眼椭圆代表了汽车驾驶人眼睛位置的范围，因而它是进行视野设计与研究的出发点。利用眼椭圆，可以较为满意地设计出驾驶人的眼睛位置，并能校核仪表板、后视镜、刮水器和除霜器的布置是否合理，从而获得最佳的设计效果。

1.6.2　车身与人机工程布置的硬点尺寸

硬点尺寸是指连接硬点之间、控制车身外部轮廓和内部空间以满足使用要求的空间尺寸。车身硬点尺寸之间的约束数目繁多，关系复杂，很多硬点之间的关系是依靠大量统计资料和设计者经验来推敲确定的。美国 SAE 根据长期的积累，制定了 SAE J1100 标准用以定义车身的内部和外部尺寸。该标准已被各大汽车公司借鉴和采用。

在 SAEJ 1100 中列出了硬点、硬点尺寸代号、定义和测量方法。硬点尺寸代号采用前缀加数字后缀的形式表示，部分前缀和数字的含义见表 1-15。后缀用"-1""-2"的形式表示该尺寸为第一排、第二排等，以此类推。表 1-16 给出了常见乘用车布置硬点尺寸。

表 1-15　SAE J1100 硬点尺寸前缀和编号

前缀	L	W	H	A	TL	TH
含义	长度尺寸	宽度尺寸	高度尺寸	角度尺寸	H 点位置和行程的长度尺寸	H 点位置和行程的高度尺寸
编号	1~99	100~199	200~299	400~599		
含义	内部尺寸	外部尺寸	行李舱尺寸	货车、厢式货车和运动型多用途车尺寸		

【拓展阅读1-3】　SAE J1100 硬点尺寸定义

在设计汽车时，要用系列硬点尺寸来体现该车型，如图 1-19 所示。

表 1-16　常见乘用车布置硬点尺寸　　　　　　（单位：mm）

代号 车型	TL23/mm	TH17/mm	L50/mm	L53/mm	H30/mm	W3-1/mm	W3-2/mm	A18/(°)
奥迪 A6	193	36	940	833	267	1427	1415	22
小红旗	216	36	838	837	289	1442	1406	21.4
捷达	223	49	735	833	228	1365	1342	27.5

（续）

代号 车型	H61-1/ mm	H61-2/ mm	L101/ mm	L103/ mm	W101-1/ mm	W101-2/ mm	W103/ mm	H101/ mm
奥迪 A6	999	960	2850	4886	1540	1569	1810	1451
小红旗	962	954	2687	4792	1476	1483	1814	1421
捷达	967	946	2471	4385	1464	1446	1695	1424

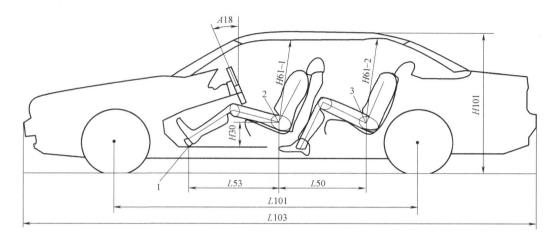

图 1-19　乘用车布置硬点尺寸示例

1—AHP　2—R 点-1　3—R 点-2

1.6.3　汽车内部空间的布置设计

车室内部布置应以乘员为中心，满足操纵方便、乘坐舒适和安全可靠等要求。汽车车室内部布置设计时应考虑以下事项：

1）乘员坐姿和座椅布置符合目标乘员群体舒适乘坐的要求。

2）保证车内必需的空间，如腿部空间、头部空间以及转动转向盘与驾驶人躯干之间的空间等，以保证驾驶人操作灵活、准确，增强舒适性和安全性。

3）操纵装置的布置位置和作用力大小符合人体操纵范围和操纵力的特点，使驾驶人操纵自然、迅速、准确而轻便，降低操纵疲劳程度。

4）驾驶人视觉信息系统适合人眼视觉特性和驾驶人视野要求，且能及时获得正确的驾驶信息。

5）具有被动安全措施，这些措施要符合人体运动特点和车内环境。例如，正确地设置安全带铰接点位置和对人体的约束力，可以降低车辆正碰时二次碰撞的伤害程度。

为扩大有效空间，结构设计师要同时考虑结构的最佳优化设计方案和结构零件的紧凑性问题。

1. 乘坐舒适坐姿

乘员座椅的布置，通过确定不同百分位乘员的设计 H 点位置来实现。对于驾驶人座

椅，不仅要确定设计 H 点的位置和行程，还需合理地设计 H 点调节方式和调节轨迹，为座椅调节机构设计提供参考。所确定的 H 点位置是驾驶人下肢舒适的乘坐位置，它与驾驶人的坐姿密切相关。

人体乘坐的舒适和疲劳程度与坐姿关节角度有关。舒适关节角度通常因车型而异。图 1-20 所示为乘用车驾驶人舒适坐姿下的人体关节角度范围，仅供参考。

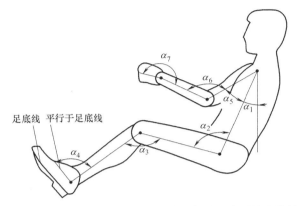

α_1	20°～30°
α_2	95°～120°
α_3	95°～135°
α_4	78°～105°
α_5	0°～50°
α_6	80°～170°
α_7	170°～190°

图 1-20　乘用车驾驶人舒适坐姿下的人体关节角度范围

硬点尺寸 $H30$ 是与座椅高度密切相关的重要尺寸。统计分析表明，对于不同类型的汽车，驾驶人姿势随着 $H30$ 的增大呈一定的变化规律，如图 1-21 所示。对于 A 类车，$H30$ 的值通常为 127～405mm。

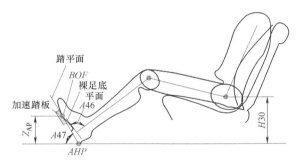

图 1-21　加速踏板与人体操纵姿势示意图

2. 驾驶人的 H 点设计布置

因为驾驶人乘坐位置与周围部件存在密切的人机关系，所以驾驶人座椅的布置对驾驶安全性、坐姿舒适性、视野和操作方便性都具有重要的影响，是车室内部布置的重要内容。

正常驾驶时，有三个重要的设计 H 点位置：最前位置、最后位置和平均位置。为保证驾驶人乘坐区域内能满足 90% 的驾驶人在视野和操作方便性上的要求，一般设计时将 95th 百分位男子的设计 H 点作为正常驾驶时的最后 H 点，以 5th 百分位女子的设计 H 点作为正常驾驶时的最前 H 点，如图 1-22 所示。

试制出样车后，将座椅调至最后、最下位置，用图 1-22 所示的三维人体模型测量"胯点"，此"胯点"即为 H 点。而后将 H 点与 R 点相认证，并按 H 点位置确认或进行修改设计。如果测定的 H 点不超出以 R 点为中心的水平边长 30mm、铅直边长 20mm 的矩形方框的范围，并且靠背角与设计值之间的差值不大于 3°，则认为 H 点与 R 点的相对位置满足要求。

驾驶人入座后体重的大部分通过臀部作用于座椅的座垫上，一部分通过背部由靠背承受，少部分通过左、右手和脚的踵点作用于转向盘和地板上。在这种坐姿条件下，驾驶人

在操作时身体上部的活动一定是绕 H 点的横向水平轴线转动。因此 H 点的位置决定了与驾驶人操作方便、乘坐舒适相关的车内尺寸的基准。

3．三踏板布置设计

三踏板包括加速踏板、制动踏板和离合器踏板，它们布置在地板凸包与车身内侧壁之间。

（1）**加速踏板与人体操纵姿势**　加速踏板的布置必须考虑长时间操作的舒适性，如图1-23所示，在加速踏板未踩下时，踝关节角度 $A46$ 不小于 $87°$，踩到底后 $A46$ 不大于 $105°$，还应该使驾驶人的拇趾点（BOF）踩在踏板中心位置。为此，需要计算踏平面角度和踏板中心高度，其中，踏平面角度 $A47$ 为

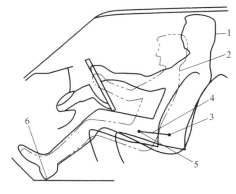

图1-22　驾驶人 H 点布置原理

1—95th百分位男子　2—5th百分位女子
3—95th百分位 H 点　4—H 点调节轨迹
5—5th百分位 H 点　6—AHP

$$A47 = 78.96 - 0.15(H30) - 0.0173(H30)^2 \tag{1-14}$$

此外踏板表面的倾斜角度要参照踏平面角度来确定，使驾驶人鞋底脚掌处很好地与踏板表面贴合，还要分析不同百分位驾驶人下肢的舒适性，尤其要考虑女性驾驶人穿高跟鞋驾驶的情况。

（2）**制动踏板和离合器踏板布置**　制动踏板和离合器踏板的位置可以参照加速踏板的位置进行布置，通常制动踏板和加速踏板表面错开一定距离，需要确定离合器踏板与驾驶人中心线的距离、制动踏板与驾驶人中心线的距离以及制动踏板与加速踏板之间的间距。

图1-23所示为德国推荐的确定三踏板布置的尺寸关系图。

（3）**踏板行程和踏板力**　踏板行程的确定应该保证在踏板踩下后，踝关节角度始终处于 $78° \sim 105°$ 的舒适范围内，在行车过程中由于

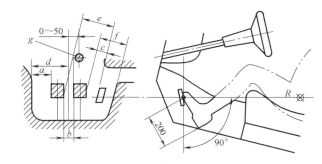

图1-23　三踏板布置的尺寸关系图

频繁踩踏，要求加速踏板操纵轻便，在保证操纵轻便的同时，也要保持一定的力反馈，即保持合适的操纵力梯度。

4．后排乘员的 H 点布置

乘员座椅多为行程不可调节座椅，乘员的 H 点布置需将选定的人体模板根据底面线（考虑压塌量）和前排座椅来定位，以第二排乘员的 H 点布置为例，如图1-24所示。

不同类型的车，对乘坐空间的要求也不同，应选用合适的人体模板。例如，有些家庭用车，前排用于夫妇乘坐，而后排则专门为儿童设计，此时后排可选用小尺寸的人体模板。

乘员的放脚位置和脚的姿势，对前后座椅的间距影响很大。考虑到舒适性和腿部空间的要求，一般将乘员的脚布置在前排座椅下面，并使乘员的膝盖与前排座椅靠背的后面保

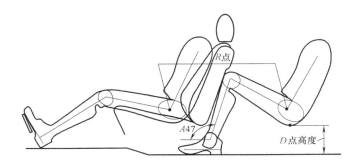

图 1-24 第二排乘员的 H 点布置

持必要的间隙。采用阶梯地板布置可保证前排座椅的下部留有足够的放脚空间，且前后座椅的间距变小，有利于小型乘用车的布置，座椅靠背厚度对乘坐空间的影响很大，应根据车辆的级别合理选择。

5. 安全带固定点位置的设计

安全带能有效地保护驾驶人和乘员的安全。一方面驾驶室内不应有易使人致伤的凸起物，同时头部能触及的区域要进行软化设计；另一方面就是安全带的正确使用。

安全带有三种形式：两点式、三点式和四点式。两点式安全带能防止汽车碰撞时乘员下身有过大的相对位移，防止乘员被甩到车外，缺点是不能约束乘员上身的运动，因此只适用于后排座椅和货车中间座椅。目前乘用车前排和商用车前排驾驶人座椅及其旁边座椅均采用三点式安全带，三点式安全带由腰带和肩带组合而成，既能防止乘员下身有过大的位移，又能阻止上身向前运动。

安全带固定装置在车内固定点的位置对佩戴方便性和安全保护作用有重要影响。肩带固定点位置选择不当，乘员上半身可能脱出安全带；下固定点位置选择不当，汽车碰撞时乘员下半身可能向前滑移。因此安全带固定点的位置非常重要，GB 14167—2013《汽车安全带安装固定点、ISOFIX 固定点系统及上拉带固定点》对安全带的固定点有相关强制性要求。下面介绍日本的安全带布置规定：

(1) 腰带在车体上固定点的位置　腰带固定点与 H 点的连线与水平线之间的夹角 α 在座椅各调节位置时应为 45°±30°，并要求固定装置的宽度大于 350mm。结构上无法实现时宽度可减小至 300mm。

(2) 肩带固定点的位置　肩带固定点的位置应在图 1-25 所示的阴影线范围内。

近年来安全气囊在乘用车上得到了广泛的应用，但只有在正确使用安全带的条件下，安全气囊才能发挥其保护驾驶人和乘员的作用。安全气囊布置在转向盘内或者乘员前部的仪表板内。

1.6.4　乘用车外廓尺寸的确定

1. 顶盖轮廓线的确定

首先将座椅放置在高度方向和长度方向的平均位置处，然后确定 H 点，并引出一条与铅垂线夹角为 8°的斜线，如图 1-26 所示，再确定从 H 点沿 8°斜线方向截取距离为

765mm 的 F 点。F 点相当于第 50 百分位驾驶人的头部最高点。从 F 点垂直向上截取 100~135mm 为车顶内饰线。车顶包括钢板、隔离层、蒙面等，厚度为 15~25mm。因顶盖轮廓是上凸的曲面，并对称于汽车的纵轴线，故再增加 20~40mm 才是汽车顶盖横剖面上的最高点。用同样的方法找出后排座椅上方的最高点，前、后座椅上方两点连线即为顶盖的纵向轮廓线。

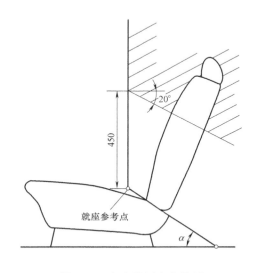

图 1-25 安全带固定点位置

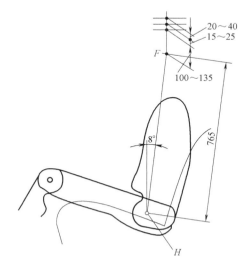

图 1-26 顶盖轮廓线的确定

2. 前后风窗的布置

根据发动机舱盖高度和前围位置，考虑造型上的要求，可确定前风窗下边缘发动机舱盖 C 点位置。根据行李舱盖高度和后围位置，考虑造型上的要求，可确定后风窗下缘行李舱面 D 点位置。发动机舱盖 C 点决定了车头长度，行李舱面 D 点决定了车尾长度。两者之间的长度决定了乘员舱的大小，如图 1-27 所示。确定前后风窗角度和开口大小时，需要兼顾驾驶人视野、造型和空气动力学等方面的要求，其关键尺寸如图 1-27 和图 1-28 所示。

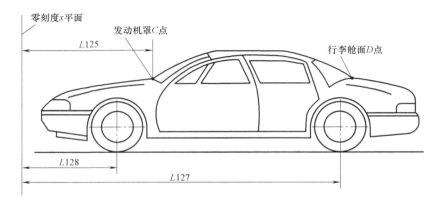

图 1-27 发动机舱盖 C 点、行李舱面 D 点和长度尺寸

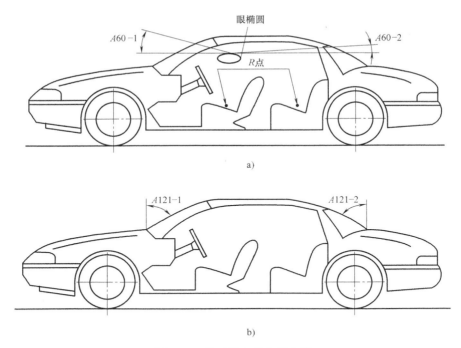

眼椭圆

A60−1

A60−2

*R*点

a)

A121−1

A121−2

b)

图 1-28　前后风窗的布置参数

a）前视野参数　b）前后风窗倾角

3. 车身横截面确定与上下车方便性

车身宽度方向的尺寸要保证乘员头部与侧窗、肩部与车门以及肘部与车门之间的间隙，如图 1-29 所示；车身外表的各点则与顶盖厚度、玻璃下降的轨迹、门锁和玻璃升降尺寸以及车门厚度等因素有关。在横截面上布置门槛梁和顶盖梁，可以确定门槛和门框的高度。

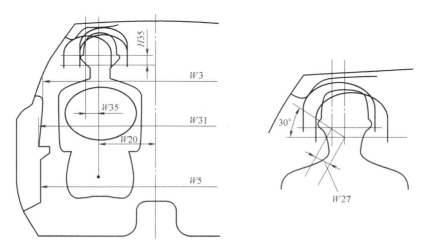

H35

W3

W35

W31

W20

W5

30°

W27

图 1-29　车身宽度方向的布置尺寸

乘用车车身横截面由顶盖、车门和地板的外形形成。将在确定顶盖纵向轮廓时求得的

左、右座椅乘员头部上方顶盖上的点，画到横截面图上，再加上顶盖纵向轮廓线上的点，共三点即可画出顶盖横向轮廓线。

因乘用车车身低、车门小，在确定车身侧壁倾斜度时，应考虑上、下车的方便性，如图 1-30 所示。当车门上、下槛边缘之间的间距 $K=0$ 时，乘员上身需倾斜 30°左右才能入座，较为不方便；当 $K=100\sim150\text{mm}$ 时（上窄下宽），乘员上身只稍许倾斜 0°~10°即可入座。但此间距过大会使汽车上下比例失调，影响外观，且玻璃升降占用车门内空间大，并影响肩部和玻璃之间的间隙（要求大于 100mm）、肘部和车门内表面之间的间隙（要求大于 70mm）。

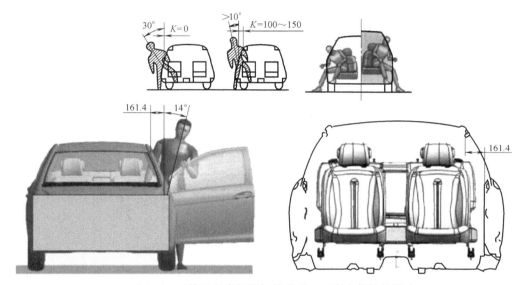

图 1-30　K 值和车身侧壁倾斜度对上下车方便性的影响

1.7　汽车布置的校核

1.7.1　车身布置的人机工程校核

车辆人机工程校核包括人体坐姿舒适性校核、视野校核（前方视野校核、后方视野校核、仪表板可视性校核）以及舒适性校核（上下车方便性校核、操纵舒适性校核、脚踏板改进型校核）等。

1. 视野校核

驾驶人视野是指驾驶人处于正常驾驶位置，并且当其眼睛和头部在正常活动范围内时能直接或借助于辅助设备看到的范围，可分为直接视野和间接视野。驾驶人直接视野是指驾驶人直接看到的范围；驾驶人间接视野是指驾驶人借助后视镜等辅助设备看到的范围。

阻碍驾驶人视线的物体称为视野障碍。被视野障碍挡住而驾驶人看不见的区域，称为盲区。按照眼的使用情况，盲区有单眼盲区和双眼盲区之分。单眼盲区是指左眼或右眼单

独观察时，由于视野障碍的阻挡而看不见的区域；双眼盲区是指由于视野障碍的阻挡而两眼不能同时看见的区域。

以驾驶人环绕视野为例，驾驶人在驾驶位置向周围地面观察时，由于立柱、车门、发动机舱盖和行李舱盖等的阻挡，会形成盲区，如图 1-31 所示。盲区之外的地方就是可见区域。

视野校核必须选定合适的眼点，而眼点的选定又要以眼椭圆为依据。眼点的选取原则是选取眼椭圆轮廓上视野性能最差的眼点。例如，计算可视区要选择使视野最小的眼点，而计算盲区则应选择使盲区最大的眼点。

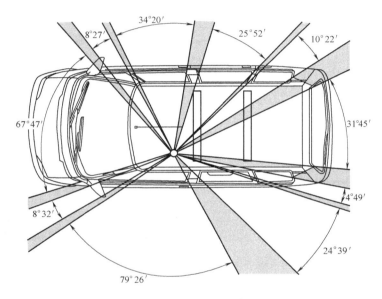

图 1-31　环绕视野和盲区

（1）前方视野校核

1）前风窗开口视野校核。

前风窗开口上沿应该具有足够的高度，以使驾驶人能够方便地观察车头前方 12m 远、5m 高的交通灯。前风窗开口下沿高度与前方下视野有关，其高度的选取应保证地面盲区长度在许可范围内。对于乘用车，前方上视野必须给予重视。此外，不合理的前方上下视野还会影响驾驶人颈部的舒适性。设计时，需要作出各种条件下的上、下视野线，以检查前风窗的布置，如图 1-32 所示。其中，V_1、V_2 两点的定义参见 GB 11562—2014《汽车驾驶员前方视野要求及测量方法》。

2）A 柱盲区校核。

驾驶人一侧的 A 柱（包括所有能够阻挡驾驶人视线的附件、玻璃密封条等）盲区，是驾驶人前方视野盲区中最主要的部分。由于 A 柱对驾驶人视线的阻挡，驾驶人常常需要转动眼睛和头部观察驾驶人一侧前方的交通状况，容易引起疲劳，对安全行车不利。GB 11562—2014《汽车驾驶员前方视野要求及测量方法》中采用双目障碍角表示 A 柱盲区，其大小与 A 柱本身的结构尺寸和驾驶人眼睛到 A 柱的距离有关，每根 A 柱的双目障碍角不

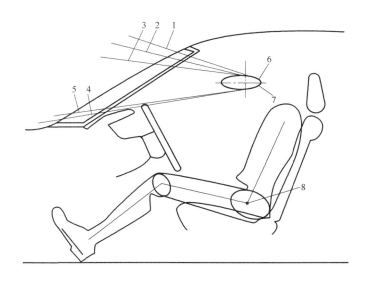

图 1-32 前方视野及视角

1—观察交通灯的眼椭圆视切线（最小为 14°）　2—过前风窗玻璃刮扫区域上边界的眼椭圆视切线（通常为 10°）

3—过 V_1 点的前风窗玻璃透明区上边界视线（7°）　4—过 V_2 点的前风窗玻璃透明区下边界视线（5°）

5—过 V_2 点的转向盘轮缘上切线　6—V_1 点　7—V_2 点　8—R 点

能超过 6°。如图 1-33 所示，GB 11562—2014 和 SAE J1050 均有 A 柱盲区的校核方法。

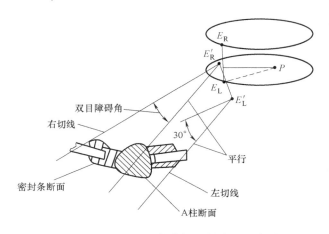

图 1-33 SAE J1050 推荐的 A 柱盲区示意图

3）风窗玻璃刮扫面积和刮扫部位的校核。

刮水器的功能是刮除风窗玻璃上的雨、雪和其他污物，保持风窗玻璃有良好的视野性。刮扫面积是指刮水器在风窗玻璃上能刮扫的有效面积，保证该区域满足驾驶人的视野要求，是布置刮水器的依据。SAE J903c 规定的理论刮扫区，是由眼椭圆的上、下、左、右四个切平面与前风窗玻璃相交的四条交线围成的区域，根据刮扫清晰度要求可分为 A、B、C 三个区域，如图 1-34 所示，乘用车视野所要求的刮扫区域见表 1-17。刮扫区域、刮

扫面积与刮水器的布置位置、刮扫摆角和刮片尺寸有关。为评判刮水器刮扫的有效性，需要计算刮净率，其定义为实际刮扫区与理论刮扫区的面积之比。

（2）后方视野校核 驾驶人后方视野是驾驶人借助后视镜间接观察到的范围，一般分为两种：驾驶人借助车外后视镜看到的外后视野和借助车内后视镜看到的内后视野。车内后视镜通常为平面镜，车外后视镜有平面镜和曲面镜两种形式。

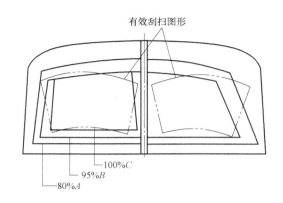

图 1-34 不同区域的清晰度要求

表 1-17 乘用车视野所要求的刮扫区域

区域	刮净率（%）	与眼椭圆切平面的角度/（°）			
		左	右	左	右
A	80	18	56	10	5
B	95	14	53	5	3
C	100	10	15	5	1

汽车后视镜的布置应充分考虑人眼的视觉特性，以尽量靠近驾驶人直前视线为宜，这样，驾驶人不用经常转动眼睛和头部就能获得足够的信息。人机工程学推荐后视镜水平方向的位置位于驾驶人直前视线左右各 60°（45°头部自然转动角与 15°眼睛自然转动角之和）范围内，垂直方向的位置位于驾驶人直前视线上下各 45°（30°头部自然转动角与 15°眼睛自然转动角之和）范围内。对于驾驶人侧后视镜，一般推荐镜中心与靠近后视镜一侧眼点的连线（或眼椭圆切线）与驾驶人直前视线的夹角不大于 55°。观察后视镜的视线不应被立柱阻挡。若通过前风窗观察后视镜，后视镜应布置在通过前风窗刮扫区域可看到的范围内。对于副驾驶人侧后视镜，应安装在驾驶人直前视线 75°范围内，如图 1-35 所示。

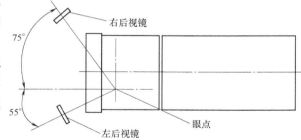

图 1-35 汽车后视镜的布置

GB 15084—2013《机动车辆间接视野装置 性能和安装要求》规定，汽车在空载质量状态，并且前排具有一名乘员的条件下，达到下述视野要求：

1）对内后视镜（Ⅰ类），要求驾驶人借助它能在水平路面上看见一段宽度至少为 20m 的视野区域，其中心平面为汽车纵向基准面，并从驾驶人的眼点后 60m 处延伸至地平线，如图 1-36a 所示。

2）对于主外后视镜（Ⅱ类），对于驾驶人一侧外后视镜，要求驾驶人至少能看到 5m 宽、由平行于车辆垂直纵向中间平面并且通过驾驶人一侧车辆最远点的平面所界定，并延伸至驾驶人眼点后方 30m 的水平路面部分；对于乘员一侧外后视镜，要求驾驶人至少能

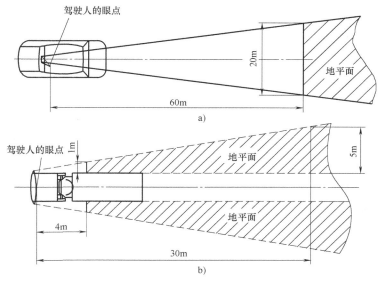

图 1-36　Ⅰ类和Ⅱ类汽车后视野的要求

看到 5m 宽、由乘员一侧平行于车辆垂直纵向中间平面并且通过乘员一侧车辆最远点的平面所界定，并延伸至驾驶人眼点后方 30m 的水平路面部分。同时，对于左、右侧外视镜，驾驶人应够看到从通过驾驶人两眼点的垂面后方 4m 的点开始、宽 1m，由平行于车辆垂直纵向中间平面并通过车辆最远点的平面所限定的路面，如图 1-36b 所示。

2. 舒适性校核

舒适性校核包括操纵舒适性校核、上下车方便性校核和踏板舒适性校核等。后两者的相关要求在前面已提及，此处重点介绍变速杆和驻车制动操纵手柄校核、驾驶人室内操作手伸及最大空间界面的确定和发动机舱盖、后背门开启角度校核。

（1）**变速杆和驻车制动操纵手柄校核**　操纵手柄舒适性校核要求：变速杆和驻车制动杆的操纵动作要使手臂或手处于最舒服的施力位置，操纵手柄布置必须考虑与座椅的位置关系；变速杆手柄在所有工作位置时，应位于转向盘下面和驾驶人座椅右面，在通过 R 点的横向垂直平面之前，不低于座椅表面；变速杆及驻车制动杆所有工作位置在通过 R 点水平面上的投影距 R 点小于 600mm，如图 1-37 所示。

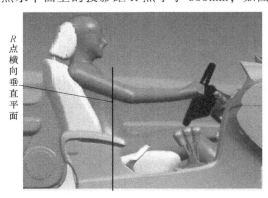

图 1-37　操纵舒适性校核示意图

（2）**驾驶人室内操作手伸及最大空间界面的确定**　驾驶人手伸及界面是指汽车驾驶人以正常的驾驶姿态坐在座椅中，身系安全带，一只手握住转向盘时另一只手能伸及的最大空间。试验表明，驾驶人手伸及界面是形状如椭球的空间曲面，如图 1-38 和图 1-39 所示。

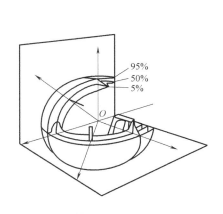

图 1-38　手伸及界面的形状

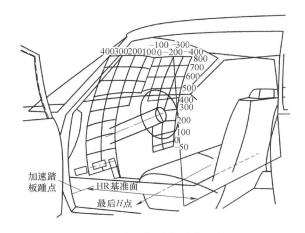

图 1-39　汽车驾驶人手伸及界面

汽车驾驶人手伸及界面是否合理，或者说驾驶室内手操作钮件布置得正确与否，可利用国际标准 ISO 3958 来检验它们是否在驾驶人手伸及范围内。

（3）**发动机舱盖、后背门开启角度校核**

1）发动机舱盖开启角度校核。

根据人机工程学，发动机舱盖开启角度应满足下列要求，即

$$A\ 角度 < 发动机舱盖的开启角度 < B\ 角度 \tag{1-15}$$

式中　A 角度——95% 的人群在发动机舱盖开启，H 点的铅垂线距离汽车前部顶点 110mm 的情况下，头部顶点绕 H 点的运动轨迹，与发动机舱盖没有干涉；

B 角度——5% 的人群在发动机舱盖开启，H 点的铅垂线距离汽车前部顶点 110mm 的情况下，手伸后可触及发动机舱盖外板，如图 1-40 所示。

2）后背门开启角度校核。

根据人机工程学，后背门的开启角度应满足下列要求，即

$$A\ 角度 < 后背门的开启角度 < B\ 角度 \tag{1-16}$$

式中　A 角度——95% 的人群在后背门开启，H 点的铅垂线距离汽车后部顶点 110mm 的情况下，头部顶点与后背门内板的安全距离至少为 200mm；

B 角度——5% 的人群在后背门开启后，手伸高度可以触及后背门把手的后背门开启角度。

如果没有满足上述条件的角度，根据经验值，后背门开启后把手高度在 1850 ～ 1950mm 之间，图 1-41 所示为后背门开启角度校核示意图。

图 1-40 发动机舱盖开启角度校核示意图

图 1-41 后背门开启角度校核示意图

1.7.2 运动校核

在总体布置设计中，运动检查包括两方面内容：一是从整车角度出发进行运动学正确性的检查；二是对于有相对运动的部件或零件进行运动干涉检查。上述检查关系到汽车能否正常工作，必须引起重视。

由于汽车是由许多总成组装在一起的，总体设计师应从正常角度出发考虑，根据总体布置和各总成结构特点完成运动正确性的检查。为防止运动干涉，需要对具有相对运动的零部件进行运动校核。需要校核的工作主要包括转向轮跳动图、传动轴跳动图、转向传动装置与悬架的干涉转向校核图、转向系统间隙校核图、驾驶室翻转校核图以及变速操纵机构校核图等。目前一般综合运用二维和三维分析的方法进行运动校核。图 1-42 所示为前独立悬架的车轮在最大内外轮转角、前悬架动挠度等情况下的跳动三维包络图，可用于与翼子板、转向杆系之间的运动校核；图 1-43 所示为后独立悬架的车轮跳动至极限位置时的最大包络图。

图 1-42 前轮跳动包络图

图 1-43 后轮跳动包络图

下面介绍转向传动装置与纵置钢板弹簧悬架导向机构运动是否协调的二维作图校核方法。作图方法如下：

先在侧视图上画出转向器及转向杆系与纵置钢板弹簧的相对位置，如图 1-44 所示，当车轮上、下跳动时，转向节臂球销中心 A_1 要沿着钢板弹簧主片中点 C 所决定的轨迹运动。弹簧主片中点 C 的摆动中心为 O_1，其坐标位置为：纵向与卷耳中心相距 $\dfrac{L_e}{4}$（L_e 为卷耳中心到前 U 形螺栓中心的距离）；在高度方向上，与卷耳中心相距 $\dfrac{e}{2}$（e 为卷耳半径）。由于 C 点与 A_1 点在空间做平移运动，有摆动中心 O_1 后，按平行四边形机构原理，作平行四边形 $O_1CA_1O_2$。

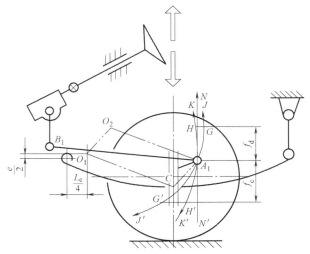

图 1-44　悬架与转向的运动校核图

以转向节臂球销中心 A_1 的摆动中心 O_2 为中心，O_2A_1 为半径作圆弧 JJ'，再以转向器摇臂下端 B_1 为圆心、B_1A_1 为半径作圆弧 KK'。过 A_1 点作主片卷耳连线的垂线 NN'，并沿 A_1 点向上截取距离为动挠度 f_d 的点，向下截取距离为静挠度 f_c 的点，通过这两点作垂直于 NN' 的直线与两个运动轨迹分别交于 G、H、G' 和 H' 四个点，GH 和 $G'H'$ 为钢板弹簧与转向纵拉杆运动不协调所造成的轨迹偏差，GH 和 $C'H'$ 应尽量小一些，尤其在常见的跳动范围内，应保证在轮胎的弹性范围以内，如果偏差较大则应对转向器的位置、转向摇臂的长度进行适当修改，转向器摇臂下端 B_1 应尽量布置在 A_1 的运动中心 O_2 的附近。

1.8　汽车载荷分析

1.8.1　车轮与路面接触点处的作用力

计算底盘零件的强度，一般是利用汽车直线行驶时车轮与地面接触点处的作用力。作用在车轮上的主要载荷可以分为垂直力、侧向力、纵向力（包括驱动力和制动力），如图 1-45 所示。而在计算静强度时，以坑洼不平路面行驶状态、通过障碍物时行驶状态或具有最大减速度制动状态的载荷来进行校核计算。在计算其耐久性时，选择中等质量的道路路面行驶状态的载荷来进行校核计算。

地面对车轮的作用力，计算时考虑到以下四种可能的载荷工况：

1）垂直力 F_z 最大，发生在汽车以可能的高速通过不平路面时，不考虑纵向力和侧向力的作用。

2）制动力 F_B 最大，附着系数 φ 取 0.8，不考虑侧向力的作用。

3）驱动力 F_x 最大，附着系数 φ 取 0.8，不考虑侧向力的作用。

4）侧向力 F_y 最大，其最大值发生于侧滑时，轮胎与地面的侧向附着系数在计算时取 1.0，不考虑纵向力的作用。

由于车轮承受的纵向力 F_x（驱动力 F_x 或制动力 F_B）和侧向力 F_y 受车轮和地面最大附着力的限制，即有

$$F_z\varphi = \sqrt{F_x^2 + F_y^2} \tag{1-17}$$

因此，纵向力最大时不考虑侧向力的作用，而侧向力最大时不考虑纵向力的作用。

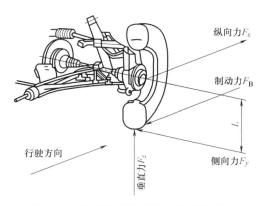

图 1-45 地面作用在车轮上的主要载荷

1. 最大垂直力工况

汽车在道路上直线行驶时，一侧车轮与路面接触点处的最大垂直力 F_z 可以表示为

$$F_{z1L} = F_{z1R} = \frac{1}{2}k_d G_1 \tag{1-18}$$

$$F_{z2L} = F_{z2R} = \frac{1}{2}k_d G_2 \tag{1-19}$$

式中 G_1——满载状态下前轴上的静载荷；

　　　G_2——满载状态下驱动桥上的静载荷；

　　　k_d——动载荷系数，根据经验数据取值，即乘用车取 $k_d = 1.5 \sim 2.0$；普通货车取 $k_d = 2.0 \sim 2.5$；越野车取 $k_d = 2.5 \sim 3.0$。

2. 最大制动力工况

图 1-46 所示为汽车制动过程中的受力分析图。

汽车前、后轴上的垂直力表示为

$$F_{z1} = \frac{L_2}{L}G + \frac{h_g}{L}ma_B = \frac{G}{L}\left(L_2 + h_g\frac{a_B}{g}\right) \tag{1-20}$$

$$F_{z2} = \frac{L_1}{L}G - \frac{h_g}{L}ma_B = \frac{G}{L}\left(L_1 - h_g\frac{a_B}{g}\right) \tag{1-21}$$

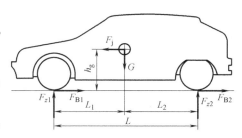

图 1-46 汽车制动过程中的受力分析图

前、后轴的最大地面制动力可以表示为

$$F_{B1} = F_{z1}\varphi = \frac{G}{L}\left(L_2 + h_g\frac{a_B}{g}\right)\varphi \tag{1-22}$$

$$F_{B2} = F_{z2}\varphi = \frac{G}{L}\left(L_1 - h_g\frac{a_B}{g}\right)\varphi \tag{1-23}$$

式中 L——轴距；

　　　L_1——汽车质心与前轴之间的距离；

　　　L_2——汽车质心与后轴之间的距离；

　　　h_g——汽车质心高度；

G——整车重量；

m——整车质量；

a_B——制动减速度；

φ——附着系数。

乘用车、轻型货车等轻型、高速车辆的同步附着系数一般都大于 0.8，可以据此确定用于静强度计算的最大制动力工况，即最大制动力 F_B 和垂直力 F_z 组合。

对于车轮上的最大制动力，也可以通过轴荷转移系数来确定，制动时前轴的轴荷变大，一侧前轮最大制动力工况为

$$F_{B1L} = F_{B1R} = \frac{m_1' G_1 \varphi}{2} \qquad (1\text{-}24)$$

$$F_{z1L} = F_{z1R} = \frac{m_1' G_1}{2} \qquad (1\text{-}25)$$

式中 G_1——满载状态下前轴上的静载荷；

m_1'——汽车制动时的前轴轴荷转移系数，乘用车取 1.20 ~ 1.40，货车取 1.40 ~ 1.60。

在制动时，作用在后轴上的垂直负荷是减小的，一侧后轮制动工况为

$$F_{B2L} = F_{B2R} = \frac{m_2' G_2 \varphi}{2} \qquad (1\text{-}26)$$

$$F_{z2L} = F_{z2R} = \frac{m_2' G_2}{2} \qquad (1\text{-}27)$$

式中 G_2——满载状态下一个驱动桥上的静载荷；

m_2'——汽车制动时的后轴轴荷转移系数，乘用车取 0.80 ~ 0.85，货车取 0.75 ~ 0.90。

3. 最大驱动力工况

在加速时，由于有轴荷转移，作用在前轮上的垂直负荷是减小的，一侧前轮驱动工况为

$$F_{z1L} = F_{z1R} = \frac{m_1' G_1}{2} \qquad (1\text{-}28)$$

$$F_{x1L} = F_{x1R} = \frac{m_1' G_1 \varphi}{2} \qquad (1\text{-}29)$$

式中 G_1——满载状态下前轴上的静载荷；

m_1'——汽车最大加速度时的前轴轴荷转移系数，乘用车取 0.80 ~ 0.85，货车取 0.75 ~ 0.90。

汽车加速时，作用在后轮上的垂直负荷是增加的，一侧后轮驱动工况为

$$F_{z2L} = F_{z2R} = \frac{m_2' G_2}{2} \qquad (1\text{-}30)$$

$$F_{x2L} = F_{x2R} = \frac{m_2 G_2 \varphi}{2} \qquad (1\text{-}31)$$

式中 G_2——满载状态下一个驱动桥上的静载荷；

m_2'——汽车最大加速度时的后轴轴荷转移系数，乘用车取 1.2 ~ 1.4，货车取 1.1 ~ 1.2。

4. 最大侧向力工况

汽车在道路上直线行驶时，车轮与路面接触点处的最大侧向力 F_y 可以表示为

$$F_y = \pm F_z \varphi_L \tag{1-32}$$

式中　φ_L——侧向力系数。

当汽车满载、高速急转弯时，会产生一个相当大的且作用于汽车质心处的离心力。汽车也会由于其他原因而承受侧向力，当汽车所承受的侧向力达到地面给轮胎的侧向反作用力的最大值即侧向附着力时，汽车处于侧滑的临界状态，此时不考虑纵向力。

汽车向右侧滑时的车轮受力分析图如图 1-47 所示，因此可以计算出驱动桥侧滑时左、右驱动轮的支撑反力为

$$F_{z2L} = \frac{G_2}{2}\left(1 \mp \frac{2h_g\varphi_L}{B_2}\right) \tag{1-33}$$

$$F_{z2R} = \frac{G_2}{2}\left(1 \pm \frac{2h_g\varphi_L}{B_2}\right) \tag{1-34}$$

侧滑时地面给左、右车轮的侧向力为

$$F_{y2L} = \frac{G_2}{2}\left(1 \mp \frac{2h_g\varphi_L}{B_2}\right)\varphi_L \tag{1-35}$$

$$F_{y2R} = \frac{G_2}{2}\left(1 \pm \frac{2h_g\varphi_L}{B_2}\right)\varphi_L \tag{1-36}$$

式中　G_2——静载时汽车的后驱动桥对水平地面的载荷（N）；

　　　B_2——驱动轮的轮距（mm）；

　　　h_g——质心高度（mm）；

　　　φ_L——侧向力系数，取 $\varphi_L = 1.0$。

式中的 "+" "–" 号选取规定如下：当侧向力如图 1-47 所示向左作用时，取上面的符号；向右作用时，取下面的符号。

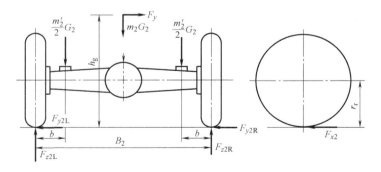

图 1-47　汽车向右侧滑时的车轮受力分析图

1.8.2　发动机转矩引起的载荷

在对汽车传动系统的载荷工况进行分析以及对零部件的静强度进行计算时，通常按照

以下三种工况确定计算载荷。

（1）按发动机最大转矩和最低档传动比确定

$$T_{se} = \frac{\xi k_d T_{emax} k i_{\sum} \eta}{n} \tag{1-37}$$

式中　T_{se}——传动系统的计算转矩（N·m）；

　　　T_{emax}——发动机最大转矩；

　　　n——计算驱动桥数，取值见表1-18；

　　　η——传动系统中发动机到所计算零件之前的传动效率；

　　　k——液力变矩器的变矩系数，有 $k = [(k_0-1)/2]+1$，k_0 为最大变矩系数；

　　　ξ——差速器的转矩分配系数，所计算零件位于驱动桥中时一般可取 0.5，其余位置 $\xi = 1$；

　　　k_d——猛接离合器所产生的动载系数，液力自动变速器取为1，具有手动操纵的机械变速器的高性能赛车取 $k_d = 3$，性能系数 $f_j = 0$ 的汽车（一般货车、矿用汽车和越野车）取 $k_d = 1$，$f_j > 0$ 的汽车取 $k_d = 2$ 或由经验选定，性能系数由下式计算，即

$$f_j = \begin{cases} \dfrac{1}{100}\left(16 - 0.195 \dfrac{m_a g}{T_{emax}}\right), & 0.195 \dfrac{m_a g}{T_{emax}} < 16 \\[3mm] 0, & 0.195 \dfrac{m_a g}{T_{emax}} \geq 16 \end{cases} \tag{1-38}$$

式中　m_a——汽车满载质量（若有挂车，则要加上挂车质量）。

式（1-37）中 $i_{\sum}$ 为传动系统在所计算零件之前的总传动比，$i_{\sum}$ 须根据在传动系统中不同的位置进行选择确定，$i_{\sum}$ 的表达式为

$$i_{\sum} = i_1 i_f i_0 i_m \tag{1-39}$$

式中　i_1——变速器一档传动比；

　　　i_0——主减速器的传动比；

　　　i_m——主减速器从动齿轮到车轮间的传动比，无轮边减速器时 $i_m = 1$；

　　　i_f——分动器传动比，取值见表1-18。

表1-18　n 与 i_f 选取表

车型	高档传动比 i_{fg} 与低档传动比 i_{fd} 的关系	i_f	n
4×4	$i_{fg} > i_{fd}/2$	i_{fg}	1
	$i_{fg} < i_{fd}/2$	i_{fd}	2
6×6	$i_{fg}/2 > i_{fd}/3$	i_{fg}	2
	$i_{fg}/2 < i_{fd}/3$	i_{fd}	3

（2）按驱动轮打滑确定　取驱动轮与路面的最大附着力矩 $T_{\varphi max}$ 作为传动系统的第二种计算载荷，有

$$T_{ss} = \frac{\xi T_{\varphi max}}{i_{\sum} \eta_m} = \frac{\xi F_x r_r}{i_{\sum} \eta_m} \tag{1-40}$$

式中 T_{ss}——驱动轮打滑转矩（N·m）；

   r_r——轮胎的滚动半径（m）；

   F_x——纵向力，根据式（1-29）与式（1-31）进行选取；

   η_m——主减速器主动齿轮到车轮之间的传动效率。

式（1-40）中其他量的含义同式（1-37）。

（3）按汽车日常行驶平均转矩确定

$$T_{sf} = \frac{\xi F_t r_r}{i_\Sigma \eta_m n} \tag{1-41}$$

式中 T_{sf}——日常行驶平均计算转矩；

   F_t——汽车日常行驶平均牵引力。

表 1-19 给出了传动系统不同位置处的载荷计算方法。

表 1-19 传动系统不同位置处的载荷计算方法

位置 计算方法	用于变速器与 驱动桥之间	用于主减速器 从动齿轮处	用于转向驱动桥中
按发动机最大转矩和 最低档传动比确定	$i_\Sigma = i_1 i_f$ $T_{se1} = \dfrac{k_d T_{emax} k i_1 i_f \eta}{n}$	$i_\Sigma = i_1 i_f i_0$ $T_{se2} = \dfrac{k_d T_{emax} k i_1 i_f i_0 \eta}{n}$	$i_\Sigma = i_1 i_f i_0$ $T_{se2} = \dfrac{k_d T_{emax} k i_1 i_f i_0 \eta}{2n}$
按驱动轮打滑确定	$i_\Sigma = i_0 i_m$ $T_{ss1} = \dfrac{G_2 m_2' \varphi r_r}{i_0 i_m \eta_m}$	$i_\Sigma = i_m$ $T_{ss2} = \dfrac{G_2 m_2' \varphi r_r}{i_m \eta_m}$	$i_\Sigma = i_m$ $T_{ss2} = \dfrac{G_1 m_1' \varphi r_r}{2 i_m \eta_m}$
按汽车日常行驶平均转 矩确定	$i_\Sigma = i_0 i_m$ $T_{sf1} = \dfrac{F_t r_r}{i_0 i_m \eta_m n}$	$i_\Sigma = i_m$ $T_{sf2} = \dfrac{F_t r_r}{i_m \eta_m n}$	$i_\Sigma = i_m$ $T_{sf2} = \dfrac{F_t r_r}{2 i_m \eta_m n}$

进行静强度计算时，计算载荷 T_s 取 T_{se} 和 T_{ss} 的最小值，即 $T_s = \min(T_{se}, T_{ss})$，安全系数一般取 2.5~3.0。进行疲劳寿命计算时，计算载荷 T 取 T_{sf}。

1.8.3 车身的标准 G 载荷

目前，世界各大汽车公司根据各地区的使用条件大都制定了各自的标准载荷，对带装备的车身结构上的悬架螺旋弹簧作用位置施加约束，完成标准工况的载荷分析，可以模拟车身具体的变形现象，并看出车身上载荷的分布和高应力区。一些汽车公司对欧洲地区承载式车身采用三种标准 G 载荷工况，如图 1-48 所示，具体应用举例如下：

（1）颠簸载荷工况 如图 1-48a 所示（图中数字表示约束的方向），对车身各点质量在 $-z$ 方向施加 3.5g 载荷系数（g 为重力加速度），使结构呈弯曲变形。测得某车高应力出现在车身前段，如接近蓄电池，液、气罐和鼓风机集中质量处的车身前围挡板和内侧护板上；此外，散热器支架接近格栅开口处和散热器支承板上部到前指梁接头处，也出现高应力，如图 1-49 所示。

（2）扭转载荷工况 如图 1-48b 所示，对车身各点质量在 $-z$ 方向施加 3.5g 载荷系

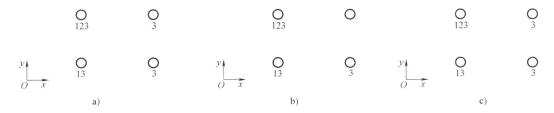

图 1-48　国外公司用于欧洲地区整体车身（车架）的标准载荷

a）颠簸载荷工况　b）扭转载荷工况　c）颠簸和制动工况

○—插手支撑点　1—x 方向约束　2—y 方向约束　3—z 方向约束

数，且右后悬架螺旋弹簧处完全不约束，因此呈歪扭变形状况。这种扭转工况是最严重的载荷工况，测得某车高应力区出现在内侧护板、散热器支承板上部、前围挡板以及后柱到地板的接头处。与颠簸载荷工况不同的是，这些应力不是围绕集中质量分布的，而是分布于整个结构。

（3）**颠簸和制动工况**　如图 1-48c 所示，对车身各点质量在 $-z$ 方向施加 $3.5g$ 载荷系数，同时在 x 方向作用 $1.87g$ 载荷系数，约束条件与颠簸载荷工况相同；此时应力比扭转载荷工况的小，应力分布更局部化，高应力出现在前轮罩上部开口处的内侧护板上。

G 载荷一般用于已建立车身拓扑模型和几何参数模型的设计阶段，计算可得到指导性的应力信息。检查在 G 载荷作用下的结构强度和刚度时，取许用应力为材料的屈服强度；而且应力分布图初步提供了可能影响寿命的潜在高危区域信息。标准载荷分析的主要缺点是不能预测疲劳寿命，要预测高危区域疲劳寿命必须测得并输入该汽车的时域随机载荷。但在车身设计的早期阶段，详细结构模型尚未建立，还不能实测或仿真得到用于疲劳分析的车身支承处的载荷-时间历程。因此，只有在设计第二阶段构造详细结构后，才可进行疲劳寿命预测。

1.8.4　随机载荷——疲劳载荷

实际汽车在不平道路上行驶，汽车的零部件都要经常承受交变应力的作用。当交变应力大小超过一定数值时，则在零件的材料中进行逐渐累积损伤的过程，其表现形式为微观裂纹，随着零件的继续运行，其微观裂纹也在逐渐发展、扩大并减弱零件界面的强度，当损伤达到一定程度后零件便会突然断裂，这个过程称为疲劳损伤或疲劳破坏。

随机载荷使构件承受反复交变的应力，该应力虽然不大，甚至不超过弹性极限，但也会导致汽车结构疲劳损失，

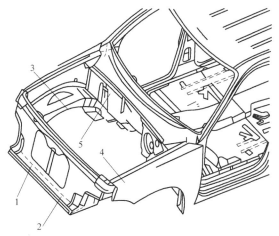

图 1-49　高应力区示意图

1、2—散热器支架接近格栅口处　3—液、气罐位置

4—散热器支架与前指梁接头处　5—蓄电池位置

故又称疲劳载荷，疲劳强度是相对疲劳极限而言的。

就钢材而言，当其承受正、负（拉和压）相等的交变应力时，其疲劳强度（材料能够承受的最大应力值）随材料可以承受的交变次数的增加而减小，如图 1-50 所示。当可以承受的交变次数达到 10^7 次以上时，疲劳强度就变成了一个固定值，称为疲劳极限。持久极限一般只有静强度的 40% ~ 50%。应力低于持久极限时，材料具有无限寿命。

一般通过材料的疲劳试验确定材料的 S-N 曲线和疲劳极限图。但是，在工程实际中经常碰到没有拟采用的材料的疲劳强度参数的情况。在这种情况下，可以根据经验，从材料的静强度参数估计其疲劳强度参数。表 1-20 给出了从钢材静强度参数（强度极限 σ_b 和屈服强度 R_{eL}）估计持久极限的方法。

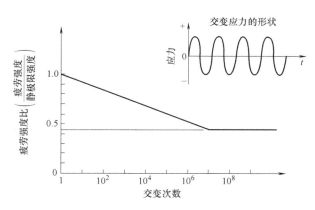

图 1-50　钢材的疲劳强度特性（S-N 曲线）示意图

表 1-20　从钢材静强度参数（强度极限 σ_b 和屈服强度 R_{eL}）**估计持久极限**

基准强度 / 载荷类型		载荷特性					
		恒定载荷	脉动载荷			交变	载荷
		屈服极限	$\dfrac{R_{eL}}{\sigma_b}$	持久极限	$\dfrac{R_{eL}}{\sigma_b}$	持久极限	持久极限
正应力 σ	拉压	$\sigma_y = R_{eL}$	≤0.78	$\sigma_{ym} \approx R_{eL}$	>0.78	$\sigma_{ym} \approx 0.78\sigma_b$	$\sigma_{yj} \approx 0.45\sigma_b$
	弯曲	$\sigma_w \approx 1.2R_{eL}$	≤0.72	$\sigma_{wm} \approx 1.2R_{eL}$	>0.72	$\sigma_{wm} \approx 0.86\sigma_b$	$\sigma_{wj} \approx 0.5\sigma_b$
扭转应力 τ	扭转	$\tau_s \approx 0.58R_{eL}$	≤0.86	$\tau_{tm} \approx 0.58R_{eL}$	>0.86	$\tau_{tm} \approx 0.5\sigma_b$	$\tau_{tj} \approx 0.29\sigma_b$

疲劳载荷的大小及其特性与路面情况、使用条件和汽车的结构参数等各种因素均有密切的关系，故确定车身、车架所承受的载荷是一项特别复杂的工作。对随机载荷只能进行统计的描述，可通过汽车在典型路面上进行短距离试验实测，然后用统计学原理对测得的作用在汽车车身支承上各载荷的相应数据进行整理和推断，最后编制成载荷谱以取得载荷资料，这是道路试验方法；也可用数字分析方法，即通过积累的路面不平度的测量统计资料（路面功率谱密度）和反映结构参数的系统频率响应函数，计算出相应的悬架支承点输出功率谱和均方值，并作为车身的输入，从而求出车身构件的载荷。

随着科学技术突飞猛进的发展，诸如随机振动理论、分析技术和测试技术的迅速发展，为深入开展此项研究提供了技术保障。由于现代广泛采用各种计算机软件对测量数据进行处理，且计算机仿真软硬件条件使车身疲劳计算已经可以实现，并逐步成为汽车疲劳性能计算的重要内容。汽车疲劳寿命分析流程图如图 1-51 所示。

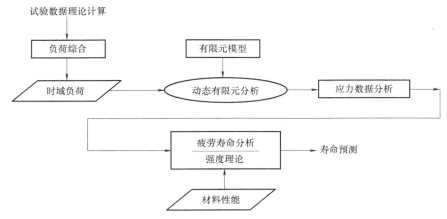

图 1-51　汽车疲劳寿命分析流程图

1.8.5　其他非破坏性的作用力

除了上述由悬架传来的作用力外，还有如轻微冲撞力、发动机和传动系统传来的力、牵引力和拖拽力、千斤顶和悬吊作用力以及安全带固定点的作用力等非破坏性作用力，如图 1-52 所示。设计车身结构时要考虑在这些作用力下的强度和刚度。

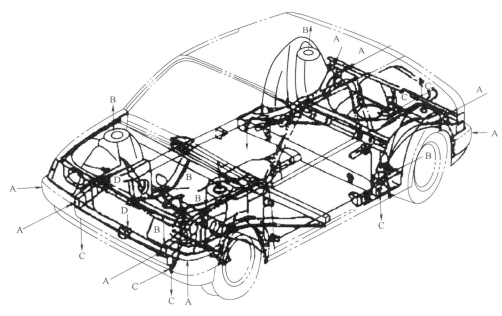

图 1-52　作用在车身上的非破坏性作用力

A—轻冲击力　B—悬架作用力　C—牵引力及栓系力　D—发动机安装点作用力

1.8.6　碰撞载荷

碰撞载荷是当今汽车设计中必须研究的重要内容，在第 6 章中有专门的叙述。

思 考 题

1-1　在绘制总布置图时，首先要确定画图的基准线，为什么要求五条基准线缺一不可？各基准线是如何确定的？如果设计时没有统一的基准线，结果会怎么样？

1-2　发动机前置前轮驱动的布置形式在乘用车上得到广泛应用，其原因是什么？发动机后置后轮驱动的布置形式在客车上得到广泛应用，其原因是什么？

1-3　汽车的主要参数分为几类？各类又有哪些参数？各质量参数是如何定义的？

1-4　在绘制总布置图布置发动机及各总成的位置时需要注意什么问题？如何布置才是合理的？

1-5　总布置设计的一项重要工作是进行运动校核，运动校核的内容与意义是什么？

1-6　具有两门两座和大功率发动机的运动型乘用车（俗称跑车），加速性能好、速度高，这类车有的将发动机布置在前轴和后桥之间。试分析这种发动机中置的布置方案有哪些优点和缺点？

第2章　汽车传动系统设计

2.1　概述

汽车传动系统应与发动机协同工作，以保证汽车能在不同使用条件下正常行驶，并具有良好的动力性和燃料经济性。因此，任何形式的传动系统都必须具有如下功能：减速增矩、变速变矩、实现倒车、必要时中断动力传递以及具备差速作用。机械式传动系统大致由以下5个部分组成：离合器、变速器、万向传动装置、驱动桥以及动力分配装置。

1. 离合器

离合器也可以称为车辆的起步装置，其作用是在汽车处于停止状态时切断发动机传来的动力，而在汽车行驶时接上发动机的动力；离合器的另外一个作用是在换档过程中暂时中断动力传递。当采用手动变速器时，一般采用干式离合器。自动变速器的起步装置采用液力变矩器，由于其依靠流体传递动力，具有在不切断动力的情况下也能使汽车停止运动的特征。

除干式离合器和液力变矩器这样的车用主流起步装置外，还有采用磁粉的电磁离合器和靠离心力进行动力切断和连接的离心式离合器。

2. 变速器

为了保证汽车在从低速到高速的各种工况下正常行驶，通常采用几个变速比（档位）使发动机发出的转矩适应车速的变化，这就是变速器的主要作用。

通常使用的是由若干齿轮副组合，并采用手动方式进行换档操作的手动变速器。乘用车用手动变速器多采用5个前进档，部分运动型汽车有用6个前进档的。

变速比自动切换的变速器称为自动变速器，因近年来人们对简化驾驶操作意向的增强，其装用率迅速增高。乘用车装用4档自动变速器的居多，但为提高燃油经济性和动力性，5档自动变速器的装用率也有增高的趋势。

目前，也出现了一些新型的变速器，例如在手动变速器的基础上使换档和离合器操纵自动化的变速机构、用传动带使变速比实现无级变换的无级变速器（CVT）等。

3. 万向传动装置

万向传动装置主要由传动轴和万向节组成。由于发动机和变速器都固定在车体上，而车轮用悬架与车体连接，车轮上下跳动时，车轮和变速器之间的相对位置发生变化。连接变速器和主减速器的轴称为传动轴，连接主减速器和车轮的轴称为半轴。这些轴在传递动力的过程中，同时还要适应长度和角度的变化，多采用万向节等连接方式。特别是用于FF车前轮的半轴，因其转向时需要在很大的角度状态下也能平稳地传递动力，所以多采用等角速万向节。

4. 驱动桥

驱动桥主要由主减速器、差速器、半轴和桥壳组成。

如果动力传动装置的变速比全部由变速器承担，那么变速器的变速比需要设计得很大。为不使变速器的变速比过大，在变速器输出轴侧设置一个称为主减速器的部件，这样可以使变速器结构紧凑、小型化。

另外，主减速器还能起到改变发动机输出转矩传递方向的作用。通过设定数种不同的主减速器的减速比，还可使同一变速器适用于不同车辆、不同发动机。

汽车转弯时，因左右车轮转弯半径不同，会产生转速差，为了消除这一转速差，同时将动力传递给车轮，必须采用差速器。差速器位于主减速器和半轴之间，由直齿锥齿轮和十字轴组成，为防止在湿滑路面上一侧车轮空转使驱动力下降，以及改善转弯时的运动性能，有的差速器装有根据条件进行差动限制的装置（限滑差速器，limited slip differential），还有的装有使其完全不能差速的装置（差速锁，differential lock）。

5. 动力分配装置（分动器或分动箱）

对于全轮驱动的汽车（4WD），为了把动力分配给前轮和后轮，必须设置动力分配装置，其种类有切换式（part time）和全时式（full time，常时4WD）。

作为动力分配装置，一般是在变速器输出轴后设置齿轮机构或设置链传动机构。在全时式的动力分配装置中，为消除前后轮的转速差，还必须设置与前述差速器功能类似的轴间差速器。

除此之外，还有的4WD车利用黏性联轴器等装置作为动力传动装置。

2.2 离合器设计

2.2.1 概述

以内燃机为动力的汽车，离合器处于机械传动系统的首端，其具有以下作用：①切断和实现传动系统的动力传递，保证汽车起步时发动机能够与传动系统平顺地接合，确保汽车平稳起步；②换档时将发动机与传动系统断开，减小变速器换档齿轮间的冲击；③工作过程中受到较大的动载荷时，能限制传动系统承受的最大转矩，防止传动系统各零部件因过载而损坏；④有效降低传动系统中的振动和噪声。

目前，各类汽车上广泛采用的是摩擦离合器，它依靠主、从动部分之间的摩擦来传递

动力，主要包括主动部分、从动部分、压紧机构和操纵机构四部分。主、从动部分和压紧机构是保证离合器处于接合状态并能传递动力的基本结构，操纵机构是使离合器主、从动部分分离的装置。

离合器的设计要求：

1）既能可靠地传递发动机的最大转矩，又能防止传动系统过载。

2）接合时要完全、平顺、柔和，保证汽车起步时没有剧烈抖动和冲击。

3）分离时要迅速、彻底。

4）工作性能稳定，即作用在摩擦片上的总压力不应因摩擦表面的磨损而有明显变化，摩擦因数在离合器工作过程中的变化要尽可能小。

5）从动部分转动惯量要尽量小，以减轻换档时变速器齿轮间的冲击，便于换档和减小同步器的磨损。

6）应能避免和衰减传动系统的扭转振动，并具有吸收振动、缓和冲击和降低噪声的能力。

7）操纵轻便。

8）具有足够的强度和良好的动平衡，以保证其工作可靠、使用寿命长。

9）通风散热性良好。

10）结构应简单、紧凑，质量小，制造工艺性好，拆装、维修、调整方便等。

提高离合器的可靠性并延长其使用寿命、适应发动机的高转速、增加离合器传递转矩的能力和简化操纵已成为离合器的发展趋势。

2.2.2 离合器的结构形式及选择

汽车离合器有摩擦式、电磁式和液力式三种类型，其中摩擦式的应用最为广泛，这里仅介绍摩擦离合器的结构形式及选择。

1. 从动盘数的选择

（1）单片离合器 如图 2-1 所示，单片离合器结构简单，轴向结构紧凑，散热良好，维修调整方便，从动部分转动惯量小，能保证分离彻

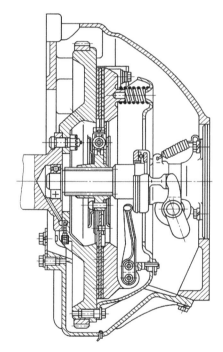

图 2-1　单片离合器

底，采用轴向有弹性的从动盘时也可保证接合平顺。广泛应用于发动机转矩不大于 1000N·m 的乘用车和商用车。当需要传递更大转矩时可采用双片离合器。

（2）双片离合器 双片离合器（图 2-2）与单片离合器相比，由于摩擦面数增加一倍，传递转矩的能力更大；接合更为平顺、柔和；在传递相同转矩的情况下，径向尺寸较小，踏板力较小；中间压盘通风散热条件差，容易引起摩擦片过热，加快其磨损甚至烧坏；分离行程较大，不易分离彻底，因此设计时在结构上必须采取相应的措施；轴向尺寸

较大，结构复杂；从动部分的转动惯量较大。这种结构一般用在传递转矩较大且径向尺寸受到限制的场合。

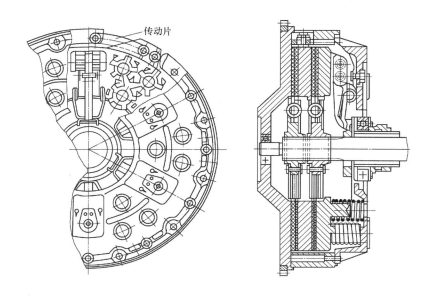

图 2-2　双片离合器

（3）**多片离合器**　多片离合器多为湿式，摩擦面数更多，接合更加平顺、柔和，摩擦片浸在油液中工作，摩擦表面温度较低，表面磨损小，使用寿命长。但分离行程大，分离不彻底，轴向尺寸和从动部分转动惯量大，主要应用于最大总质量大于 14t 的商用车的行星齿轮变速器换档机构中。

2. 压紧弹簧的结构和布置形式的选择

离合器压紧弹簧的结构形式有圆柱螺旋弹簧、矩形断面的圆锥螺旋弹簧和膜片弹簧等。螺旋弹簧可以采用沿圆周布置、中央布置和斜置等布置形式。根据压紧弹簧的结构及布置形式，离合器可分为：

（1）**周置弹簧离合器**　如图 2-1 所示，周置弹簧离合器的压紧弹簧采用圆柱螺旋弹簧，均匀地布置在一个或同心的两个圆周上，弹簧压紧力直接作用在压盘上。周置弹簧离合器结构简单、制造方便，广泛应用于各类汽车上。为了保证摩擦片上的压力均匀，压紧弹簧的数目需随摩擦片直径的增大而增多，而且应当是分离杠杆的倍数。因压紧弹簧直接与压盘接触，易受热回火失效；当发动机最大转速很高时，周置弹簧由于受离心力作用而向外弯曲，使弹簧压紧力显著下降，离合器传递转矩的能力也随之降低；此外，弹簧靠在弹簧座上，导致接触部位磨损严重。

（2）**中央弹簧离合器**　中央弹簧离合器采用 1~2 个圆柱螺旋弹簧或用一个圆锥弹簧作为压紧弹簧，将其布置在离合器的中心。由于可选较大的杠杆比，可得到足够的压紧力，且有利于减小踏板力，使操纵轻便；压紧弹簧不与压盘直接接触，不会使弹簧受热回火失效；通过调整垫片或螺纹容易实现压紧力的调整。中央弹簧离合器结构

较复杂，轴向尺寸较大，多用于发动机最大转矩为 400～500N·m 及以上的商用车上，以减轻其操纵力。

（3）**斜置弹簧离合器** 斜置弹簧离合器的弹簧压力斜向作用在传力盘上，并通过压杆作用在压盘上。这种结构的显著优点是在摩擦片磨损或离合器分离时，压盘所受的压紧力几乎保持不变。与上述两种离合器相比，它具有工作性能稳定、踏板力较小的突出优点。该种离合器已应用在最大总质量大于 14t 的商用车上。

3. 膜片弹簧离合器

膜片弹簧离合器（图 2-3）中的膜片弹簧是一种具有特殊结构的碟形弹簧，主要由碟簧部分和分离指组成，它与其他形式的离合器相比具有以下优点：

1）膜片弹簧具有较理想的非线性特性，弹簧力在摩擦片允许磨损的范围内基本不变，因而离合器在工作中能保持传递的转矩大致不变，而圆柱螺旋弹簧的压力则大大下降。膜片弹簧离合器分离时，弹簧压力有所下降，从而降低了踏板力，而圆柱螺旋弹簧的压力则大大增加。

2）膜片弹簧兼起压紧弹簧和分离杠杆的作用，结构简单、紧凑，轴向尺寸小，零件数目少，质量小。

3）膜片弹簧离合器高速旋转时，弹簧压紧力降低很少，性能较稳定；而圆柱螺旋弹簧的压紧力则明显下降。

4）膜片弹簧以整个圆周与压盘接触，使压力分布均匀，摩擦片接触良好，磨损均匀。

5）易于实现良好的通风散热，使用寿命长。

6）膜片弹簧中心线与离合器中心线重合，平衡性好。

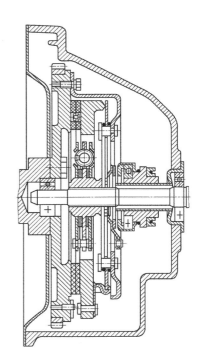

图 2-3　膜片弹簧离合器

7）有利于大批量生产，降低制造成本。

但膜片弹簧的制造工艺较复杂，对材质和尺寸精度要求高，其非线性特性在生产中不易控制，开口处容易产生裂纹，端部容易磨损。近年来，由于材料性能的提高，制造工艺和设计方法也逐步完善，膜片弹簧的制造技术已日趋成熟。目前，膜片弹簧离合器不仅在乘用车上被大量采用，在轻、中、重型货车及客车上也被广泛采用。

（1）**膜片弹簧的分离方式** 膜片弹簧离合器，按分离时离合器盖总成的分离指处是承受压力还是拉力，可分为推式和拉式两种。拉式膜片弹簧离合器（图 2-4 中）膜片弹簧的安装方向与推式的相反。在接合时，膜片弹簧的大端支承在离合器盖上，中部压紧在压盘上。将分离轴承向外拉离飞轮，即可实现分离。与推式相比，拉式膜片弹簧离合器具有以下优点：

1）取消了中间支承零件，只用一个或不用支承环，使其结构更简单、紧凑，零件数目更少，质量更小。

2）由于拉式膜片弹簧以中部与压盘相压，在同样压盘尺寸的条件下可采用直径较大的膜片弹簧，从而提高了压紧力与传递转矩的能力，且不增大踏板力；或在传递相同转矩时，可采用尺寸较小的结构。

3）在接合或分离状态下，离合器盖的变形量小，刚度大，故分离效率更高。

4）拉式的杠杆比大于推式的杠杆比，且中间支承少，减小了摩擦损失，传动效率较高，使踏板操纵更轻便，拉式踏板力比推式的一般可减小 25%~30%。

5）拉式无论在接合状态还是分离状态，膜片弹簧大端与离合器盖支承始终保持接触，在支承环磨损后不会产生冲击和噪声。

6）使用寿命更长。

但是，拉式膜片弹簧的分离指是与分离轴承套筒总成嵌装在一起的，需专门的分离轴承，结构较复杂，安装和拆卸较困难，且分离行程比推式的大些。拉式膜片弹簧离合器的综合性能较优越，已在一些汽车上得到应用。

（2）膜片弹簧的支承形式 推式膜片弹簧的支承结构按支承环的数目可分为三种：双支承环形式、单支承环形式、无支承环形式。

1）双支承环形式。图 2-5a 所示的结构采用台肩式铆钉将膜片弹簧、两个支承（图 2-4 中拉式膜片弹簧离合器环与离合器盖）定位铆合在一起，结构简单，是早已采用的传统形式；图 2-5b 所示的结构在铆钉上加装了硬化衬套和刚性挡环，可提高耐磨性和使用寿命，但结构较复杂；图 2-5c 所示的结构取消了铆钉，从离合器盖内边缘上伸出许多舌片，将膜片弹簧、两个支承环与离合器盖弯合在一起，使结构紧凑、简化，耐久性良好，应用日益广泛。

图 2-4 拉式膜片弹簧离合器

2）单支承环形式。单支承环结构是在离合器盖上冲出一个环形凸台来代替后支承环（图 2-6a）以使结构简化，或在铆钉前侧以弹性挡环代替前支承环（图 2-6b），以消除膜片弹簧与支承环之间的轴向间隙。

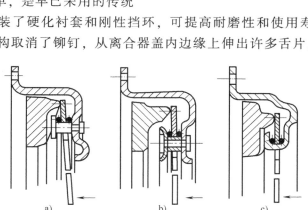

图 2-5 推式膜片弹簧双支承环形式

3）无支承环形式。无支承环结构利用斜头铆钉的头部与离合器盖上冲出的环形凸台将膜片弹簧铆合在一起，从而取消了前、后支承环（图 2-7a）；或在铆钉前侧以弹性挡环代替前支承环、以离合器盖上环形凸台代替后支承环（图 2-7b），使结构更简化；或取消铆钉，通过离合器盖内边缘处伸出的许多舌片将膜片弹簧与弹性挡环和离合器盖上的环形

凸台弯合在一起（图 2-7c），结构最为简单。

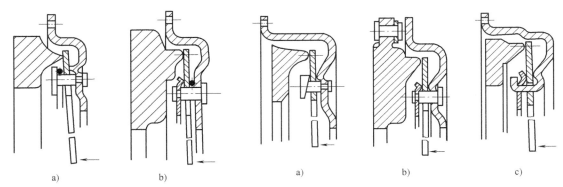

图 2-6　推式膜片弹簧单支承环形式　　　图 2-7　推式膜片弹簧无支环形式

拉式膜片弹簧的支承结构形式有两种，一种是无支承环形式（图 2-8a），即将膜片弹簧的大端直接支承在离合器盖冲出的环形凸台上；另一种是单支承环形式（图 2-8b），即将膜片弹簧大端支承在离合器盖中的支承环上。上述两种支承形式常用在乘用车和货车上。

4. 压盘的驱动方式

压盘的驱动方式主要有窗孔式、传力销式、键块式和传动片式等。前三种的共同缺点为其连接件之间都有间隙，驱动时会产生冲击和噪声，且零件的相对滑动产生摩擦和磨损，降低了离合

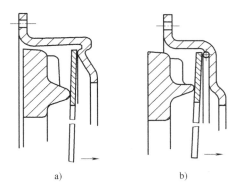

图 2-8　拉式膜片弹簧支承形式

器的传动效率。传动片式是近年来广泛采用的结构，沿周向布置的三组或四组钢带传动片，其两端分别与离合器盖和压盘以铆钉或螺栓联接（图 2-2），传动片的弹性允许其做轴向移动。当发动机驱动时，钢带受拉；当拖动发动机时，钢带受压。此结构中压盘与飞轮对中性能好，动平衡性好，使用可靠，寿命长。但反向承载能力差，汽车反拖时易折断传动片，故对材料要求较高，一般采用高碳钢。

　【拓展阅读 2-1】　金属陶瓷离合器

　【拓展阅读 2-2】　湿式离合器

2.2.3　离合器主要参数的选择

摩擦离合器是靠摩擦面间的摩擦力矩来传递发动机转矩的。离合器的静摩擦力矩根据摩擦定律可表示为

$$T_c = fFZR_c \tag{2-1}$$

式中　T_c——静摩擦力矩；

f——摩擦面间的静摩擦因数，计算时一般取 $0.25 \sim 0.30$；

F——压盘施加在摩擦面上的工作压力；

R_c——摩擦片的平均摩擦半径；

Z——摩擦面数，是从动盘片数的两倍。

压盘施加在摩擦面上的工作压力 F 为

$$F = p_0 A = p_0 \frac{\pi(D^2 - d^2)}{4} \tag{2-2}$$

式中　p_0——摩擦面单位压力；

A——一个摩擦面的面积；

D——摩擦片外径；

d——摩擦片内径。

摩擦片的平均摩擦半径 R_c 根据压力均匀的假设，可表示为

$$R_c = \frac{D^3 - d^3}{3(D^2 - d^2)} \tag{2-3}$$

当 $d/D \geqslant 0.6$ 时，R_c 可精确地由下式计算，即

$$R_c = \frac{D + d}{2}$$

将式 (2-2)、式 (2-3) 代入式 (2-1)，得

$$T_c = \frac{\pi}{12} f Z p_0 D^3 (1 - c^3) \tag{2-4}$$

式中　c——摩擦片内外径之比，即 $c = d/D$，一般取 $0.53 \sim 0.70$。

为了保证离合器在任何工况下都能可靠地传递发动机的最大转矩，设计时 T_c 应大于发动机最大转矩，即

$$T_c = \beta T_{emax} \tag{2-5}$$

式中　T_{emax}——发动机最大转矩；

　　　β——离合器的后备系数，定义为离合器所能传递的最大静摩擦力矩与发动机最大转矩之比，β 必须大于1。

离合器的基本参数主要有性能参数 β 和 p_0、尺寸参数 D 和 d、摩擦片厚度 b 以及结构参数摩擦面数 z 和离合器间隙 Δt，最后还有摩擦因数 f。

1. 后备系数 β

后备系数 β 是离合器设计时用到的一个重要参数，它反映了离合器传递发动机最大转矩的可靠程度。在选择时，应考虑以下事项：

1）摩擦片在使用磨损后，离合器还应能可靠地传递发动机最大转矩。

2）要防止离合器滑磨过大。

3）要能防止传动系统过载。

显然，为可靠传递发动机最大转矩和防止离合器滑磨过大，β 不宜选得太小；为使离合器尺寸不致过大，防止传动系统过载，保证操纵轻便，β 又不宜选得太大。综合考虑，

当发动机后备功率较大、使用条件较好时，β 可取小些；当使用条件恶劣，需要拖带挂车时，为提高起步能力、减小离合器滑磨，β 应取大些；货车总质量越大，β 也应得越大；采用柴油机时，由于工作比较粗暴，转矩较不平稳，选取的 β 值应比汽油机的大些；发动机缸数越多，转矩波动越小，β 可取的小些；膜片弹簧离合器由于摩擦片磨损后压力保持较稳定，选取的 β 值可比螺旋弹簧离合器的小些；双片离合器的 β 值应大于单片离合器的。常用汽车离合器后备系数 β 的取值范围见表 2-1。

表 2-1　常用汽车离合器后备系数 β 的取值范围

车　型	后备系数 β
乘用车及最大总质量小于 6t 的商用车	1.20 ~ 1.75
最大总质量为 6~14t 的商用车	1.50 ~ 2.25
挂车	1.80 ~ 4.00

2. 单位压力 p_0

单位压力 p_0 决定了摩擦表面的耐磨性，对离合器工作性能和使用寿命有很大影响，选取时应考虑离合器的工作条件，发动机后备功率的大小，摩擦片尺寸、材料及其质量和后备系数等因素。对于离合器使用频繁、发动机后备系数较小、装载质量大或经常在坏路面上行驶的汽车，p_0 应取小些；摩擦片外径较大时，为了降低摩擦片外缘处的热负荷，p_0 应取小些；后备系数较大时，可适当增大 p_0。当摩擦片采用不同的材料时，p_0 的取值范围见表 2-2。

表 2-2　摩擦片单位压力 p_0 的取值范围

摩擦片材料	单位压力 p_0/MPa
石棉基材料	0.10 ~ 0.35
粉末冶金材料	0.35 ~ 0.60
金属陶瓷材料	0.70 ~ 1.50

3. 摩擦片外径 D、内径 d 和厚度 b

摩擦片外径是离合器的重要参数，它对离合器的轮廓尺寸、质量和使用寿命有决定性的影响。

当离合器的结构形式及摩擦片材料已选定，发动机最大转矩 T_{emax} 已知时，结合式（2-4）和式（2-5），适当选取后备系数 β 和单位压力 p_0 后，可估算出摩擦片外径，即

$$D = \sqrt[3]{\frac{12\beta T_{emax}}{\pi f Z p_0 (1-c^3)}} \tag{2-6}$$

摩擦片外径 D 也可根据发动机最大转矩 T_{emax} 按如下经验公式选用：

$$D = K_D \sqrt{T_{emax}} \tag{2-7}$$

式中　K_D——直径系数，取值范围见表 2-3。

表 2-3 直径系数 K_D 的取值范围

车　　型	直径系数 K_D
乘用车	14.6
最大总质量为 1.8~14.0t 的商用车	16.0~18.5(单片离合器) 13.5~15.0(双片离合器)
最大总质量大于 14.0t 的商用车	22.5~24.0

当摩擦片外径 D 确定后，摩擦片内径 d 可根据 d/D 在 0.53~0.70 之间来确定。在摩擦片外径 D 相同时，选用较小的摩擦片内径 d 虽可增大摩擦面积，提高传递转矩的能力，但会使摩擦面上的压力分布不均匀，使摩擦片内、外缘圆周的相对滑磨速度差别过大而造成摩擦面磨损不均匀，且不利于散热和扭转减振器的安装。摩擦片尺寸应符合尺寸系列标准 GB/T 5764—2011《汽车用离合器面片》中的规定，所选的 D 应使摩擦片最大圆周速度为 65~70m/s 及以下，以免摩擦片发生飞离。

摩擦片的厚度 b 主要有 3.2mm、3.5mm 和 4.0mm 三种。

2.2.4 离合器的设计与计算

1. 压紧弹簧设计计算

车用离合器中常用的压紧弹簧有圆柱螺旋弹簧、圆锥螺旋弹簧和膜片弹簧，其中圆柱螺旋弹簧的设计计算将在第 3 章中讲述，本章仅介绍膜片弹簧的设计计算。

(1) 膜片弹簧的弹性特性　膜片弹簧起弹性作用的是其碟形弹簧部分，因此其弹性特性由碟形弹簧决定，与碟形弹簧的内锥高 H 及弹簧的钢板厚 h 有关。

1) 碟形弹簧弹性特性。碟形弹簧如图 2-9 所示，当其大、小端部承受压力时，载荷 F 与变形 λ 之间的关系为

$$F = \frac{Eh\lambda}{(1-\mu^2)R^2A}\left[(H-\lambda)\left(H-\frac{\lambda}{2}\right)+h^2\right] \tag{2-8}$$

式中　E——弹性模量（MPa）；

　　　μ——泊松比；

　　　h——碟形弹簧钢板厚度（mm）；

　　　H——碟形弹簧的内截锥高（mm）；

　　　R——碟形弹簧大端半径（mm）；

　　　A——系数，$A = \frac{6}{\pi\ln m}\left(\frac{m-1}{m}\right)^2$，其中 m 为碟形弹簧大、小端半径之比，$m = R/r$。

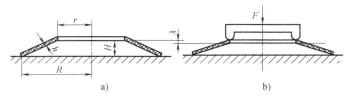

图 2-9　碟形弹簧及其承载变形

a）自由状态　b）承载变形

2）离合器接合时的弹性特性。如图 2-10 所示，膜片弹簧在实际安装中的支承点，稍偏离其碟形弹簧部分的大、小端部。离合器接合时，膜片弹簧两支承圈的位置不变，而压盘和分离轴承可以轴向移动。在支承点所加的载荷 F_1 和碟形弹簧部分的相对变形 λ_1 之间的关系可由式（2-8）推导出来。对于图 2-9b 和图 2-10b 所示的两种加载情况，只要碟形弹簧部分的子午断面从自由状态的初始位置转过相同的角度，便有如下的对应关系，即

$$\lambda_1 = \frac{R_1 - r_1}{R - r}\lambda \qquad (2\text{-}9)$$

$$F_1 = \frac{R - r}{R_1 - r_1}F \qquad (2\text{-}10)$$

式中 R_1——膜片弹簧与压盘接触处的半径（mm）；

       r_1——支承环的平均半径（mm）；

  R、r——碟形弹簧部分大、小端的半径（mm）。

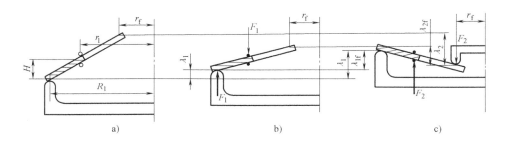

图 2-10   膜片弹簧在离合器接合和分离状态时的承载及变形

a）自由状态   b）压紧状态   c）分离状态

将式（2-9）、式（2-10）代入式（2-8），整理后便可得到压紧力 F_1 和膜片弹簧大端变形 λ_1 的关系式，即

$$F_1 = \frac{\pi E h \lambda_1 \ln\dfrac{R}{r}}{6(1-\mu^2)(R_1 - r_1)^2}\left[\left(H - \lambda_1\,\frac{R-r}{R_1 - r_1}\right)\left(H - \frac{\lambda_1}{2}\,\frac{R-r}{R_1 - r_1}\right) + h^2\right] \qquad (2\text{-}11)$$

利用式（2-11）可绘出膜片弹簧的 $F_1\text{-}\lambda_1$ 特性曲线。

3）离合器分离时的弹性特性。当离合器分离时，如图 2-10c 所示，其加载点发生了变化。在膜片弹簧小端的分离指处作用有分离轴承的推力 F_2，该作用点的变形为 λ_2。与建立式（2-9）、式（2-10）的情况相类似，对于图 2-10c 所示的加载情况，同样存在相似的换算关系，即

$$\lambda_2 = \frac{r_1 - r_f}{R_1 - r_1}\lambda_1 \qquad (2\text{-}12)$$

$$F_2 = \frac{R_1 - r_1}{r_1 - r_f}F_r \qquad (2\text{-}13)$$

式中 r_f——分离轴承推力的作用半径（mm）。

将式（2-11）代入式（2-13），可得分离轴承推力 F_2 与膜片弹簧大端变形 λ_1 的关系，即

$$F_2 = \frac{\pi E h \lambda_1 \ln \dfrac{R}{r}}{6(1-\mu^2)(R_1-r_1)(r_1-r_f)}\left[\left(H-\lambda_1\frac{R-r}{R_1-r_1}\right)\left(H-\frac{\lambda_1}{2}\frac{R-r}{R_1-r_1}\right)+h^2\right] \tag{2-14}$$

同样，将式（2-12）中的 λ_2 代入式（2-14），则可得到 F_2 与 λ_2 的关系式，即

$$F_2 = \frac{\pi E h \lambda_2 \ln \dfrac{R}{r}}{6(1-\mu^2)(r_1-r_f)^2}\left[\left(H-\lambda_2\frac{R-r}{r_1-r_f}\right)\left(H-\frac{\lambda_2}{2}\frac{R-r}{r_1-r_f}\right)+h^2\right] \tag{2-15}$$

若不计分离指在 F_2 作用下产生的弯曲变形，则分离轴承推动假定为刚性的分离指的移动量 λ_{2f}（图2-10c）为

$$\lambda_{2f} = \frac{r_1-r_f}{R_1-r_1}\lambda_{1f} \tag{2-16}$$

式中 λ_{1f}——压盘的分离行程。

（2）膜片弹簧的强度计算 膜片弹簧在各种变形情况下，其碟形部分内半径 B 处（图2-11）的应力总大于其他各点，故需求 B 点的当量应力 $\sigma_{B当}$，对 B 点进行强度校核。

由于 B 点的当量应力 $\sigma_{B当}$ 随大端变形 λ_1 的变化而变化，当 $\lambda_1 = \lambda_\sigma$ 时，即

$$\lambda_1 = \lambda_\sigma = H\frac{R_1-r_1}{R-r} + \frac{h}{2}(R_1-r_1)\frac{\ln\dfrac{R}{r}}{R-r\left[1+\ln\dfrac{R}{r}\right]} \tag{2-17}$$

时，$\sigma_{B当}$ 达到极大值。

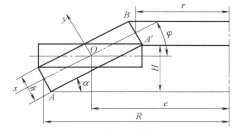

图2-11 膜片弹簧子午断面

因此，当离合器分离指大端变形量 $\lambda_{1d}<\lambda_\sigma$ 时，$\sigma_{B当}$ 中的 $\lambda_1=\lambda_{1d}$；当 $\lambda_{1d}>\lambda_\sigma$ 时，取 $\lambda_1=\lambda_\sigma$。

B 点的当量应力为

$$\sigma_{B当} = \frac{6(r-r_f)F_2}{nb_r h^2} + \frac{E}{1-\mu^2}\left[\left(\frac{R-r}{r\ln\dfrac{R}{r}}-1\right)\left(\frac{H}{R-r}-\frac{1}{2}\frac{\lambda_1}{R_1-r_1}\right)\frac{\lambda_1}{R-r}+\frac{h}{2r}\frac{\lambda_1}{R_1-r_1}\right] \tag{2-18}$$

式中 n——分离指数目；

b_r——一个分离指根部的宽度（mm）。

强度校核时，要求 $\sigma_{B当}<[\sigma]$，由60Si2MnA制造的膜片弹簧，$[\sigma]$ 可取为 1400 ~ 1600MPa。否则，重新选择几何参数进行设计，直到应力符合要求。

（3）膜片弹簧基本参数的选择

1）比值 H/h 和 h 的选择。设计膜片弹簧时，要利用其非线性弹性变形规律，以获得最佳使用性能。汽车用膜片弹簧的比值 H/h 一般在 1.5 ~ 2.0 之间，板厚 h 在 2 ~ 4mm 之间。图2-12所示为比值 H/h 对膜片弹簧弹性特性的影响。

2）膜片弹簧工作点位置选择。膜片弹簧的弹性特性曲线如图 2-13 所示，曲线的拐点 H 对应着膜片弹簧的压平位置，且 $\lambda_{1H} = (\lambda_{1M} + \lambda_{1N})/2$。$B$ 点为新离合器压紧状态时工作点的位置，一般取 $\lambda_{1B} = (0.8 \sim 1.0)\lambda_{1H}$，以保证摩擦片在最大磨损限度 $\Delta\lambda$ 范围内，压紧力变化不大。摩擦片总的最大磨损量按 $\Delta\lambda = z\Delta S_0$ 计算，z 为摩擦片总的工作面数，对于单片离合器 $z=2$，ΔS_0 为每一摩擦工作面最大允许磨损量，可取 $0.5 \sim 1$mm。

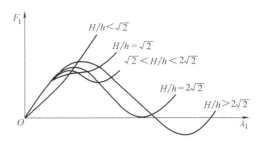

图 2-12　比值 H/h 对膜片弹簧弹性特性的影响

当离合器分离时，膜片弹簧工作点由 B 点变到 C 点，为最大限度地减小踏板力，C 点应尽量靠近 N 点。

3）R/r 及 R 的确定。比值 R/r 关系到碟形材料的利用。通常取 $R/r < 1.5$mm，一般在 1.25 左右。膜片弹簧大端半径 R 应满足结构上的要求而和摩擦片的尺寸相适应，大于摩擦片内半径 $d/2$，小于摩擦片外半径 $D/2$。此外，当 H、h 及 H/h 不变时，增加 R 将有利于降低膜片弹簧应力。

4）膜片弹簧起始圆锥底角 α。膜片弹簧自由状态下圆锥底角 α 与内截锥高度 H 关系密切，即 $\alpha = \operatorname{archtan}[H/(R-r)] \approx H/(R-r)$，汽车膜片弹簧起始圆锥底角 α 为 $9° \sim 15°$。

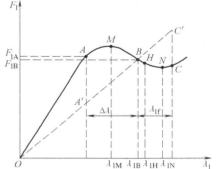

图 2-13　膜片弹簧的弹性特性曲线

5）分离指数目 n 的选择。分离指数目 n 常取为 18，大尺寸膜片弹簧可取为 24，小尺寸膜片弹簧可取为 12。

（4）**膜片弹簧材料及制造工艺**　国内膜片弹簧一般采用 60Si2MnA 或 50CrVA 等优质高精度钢板材料制造。为保证其硬度、几何形状、金相组织、载荷特性和表面质量等符合要求，需进行一系列热处理。为了提高膜片弹簧的承载能力，要对膜片弹簧进行强压处理，即沿其分离状态的工作方向，超过彻底分离点后继续施加过量的位移，使其过分离 $3 \sim 8$ 次，并使其高应力区发生塑性变形以产生残余反向应力。一般来说，经强压处理后，在同样的工作条件下，可提高膜片弹簧的疲劳寿命 $5\% \sim 30\%$。此外，可对膜片弹簧的凹面或双面进行喷丸处理，即以高速弹丸流喷射到膜片弹簧表面，使表层产生塑性变形，形成一定厚度的表面强化层，起到冷作硬化的作用，也可提高疲劳寿命。

为提高分离指的耐磨性，可对其端部进行高频感应淬火或镀铬。为防止膜片弹簧与压盘接触圆形处由于拉应力的作用产生裂纹，可对该处进行挤压处理，以消除应力源。

膜片弹簧表面不得有毛刺、裂纹、划痕等缺陷。碟形弹簧部分的硬度一般为 $45 \sim 50$HRC，分离指端硬度为 $55 \sim 62$HRC，在同一片上同一范围内的硬度差不大于 3 个单位。碟形弹簧部分应为均匀的回火屈氏体和少量的索氏体。单面脱碳层的深度一般不得超过厚

度的 3%。膜片弹簧的内、外半径公差一般为 H11 和 h11，厚度公差为±0.025mm，初始底锥角误差为±10′以内。上、下表面的表面粗糙度为 $Ra1.6\mu m$，底面的平面度误差一般要求小于 0.1mm。膜片弹簧处于接合状态时，其分离指端的相互高度差一般要求为 0.8 ~ 1.0mm 及以下。

2. 从动盘总成设计

（1）**设计要求**　从动盘总成主要由摩擦片、从动片、减振器和花键毂等组成。从动盘对离合器的工作性能影响很大，应满足以下设计要求：

1）转动惯量应尽量小，以减小变速器换档时轮齿间的冲击。

2）应具有轴向弹性，使离合器接合平顺，便于起步，而且使摩擦面压力均匀，减小磨损。

3）加装扭转减振器，从而避免传动系统共振，并缓和冲击。

为了使从动盘具有轴向弹性，常用的方法有：

1）在从动盘上开 T 形槽，外缘形成许多扇形，并将扇形部分冲压成依次向不同方向弯曲的波浪形，两侧的摩擦片则分别铆在每相隔一个的扇形上。T 形槽还可以减小由于摩擦发热而引起的从动片翘曲变形。这种结构主要应用在货车上。

2）将扇形波形片的左、右凸起段分别与左、右侧摩擦片铆接。由于波形片比从动片薄，这种结构的轴向弹性较好，转动惯量较小，适宜高速旋转，主要应用在乘用车和轻型货车上。

3）利用阶梯形铆钉杆的细段将成对波形片的左片铆在左侧摩擦片上，并交替地把右片铆在右侧摩擦片上。这种结构的弹性行程大，弹性特性较理想，可使汽车起步极为平顺，主要应用在中、高级乘用车上。

4）将靠近飞轮的左侧摩擦片直接铆合在从动片上，只在靠近压盘侧的从动片铆有波形片，右侧摩擦片用铆钉与波形片铆合。这种结构的转动惯量大，但强度较高，传递转矩的能力大，主要应用在货车上，尤其是重型货车。

汽车行驶中，传动系统传递发动机转矩时，由于内燃机工作不均衡，转矩的周期性变化会引起传动系统扭转振动。如果传动系统发生扭转共振，将使传动系统零件的应力成倍增加，且该应力具有交变的性质，会使传动系统零件的疲劳寿命大大下降。扭转振动还是引起齿轮噪声的主要原因，尤为人们所关注。

为了消除这种有害的共振现象，常用的方法就是在传动系统中串联一个弹性阻尼装置——扭转减振器，依靠其弹性阻尼特性来降低振动程度。

 【拓展阅读 2-3】　扭转减振器设计

除了用扭转减振器减振外，还可以采用双质量飞轮减振器和可控滑磨离合器进行减振。

 【拓展阅读 2-4】　双质量飞轮减振器

 【拓展阅读 2-5】　可控滑磨离合器

（2）**摩擦片**　离合器摩擦片在性能上应满足如下要求：

1）摩擦因数较高且较稳定，工作温度、单位压力、滑磨速度的变化对其影响较小。

2）有足够的机械强度与耐磨性。

3）密度较小，以减小从动盘的转动惯量。

4）热稳定性好，在高温下分离出的黏合剂少，无味，不易烧焦。

5）磨合性能好，不致刮伤飞轮和压盘表面。

6）接合时应平顺，不产生咬合或抖动现象。

7）长期停放后，摩擦面间不发生黏着现象。

离合器摩擦片所用的材料有石棉基摩擦材料、粉末冶金摩擦材料和金属陶瓷摩擦材料。石棉基摩擦材料具有摩擦因数较高（0.3~0.45）、密度较小、制造容易和价格低廉等优点。但其性能不够稳定，摩擦因数受工作温度、单位压力、滑磨速度的影响较大，目前主要应用在中、轻型货车上。由于石棉在生产和使用过程中对环境有污染、对人体有害，现在正以玻璃纤维、金属纤维等来替代石棉纤维。粉末冶金和金属陶瓷摩擦材料具有传热性好、热稳定性与耐磨性好、摩擦因数较高且稳定、能承受的单位压力较高以及寿命较长等优点，但价格较贵，密度较大，接合平顺性较差，主要用在重型汽车上。

（3）**从动片**　从动片要求重量轻，具有轴向弹性，硬度和平面度要求高。材料常用中碳钢板（如50钢）或低碳钢板（如10钢），一般厚度为1.3~2.5mm，表面硬度为35~40HRC。

波形片的材料一般为65Mn，厚度小于1mm，硬度为40~46HRC，并经过表面发蓝处理。减振弹簧常采用60Si2MnA、50CrVA、65Mn等弹簧钢丝制造。

摩擦片与从动片的连接方式有铆接和粘结两种。铆接方式连接可靠，更换摩擦片方便，适宜从动片上装波形片，但其摩擦面积利用率低，使用寿命短。粘结方式可增大实际摩擦面积，摩擦面积利用率高，具有较高的抗离心力和切向力的能力，但更换摩擦片困难，且使从动盘难以装波形片，无轴向弹性，可靠性低。

（4）**花键毂**　花键毂是离合器中承受载荷最大的零件，它装在变速器输入轴前端的花键上。一般采用齿侧对中的矩形花键，花键轴与孔采用间隙配合。

花键毂轴向长度不宜过小，以免在花键轴上滑动时产生偏斜而使分离不彻底，一般取花键轴直径的1.0~1.4倍。花键毂一般采用锻钢（如45钢、40Cr等），表面和芯部硬度一般为26~32HRC。为提高花键内孔表面硬度和耐磨性，可采用镀铬工艺。对减振弹簧窗孔及与从动片配合处应进行高频处理。

3. 离合器盖总成设计

离合器盖总成除了压紧弹簧外，还有离合器盖、压盘、传动片、分离杠杆装置及支承环等。

（1）**离合器盖**　离合器盖的结构设计应满足以下要求：

1）具有足够的刚度，以免影响离合器的工作特性，增大操纵时的分离行程，减小压盘升程，严重时使摩擦面不能彻底分离。可采取的措施包括适当增大离合器盖的板厚，一般为2.5~4.0mm；在盖上冲制加强肋或在盖内圆周处翻边；尺寸大的离合器盖可改用铸铁铸造。

2）与飞轮保持良好的对中，以免影响总成的平衡和正常的工作。可采用定位销或定

位螺栓对中，也可采用止口对中。

3）离合器盖膜片弹簧的支承处应保证足够的尺寸精度。

4）为了便于通风散热，防止摩擦表面温度过高，可采取在离合器盖上开较大的通风口、将离合器制成特殊的叶轮形状或在离合器盖上加设通风扇片等措施，用于通风散热。

中、轻型货车及乘用车的离合器盖一般用 08 钢等低碳钢板制造，重型汽车则常用铸铁件或铝合金压铸件制造。

（2）压盘　对压盘结构设计的要求如下：

1）具有较大的质量以增大热容量、减小温升，防止其产生裂纹和破碎，有时可设置各种形状的散热肋或鼓风肋，以帮助散热通风。中间压盘可铸出通风槽，也可采用传热系数较大的铝合金压盘。

2）具有较大的刚度，使压紧力在摩擦面上的压力分布均匀并减小受热后的翘曲变形，以免影响摩擦片的均匀压紧以及与离合器的彻底分离。

3）与飞轮保持良好的对中，必须进行静平衡。

4）压盘高度尺寸（从承压点到摩擦面的距离）的公差要小。

压盘的温升可根据滑磨功 W 由下式确定，即：

$$t = \frac{\nu W}{mc} \tag{2-19}$$

式中　t——压盘温升；

　　　c——压盘的比热容，铸铁 $c = 481.4\mathrm{J/(kg \cdot ℃)}$；

　　　m——压盘质量；

　　　ν——传到压盘的热量所占的比例，单片离合器压盘 $\nu = 0.50$，双片离合器压盘 $\nu = 0.25$，中间压盘 $\nu = 0.50$。

压盘通常采用灰铸铁制造，一般为 HT200、HT250、HT300，也有少数采用合金压铸件制造。

（3）传动片　传动片的作用是在离合器接合时，离合器盖通过它来驱动压盘共同旋转；分离时，又可利用它的弹性来牵动压盘轴向分离并使操纵力减小。由于各传动片沿圆周均匀分布，其变形不会影响到压盘的对中性和离合器的平衡。

传动片常用 3~4 组，每组 2~4 片，每片厚度为 0.5~1.0mm，一般由弹簧钢带 65Mn 制成。

（4）分离杠杆　对于分离杠杆装置的结构设计应满足以下要求：

1）分离杠杆应具有较大的弯曲刚度，以免分离时杆件弯曲变形过大，减小压盘行程，使分离不彻底。

2）使分离杠杆支承机构与压盘的驱动机构在运动上不发生干涉。

3）分离杠杆内端高度应能调整，使各内端位于平行于压盘的同一平面内，其高度差不大于 0.2mm。

4）分离杠杆的支承处应采用滚针轴承、滚销或刀口支承，以减小摩擦和磨损。

5）应避免在高速旋转时因分离杠杆的离心力作用而降低压紧力。

6）为了提高通风散热能力，可将分离杠杆制成特殊的叶轮形状，用以鼓风。

分离杠杆主要有钢板冲压和锻造成形两种生产方式。

（5）**支承环** 支承环和支承铆钉的安装尺寸精度要高，耐磨性要好。支承环一般采用 3.0~4.0mm 的碳素弹簧钢丝。

2.2.5 离合器的操纵机构

1. 对操纵机构的一般要求

1）踏板力要小，乘用车一般在 80~150N 的范围内，货车一般在 150~200N 的范围内。

2）乘用车的踏板行程一般在 80~150mm 的范围内，货车的踏板行程最大不超过 180mm。

3）踏板行程应能调整，以保证摩擦片磨损后分离轴承的自由行程可以复原。

4）应有对踏板行程进行限位的装置，以防止操纵机构因受力过大而损坏。

5）应具有足够的刚度。

6）传动效率要高。

7）发动机振动及车架和驾驶室的变形不会影响其正常工作。

2. 操纵机构结构形式的选择

常用的离合器操纵机构主要有机械式、液压式等。

机械式操纵机构有杆系和绳索两种形式。杆系传动机构的结构简单，工作可靠，广泛应用于各种汽车中。但其质量大，机械效率低，车架和驾驶室的变形会影响其正常工作，在远距离操纵时布置较困难。绳索传动机构可克服上述缺点，且可采用适宜驾驶人操纵的吊挂式踏板结构。但其寿命较短，机械效率仍不高，多用在轻型乘用车上。

液压式操纵机构主要由主缸、工作缸和管路等部分组成，具有传动效率高、质量小、布置方便、便于采用吊挂踏板、驾驶室容易密封、驾驶室和车架变形不会影响其正常工作以及离合器接合柔和等优点。此种形式广泛应用在各种形式的汽车上。

3. 离合器操纵机构的设计计算

液压式操纵机构示意图如图 2-14 所示。踏板行程 S 由自由行程 S_1 和工作行程 S_2 两部分组成，即

$$S = S_1 + S_2 = \left(S_{0f} + Z\Delta S \frac{c_2}{c_1} \right) \frac{a_2 b_2 d_2^2}{a_1 b_1 d_1^2} \tag{2-20}$$

式中　　　　　　　　S_{0f}——分离轴承自由行程，一般为 1.5~3.0mm，反映到踏板上的自由行程 S_1，一般为 20~30mm；

d_1、d_2——主缸和工作缸的直径；

Z——摩擦片面数；

ΔS——离合器分离时对偶摩擦面间的间隙，单片离合器取 $\Delta S = 0.85~1.30$mm，双片离合器取 $\Delta S = 0.75~0.90$mm；

a_1、a_2、b_1、b_2、c_1、c_2——杠杆尺寸（图 2-14）。

踏板力 F_f 可按下式计算，即

$$F_f = \frac{F'}{i_\Sigma \eta} + F_s \tag{2-21}$$

式中 F'——离合器分离时，压紧弹簧对压盘的总压力；

         i_Σ——操纵机构总传动比，$i_\Sigma = \dfrac{a_2 b_2 c_2 d_2^2}{a_1 b_1 c_1 d_1^2}$；

         η——机械效率，液压式取 $\eta = 80\% \sim 90\%$，机械式取 $\eta = 70\% \sim 80\%$；

         F_s——克服回位弹簧 1、2 的拉力所需的踏板力，在初步设计时可忽略。

     工作缸直径 d_2 的确定与液压系统所允许的最大油压有关，考虑到橡胶软管及其管接头的密封要求，最大允许油压一般为 5~8MPa。

     对于机械式操纵机构的上述计算，只需将 d_1 和 d_2 取消即可。

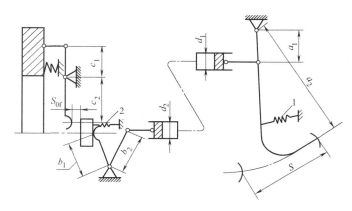

图 2-14   液压式操纵机构示意图

1、2—回位弹簧

2.3   机械式变速器设计

2.3.1   概述

     变速器用来改变发动机传到驱动轮上的转矩和转速，其目的是在原地起步、爬坡、转弯、加速等各种行驶工况下，使汽车获得不同的牵引力和速度，同时使发动机在最有利的工况范围内工作。变速器设有空档和倒档，需要时变速器还有动力输出功能。

     变速器由变速传动机构和操纵机构组成，须满足以下基本要求：

     1）保证汽车有必要的动力性和经济性。

     2）设置空档，用来切断发动机动力向驱动轮的传输。

     3）设置倒档，使汽车能倒退行驶。

     4）设置动力输出装置，需要时能进行功率输出。

     5）换档迅速、省力、方便。

     6）工作可靠，汽车行驶过程中，变速器不得有跳档、乱档以及换档冲击等现象发生。

     7）工作效率高。

8）工作噪声小。

除此以外，变速器还应当满足轮廓尺寸和质量小、制造成本低、维修方便等要求。

汽车应具有必要的动力性和经济性指标，其实现与变速器的档数、传动比范围和各档传动比有关。汽车工作的道路条件越复杂，比功率越小，变速器的传动比范围越大。若在原变速传动机构的基础上再附加一个副箱体，就可实现在结构变化不大的前提下增加变速器档数的目的。

2.3.2　变速器传动机构布置方案

机械式变速器因具有结构简单、传动效率高、制造成本低和工作可靠等优点，在不同形式的汽车上得到广泛应用。

变速器传动机构有两种分类方法：

1）根据前进档数的不同，有三、四、五和多档变速器。

2）根据轴的形式不同，分为固定轴式和旋转轴式（常配合行星齿轮传动）两类。固定轴式变速器又分为两轴式、中间轴式、双中间轴式变速器。

固定轴式变速器应用广泛，其中两轴式变速器多用于发动机前置前轮驱动的汽车上，中间轴式变速器多用于发动机前置后轮驱动的汽车上。旋转轴式变速器主要用于液力机械式变速器。

1. 两轴式变速器

与中间轴式变速器相比，两轴式变速器有结构简单、轮廓尺寸小、布置方便、中间档位传动效率高和噪声小等优点。因两轴式变速器不能设置直接档，所以在高档工作时齿轮和轴承均承载，不但工作噪声增大，且易损坏。此外，受结构限制，两轴式变速器的一档速比很难设计得很大。

图 2-15 所示为用于发动机前置前轮驱动乘用车的两轴式变速器传动方案，其特点是将变速器输出轴与主减速器主动齿轮做成一体，发动机纵置时，主减速器采用弧齿锥齿轮或双曲面齿轮，发动机横置时则采用圆柱齿轮；多数方案的倒档传动常用滑动齿轮，其他档位均用常啮合齿轮传动。图 2-15f 所示的倒档齿轮为常啮合齿轮，并用同步器换档。同步器多数装在输出轴上，这是因为一档主动齿轮尺寸小，同步器装在输入轴上有困难，也有将高档同步器安装在输入轴的后端，如图 2-15d、e 所示。图 2-15d 所示方案的变速器有辅助支承，用来提高轴的刚度，减小齿轮磨损和降低工作噪声。图 2-15f 所示为五档全同步器式变速器，以此为基础，只要将五档齿轮用尺寸相当的隔套替代，即可改变为四档变速器，从而形成一个系列产品。

2. 中间轴式变速器

图 2-16、图 2-17 所示分别为中间轴式四档、五档变速器传动方案，其共同特点如下：

1）变速器第一轴和第二轴的轴线在同一直线上，经啮合套将其连接可得到直接档，使用直接档时，变速器的齿轮和轴承及中间轴均不承载，发动机转矩经变速器第一轴和第二轴直接输出，此时变速器的传动效率高，可达 90% 以上，噪声小，齿轮和轴承的磨损小，因为直接档的利用率高于其他档位，所以提高了变速器的使用寿命。

2）在其他前进档位工作时，变速器传递的动力需经设置在第一轴、中间轴和第二轴

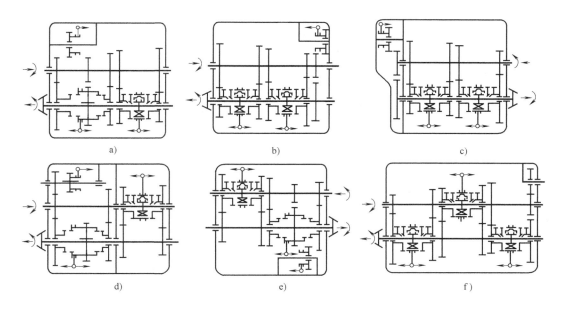

图 2-15　两轴式变速器传动方案

上的两对齿轮传递。因此在变速器中间轴与第二轴之间的距离（中心距）不大的条件下，一档仍有较大的传动比。

3）档位高的齿轮采用常啮合齿轮传动，档位低的齿轮（一档）可以采用或不采用常啮合齿轮传动。

4）多数传动方案中除一档以外，其他档位的换档机构均采用同步器或啮合套换档，少数结构的一档也采用同步器或啮合套换档。

5）多数情况下各档同步器或啮合套装在第二轴上。

在除直接档以外的其他档位工作时，中间轴式变速器的传动效率会略有降低，这是它的缺点。

在档数相同的前提下，各种中间轴式变速器主要在常啮合齿轮对数、换档方式和倒档传动方案上有差别。

图 2-16 所示为中间轴式四档变速器传动方案，图 2-16a、b 所示方案中有四对常啮合齿轮，倒档用直齿滑动齿轮换档；图 2-16c 所示传动方案的二、三、四档用常啮合齿轮传动，而一档、倒档则用直齿滑动齿轮换档。

图 2-17 所示为中间轴式五档变速器传动方案。图 2-17a 所示方案，除一档、倒档用直齿滑动齿轮换档外，其余各档采用常啮合齿轮传动。图 2-17b、c、d 所示方案的各前进档均用常啮合齿轮传动。图 2-17d 所示方案中的倒档和超速档安装在位于变速器后部的副箱体内，这样布置除可以提高轴的刚度，减小齿轮磨损和降低工作噪声外，还可以在不需要超速档时形成一个只有四个前进档的变速器。

以上各种方案中，凡采用常啮合齿轮传动的档位，其换档可以用同步器或啮合套来实现。若同一变速器中，有的档位用同步器换档，有的档位用啮合套换档，则一定是档位高的用同步器换档，档位低的用啮合套换档。

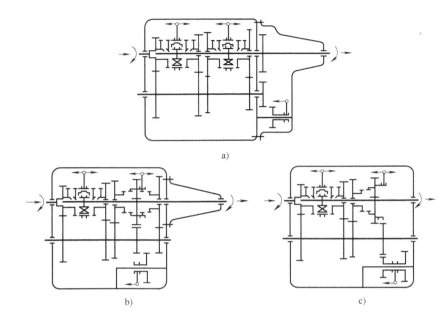

图 2-16　中间轴式四档变速器传动方案

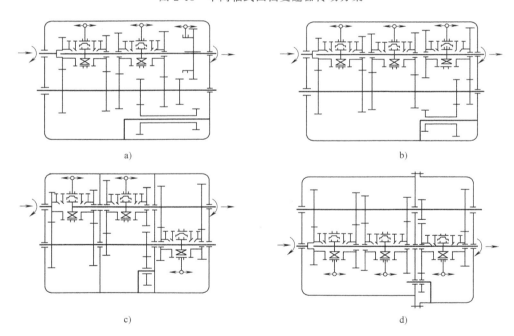

图 2-17　中间轴式五档变速器传动方案

　　发动机前置后轮驱动的乘用车多采用中间轴式变速器。为缩短传动轴长度，可将变速器后端加长，如图 2-16a、b 所示。伸长后的第二轴有时装在三个支承上，其最后一个支承位于加长的附加壳体上。如果在附加壳体内布置倒档传动齿轮和换档机构，还能减小变速器主体部分的外形尺寸。

　　变速器用图 2-17c 所示的多支承结构方案，能提高轴的刚度。此时，如果采用在轴平

面上可分开的壳体，则能较好地解决轴和齿轮等零部件装配困难的问题。图2-17c所示方案的高档从动齿轮处于悬臂状态，同时一档和倒档齿轮布置在变速器壳体的中间跨距内，中间档的同步器布置在中间轴上是该方案的特点。

对于重型商用车，由于汽车每吨车重所占有的功率要比乘用车的小得多，为了能使汽车具有更大的比牵引力，必须加大传动系统的传动比，并增加变速器的档位数。一般来说，当变速器的档位数超过6时，若仍采用单一变速器，其结构会非常庞大。此时，可采用组合式变速器，即在主变速器之前或之后再增加一副变速器，副变速器一般只有两个档位，若主变速器有四个档位，两者组合在一起就有4×2＝8个档位。

 【拓展阅读2-6】 组合式变速器

3. 倒档的布置

与前进档位相比，倒档的使用率不高，且都是在停车状态下换档的，故多数方案采用直齿滑动齿轮方式换档。为实现倒档传动，有些方案采用在中间轴和第二轴上的齿轮传动路线中，加入一个中间传动齿轮，如图2-15a、b、c和图2-16a、b所示；也有采用两个联体齿轮方案的，如图2-16c和图2-17a、b所示。前者虽然结构简单，但中间传动齿轮的轮齿处于最不利的正负交替、对称变化的弯曲应力状态下工作，而后者是在较为有利的单向循环弯曲应力状态下工作，且倒档传动比略有增加。

图2-18所示为常见倒档布置方案。图2-18b所示方案的优点是可以在换倒档时借用中间轴上的一档齿轮，因而缩短了中间轴的长度。但换档时有两对齿轮同时进入啮合，使换档困难。图2-18c所示方案能获得较大的倒档传动比，其缺点是换档程序不合理。图2-18d所示方案针对图2-18c方案的缺点做了修改，因而取代了前者。图2-18e所示方案是将中间轴上的一档、倒档齿轮做成一体，将其齿宽加长。图2-18f所示方案适用于全部齿轮副均为常啮合齿轮的情况，换档更为轻便。为了充分利用空间，缩短变速器轴向长度，有的货车的倒档传动采用图2-18g所示的方案，其缺点是一档、倒档需各用一根变速器拨叉轴，导致变速器上盖中的操纵机构更复杂。

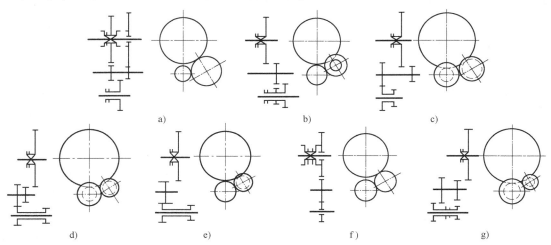

图2-18　常见的倒档布置方案

变速器在一档和倒档工作时受到较大的力，因此无论是两轴式变速器还是中间轴式变速器的低档与倒档，都应当布置在靠近轴的支承处，以减小轴的变形，保证齿轮重合度下降较少，然后按照从低档到高档的顺序布置各档齿轮，这样做既能使轴有足够的刚度，又能保证容易装配。倒档的传动比虽然与一档的传动比接近，但由于使用时间非常短，有些方案将一档布置在靠近轴的支承处，如图 2-16b、图 2-17a、图 2-17b 等所示，然后再布置倒档。这样在倒档工作时，齿轮的磨损与噪声在短时间内略有增加，但在一档工作时齿轮的磨损与噪声有所减小。倒档设置在变速器的左侧或右侧在结构上均能实现，不同之处是挂倒档时驾驶人移动变速杆的方向改变了。为防止意外挂入倒档，一般在挂倒档时设置一个需克服弹簧的力，用来提醒驾驶人注意。从这一点出

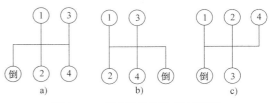

图 2-19　变速杆换档位置与顺序

发，图 2-19a、b 所示的换档方案比图 2-19c 所示更合理。图 2-19c 所示方案在挂一档时也需要克服用来防止误挂倒档所产生的力，这对换档技术不熟练的驾驶人是不利的。

　　除此之外，倒档的中间齿轮位于变速器的左侧或右侧对倒档轴的受力状况是有影响的，如图 2-20 所示。

4．部件结构方案分析

（1）齿轮形式　与直齿圆柱齿轮相比，斜齿圆柱齿轮有使用寿命长、工作时噪声小等优点；缺点是制造时稍复杂，工作时有轴向力。变速器中的常啮合齿轮均采用斜齿圆柱齿轮，尽管这样

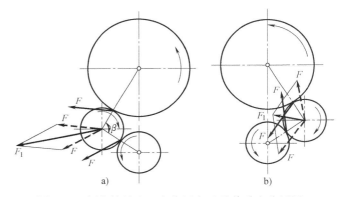

图 2-20　倒档轴的左、右位置布置及其受力分析图

会使常啮合齿轮数增加，并导致变速器的转动惯量增大。直齿圆柱齿轮仅用于低档和倒档。

（2）换档机构形式　变速器换档机构有直齿滑动齿轮、啮合套和同步器换档三种形式。

1）直齿滑动齿轮换档。汽车行驶时各档齿轮有不同的角速度，因此用直齿滑动齿轮的方式换档，会在轮齿齿面产生冲击，并产生噪声。这会使齿轮端部的磨损加剧并过早损坏，同时使驾驶人精神紧张，而换档产生的噪声又使乘坐舒适性降低。只有驾驶人运用熟练的操作技术（如两脚离合器）使齿轮换档时无冲击，才能克服上述缺点。但该瞬间驾驶人注意力被分散，会影响行驶安全性。因此，尽管这种换档方式结构简单，但除一档、倒档外已很少使用。

2）啮合套换档。由于变速器第二轴齿轮与中间轴齿轮处于常啮合状态，可用移动啮合套换档。这时，因同时承受换档冲击载荷的接合齿齿数多，且轮齿不参与换档，它们都不会过早损坏，但不能消除换档冲击，仍要求驾驶人有熟练的操作技术。此外，因增设了啮合套和常啮合齿轮，使变速器旋转部分的总转动惯量增大。因此，目前这种换档方式只在某些要求不高的档位及重型货车变速器上应用，这是因为重型货车档位间的公比较小，而换档机构连

接件间的角速度差也较小，故可采用啮合套换档，并且还能降低制造成本及缩小变速器尺寸。

3）同步器换档。使用同步器能保证迅速、无冲击、无噪声换档，且与驾驶人操作技术的熟练程度无关，从而提高了汽车的经济性和行驶安全性。与上述两种换档方式相比，虽然同步器换档具有结构复杂、制造精度要求高、轴向尺寸大等缺点，但仍然得到广泛应用。

同步器或啮合套换档的换档行程要比滑动齿轮的换档行程小。在滑动齿轮特别宽的情况下，这种差别就更加明显。为了操纵方便，换入不同档位的变速杆的行程要求尽可能相等。

 【拓展阅读2-7】　同步器设计

（3）防止自动脱档的措施　自动脱档是变速器的主要故障之一，为解决这个问题，除工艺上采取措施外，目前在结构上可采取的有效措施具体如下：

1）将两接合齿的啮合位置错开（图2-21a），使啮合时接合齿端部超过被接合齿1～3mm。使用中两齿接触部分相互挤压磨损，从而在接合齿端部形成凸肩，用来阻止接合齿自动脱档。

2）将啮合套座上前齿圈的齿厚切薄（切下0.3～0.6mm），这样，换档后啮合套的后端面会被后齿圈的前端面顶住，从而防止自动脱档（图2-21b）。

3）将接合齿的工作面加工成斜面，形成倒锥角（一般倾斜2°～3°），使接合齿面产生阻止自动脱档的轴向力（图2-21c）。这种方案比较有效，应用较多。

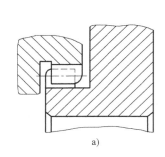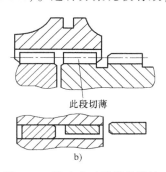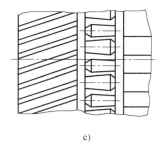

此段切薄

a)　　　　　　　　　b)　　　　　　　　　c)

图2-21　防止自动脱档的措施

（4）变速器轴承的选择及对中　变速器轴承常采用圆柱滚子轴承、球轴承、滚针轴承、圆锥滚子轴承及滑动轴套等，至于具体选择的轴承类别，受结构限制并由所承受的载荷特点决定。

汽车变速器结构紧凑，尺寸小，采用尺寸较大的轴承在结构上受限制，布置时有困难，如变速器的第二轴前端支承在第一轴常啮合齿轮的内腔中，内腔尺寸足够大时可布置圆柱滚子轴承，若空间不足则采用滚针轴承。变速器第一轴前端支承在飞轮的内腔里，有足够大的空间，采用球轴承来承受径向力。作用在第一轴常啮合齿轮上的轴向力，经第一轴后部轴承传给变速器壳体，此处常用轴承外圈有挡圈的球轴承，第二轴后端常采用球轴承，以承受轴向力和径向力。中间轴上齿轮工作时产生的轴向力，原则上由前或后轴承来承受都可以，但当在壳体前端面布置轴承盖有困难时，就必须由后端轴承承受轴向力，前端采用圆柱滚子轴承来承受径向力。

变速器中采用圆锥滚子轴承虽然有直径小、宽度较宽因而容量大、可承受高负荷等优点，但也有需要调整预紧、装配麻烦、磨损后轴易歪斜而影响齿轮正确啮合的缺点，因此不适用于线膨胀系数较大的铝合金壳体。

变速器第一轴、第二轴的后部轴承以及中间轴前、后轴承，按直径系列一般选用中系列球轴承或圆柱滚子轴承。轴承的直径根据变速器中心距确定，并要保证壳体后壁两轴承孔之间的距离在 $6\sim20mm$ 之间，下限适用于轻型车和乘用车。

滚针轴承、滑动轴套主要用于齿轮与轴不是固定连接，并要求两者有相对运动的地方。滚针轴承有滚动摩擦损失小、传动效率高、径向配合间隙小、定位和运转精度高以及有利于齿轮啮合等优点。滑动轴套的径向配合间隙大、易磨损，间隙增大后影响齿轮的定位和运转精度并使工作噪声增加。滑动轴套的优点是制造容易、成本低。

变速器箱体和发动机的飞轮壳体若是分别加工制造的，则要通过螺栓把变速器和发动机组装在一起。组装时，变速器的第一轴前端要插入飞轮孔内的导向轴承中，此时一定要保证变速器的第一轴和发动机曲轴的同轴度要求，否则会造成轴承早期损坏并产生噪声。生产装配时利用第一轴轴承盖的外圆与轴承相配合的内孔的同心度，以及与轴承盖外圆安装配合的飞轮壳孔及飞轮壳上的定位销等同心工艺措施，从结构和工艺上确保变速器第一轴和发动机曲轴同轴。

（5）密封和润滑　变速器的轴承和齿轮经常高速转动，在箱体中应加注润滑油，用以润滑齿轮和轴承以减小其摩擦和磨损。为防止变速器漏油，要注意密封，密封分为两种状态：静态和动态。两个不动的静止件之间（如箱体与盖之间）的密封为静态密封；若构件间有相对运动（如转动的轴与变速器箱体之间），则为动态密封。

变速器润滑的主要作用是在齿轮上形成稳定的油膜，防止轮齿啮合时金属直接接触。润滑油膜应有足够的黏着特性，不因轮齿间的滚压、滑动而受到破坏，或因轮齿的高速旋转而被甩出。此外，润滑油也可作为冷却液，且可以保护齿轮免受大气锈蚀。润滑油的黏度是一项重要的指标，黏度太高会影响传动效率和换档动作，且会集聚形成油道滴油，使齿面上得不到足够的润滑油；黏度太低则可能承受不了高的轮齿负荷。一般润滑油用发动机机油或主减速器润滑油，由厂商推荐。变速器润滑的主要方式有飞溅式和压力式两种。

2.3.3　变速器主要参数的选择

1. 档数

增加变速器的档数能改善汽车的动力性和经济性。档数越多，变速器的结构越复杂，且尺寸轮廓和质量越大，同时操纵机构越复杂，使用时换档频率也越高。

在最低档传动比不变的前提下，增加变速器的档数会使变速器相邻两个档位之间传动比的比值减小，使换档工作容易进行。一般要求相邻档位之间传动比的比值在 1.8 以下，该比值越小，换档工作越容易进行。高档区相邻档位之间传动比的比值要比低档区的小。

近年来为了降低油耗，变速器的档数有增加的趋势。目前乘用车一般用 4~5 个档位，级别高的乘用车多用 5 个档位，货车变速器采用 4~5 个档位或更多。装载质量在 2~3.5t 之间的货车采用五档变速器，装载质量在 4~8t 之间的货车采用六档变速器。多档变速器多用于重型货车和越野车。

2. 传动比范围

变速器的传动比范围是指变速器最低档传动比与最高档传动比的比值。传动比范围的确定与选定的发动机参数、汽车的最高车速和使用条件等因素有关。

目前乘用车的传动比范围在 3~4 之间,轻型货车的在 5~6 之间,其他货车的则更大。

3. 中心距 A

中间轴式变速器的中间轴与第二轴之间的距离称为变速器中心距。它是一个基本参数,不仅会影响变速器的外形尺寸、体积和质量等参数,还对轮齿的接触强度有影响。中心距越小,齿轮的接触应力越大,齿轮寿命越短。最小允许中心距由保证齿轮寿命的接触强度来确定。变速器轴经轴承安装在壳体上,从轴承的布置、安装和维修方便以及不影响壳体的强度等方面考虑,要求中心距取大些。此外受一档小齿轮齿数不能过少的限制,中心距也要大些。

初选中心距 A 时,可根据下面的经验公式计算,即

$$A = K_A \sqrt[3]{T_{emax} i_1 \eta_g} \tag{2-22}$$

式中　A——中心距;

　　　K_A——中心距系数,乘用车取 8.9~9.3,货车取 8.6~9.6,多档变速器取 9.5~11.0;

　　　T_{emax}——发动机最大转矩;

　　　i_1——变速器一档传动比;

　　　η_g——变速器传动效率,取 96%。

乘用车变速器的中心距为 65~80mm,货车的为 80~170mm。原则上总质量小的汽车,变速器中心距也应小些。

4. 外形尺寸

变速器的横向外形尺寸可根据齿轮直径以及倒档中间(过渡)齿轮和换档机构的布置初步确定。

影响变速器壳体轴向尺寸的因素包括档数、换档机构形式以及齿轮形式。乘用车四档变速器壳体的轴向尺寸为 $(2.0~3.4)A$。货车变速器壳体的轴向尺寸与档数的关系可参考表 2-4 中的数据。

当变速器选用的档数和同步器多时,中心距系数 K_A 应取推荐系的上限。为了检测方便,中心距 A 最好取整数。

表 2-4　货车变速器壳体的轴向尺寸与档数的关系

档数	变速器壳体的轴向尺寸
四档	$(2.2~2.7)A$
五档	$(2.7~3.0)A$
六档	$(2.2~3.3)A$

5. 轴的直径

变速器工作时,轴除传递转矩外,还要承受齿轮作用的径向力,如果是斜齿轮还有轴向力。在这些力的作用下,变速器的轴必须有足够的刚度和强度。轴的刚度不足会产生弯曲变形,破坏齿轮的正确啮合,对齿轮的强度和耐磨性产生影响,增大工作噪声。

中间轴式变速器的第二轴和中间轴中部直径取 $d \approx 0.45A$。轴的最大直径 d 与支承间距离 L 的比值，中间轴取 $d/L \approx 0.16 \sim 0.18$，第二轴取 $d/L \approx 0.18 \sim 0.21$。

第一轴花键部分直径 d 可按下式初选，即

$$d = K\sqrt[3]{T_{emax}} \tag{2-23}$$

式中　K——经验系数，一般取 $K = 4.0 \sim 4.6$；

　　　T_{emax}——发动机最大转矩。

6. 齿轮参数

（1）模数 m　模数 m 是齿轮的一个重要参数，而影响其选取的因素又很多，如齿轮的强度、质量、噪声及工艺要求等。

应该指出，选取齿轮模数时一般遵守的原则是：为减小噪声，应合理减小模数，同时增加齿宽；为使质量小些，应增加模数，同时减小齿宽；从工艺方面考虑，各档齿轮应选同一模数；而从强度方面考虑，各档齿轮应用不同的模数。减小乘用车齿轮的工作噪声有较为重要的意义，因此其齿轮模数应选得小些；而对于货车，减小质量比减小噪声更重要，故齿轮应选用较大的模数。

一般情况下，变速器的低档齿轮选用较大的模数，其他档位选用较小的模数。少数情况下汽车变速器的各档齿轮均选用相同的模数。

变速器齿轮所选模数值应符合国家标准 GB/T 1357—2008《通用机械和重型机械用圆柱齿轮　模数》的规定，汽车变速器模数的选择见表 2-5。

表 2-5　汽车变速器模数的选择　　　　　　　　　　　　（单位：mm）

车　型	模　数	车　型	模　数
微轿	2.25~2.75	中货	3.5~4.5
中轿	2.75~3.0	重货	4.5~6.0

啮合套和同步器的接合齿多为渐开线齿形。出于工艺考虑，同一变速器接合齿的模数相等。其取值范围如下：乘用车和轻、中型货车取 2~3.5mm；重型货车取 3.5~5mm。选取较小的模数值可使接合齿数增多，有利于换档。

（2）压力角 α　压力角较小时，齿轮的重合度较大，传动平稳，噪声较小；压力角较大时，可提高轮齿的抗弯强度和表面接触强度。对于乘用车，为加大齿轮的重合度以减小噪声，应选用 14.5°、15°、16°、16.5° 等较小的压力角；对于货车，为提高齿轮承载能力，应选用 22.5° 或 25° 等较大的压力角。

实际上，因国家规定的标准压力角为 20°，变速器齿轮普遍采用的压力角为 20°。啮合套和同步器的接合齿压力角有 20°、25°、30° 等，但普遍采用 30° 压力角。

（3）螺旋角 β　斜齿轮在变速器中得到广泛的应用。选取斜齿轮的螺旋角时，要注意它对齿轮工作噪声、轮齿强度和轴向力的影响。选用较大的螺旋角可使齿轮啮合的重合度增加，从而使工作平稳、噪声减小。试验还证明，随着螺旋角的增大，轮齿的接触强度也相应提高，不过当螺旋角大于 30° 时，其抗弯强度骤然下降，但接触强度仍继续上升。因此从提高低档齿轮抗弯强度的角度出发，不希望选用过大的螺旋角；而从提高高档齿轮接触强度的角度出发，应选用较大的螺旋角。

斜齿轮传递转矩时，会产生轴向力并作用到轴承上。设计时应力求中间轴上同时工作的两对齿轮产生的轴向力平衡，以减小轴承负荷，提高轴承寿命。因此，中间轴上不同档位齿轮的螺旋角应是不等的。但为使工艺简便，在中间轴轴向力不大时，可将螺旋角设计成相等的，或仅取两种螺旋角。中间轴上全部齿轮的螺旋方向应一律为右旋，则第一、第二轴上的斜齿轮应为左旋。轴向力经轴承盖作用到壳体上。一档和倒档设计为直齿时，在这些档位上工作，中间轴上的轴向力不能抵消（但因为这些档位使用较少，所以也是允许的），而此时第二轴则没有轴向力作用。

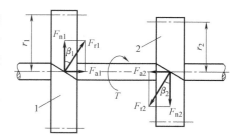

图 2-22 中间轴轴向力的平衡

由图 2-22 可知，欲使中间轴上两个斜齿轮的轴向力平衡，须满足下述条件，即

$$F_{a1} = F_{n1} \tan\beta_1 \qquad (2\text{-}24)$$

$$F_{a2} = F_{n2} \tan\beta_2 \qquad (2\text{-}25)$$

又 $T = F_{n1} r_1 = F_{n2} r_2$，为使两轴向力平衡，须满足

$$\frac{\tan\beta_1}{\tan\beta_2} = \frac{r_1}{r_2} \qquad (2\text{-}26)$$

式中　F_{a1}、F_{a2}——作用在中间轴齿轮 1、2 上的轴向力；

　　　F_{n1}、F_{n2}——作用在中间轴齿轮 1、2 上的圆周力；

　　　r_1、r_2——齿轮 1、2 的节圆半径；

　　　T——中间轴传递的转矩。

最后可用调整螺旋角的方法，使各对啮合齿轮因模数或齿数不同等原因而造成的中心距不等的现象得以消除。

斜齿轮螺旋角 β 常用范围见表 2-6。

表 2-6　斜齿轮螺旋角 β 常用范围

变速器类型		$\beta/(°)$
乘用车变速器	两轴式变速器	20~25
	中间轴式变速器	22~34
货车变速器		18~26

（4）齿宽 b　在选择齿宽时，应注意齿宽对变速器的轴向尺寸、齿轮工作平稳性、齿轮的接触强度和齿轮工作时受力的均匀程度均有影响。

考虑到尽可能缩短变速器的轴向尺寸并减小变速器的质量，应该选用较小的齿宽。另一方面，齿宽减小使斜齿轮传动平稳的优势被削弱，此时虽然可通过增加齿轮螺旋角的方法予以补偿，但这会使轴承承受的轴向力增大，使之寿命降低；齿宽小还会使齿轮的工作应力增大。选用较大的齿宽，工作时会因轴的变形导致齿轮倾斜，会使齿轮沿齿宽方向受力不均匀并导致齿宽方向磨损不均匀。

通常根据齿轮模数 m（mm）的大小来选定齿宽。对于直齿齿轮，有 $b = K_c m$，其中 K_c 为齿宽系数，取 4.5~8.0；对于斜齿齿轮，有 $b = K_c m_n$，其中 m_n 为法向模数，K_c 取

6.0~8.5。

采用啮合套或同步器换档时，其接合齿的工作宽度初选时可取 2~4mm。

第一轴常啮合齿轮副的齿宽系数 K_c 可取大些，使接触线长度增加，接触应力降低，以提高传动平稳性和齿轮寿命。

（5）**变位系数的选择原则**　齿轮的变位是齿轮设计中一个非常重要的环节。采用变位齿轮，除为了避免齿轮产生根切和配凑中心距以外，还会影响齿轮的强度、使用平稳性、耐磨性、抗胶合能力及齿轮的啮合噪声。

变位齿轮可分为两类：高度变位齿轮和角度变位齿轮。高度变位齿轮副一对啮合齿轮的变位系数之和为零。高度变位可增加小齿轮的齿根强度，使它达到和大齿轮强度相接近的程度。高度变位齿轮副的缺点是不能同时增加一对齿轮的强度，也很难降低噪声。角度变位齿轮副的变位系数之和不等于零。角度变位既具有高度变位的优点，又避免了其缺陷。

由几对齿轮安装在中间轴和第二轴上组合构成的变速器，为保证各档传动比的需求，将相互啮合齿轮副的齿数和设计为不等。但为保证各对齿轮有相等的中心距，此时应对齿轮进行变位。当齿数和大的齿轮副采用标准齿轮传动或高度变位时，应对齿数和小些的齿轮副采用正角度变位。由于角度变位可获得良好的啮合性能及传动质量指标，采用得较多。对斜齿轮传动，还可通过选择合适的螺旋角来达到中心距相等的要求。

变速器齿轮在承受循环负荷的条件下工作，有时还承受冲击负荷。对于高档齿轮，其主要破坏形式是齿面疲劳剥落，因此应按保证最大接触强度和抗胶合及耐磨损最有利的原则选择变位系数。为提高接触强度，应使总变位系数尽可能取大些，这样两齿轮的齿廓渐开线离基圆较远，从而增大齿廓曲率半径，减小接触应力。对于低档齿轮，由于小齿轮的齿根强度较低，加之传递载荷较大，小齿轮可能会出现齿根弯曲、断裂的现象。为提高小齿轮的抗弯强度，小齿轮的变位系数应大于零。由于工作需要，有时齿轮齿数取得小（如一档主动齿轮）会使轮齿产生根切，这不仅削弱了轮齿的抗弯强度，还会使重合度减小。此时应对齿轮进行正变位，以消除根切现象。

总变位系数 $\zeta_e = \zeta_1 + \zeta_2$，其值越小，齿轮副的齿根总厚度越小，齿根越弱，抗弯强度越低。但由于轮齿的刚度较小，易于吸收冲击振动，故噪声要小些。另外，ζ_e 值越小，齿轮的齿形重合度越大，这不但对降噪有利，而且由于齿形重合度增大，单齿承受最大载荷时的着力点距齿根近，弯曲力矩减小，这相当于提高了齿根强度，可弥补由于齿根减薄而产生的强度降低的不足。

根据上述理由，为降低噪声，变速器中除一、二档和倒档以外的其他各档齿轮的总变位系数要选用较小值，以便获得低噪声传动。一般情况下，最高档和第一轴齿轮副的 ζ_e 可以选为 $-0.2 \sim 0.2$，随着档位的降低，ζ_e 值应逐档增大。一、二档和倒档齿轮应选用较大的 ζ_e 值，以获得高强度齿轮副，一档齿轮的 ζ_e 值可选 1.0 以上。

7. 各档齿轮齿数的分配

初选中心距、齿轮模数和螺旋角以后，可根据变速器的档数、传动比和传动方案来分配各档齿轮的齿数。下面以图 2-23 所示的四档变速器为例，说明分配齿数的方法。应该注意的是，各档齿轮的齿数比应该尽可能不是整数，以使齿面磨损均匀。

（1）确定一档齿轮的齿数　一档传动比为

$$i_1 = \frac{z_2 z_7}{z_1 z_8} \tag{2-27}$$

若齿数 z_7、z_8 已确定，则 z_2 与 z_1 的传动比可求出。为了求齿数 z_7、z_8，先求其齿数和 z_h，直齿为

$$z_h = \frac{2A}{m} \tag{2-28}$$

斜齿为 $\qquad z_h = \frac{2A\cos\beta}{m_n} \tag{2-29}$

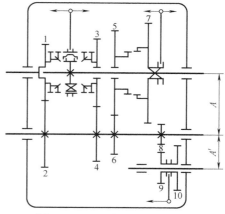

图 2-23　四档变速器传动方案

计算后将 z_h 取为整数，然后进行大、小齿轮齿数的分配。中间轴上一档小齿轮的齿数应尽可能取小些，以使 z_7/z_8 的值大些，在 i_1 已定的情况下，z_2/z_1 的值可分配小些，使第一轴常啮合齿轮的齿数多些，以便在其内腔设置第二轴的前轴承并保证轮辐有足够的厚度。考虑到壳体上第一轴轴孔尺寸的限制和装配的可能性，该齿轮齿数又不宜取大。

中间轴上小齿轮的最小齿数还受中间轴轴径尺寸的限制，即受刚度的限制。在选取时，对轴的尺寸及齿轮齿数要统一考虑。乘用车中间轴式变速器的一档传动比 $i_1 = 3.5 \sim 3.8$ 时，中间轴上一档齿轮齿数可取 $z_8 = 15 \sim 17$，货车可取 $12 \sim 17$。一档大齿轮齿数用 $z_7 = z_h - z_8$ 计算求得。

（2）对中心距进行修正　由于计算齿数和 z_h 之后，经过取整使中心距发生了变化，应根据 z_h 和齿轮变位系数重新计算中心距 A，再以修正后的中心距 A 作为各档齿轮齿数分配的依据。

（3）确定常啮合传动齿轮副的齿数　由式（2-27）可求出传动比为

$$\frac{z_2}{z_1} = i_1 \frac{z_8}{z_7} \tag{2-30}$$

而常啮合传动齿轮中心距和一档齿轮中心距相等，即

$$A = \frac{m_n(z_1 + z_2)}{2\cos\beta} \tag{2-31}$$

联立式（2-30）和式（2-31），求解 z_1 与 z_2，并将求出的 z_1、z_2 取整；然后计算一档传动比与原传动比的差值，若相差较大，只需调整齿数即可；最后根据所确定的齿数，按式（2-31）算出精确的螺旋角 β。

（4）确定其他各档的齿数　若二档齿轮为直齿齿轮，模数与一档齿轮相等时，则有

$$i_2 = \frac{z_2 z_5}{z_1 z_6} \tag{2-32}$$

$$A = \frac{m(z_5 + z_6)}{2} \tag{2-33}$$

联立上式（2-32）和式（2-33）求出 z_5、z_6，用取整后的 z_5、z_6 计算中心距，若与中心距 A 有偏差，通过齿轮变位来调整。

若二档齿轮是斜齿轮，螺旋角 β_6 与常啮合齿轮的 β_2 不等时，由式（2-32）得

$$\frac{z_5}{z_6} = i_2 \frac{z_1}{z_2} \tag{2-34}$$

而

$$A = \frac{m_n(z_5 + z_6)}{2\cos\beta_6} \tag{2-35}$$

此外，从抵消或减小中间轴上轴向力的角度出发，还必须满足

$$\frac{\tan\beta_2}{\tan\beta_6} = \frac{z_2}{z_1 + z_2}\left(1 + \frac{z_5}{z_6}\right) \tag{2-36}$$

联立式（2-34）~式（2-36），可求出 z_5、z_6 和 β_6 三个参数。解此联立方程组比较复杂，可采用试凑法，即先选定螺旋角 β_6，解式（2-34）和式（2-35），求出 z_5、z_6，再把 z_5、z_6 及 β_6 代入式（2-36），检查是否满足或近似满足轴向力平衡。若相差较大，则要重新选定 β_6，重复此过程直至符合设计要求。

其他各档齿轮的齿数也用上述方法确定。

（5）确定倒档齿轮齿数　倒档齿轮选用的模数往往与一档的相同。图 2-23 中倒档齿轮的齿数 z_{10} 一般取 21~22。初选 z_{10} 后，可计算出中间轴与倒档轴的中心距 A'，即

$$A' = \frac{1}{2}m(z_8 + z_{10}) \tag{2-37}$$

为保证倒档齿轮的啮合及不产生运动干涉，齿轮 8 和 9 的齿顶圆应保持 0.5mm 以上的间隙，则齿轮 9 的齿顶圆直径 D_{e9} 应为

$$\frac{D_{e8}}{2} + 0.5 + \frac{D_{e9}}{2} = A' \tag{2-38}$$

即

$$D_{e9} = 2A' - D_{e8} - 1 \tag{2-39}$$

根据求得的 D_{e9}，再选择适当的齿数及变位系数，使齿顶圆 D_{e9} 符合式（2-39），最后计算倒档轴与第二轴的中心距 A''。

2.3.4　变速器的设计与计算

1. 变速器齿轮

（1）齿轮结构　变速器齿轮可以与轴设计为一体或者与轴分开，然后用花键、过盈配合或者滑动支承等方式与轴连接。

齿轮尺寸小又与轴分开时，其内孔直径到齿根圆处的厚度 b（图 2-24a）将影响齿轮强度。要求尺寸 b 应该大于或等于轮齿危险断面处的厚度。为了使齿轮装在轴上以后保持足够大的稳定性，齿轮轮毂部分的宽度尺寸 C 在结构允许条件下应尽可能取大些，至少满足尺寸 $C = (1.2~1.4)d_2$，d_2 为花键内径。为了减小质量，轮辐处厚度 δ 应在满足强度的条件下设计得薄些。图 2-24b 中的尺寸 D_1 可取为花键内径的 1.25~1.40 倍。

齿轮表面粗糙度数值降低，则噪声减小，齿面磨损速度减慢，提高了齿轮寿命。变速器齿轮齿面的表面粗糙度应在 $Ra0.80 \sim Ra0.40\mu m$ 的范围内选用。要求齿轮制造精度不低于7级。

（2）**齿轮的损坏形式** 变速器齿轮的损坏形式主要有三种：轮齿折断、齿面疲劳剥落（点蚀）和移动换档齿轮端部损坏。

经常造成轮齿折断的两种情况

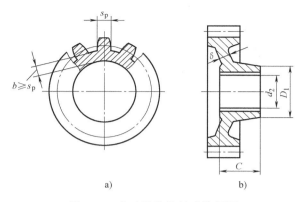

图 2-24 变速器齿轮尺寸控制图

是：①轮齿受到足够大的冲击载荷作用，造成轮齿弯曲折断；②轮齿在重复载荷作用下，齿根产生疲劳裂纹，裂纹扩展深度逐渐加大，会出现弯曲折断，前者在变速器中出现得很少，后者出现得多些。

轮齿工作时，一对齿轮相互啮合，齿面相互挤压，这时齿面细小裂纹中的润滑油油压升高，会导致裂纹扩展，继而在齿面表层出现块状剥落面形成小麻点，这种现象称为齿面点蚀。它会使齿形误差加大，产生动载荷，并可能导致轮齿折断。

用移动齿轮的方法完成换档的低档和倒档齿轮，由于换档时两个进入啮合的齿轮存在角速度差，换档瞬间会在齿轮端部产生冲击载荷，并造成损坏。

（3）**齿轮强度计算** 不同车型变速器齿轮的使用条件是近似的。此外，汽车变速器齿轮用的材料、热处理方法、加工方法、精度级别、支承方式也基本一致。如汽车变速器齿轮用低碳钢制作，采用剃齿和磨齿精加工，齿轮表面采用渗碳淬火热处理工艺，齿轮精度为国家标准 GB/T 10095.1—2008《圆柱齿轮 精度制 第1部分：轮齿同侧齿面偏差的定义和允许值》中规定的6级和7级。因此，用比计算通用齿轮强度公式更为简化一些的计算公式来计算汽车齿轮，同样可以获得较为精确的结果。下面介绍的是计算汽车变速器齿轮强度用的简化计算公式。

1）轮齿弯曲强度计算。

① 直齿轮弯曲应力 σ_w 为

$$\sigma_w = \frac{F_1 K_\sigma K_f}{bty} \tag{2-40}$$

式中 σ_w——弯曲应力；

F_1——圆周力，$F_1 = 2T_g/d$，其中 T_g 为计算载荷，d 为节圆直径；

K_σ——应力集中系数，可近似取 $K_\sigma = 1.65$；

K_f——摩擦力影响系数，主、从动齿轮在啮合点上的摩擦力方向不同，对弯曲应力的影响也不同，主动齿轮取 $K_f = 1.1$，从动齿轮取 $K_f = 0.9$；

b——齿宽；

t——端面齿距，有 $t = \pi m$，m 为齿轮模数；

y——齿形系数，如图 2-25 所示。

又齿轮节圆直径 $d = mz$，z 为齿数，将上述有关参数代入式（2-40）后，得

$$\sigma_{\mathrm{w}} = \frac{2T_{\mathrm{g}}K_{\sigma}K_{\mathrm{f}}}{\pi m^3 z K_{\mathrm{c}} y} \qquad (2\text{-}41)$$

当计算载荷 T_{g} 取作用到变速器第一轴上的最大转矩 T_{emax} 时，一档、倒档直齿齿轮许用弯曲应力为 400~850MPa，货车可取下限，承受双向交变载荷作用的倒档齿轮的许用应力取下限。

② 斜齿轮弯曲应力 σ_{w} 为

$$\sigma_{\mathrm{w}} = \frac{F_1 K_{\sigma}}{b t y K_{\zeta}} \qquad (2\text{-}42)$$

式中　F_1——圆周力，$F_1 = 2T_{\mathrm{g}}/d$，其中 T_{g} 为计算载荷，d 为节圆直径，且 $d = m_{\mathrm{n}}z/\cos\beta$（$m_{\mathrm{n}}$ 为法向模数，z 为齿数，β 为斜齿轮螺旋角）；

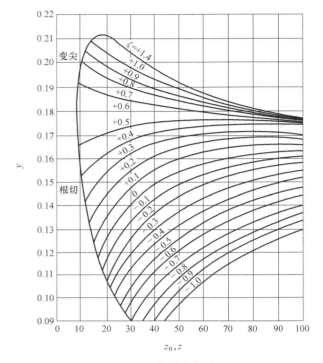

图 2-25　齿形系数图

K_{σ}——应力集中系数，取 $K_{\sigma} = 1.5$；

b——齿宽；

t——法向齿距，$t = \pi m_{\mathrm{n}}$；

y——齿形系数，可按当量齿数 $z_{\mathrm{n}} = z/\cos^3\beta$ 在图 2-25 中查得；

K_{ζ}——重合度影响系数，取 $K_{\zeta} = 2$。

将上述有关参数代入式（2-42），整理后得到斜齿轮弯曲应力为

$$\sigma_{\mathrm{w}} = \frac{2T_{\mathrm{g}}\cos\beta K_{\sigma}}{\pi z m_{\mathrm{n}}^3 y K_{\mathrm{c}} K_{\zeta}} \qquad (2\text{-}43)$$

当计算载荷 T_{g} 取作用到变速器第一轴的最大转矩 T_{emax} 时，乘用车常啮合齿轮和高档齿轮的许用应力为 180~350MPa，货车为 100~250MPa。

2）轮齿接触应力计算。

轮齿的接触应力按下式计算，即

$$\sigma_{\mathrm{j}} = 0.418 \sqrt{\frac{FE}{b}\left(\frac{1}{\rho_{\mathrm{z}} + \rho_{\mathrm{b}}}\right)} \qquad (2\text{-}44)$$

式中　σ_{j}——轮齿的接触应力；

F——齿面上的法向力，$F = F_1/\cos\alpha\cos\beta$，其中 F_1 为圆周力，且 $F_1 = 2T_{\mathrm{g}}/d$（T_{g} 为计算载荷，d 为节圆直径），而 α 为节点处压力角，β 为斜齿轮螺旋角；

E——齿轮材料的弹性模量；

b——轮齿接触的实际宽度；

ρ_z、ρ_b——主、从动齿轮节点处的曲率半径，直齿轮 $\rho_z = r_z\sin\alpha$、$\rho_b = r_b\sin\alpha$，斜齿轮

$\rho_z = r_z\sin\alpha/\cos^2\beta$、$\rho_b = r_b\sin\alpha/\cos^2\beta$，其中 r_z、r_b 为主、从动齿轮节圆半径。

将作用在变速器第一轴上的载荷 $T_{emax}/2$ 作为计算载荷时，变速器齿轮的许用接触应力 $[\sigma_j]$ 见表 2-7。

表 2-7　变速器齿轮许用接触应力 $[\sigma_j]$　　　　　（单位：MPa）

齿轮	渗碳齿轮$[\sigma_j]$	液体碳氮共渗齿轮$[\sigma_j]$
一档和倒档	1900~2000	950~1000
常啮合齿轮和高档	1300~1400	650~700

变速器齿轮多数采用渗碳合金钢，其表层的高硬度与芯部的高韧性相结合，能大大提高齿轮的耐磨性及抗弯曲疲劳和接触疲劳的能力。在选用钢材及热处理时，对切削加工性能及成本也应加以考虑。值得指出的是，对齿轮进行强力喷丸处理后齿轮的弯曲疲劳寿命和接触疲劳寿命都能提高。齿轮在热处理之后进行磨齿，能消除齿轮热处理的变形；磨齿齿轮精度高于热处理前剃齿和挤齿齿轮精度，使得传动平稳，传动效率提高。在同样负荷条件下，磨齿的弯曲疲劳寿命比剃齿的要高。

国内汽车变速器齿轮材料主要有 20CrMnTi、20Mn2TiB、15MnCr5、20MnCr5 及 25MnCr5。渗碳齿轮表面硬度为 58~63HRC，芯部硬度为 33~48HRC。

2. 变速器轴

（1）**轴的结构**　变速器轴多数情况下经轴承安装在壳体的轴承孔内，第一轴前端和中间轴式变速器的第二轴前端，分别装在飞轮内腔、第一轴常啮合齿轮的内腔里。当变速器中心距小，在壳体的同一端面布置两个滚动轴承有困难时，中间轴可以直接压入壳体孔中，并固定不动。此时，中间轴上的齿轮应为全部齿轮连为一体的整体式齿轮，它有结构简单的优点，也有因一个齿圈制造不合格或工作损坏而使全部齿轮报废的缺点。

用移动齿轮方式实现换档的齿轮与轴之间，应选用矩形花键连接，以保证良好的定心和滑动灵活，而且定心外径及矩形花键齿侧的磨削比渐开线花键要容易。两轴式变速器输入轴和中间轴式变速器中间轴上的高档齿轮，通过轴与齿轮内孔之间的过盈配合和键固定在轴上。两轴式变速器的输出轴和中间轴式变速器的第二轴上的常啮合齿轮副的齿轮与轴之间常设置有滚针轴承、滑动轴承，少数情况下齿轮直接装在轴上。此时，轴的表面粗糙度的值不应低于 $Ra0.80\mu m$，硬度不低于 58~63HRC。因渐开线花键定位性能良好，承载能力强且渐开线花键的齿短，小径相对增大能提高轴的刚度，所以轴与同步器上的轴套常用渐开线花键连接。

倒档轴为压入壳体孔中并固定不动的光轴。

由上述可知，变速器的轴上装有轴承、齿轮、齿套等零件，有的轴上又有矩形或渐开线花键，因此设计时不仅要考虑装配上的可能，还应当可以顺利拆装轴上各零件。此外，还要注意工艺上的有关问题。

（2）**轴的强度计算**　变速器工作时，由于齿轮上有圆周力、径向力和轴向力作用，

其轴要承受转矩和弯矩，变速器的轴应有足够的刚度和强度，刚度不足的轴会产生弯曲变形，破坏齿轮的正确啮合，对齿轮的强度、耐磨性和工作噪声等均有不利影响。因此设计变速器轴时，其刚度应以保证齿轮能实现正确啮合为前提。

对齿轮工作影响最大的是轴在垂直面内的挠度变形（图 2-26a）和轴在水平面内的转角变形（图 2-26b）。前者使齿轮中心距发生变化，破坏齿轮的正确啮合；后者使齿轮相互歪斜，致使沿齿长方向的压力分布不均匀。

初步确定轴的尺寸以后，可对轴进行刚度和强度验算。欲求中间轴式变速器第一轴的支点反作用力，必须先求出第二轴的支点反力。档位不同，不仅圆周力、径向力和轴向力不同，力到支点的距离也有变化，因此应当对每个档位都进行验算。验算时将轴看作铰接支承的梁。作用在第一轴上的转矩取 T_{emax}。

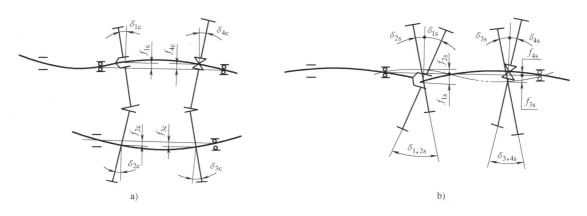

图 2-26 变速器轴的变形简图

a）轴在垂直面内的挠度变形 b）轴在水平面内的转角变形

轴的挠度和转角可按材料力学中有关公式计算。计算时仅计算齿轮所在位置处轴的挠度和转角。第一轴常啮合齿轮副因距离支承点近，负荷又小，通常挠度不大，可以不必计算。当变速器轴的挠度和转角如图 2-27 所示时，若轴在垂直面内的挠度为 f_{c}，在水平面内的挠度为 f_{s}，转角为 δ，则它们的计算式分别为

$$f_{\mathrm{c}} = \frac{F_1 a^2 b^2}{3EIL} \tag{2-45}$$

$$f_{\mathrm{s}} = \frac{F_2 a^2 b^2}{3EIL} \tag{2-46}$$

$$\delta = \frac{F_1 ab(b-a)}{3EIL} \tag{2-47}$$

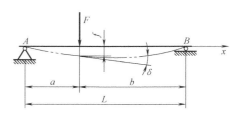

图 2-27 变速器轴的挠度和转角

式中 F_1——齿轮齿宽中间平面上的圆周力；

F_2——齿轮齿宽中间平面上的径向力；

E——弹性模量，$E = 2.1 \times 10^5 \mathrm{MPa}$；

I——惯性矩，对于实心轴 $I = \pi d^4/64$，d 为轴的直径，花键处按平均直径计算；

a、b——齿轮上力的作用点距支座 A、B 的距离；

L——支座间距离。

如果用 f_c 和 f_s 分别表示轴在垂直面和水平面内的挠度，则轴的全挠度 f 为

$$f = \sqrt{f_c^2 + f_s^2} \leqslant 0.2\text{mm} \tag{2-48}$$

轴在垂直面和水平面内挠度的允许值为 $[f_c] = 0.05 \sim 0.10\text{mm}$，$[f_s] = 0.10 \sim 0.15\text{mm}$。齿轮所在平面的转角 δ 应不超过 $0.002°$。

与中间轴齿轮常啮合的第二轴上的齿轮，常通过青铜衬套或滚针轴承装在轴上，也有直接装在轴上的，这能增大轴的直径，从而使轴的刚度增加。

作用在齿轮上的径向力和轴向力使轴在垂直面内产生弯曲变形，而圆周力使轴在水平面内产生弯曲变形。求取支点在垂直面和水平面内的支反力 F_c 和 F_s 后，计算相应的弯矩 M_c 和 M_s。轴在转矩 T_n 和弯矩同时作用下的应力为

$$\sigma = \frac{M}{W} = \frac{32M}{\pi d^3} \tag{2-49}$$

式中　$M = \sqrt{M_c^2 + M_s^2 + T_n^2}$；

　　　d——轴的直径，花键处取内径；

　　　W——抗弯截面系数。

在低档工作时，$\sigma \leqslant 400\text{MPa}$。

变速器的轴用与齿轮相同的材料制造。

3. 变速器壳体

变速器壳体的尺寸要尽可能小，同时质量也要小，并具有足够大的刚度，用来保证轴和轴承工作时不会歪斜。变速器横向断面尺寸应保证能布置下齿轮，而且设计时还应当注意使壳体侧面的内壁与转动齿轮齿顶之间留有 $5 \sim 8\text{mm}$ 的间隙，否则由于增加了润滑油的液压阻力，会产生噪声并使变速器过热。齿轮齿顶到变速器底部之间要留有不小于 15mm 的间隙。

为了加强变速器壳体的刚度，在壳体上应设有加强肋。加强肋的方向与轴支承处的作用力方向有关。变速器壳壁不应该有不利于吸收齿轮振动和噪声的大平面。采用压铸铝合金壳体时，可以设计一些三角形的交叉肋条，用来增加壳体刚度并降低总成噪声。

为了注油和放油，在变速器壳体上设计有注油孔和放油孔。注油孔位置应设计在润滑油所在平面处，同时利用它作为检查油面高度的检查孔。放油孔应设计在壳体的最低处。放油螺塞采用永久磁性螺塞，这样可以吸住存留于润滑油内的金属颗粒。为了使从第一轴或第二轴后支承的轴承间隙处流出的润滑油再流回变速器壳内，常在变速器壳体前或后端面的两轴承孔之间开设回油孔。为了保持变速器内部的压力等于大气压力，在变速器顶部装有通气塞。

为了减小质量，变速器壳体采用压铸铝合金铸造时，壁厚取 $3.5 \sim 4\text{mm}$。采用铸铁时，壁厚取 $5 \sim 6\text{mm}$。增加变速器壳体壁厚，虽然能提高壳体的刚度和强度，但会使质量加大，并使消耗的材料增加，提高了成本。

货车变速器壳体应设置动力输出孔。

2.3.5 变速器操纵机构设计

1. 变速器操作机构设计中主要应考虑的问题

1）变速器在任何情况下，只允许挂一个档，变速器的互锁机构能可靠地保证实现这一要求。图 2-28 所示为两种常见的互锁机构，分别是互锁销式（图 2-28a）和互锁杆式（图 2-28b）。

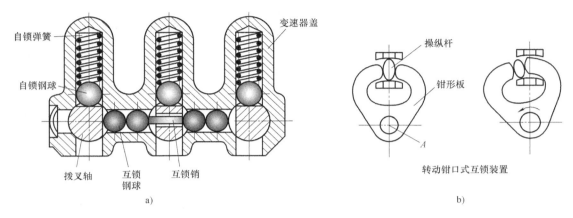

图 2-28 两种常见的互锁机构

a）互锁销式 b）互锁杆式

2）换入档位的拨叉应能保持在所指定的位置，不能自动脱档。为此，变速器操纵机构中设计有自锁机构，自锁机构主要由自锁弹簧和自锁钢球组成。弹簧的力将钢球压在拨叉轴的槽里，只有给拨叉轴施加一定轴向力时，拨叉轴才能克服弹簧力产生运动。

3）为了防止驾驶人在换档操作过程中误挂入倒档，必须在挂倒档时给驾驶人以明显的手感提示，以与其他前进档相区别。图 2-29 所示为一种典型的倒档阻尼装置。

4）汽车在倒车时必须有倒车灯和蜂鸣器，以提醒周围的人们加以注意，因此在设计中必须考虑装倒车指示开关。

5）对于平头可翻驾驶室的汽车，发动机维修后可在车下起动，因此为了安全，必须保证只有变速器在空档时才能起动发动机，故在设计中要留有装空档开关的位置。

6）变换档位过程中，拨叉受到很大的力，因此在拨叉的设计中要充分考虑它的强度和刚度。

7）变速器在结构尺寸布置完成后，应对操纵机构的有关零件进行运动校核，以避免运动中出现干涉或其他问题。

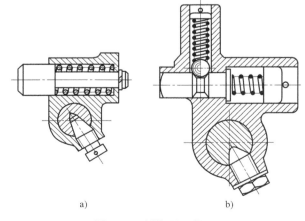

图 2-29 倒档阻尼装置

a）弹簧式 b）钢球弹簧组合式

某些乘用车、客车、短头或平头驾驶室货车，由于整车布置的原因，变速器距驾驶人座椅较远，因此需要采用远距离操纵变速器的方案。

下面以平头可翻驾驶室的变速器远距离操纵为例，介绍设计中应考虑的问题。

2. 结构分类

（1）伸缩变速拉杆式　伸缩变速拉杆式操纵机构（图 2-30）是两层或两层以上的轴管套在一起，外层的套管 1 和内部的轴管 2 由套锁止机构连在一起，保证换档动作的实现。当驾驶室翻转时，安装在驾驶室地板上的变速杆 3 随着驾驶室一起绕驾驶室翻转点转动，套管与轴管的锁止机构被打开，使套管与轴管脱开、拉长，保证驾驶室的翻转。

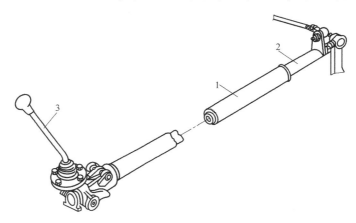

图 2-30　伸缩变速拉杆式操纵机构

1—套管　2—轴管　3—变速杆

（2）单杆操纵式　单杆操纵式操纵机构（图 2-31）将变速杆通过支座固定在车架或发动机上，由于变速杆等零件不随驾驶室翻转，必须在驾驶室地板上开一大孔，以保证驾驶室翻转过程中，窗口不与变速杆发生干涉。为了保证驾驶室的密封性，窗口处的密封结构比较复杂，零件数量也多。

为了避免汽车行驶中由于车架与变速器振动不一致而使变速杆掉档，变速杆支座最好固定在发动机上。

（3）双杆操纵式　双杆操纵式操纵机构（图 2-32）是把变速杆的运动经过一套机构将选档和换档动作分解成两套杆件的推、拉运动，分别操纵变速器。

这种结构虽然零件数目多，制造成本较高，但拉杆只受推力和拉力，动作准确，因此力和行程的利用率较高，手感好。

3. 远距离操纵系统需满足的条件

1）保证变速器能准确地换档。

2）操纵应轻便。

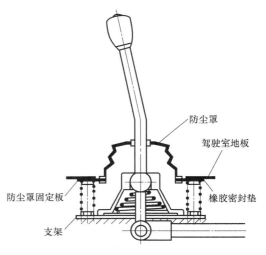

图 2-31　单杆操纵式操纵机构

防尘罩

驾驶室地板

防尘罩固定板

橡胶密封垫

支架

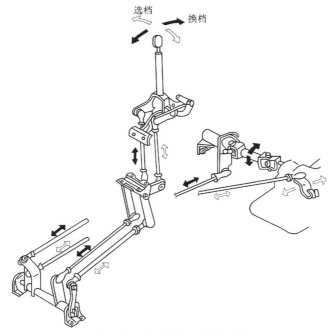

图 2-32　双杆操纵式操纵机构

3）手感好，以适当的力平稳地操作。

4）有足够的强度。

5）系统刚性好。

4. 设计时应注意的事项

1）尽量采用直的变速拉杆，使拉杆刚性好，换档效率高，行程损失小；各零件的刚性要好，受力时变形小，以获得良好的手感。

2）尽可能减小换档机构质量，使换档轻便。

3）选择适当的传动比。传动比的选择应从换档力和换档行程两方面综合考虑。一般在轻、中型汽车上，换档传动比在 5.5~7.0 之间，选档传动比在 3.5~5.0 之间。

4）布置合理。系统布置时尽量使操纵杆件运动时无干涉；若有干涉，即使干涉量再小，也必须有消除干涉的环节。对于可翻驾驶室，应校核驾驶室翻转过程中操纵系统的运动。必须保证驾驶室的顺利翻转，避免操纵系统零件的损坏。

5）变速杆的布置应从人体工程学的角度考虑，确保各类驾驶人都能舒适地进行换档，主要要求如下：向前不能碰到仪表板或其他零件；驾驶人操作最远的档位时，肩膀不应离开靠背；驾驶人操作最近的档位时，手不能碰到座椅或腿；要保证变速杆运动时不与驾驶室地板孔边缘干涉；变速杆的弯曲形状要考虑密封罩寿命的影响；密封罩应能防尘防水。

手动变速器汽车由于要进行频繁的换档操作，易使驾驶人疲劳，影响行驶安全，且不同驾驶人的技术水平对车辆的燃油经济性、动力性、乘坐舒适性有很大的影响，因此自动变速是人们长期追求的目标，是汽车向高级发展的重要标志。

【拓展阅读 2-8】　自动变速器

2.4　万向传动轴设计

2.4.1　概述

万向传动轴由万向节和传动轴组成，有时还加装中间支承，万向传动轴主要用来在工作过程中相对位置不断改变的两根轴间传递转矩和旋转运动。

万向传动轴的设计应满足以下基本要求：

1）保证所连接两轴的相对位置在预计范围内变动时，能可靠地传递动力。

2）保证所连接两轴尽可能等速传动，且保证因万向节夹角而产生的附加载荷、振动和噪声在允许范围内。

3）传动效率高，使用寿命长，结构简单，制造方便，维修容易等。

万向传动轴在汽车上的应用比较广泛。在发动机前置后轮或全轮驱动的汽车上，由于弹性悬架的变形，变速器或分动器输出轴与驱动桥输入轴轴线的相对位置经常变化，因此普遍采用可伸缩的十字轴万向传动轴。在转向驱动桥中，内、外半轴之间的夹角随行驶需要而变化，这时多采用等速万向传动轴。当后驱动桥为独立悬架时，也必须采用万向传动轴。

万向节按在扭转方向上是否有明显的弹性，可分为刚性万向节和挠性万向节。刚性万向节是靠零件的铰链式连接传递动力的，可分成不等速万向节（如十字轴式）、准等速万向节（如双联式、凸块式、三销轴式等）和等速万向节（如球叉式、球笼式等）。挠性万向节是靠弹性零件传递动力的，具有缓冲减振的作用。

当不等速万向节连接两轴的夹角大于零时，其输出轴和输入轴以变化的瞬时角速度比传递运动，但平均角速度比为1。准等速万向节在设计角度下工作时以等于1的瞬时角速度比传递运动，而在其他角度下工作时瞬时角速度比近似等于1。等速万向节的输出轴和输入轴以等于1的瞬时角速度比传递运动。

2.4.2　万向节结构方案分析

1. 十字轴万向节

典型的十字轴万向节主要由主动叉、从动叉、十字轴、滚针轴承及其轴向定位件和橡胶密封件等组成。

目前常见滚针轴承的轴向定位方式有盖板式、卡环式、瓦盖固定式和塑料环定位式等。盖板式轴承轴向定位方式的一般结构（图2-33a）是用螺栓1和盖板3将套筒5固定在万向节叉4上，并用锁片2将螺栓锁紧。该结构工作可靠，拆装方便，但零件数目较多。有时将弹性盖板6点焊于轴承座7的底部（图2-33b），装配后，弹性盖板对轴承座底部有一定的预压力，以免高速转动时由于离心力的作用在十字轴端面与轴承座底部之间出现间隙而引起十字轴轴向窜动，从而避免了由于这种窜动造成的传动轴动平衡状态的破坏。卡环式可分为外卡环式（图2-33c）和内卡环式（图2-33d）两种，它们具有结构简

单、工作可靠、零件少和质量小的优点。瓦盖固定式（图 2-33e）结构中的万向节叉与十字轴轴颈配合的圆孔不是一个整体，而是分成两半用螺钉联接起来。这种结构具有拆装方便、使用可靠的优点，但加工工艺较复杂。塑料卡簧定位式（图 2-33f）结构是在轴承碗外圆和万向节叉的轴承孔中部开一环形槽，当滚针轴承以间隙配合的方式装入万向节叉到正确位置时，将塑料经万向节叉上的小孔压注到环槽中，待万向节叉上另一与环槽垂直的小孔有塑料溢出时，表明塑料已充满环槽。这种结构的轴向定位可靠，十字轴轴向窜动量小，但拆装不方便。为了防止十字轴轴向窜动和发热，保证在任何工况下十字轴的端隙始终为零，有的结构在十字轴轴端与轴承碗之间加装端面止推滚针（或滚柱）轴承。

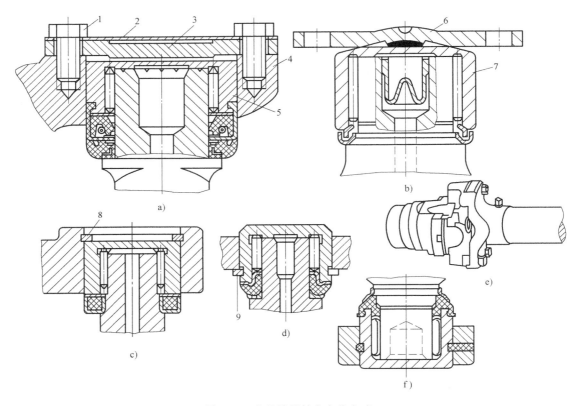

图 2-33　滚针轴承轴向定位方式

a）普通盖板式　b）弹性盖板式　c）外卡环式　d）内卡环式　e）瓦盖固定式　f）塑料卡簧定位式
1—螺栓　2—锁片　3—盖板　4—万向节叉　5—套筒　6—弹性盖板　7—轴承座　8—外卡环　9—内卡环

　　滚针轴承润滑和密封的好坏直接影响十字轴万向节的使用寿命。毛毡油封由于漏油多，防尘、防水效果差，且在加注润滑油时，在个别滚针轴承中可能出现空气阻塞而造成缺油，已不能满足越来越高的使用要求。结构较复杂的双刃口复合油封（图 2-34a）中，反装的单刃口橡胶油封用于径向密封，另一双刃口橡胶油封用于端面密封。当向十字轴内腔注入润滑油时，陈油、磨损产物及多余的润滑油便从橡胶油封内圆表面与十字轴轴颈接触处溢出，不需安装安全阀，防尘、防水效果良好。在灰尘较多的环境中，滚针轴承采用双刃口复合油封可显著提高万向节的寿命。图 2-34b 所示为乘用车上采用的多刃口油封，

它安装在无润滑油流通系统且一次润滑的万
向节中。

十字轴万向节结构简单，强度高，耐久
性好，传动效率高，生产成本低。但所连接
的两轴夹角不宜过大，当夹角由 4°增至 16°
时，十字轴万向节滚针轴承的寿命下降至原
来的 1/4 左右。

2. 准等速万向节

（1）双联式万向节　双联式万向节（图
2-35）由两个十字轴万向节组合而成。为了
保证两万向节连接的轴的工作转速趋于相
等，可设有分度机构。偏心十字轴双联式万

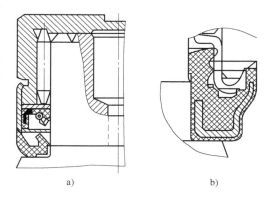

图 2-34　滚针轴承油封
a）双刃口复合油封　b）多刃口油封

向节取消了分度机构，也可确保输出轴与输入轴的转速接近相等。无分度杆的双联式万向
节，在军用越野车的转向驱动桥中使用相当广泛，它采用使主销中心偏离万向节中心
1.0～3.5mm 的方法，使两万向节的工作转速接近相等。

双联式万向节的主要优点是允许两轴
间的夹角较大（一般可达 50°，偏心十字
轴双联式万向节可达 60°），轴承密封性
好，效率高，工作可靠。缺点是结构较复
杂，外形尺寸较大，零件数目较多。当应
用于转向驱动桥时，由于双联式万向节的
轴向尺寸较大，为使主销轴线的延长线与
地面交点到轮胎的接地印迹中心偏离不大，
就必须用较大的主销内倾角。

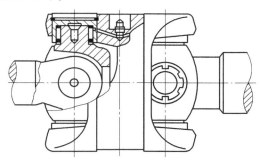

图 2-35　双联式万向节

（2）凸块式万向节　凸块式万向节（图 2-36），就运动副来看也是一种双联式万向
节，主要由两个万向节叉 1 和 4 以及两个特殊形状的凸块 2 和 3 组成。两凸块相当于双联
万向节装置中两端带有位于同平面上的两万向节叉的中间轴及两十字销，因此可以保证输
入轴与输出轴的转速近似相等。这种结构工作可靠，加工简单，允许的万向节夹角较大
（可达 50°）。但是因为工作面全为滑动摩擦，所以效率较低，摩擦表面易磨损，且对密封
和润滑要求较高。它主要用于中型以上越野车的转向驱动桥。

（3）三销轴式万向节　三销轴式万向节（图 2-37）由双联式万向节演变而来，其主
要由两个偏心轴叉，两个三销轴和六个滚针轴承组成。三销轴式万向节允许所连接两轴的
最大夹角为 45°，易于密封。但其外形尺寸较大，零件形状较复杂，且毛坯需要精确模
锻。由于工作中三销轴间有相对轴向滑动，万向节的两轴承受附加弯矩和轴向力，因此主
动轴一侧需装轴向推力轴承，这种结构主要用于总质量较大的越野车转向驱动桥。

3. 等速万向节

最早明显需要用等速万向节的地方是前驱动桥最外端转向节主销处。汽车转向时前轮
需要转向，且其转角相当大。若采用普通十字轴万向节，路面会对转向系统造成难以承受

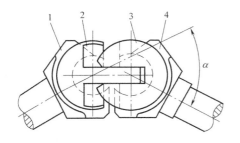

图 2-36　凸块式万向节

1—左万向节叉　2—左凸块　3—右凸块　4—右万向节叉

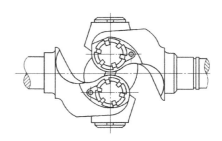

图 2-37　三销轴式万向节

的反冲力。对于独立悬架的后驱动轮，可不采用等速万向节。后驱动轴两端各用一个十字轴万向节也可起到等速传动的效果，但在车轮上下跳动时，因悬架结构形式的关系，车轮转速会受到波动。现代汽车车速较高，受惯性的影响会产生较大的振动，因此，独立悬架的后驱动轮有时也采用等速万向节。

（1）**球叉式万向节**　球叉式万向节按其钢球滚道形状的不同可分为圆弧槽滚道型和直槽滚道型两种形式。

圆弧槽滚道型球叉式万向节（图 2-38a）由两个万向节叉、四个传力钢球和一个定心钢球组成。因为两球叉上的圆弧槽中心线是以 O_1 和 O_2 为圆心、半径相等的圆，所以 O_1、O_2 到万向节中心 O 的距离相等。当万向节两轴绕定心钢球中心 O 转动任意角度时，传力钢球中心始终在滚道中心线即两圆弧的交点上，从而保证输出轴与输入轴等速转动。这种球叉式万向节的结构较简单，可以在夹角为 32°～33°及以下的条件下正常工作。由于四个钢球在单向传动中只有两个传递动力，单位压力较大，磨损较快。另外，这种万向节只有在传力钢球与滚道间具有一定的预紧力时，才能保证等角速传动。预紧力通过选择不同尺寸级别的传力钢球来保证。在使用中，随着磨损的加大，预紧力会逐渐减小以至消失，这时两球叉间便会发生轴向窜动，从而破坏传动的等速性，严重时会造成钢球脱落。

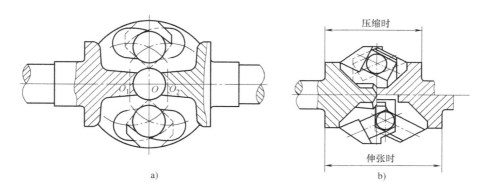

图 2-38　球叉式万向节

a）圆弧槽滚道型　b）直槽滚道型

直槽滚道型球叉式万向节（图 2-38b）的两个球叉上的直槽与轴的中心线倾斜相同的角度，彼此对称。在两球叉间的槽中装有四个钢球，由于两球叉中的槽所处的位置是对称

的，这便保证了四个钢球的中心处于两轴夹角的平分面上。这种万向节加工比较容易，但允许的轴间夹角不超过 20°，且在两叉间允许有一定量的轴间滑动。

圆弧槽滚道型球叉式万向节主要应用于轻、中型越野车的转向驱动桥中。直槽滚道型球叉式万向节主要应用于断开式驱动桥中，当半轴摆动时，用它可补偿半轴的长度变化从而省去滑动花键。

圆弧槽滚道型球叉式万向节在作为转向驱动桥的传力构件时，万向节旋转轴线应与车桥的轴线相重合，以避免发生万向节摆动的现象。为了避免万向节在转角接近最大值时，放置传力钢球的主、从动叉的交叉槽趋于平行位置而导致钢球无法约束自动散开，造成万向节装配关系的破坏，在设计时应使两叉的最大夹角大于车轮的最大转角，同时万向节中心应位于转向主销轴线上。另外，应保证万向节在处于最大转角时，各传力钢球与定心钢球间不接触，至少使传力钢球与定心钢球在此情况下的间隙不小于 5mm，且使各钢球与万向节轴头均匀地预紧在一起，使得在任意方向旋转时通过万向节的两个传力钢球传递转矩，避免靠一个钢球传递转矩，从而防止出现过载现象。

（2）球笼式万向节　球笼式万向节是目前应用最为广泛的等速万向节。

早期的 Rzeppa 型球笼式万向节（图 2-39a）是带分度杆的，球形壳 1 的内表面和星形套 3 的球表面上各有沿圆周均匀分布的六条同心圆弧滚道，在其间装有六个传力钢球 2，这些钢球由球笼 4 保持在同一平面内。当万向节两轴间的夹角变化时，靠比例合适的分度杆 6 拨动导向盘 5，并带动球笼 4 使六个传力钢球 2 处于轴间夹角的平分面上。经验表明，当轴间夹角较小时，分度杆是必要的；当轴间夹角大于 11° 时，仅靠球形壳和星形套上子午滚道的交叉也可将钢球定在正确位置。这种等速万向节无论转动方向如何，六个传力钢球全部传递转矩，它可在两轴间夹角为 35°～37° 的情况下工作。

目前结构较简单、应用较广泛的是 Birfield 型球笼式万向节（图 2-39b），它取消了分度杆，球形壳和星形套的滚道做得不同心，令其圆心对称地偏离万向节中心。这样，即使轴间夹角为零，靠内、外子午滚道的交叉也能将钢球定在正确位置。当轴间夹角为零时，内、外滚道决定的钢球中心轨迹的夹角稍大于 11°，这是能可靠地确定钢球正确位置的最小角度。滚道的横断面为椭圆形，接触点和球心的连线与过球心的径向线成 45° 角，椭圆在接触点处的曲率半径选为钢球半径的 1.03～1.05 倍。受载时，钢球与滚道的接触点实际上为椭圆形接触区。因为工作时球的每个方向都有机会传递转矩，且球和球笼的配合是球形的，故对这种万向节的润滑应给予足够的重视。润滑剂的使用主要取决于传动的转速和角度，在转速高达 1500r/min 时，一般使用防锈油脂。若转速和角度都较大，则使用润滑油。比较好的方法是采用油浴和循环油润滑。另外，万向节的密封装置应保证润滑剂不漏出，根据传动角度的大小采取不同形式的密封装置。这种万向节允许的工作角可达 42°。由于传递转矩时六个传力钢球均同时参与工作，其承载能力和耐冲击能力强，效率高，结构紧凑，安装方便；但滚道的制造精度高，成本较高。

伸缩型球笼式万向节（图 2-39c）的结构与一般球笼式的相近，但其外滚道为直槽。在传递转矩时，星形套与筒形壳可以沿轴向相对移动，故可省去其他万向传动装置中的滑动花键。这不仅使结构简单，还因为轴向相对移动是通过钢球沿内、外滚道滚动实现的，所以与滑动花键相比，其滚动阻力小，传动效率高。这种万向节允许的最大工作夹角

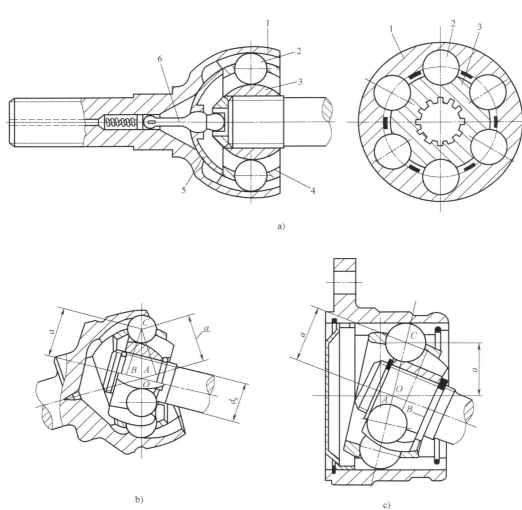

图 2-39　球笼式万向节

a）Rzeppa 型　b）Birfield 型　c）伸缩型

1—球形壳　2—传力钢球　3—星形套　4—球笼　5—导向盘　6—分度杆

为 20°。

Rzeppa 型球笼式万向节以前主要应用于转向驱动桥中，目前应用较少。Birfield 型球笼式万向节和伸缩型球笼式万向节被广泛地应用在具有独立悬架的转向驱动桥中，在靠近转向轮一侧采用 Birfield 型球笼式万向节，靠近差速器一侧则采用伸缩型球笼式万向节，以补偿由前轮跳动及载荷变化而引起的轮距变化。伸缩型万向节还被广泛地应用于断开式驱动桥中。

4. 挠性万向节

挠性万向节依靠其中弹性元件的弹性变形来保证在相交两轴间传动时不发生干涉。弹性元件可以是橡胶盘、橡胶金属套筒、铰接块或六角环形橡胶圈等多种形状。

盘式挠性万向节的弹性元件通常是 4~12 层的橡胶纤维或橡胶帘布片结构，并用金属

零件加固。在挠性万向节装配时，通常使纤维层依次错开，使得挠性盘变形时保证纤维帘布层承受最小的力。六角环形橡胶挠性万向节的橡胶与用钢或铝合金制成的金属骨架硫化在一起。为使橡胶与金属可靠地结合，在硫化前，骨架镀一层黄铜覆盖层。使用这种万向节时，为保证高速转动时传动轴总成有良好的动平衡，常在万向节所连接的两轴端部设置专门机构保证对正中心。图 2-40a 所示为具有球面对中机构的环形挠性万向节，该结构中装有无需润滑的球形滑动对中轴承，若能正确选择轴承配合，可使其内部在装配后具有适当的预紧力。为使万向节有必要的寿命，总是设法使其轴向位移引起的轴向力、侧向位移引起的侧向力和万向节工作角引起的力矩尽可能小，使挠性万向节主要传递工作转矩。有的结构允许有一定的轴向变形（图 2-40b），当这种环形挠性万向节的轴向变形量满足使用要求时，可省去伸缩花键。

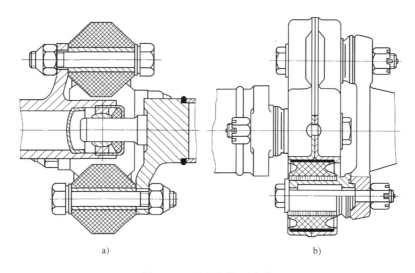

图 2-40　环形挠性万向节
a）具有球面对中机构的结构　b）具有轴向变形余量的结构

挠性万向节能减小传动系统的扭转振动、动载荷和噪声，结构简单，使用中无需润滑，一般用于两轴间夹角不大（一般为 3°～5°）和轴向位移很小的万向传动场合。例如乘用车的三万向节传动中，挠性万向节常被用来作为靠近变速器的第一万向节，或在重型汽车中用于发动机与变速器之间及越野车中用于变速器与分动器之间，以消除制造安装误差和车架变形对传动的影响。

2.4.3　万向节传动的运动和受力分析

1. 单十字轴万向节传动

当十字轴万向节的主动轴与从动轴存在一定夹角 α 时，主动轴的角速度 ω_1 与从动轴的角速度 ω_2 之间存在如下关系，即

$$\frac{\omega_2}{\omega_1}=\frac{\cos\alpha}{1-\sin^2\alpha\cos^2\varphi_1} \qquad (2\text{-}50)$$

式中 φ_1——主动轴转角,定义为万向节主动叉所在平面与万向节主、从动轴所在平面的夹角。

由于 $\cos\varphi_1$ 是周期为 2π 的周期函数,所以 ω_2/ω_1 也为同周期的周期函数。当 φ_1 为 0、π 时,ω_2 达到最大值 ω_{2max},且为 $\omega_1/\cos\alpha$;当 φ_1 为 $\pi/2$、$3\pi/2$ 时,ω_2 达到最小值 ω_{2min},且为 $\omega_1\cos\alpha$。因此,当主动轴以等角速度转动时,从动轴时快时慢,此即为普通十字轴万向节传动的不等速性。

十字轴万向节传动的不等速性可用转速不均匀系数 k 来表示,即

$$k = \frac{\omega_{2max} - \omega_{2min}}{\omega_1} = \sin\alpha\tan\alpha \qquad (2\text{-}51)$$

若不计万向节的摩擦损失,主动轴转矩 T_1 和从动轴转矩 T_2 与各自相应的角速度有关系式 $T_1\omega_1 = T_2\omega_2$,则

$$T_2 = \frac{1 - \sin^2\alpha\cos^2\varphi_1}{\cos\alpha} T_1 \qquad (2\text{-}52)$$

显然,当 ω_2/ω_1 最小时,从动轴上的转矩最大,为 $T_{2max} = T_1/\cos\alpha$;当 ω_2/ω_1 最大时,从动轴上的转矩最小,为 $T_{2min} = T_1\cos\alpha$。当 T_1 与 α 一定时,从动轴在转动一周的过程中,T_2 达到最大值和最小值各两次。

具有夹角 α 的十字轴万向节,仅在主动轴驱动转矩和从动轴反转矩的作用下是不能平衡的。这是因为这两个转矩作用在不同的平面内,在不计万向节惯性力矩时,其矢量互成一角度而不能自行封闭,此时在万向节上必然还作用有另外的力偶矩。由万向节叉与十字轴之间的约束关系分析可知,主动叉对十字轴的作用力矩,除主动轴驱动转矩 T_1 外,还有作用在主动叉平面的弯曲力偶矩 T_1'。同理,从动叉对十字轴也作用有从动轴反转矩 T_2 和作用在从动叉平面的弯曲力偶矩 T_2'。在这四个力矩的作用下,十字轴万向节得以平衡。下面仅讨论主动叉在两特殊位置时,附加弯曲力偶矩的大小及变化特点。

1)当主动叉 φ_1 处于 0 和 π 位置时(图 2-41a),由于 T_1 作用在十字轴平面上,T_1' 必为零;而 T_2 的作用平面与十字轴不共面,必有 T_2' 存在,且矢量 T_2' 垂直于矢量 T_2;合矢量 $T_2'+T_2$ 指向十字轴平面的法线方向,且与 T_1 大小相等、方向相反。这样,从动叉上的附加弯矩 $T_2' = T_1\sin\alpha$。

2)当主动叉 φ_1 处于 $\pi/2$ 和 $3\pi/2$ 位置时(图 2-41b),同理可知 $T_2' = 0$,主动叉上的附加弯矩 $T_1' = T_1\tan\alpha$。

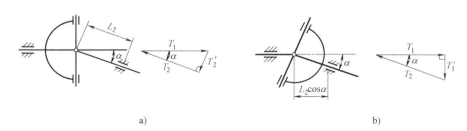

a)　　　　　　　　　　　　　　　　b)

图 2-41　十字轴万向节的力矩平衡

a) $\varphi_1 = 0$,$\varphi_1 = \pi$　　b) $\varphi_1 = \pi/2$,$\varphi_1 = 3\pi/2$

分析可知，附加弯矩的大小在零与上述两个最大值之间变化，其变化周期为 π，即每一转变化两次。附加弯矩可引起与万向节相连零部件的弯曲振动，可在万向节主、从动轴支承上引起周期性变化的径向载荷，从而激起支承处的振动。因此，为了控制附加弯矩，应避免两轴间的夹角过大，一般控制在 7° 以内，动态跳动过程不要超过 20°，极限不要超过 30°。

2. 双十字轴万向节传动

当输入轴与输出轴间存在夹角 α 时，单个十字轴万向节的输出轴相对于输入轴是不等速旋转的。为使处于同一平面的输出轴与输入轴等速旋转，可采用双万向节传动，但必须保证与同一传动轴相连的两万向节叉布置在同一平面内，且使两万向节夹角 α_1 与 α_2 相等（图 2-42a、c）。

在双万向节传动中，直接与输入轴和输出轴相连的万向节叉所受的附加弯矩分别由相应轴的支承反力平衡。当输入轴与输出轴平行时（图 2-42a），直接连接传动轴的两万向节叉所受的附加弯矩彼此平衡，传动轴发生图 2-42b 中双点画线所示的弹性弯曲，从而引起传动轴的弯曲振动。当输入轴与输出轴相交时（图 2-42c），传动轴两端万向节叉上所受的附加弯矩方向相同，不能彼此平衡，传动轴发生图 2-42d 中双点画线所示的弹性弯曲，从而对两端的十字轴产生大小相等、方向相反的径向力。此径向力作用在滚针轴承碗的底部，并在输入轴与输出轴的支承上引起反力。

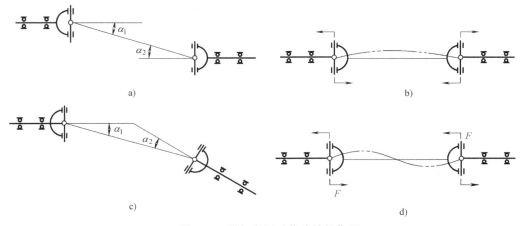

图 2-42　附加弯矩对传动轴的作用

【拓展阅读 2-9】　多十字轴万向节传动

3. 等速万向节传动

在此仅分析目前在乘用车上广泛应用的 Birfied 型球笼式等速万向节的运动情况。其等速传动原理如图 2-39b 所示，球形壳的内表面有六条凹槽，形成外滚道；星形套外表面有相应的六条凹槽，形成内滚道。外滚道中心 A 与内滚道中心 B 分别位于万向节中心 O 的两边，且 $OA = OB$。此外，钢球中心 O 到 A、B 两点的距离也相等，保持架的内、外球面也以万向节中心为球心，这样 $\angle COA = \angle COB$，即两轴相交任意交角 α 时，传力钢球都位于交角平分面上。此时钢球中心到主、从动轴的距离 a 相等，从而保证了从动轴与主动轴以相等的角速度旋转。

2.4.4 万向节设计

1. 十字轴万向节设计

十字轴万向节的损坏形式主要有十字轴轴颈和滚针轴承的磨损、十字轴轴颈和滚针轴承碗工作表面出现压痕和剥落。一般情况下，当磨损或压痕超过 0.15mm 时，十字轴万向节即应报废。十字轴的主要失效形式是轴颈根部处断裂，因此在设计十字轴万向节时，应保证十字轴轴颈有足够的抗弯强度。设各滚针对十字轴轴颈作用力的合力为 F，则

$$F = \frac{T_s}{2r\cos\alpha} \tag{2-53}$$

式中　T_s——万向传动的计算转矩，详见 1.8.2 节"发动机转矩引起的载荷"，根据万向节所在位置从表 1-19 中选用相应的计算公式；

　　r——合力 F 作用线到十字轴中心之间的距离；

　　α——万向传动的最大夹角。

十字轴轴颈根部的弯曲应力 σ_w 应满足

$$\sigma_w = \frac{32d_1 Fs}{\pi(d_1^4 - d_2^4)} \leq [\sigma_w] \tag{2-54}$$

式中　d_1——十字轴轴颈直径；

　　d_2——十字轴油道孔直径；

　　s——合力 F 作用线到轴颈根部的距离；

　　$[\sigma_w]$——弯曲应力许用值，取 250~350MPa。

十字轴轴颈的切应力 τ 应满足

$$\tau = \frac{4F}{\pi(d_1^2 - d_2^2)} \leq [\tau] \tag{2-55}$$

式中　$[\tau]$——切应力许用值，取 80~120MPa。

滚针轴承中的滚针直径一般不小于 1.6mm，以免压碎，且尺寸差别要小，否则会加重载荷在滚针间分配的不均匀性，一般控制在 0.003mm 以内。滚针轴承径向间隙过大时，承受载荷的滚针数减少，存在滚针被卡住的可能，而间隙过小时，又可能出现受热卡住或因脏物阻滞卡住，合适的间隙为 0.009~0.095mm。滚针轴承的周向总间隙以 0.08~0.30mm 为宜。滚针的长度一般不超过轴颈的长度，使其既有较高的承载能力，又不致因滚针过长发生歪斜而造成应力集中。滚针在轴向的游隙一般为 0.2~0.4mm。

滚针轴承的接触应力为

$$\sigma_j = 272 \sqrt{\left(\frac{1}{d_1} + \frac{1}{d_0}\right) \frac{F_n}{L_b}} \tag{2-56}$$

式中　d_0——滚针直径；

　　L_b——滚针工作长度；

　　F_n——在合力 F 的作用下一个滚针所承受的最大载荷，由下式确定，即

$$F_n = \frac{4.6F}{iz} \tag{2-57}$$

式中 i——滚针列数；

z——每列中的滚针数。

当滚针和十字轴轴颈表面硬度在58HRC以上时，许用接触应力 $[\sigma_j] = 3000 \sim 3200 MPa$。

万向节叉与十字轴组成连接支承。在万向节工作过程中产生支承反力，叉体受到弯曲和剪切应力，一般在与十字轴轴孔中心线成45°的某一截面上的应力最大，因此也应对此处进行强度校核。

十字轴万向节的传动效率与两轴的轴间夹角 α、十字轴的支承结构和材料、加工和装配精度以及润滑条件等有关。当 $\alpha \leqslant 25°$ 时可按下式计算，即

$$\eta_0 = 1 - f\frac{d_1}{r}\frac{2\tan\alpha}{\pi} \tag{2-58}$$

式中 η_0——十字轴万向节的传动效率；

f——轴颈与万向节叉的摩擦因数，滑动轴承取 $f = 0.15 \sim 0.20$，滚针轴承取 $f = 0.05 \sim 0.10$。

通常情况下，十字轴万向节的传动效率为97%~99%。

十字轴常用材料为20CrMnTi、20Cr等低碳合金钢，轴颈表面进行渗碳淬火处理，渗碳层深度为0.8~1.2mm，表面硬度为58~64HRC，轴颈端面硬度不低于55HRC，芯部硬度为33~48HRC。万向节叉一般采用40或45中碳钢制造，经调质处理，硬度为18~33HRC，滚针轴承碗材料一般采用GCr15。

2. 球笼式万向节设计

球笼式万向节的失效形式主要是钢球与接触滚道表面的疲劳点蚀。在特殊情况下，因热处理不当、润滑不良或温度过高等，也会造成磨损损坏。因为星形套滚道接触点的纵向曲率半径小于外半轴滚道的纵向曲率半径，所以前者的接触椭圆比后者的要小，即前者的接触应力大于后者。因此，应控制钢球与星形套滚道表面的接触应力，并以此来确定万向节的承载能力。不过，由于影响接触应力的因素较多，计算较复杂，目前还没有统一的计算方法。

假定球笼式万向节在传递转矩时六个传力钢球均匀受载，则钢球的直径可按下式确定，即

$$d = \sqrt[3]{\frac{T_s}{2.1 \times 10^2}} \tag{2-59}$$

式中 d——传力钢球直径；

T_s——万向节的计算转矩，详见1.8.2节"发动机转矩引起的载荷"，根据万向节所在位置从表1-19中选用相应的计算公式。

计算所得的钢球直径应圆整并取最接近标准的直径。钢球的标准直径可参考国标GB/T 7549—2008《球笼式同步万向联轴器》。

球笼式万向节中钢球的直径 d 确定后，其球笼、星形套等零件及有关结构尺寸可参考表2-8确定。

表 2-8　球笼式万向节的基本尺寸

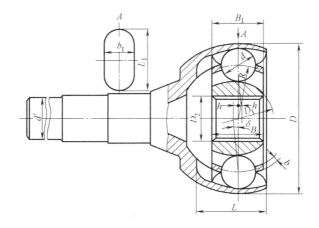

钢球中心分布圆半径	$R = 1.71d$
星形套宽度	$B = 1.8d$
球笼宽度	$B_1 = 1.8d$
星形套滚道底径	$D_1 = 2.5d$
万向节外径	$D = 4.9d$
球笼厚度	$b = 0.185d$
球笼槽宽度	$b_1 = d$
球笼槽长度	$L = (1.33 \sim 1.80)d$（普通型取下限，长型取上限）
滚道中心偏移距	$h = 0.18d$
轴颈直径	$d' > 1.4d$
星形套花键外径	$D_2 > 1.55d$
球形壳外滚道长度	$L_1 = 2.4d$
中心偏移角	$\delta \geqslant 6°$

2.4.5　传动轴结构分析与设计

　　传动轴总成主要由传动轴及焊接在其两端的花键轴和万向节叉组成。传动轴中一般设有由滑动叉和花键轴组成的滑动花键，以实现传动长度的变化。为减小滑动花键的轴向滑动阻力和磨损，有时对花键齿进行磷化处理或喷涂尼龙层；有的则在花键槽中放入滚针、滚柱或滚珠等滚动元件，以滚动摩擦代替滑动摩擦，提高传动效率。但这种结构较复杂，成本较高。有严重冲击载荷的传动可采用具有弹性的传动轴。传动轴上的花键应有润滑及防尘措施，花键齿与键槽的间隙不宜过大，且应按对应标记装配，以免装错破坏传动轴总成的动平衡。因此，设计传动轴要考虑以下三方面问题：

　　1）滑动接头处减小摩擦。

　　2）减小桥壳的噪声经由传动轴传至车身。

　　3）减小传动轴的质量和不平衡量。

　　传动轴的长度和夹角及其变化范围由汽车总布置设计决定。设计时应保证在传动轴长

度处在最大值时，花键套与轴有足够的配合长度；且在长度最小值时不顶死。传动轴夹角的大小直接影响万向节十字轴和滚针轴承的寿命、万向传动的效率和十字轴旋转的不均匀性。

长度一定时，传动轴断面尺寸的选择应保证传动轴有足够的强度和足够高的临界转速。所谓临界转速，就是当传动轴的工作转速接近其弯曲振动的固有频率时，即出现共振现象，以致振幅急剧增加而引起传动轴折断时的转速。传动轴的临界转速为

$$n_k = 1.2 \times 10^8 \sqrt{\frac{D_c^2 + d_c^2}{L_c^2}} \tag{2-60}$$

式中　n_k——传动轴的临界转速；

L_c——传动轴长度，即两万向节中心间的距离；

d_c 和 D_c——传动轴轴管的内、外径。

在设计传动轴时，取安全系数 $K = n_k/n_{max} = 1.2 \sim 2.0$，$n_{max}$ 为传动轴的最高转速，$K = 1.2$ 用于精确动平衡、高精度的伸缩花键及万向节间隙较小的工作状态。

由式（2-60）可知，在 D_c 和 L_c 相等时，实心轴比空心轴的临界转速低，且费材料。另外，当传动轴长度超过 1.5m 时，为提高 n_k 以及总布置上的考虑，常将传动轴断开成两根或三根，万向节用三个或四个，且在中间传动轴上加设中间支承。

传动轴轴管断面尺寸除满足临界转速的要求外，还应保证有足够的扭转强度。轴管的扭转切应力 τ_c 应满足

$$\tau_c = \frac{16D_c T_s}{\pi(D_c^4 - d_c^4)} \leqslant [\tau_c] \tag{2-61}$$

式中　$[\tau_c]$——许用扭转切应力，取 300MPa；

T_s——传动轴的计算转矩。

对于传动轴上的花键轴，通常以底径计算其扭转切应力 τ_h，许用切应力一般按安全系数为 2～3 确定，即

$$\tau_h = \frac{16T_s}{\pi d_h^3} \tag{2-62}$$

式中　d_h——花键轴的花键内径。

当传动轴滑动花键采用矩形花键时，齿侧挤压应力为

$$\sigma_y = \frac{T_s K'}{\left(\dfrac{D_h + d_h}{4}\right)\left(\dfrac{D_h - d_h}{2}\right)L_h n_0} \tag{2-63}$$

式中　K'——花键转矩分布不均匀系数；

D_h 和 d_h——花键外径和内径；

L_h——花键的有效工作长度；

n_0——花键齿数。

对于齿面硬度大于 35HRC 的滑动花键，齿侧许用挤压应力为 25～50MPa；对于非滑动花键，齿侧许用挤压应力为 50～100MPa。

渐开线花键应力的计算方法与矩形花键的相似，只是作用面按其工作面的投影计算。

传动轴总成不平衡是传动系统弯曲振动的一个激励源，当高速旋转时，将产生明显的振动和噪声。万向节中十字轴的轴向窜动，传动轴滑动花键中的间隙，传动轴总成两端连接处的定心精度，高速回转时传动轴的弹性变形以及传动轴上点焊平衡片时的热影响等因素，都能改变传动轴总成的不平衡度。提高滑动花键的耐磨性和万向节花键的配合精度，缩短传动轴长度，增加其弯曲刚度，都能降低传动轴的不平衡度。为了消除点焊平衡片的热影响，应在冷却后再进行动平衡检验。传动轴的不平衡度，对于乘用车，在 3000~6000r/min 时应为 25~35g·cm；对于货车，在 1000~4000r/min 时应为 50~100g·cm。此外，传动轴总成径向全跳动应为 0.5~0.8mm 及以下。

2.5 驱动桥设计

2.5.1 概述

驱动桥处于动力传动系统的末端，其基本功能是增大由传动轴或变速器传来的转矩，并将动力合理地分配给左、右驱动轮，以及承受路面和车架（或车身）间的各种力和力矩。驱动桥一般由主减速器、差速器、车轮传动装置和驱动桥壳等组成。

驱动桥设计应满足以下基本要求：

1）选择的主减速比应能保证汽车具有最佳的动力性和燃油经济性。

2）外形尺寸要小，保证有必要的离地间隙。

3）齿轮及其他传动件工作平稳，噪声小。

4）在各种转速和载荷下具有高的传动效率。

5）在保证足够强度、刚度的条件下，应力求质量小，尤其是簧下质量应尽量小，以改善汽车的平顺性。

6）与悬架导向机构运动协调，转向驱动桥还应与转向机构运动协调。

7）结构简单，加工工艺性好，制造容易，拆装、调整方便。

2.5.2 驱动桥结构方案分析

驱动桥的结构形式与驱动轮的悬架形式密切相关。当车轮采用非独立悬架时，驱动桥应为非断开式（或称为整体式），即驱动桥壳是一根连接左右驱动轮的刚性空心梁，主减速器、差速器及车轮传动装置（由左、右半轴组成）都装在其中，如图 2-43 所示。当采用独立悬架时，为保证运动协调，驱动桥应为断开式。断开式驱动桥无刚性的整体外壳，主减速器及其壳体装在车架（或车身）上，两侧驱动轮与车架（或车身）之间为弹性连接，并可彼此分别相对于车架（或车身）做上下摆动，车轮传动装置采用万向节传动，如图 2-44 所示。为防止运动干涉，应采用滑动花键轴或允许两轴有适量轴向移动的万向传动机构。

具有桥壳的非断开式驱动桥的结构简单、制造工艺性好、成本低、工作可靠、维修调

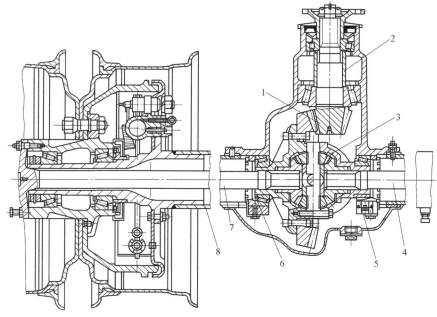

图 2-43 非断开式驱动桥

1—主减速器 2—套筒 3—差速器 4、7—半轴 5—调整螺母 6—调整垫片 8—桥壳

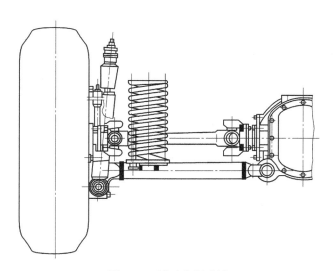

图 2-44 断开式驱动桥

整容易，广泛应用于各种货车、客车及多数的越野汽车和部分乘用车上。但整个驱动桥质量均属于簧下质量，对汽车的平顺性和降低动载荷不利。断开式驱动桥的结构较复杂，成本较高，但它大大增加了离地间隙；减小了簧下质量，从而改善了行驶平顺性，提高了汽车的平均车速；减小了汽车在行驶时作用于车轮和车桥上的动载荷，提高了零部件的使用寿命；由于驱动轮与地面的接触情况及对各种地形的适应性较好，大大增强了车轮的抗侧滑能力；与之相配合的独立悬架导向机构若设计得合理，可增加汽车的不足转向效应，提

高汽车的操纵稳定性。断开式驱动桥在乘用车和高通过性的越野汽车上应用相当广泛。

2.5.3 主减速器设计

1. 主减速器的结构方案分析

主减速器的结构形式取决于其所采用的齿轮类型和减速器的形式。

（1）主减速器的齿轮类型　主减速器的齿轮主要有弧齿锥齿轮、双曲面齿轮、圆柱齿轮和蜗轮蜗杆等，如图 2-45 所示。

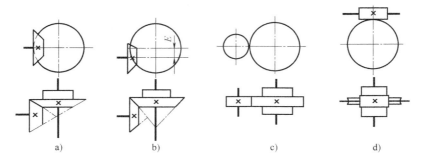

图 2-45　主减速器齿轮传动形式

a）弧齿锥齿轮传动　b）双曲面齿轮传动　c）圆柱齿轮传动　d）蜗杆传动

1）弧齿锥齿轮传动。弧齿锥齿轮传动（图 2-45a）的主、从动齿轮轴线垂直相交于一点，齿轮并不同时在全长上啮合，而是逐渐从一端连续平稳地转向另一端。另外，由于轮齿端面重叠的影响，至少有两对以上的轮齿同时啮合，因此其工作平稳、能承受较大的负荷、制造也简单。但是在工作中噪声大，对啮合精度很敏感，齿轮副锥顶稍有不吻合便会使工作条件急剧变坏，并伴随磨损增大和噪声增大。为保证齿轮副的正确啮合，必须将支承轴承预紧，提高支承刚度，增大壳体刚度。

2）双曲面齿轮传动。双曲面齿轮传动（图 2-45b）的主、从动齿轮的轴线相互垂直而不相交，主动齿轮轴线相对从动齿轮轴线在空间偏移一距离 E，此距离称为偏移距。由于偏移距 E 的存在，使主动齿轮螺旋角 β_1 大于从动齿轮螺旋角 β_2。双曲面齿轮啮合时轮齿上的受力分析如图 2-46 所示，根据啮合面上法向力相等，可求出主、从动齿轮圆周力之比为

$$\frac{F_1}{F_2}=\frac{\cos\beta_1}{\cos\beta_2} \tag{2-64}$$

式中　F_1、F_2——主、从动齿轮的圆周力；

β_1、β_2——主、从动齿轮的螺旋角。

螺旋角是指在锥齿轮节锥表面展开图上的齿线任意一点 A 的切线 TT 与该点和节锥顶点连线间的夹角。齿面宽中点处的螺旋角称为中点螺旋角，若无特殊说明，螺旋角即指中点螺

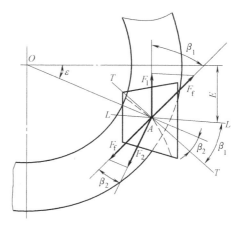

图 2-46　双曲面齿轮受力分析

旋角。

双曲面齿轮的传动比为

$$i_{0s} = \frac{F_2 r_2}{F_1 r_1} = \frac{r_2 \cos\beta_2}{r_1 \cos\beta_1} \qquad (2-65)$$

式中 i_{0s}——双曲面齿轮的传动比；

r_1、r_2——主、从动齿轮平均分度圆半径。

弧齿锥齿轮的传动比 i_{0L} 为

$$i_{0L} = \frac{r_2}{r_1} \qquad (2-66)$$

令 $K = \cos\beta_2 / \cos\beta_1$，则 $i_{0s} = K i_{0L}$，又由 $\beta_1 > \beta_2$，所以系数 $K > 1$，一般为 $1.25 \sim 1.50$，这说明：

① 当双曲面齿轮与弧齿锥齿轮尺寸相同时，双曲面齿轮传动有更大的传动比。

② 当传动比一定、从动齿轮尺寸相同时，双曲面主动齿轮比相应的弧齿锥齿轮有更大的直径、更高的轮齿强度以及更大的主动齿轮轴和轴承刚度。

③ 当传动比一定、主动齿轮尺寸相同时，双曲面从动齿轮直径比相应的弧齿锥齿轮的更小，因而有更大的离地间隙。

此外，双曲面齿轮传动与弧齿锥齿轮传动相比，还具有以下优点：

① 在工作过程中，双曲面齿轮副不仅存在沿齿高方向的侧向滑动，还有沿齿长方向的纵向滑动。纵向滑动可改善齿轮的磨合过程，使其具有更好的运转平稳性。

② 由于存在偏移距，双曲面齿轮副主动齿轮的螺旋角大于从动齿轮的螺旋角，这样同时啮合的齿数较多，重合度较大，不仅提高了传动平稳性，还使齿轮的弯曲强度提高约 30%。

③ 双曲面齿轮传动的主动齿轮直径及螺旋角都较大，因而相啮合轮齿的当量曲率半径较相应的弧齿锥齿轮更大，其结果使齿面的接触强度提高。

④ 若双曲面主动齿轮的螺旋角 β_1 变大，则不产生根切的最小齿数可减小，故可选用较少的齿数，有利于增加传动比。

⑤ 双曲面齿轮传动的主动齿轮较大，加工时所需刀盘、刀顶距较大，因而切削刃寿命较长。

⑥ 双曲面主动齿轮轴若布置在从动齿轮中心上方，则便于实现多轴驱动桥的贯通，增大了传动轴的离地高度；若布置在从动齿轮中心下方，可降低万向传动轴的高度，有利于降低乘用车车身高度，并可减小车身地板中部凸起通道的高度。

但是，双曲面齿轮传动也存在以下缺点：

① 沿齿长的纵向滑动会使摩擦损失增加，降低传动效率。双曲面齿轮副的传动效率约为 96%，而弧齿锥齿轮副的传动效率约为 99%。

② 齿面间大的压力和摩擦功，可能导致油膜破坏和齿面烧结咬死，即抗胶合能力较低。

③ 双曲面主动齿轮具有较大的轴向力，使其轴承负荷也较大。

④ 双曲面齿轮传动必须采用可改善油膜强度和含有防刮伤添加剂的特种润滑油，弧

齿锥齿轮传动用普通润滑油即可。

由于双曲面齿轮具有一系列的优点，它比弧齿锥齿轮的应用更广泛。

一般情况下，当要求传动比大于 4.5，而轮廓尺寸又有限时，采用双曲面齿轮传动更合理。这是因为若保持主动齿轮直径不变，则双曲面从动齿轮的直径比弧齿锥齿轮的小。当传动比小于 2 时，双曲面主动齿轮相对弧齿锥齿轮主动齿轮显得过大，占据了过多空间，这时可选用弧齿锥齿轮传动，因为后者具有较大的差速器可利用空间。对于中等传动比，两种齿轮传动均可采用。

3）圆柱齿轮传动。圆柱齿轮传动（图 2-45c）一般采用斜齿轮，它广泛地应用于发动机横置且前置前驱动的乘用车驱动桥（图 2-47）和双级主减速器贯通式驱动桥。

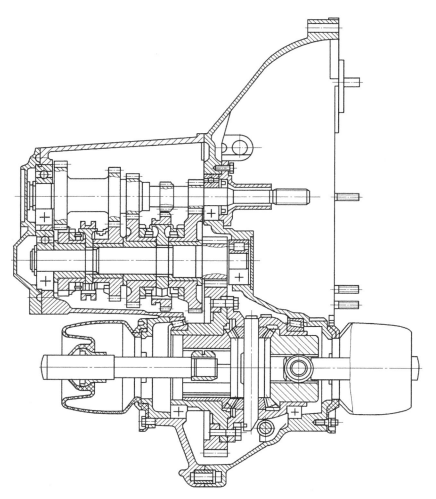

图 2-47　发动机横置且前置前驱动的乘用车驱动桥

4）蜗杆传动。蜗杆传动（图 2-45d）与锥齿轮传动相比具有以下优点：

① 在轮廓尺寸和结构质量较小的情况下，可得到较大的传动比（可大于 7）。

② 在多数转速下使用均能工作得非常平稳且无噪声。

③ 便于汽车的总布置及贯通式多桥驱动的布置。

④ 能传递较大载荷，使用寿命长。

⑤ 结构简单，拆装方便，调整容易。

但由于蜗轮齿圈要求用高质量的锡青铜制作，成本较高；另外，传动效率较低。蜗杆传动主要用在生产批量不大的个别重型多桥驱动汽车和具有高转速发动机的大客车上。

（2）主减速器的形式 主减速器可分为单级主减速器、双级主减速器、双速主减速器和贯通式主减速器。下面主要介绍单级主减速器和双级主减速器。

1）单级主减速器。单级主减速器由一对锥齿轮、一对圆柱齿轮或蜗轮蜗杆组成，如图 2-48 所示。它具有结构简单、质量小、成本低、使用方便等优点。但是主传动比 i_0 不能太大，一般 $i_0 \leqslant 7$，进一步提高 i_0 将增大从动齿轮的直径，从而减小离地间隙，且使从动齿轮热处理困难。单级主减速器广泛应用于乘用车和轻、中型货车的驱动桥中。

2）双级主减速器。商用汽车发动机与车轮间的最小减速比一般为 4.5~9，个别的其至更大。在一些情况下，由于结构布置上的原因，采用单级减速会很不合理，需在单级减速的基础上再增加一级减速，即采用双级减速器。对于第二级减速的布置方案，常用的有中央布置（集中布置）和轮边布置两种，下面以中央布置式双级主减速器为例进行阐述。

目前最常见的双级减速布置方案是将第二级减速和第一级减速集中在一起布置在中央，如图 2-49 所示。与单级减速相比，该布置方案在离地间隙相同时可得到更大的传动比，i_0 一般为 7~12，但是其尺寸、质量均较大，成本也较高。中央布置双级减速主要应用于中、重型货车、越野车和大客车上。整体式双级主减速器有以下结构方案：

① 第一级为锥齿轮，第二级为圆柱齿轮，如图 2-50a 所示。

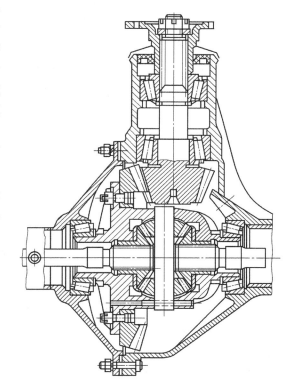

图 2-48 单级主减速器

② 第一级为锥齿轮，第二级为行星齿轮。

③ 第一级为行星齿轮，第二级为锥齿轮，如图 2-50b 所示。

④ 第一级为圆柱齿轮，第二级为锥齿轮，如图 2-50c 所示。

采用锥齿轮-圆柱齿轮双级减速结构时，锥齿轮与圆柱齿轮的相互位置有纵向水平（图 2-50d）、斜向（图 2-50e）和垂向（图 2-50f）三种布置方案。纵向水平布置可以使总成的垂向轮廓尺寸减小，从而降低汽车的质心高度，但会使纵向尺寸增大。该布置用在长轴距汽车上可适当减小传动轴长度，但不利于短轴距汽车的总布置，因为其会使传动轴过短，导致万向传动轴夹角增大。垂向布置可使驱动桥的纵向尺寸减小，从而减小万向传动

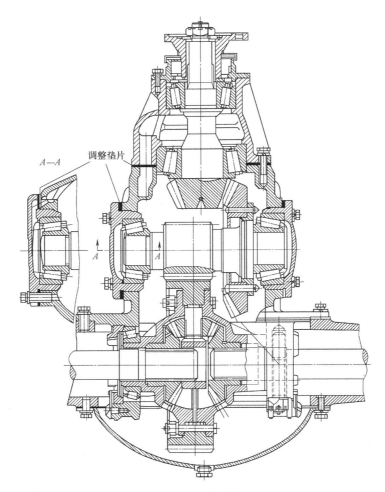

$A—A$
调整垫片
A A

图 2-49 双级主减速器

轴的夹角，但由于主减速器壳固定在桥壳上方，不仅会使垂向轮廓尺寸增加，还降低了桥壳刚度，不利于齿轮工作。该布置方案便于布置贯通式驱动桥。斜向布置对传动轴布置和提高桥壳刚度均有利。

在锥齿轮-圆柱齿轮结构的双级主减速器中分配传动比时，圆柱齿轮副和锥齿轮副传动比的比值一般为 1.1~2.0，且锥齿轮副的传动比一般为 1.7~3.3，这样可减小锥齿轮啮合时的轴向载荷和作用在从动锥齿轮及圆柱齿轮上的载荷，同时可使主动锥齿轮的齿数适当增多，使其支承轴颈的尺寸适当加大，以改善其支承刚度，提高啮合平稳性和工作可靠性。

【拓展阅读 2-10】 轮边布置双级主减速器

【拓展阅读 2-11】 双速主减速器

【拓展阅读 2-12】 贯通式主减速器

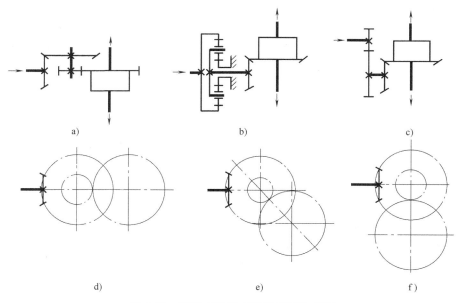

图 2-50 整体式双级主减速器结构方案

2. 主减速器主、从动锥齿轮的支承方案

锥齿轮传动中，齿轮的支承结构对齿轮传动的平稳性、噪声及其使用可靠性等性能的影响很大。在齿轮支承结构中首先要关注的是支承结构的刚性问题，这在主动小齿轮上尤为突出。这里所指的支承结构的刚性表现在两个方面：齿轮轴的弯曲刚性和轴向刚性，这两种刚性都关系到齿轮间能否良好地啮合。

（1）主动锥齿轮的支承 主动锥齿轮的支承可分为悬臂式支承和简支梁式支承两种形式。

1）悬臂式支承。悬臂式支承结构（图 2-51a）的特点是在锥齿轮大端一侧采用较长的轴颈，其上安装两个圆锥滚子轴承。为减小悬臂长度 a 和增加两支承间的距离 b，以改善支承刚度，应使两轴承的圆锥滚子大端朝外，使作用在齿轮上离开锥顶的轴向力由靠近齿轮的轴承承受，而反向轴向力则由另一轴承承受。为了尽可能增加支承刚度，支承距离 b 应大于悬臂长度 a 的 2.5 倍，且应比齿轮节圆直径的 70% 还大，另外靠近齿轮的轴径应不小于尺寸 a。为了方便拆装，应使靠近齿轮的轴承的轴径比另一轴承的支承轴径大些。靠近齿轮的支承轴承有时也采用圆柱滚子轴承，这时另一轴承必须采用能承受双向轴向力的双列圆锥滚子轴承。支承刚度除了与轴承形式、轴径大小、支承间距离和悬臂长度有关外，还与轴承与轴及轴承与座孔之间的配合度有关。

悬臂式支承结构简单，支承刚度较差，用于传递转矩较小的乘用车、轻型车的单级主减速器及许多双级主减速器。

2）简支梁式支承。简支梁式支承（图 2-51b）结构的特点是在锥齿轮的两端均有轴承支承，这样可大大增加支承刚度，又可减小轴承负荷，改善齿轮的啮合条件，因此采用该支承结构的齿轮的承载能力高于悬臂式。此外，由于齿轮大端一侧轴颈上的两个相对安装的圆锥滚子轴承间的距离很小，可以缩短主动齿轮轴的长度，使布置更紧凑，并可减小传动轴夹角，有利于整车布置。但简支梁式支承必须在主减速器壳体上有支承导向轴承所

需要的轴承座，从而使主减速器壳体的结构变得复杂，加工成本提高。另外，因主、从动齿轮间的空间很小，致使主动齿轮的导向轴承尺寸受到限制，有时甚至布置不下或使齿轮拆装困难。简支梁式支承中的导向轴承都为圆柱滚子轴承，并且内外圈可以分离或根本不带内圈，它仅承受径向力，尺寸根据布置位置而定，是易损坏的一个轴承。

3）支承方式的选择及轴的预紧。对于弧齿锥齿轮来说，由于两齿轮的轴线必须相交，主动齿轮只能采用悬臂式支承。对于双曲面齿轮传动，由于主动齿轮有偏移距的存在，可用简支梁的方法支承。显然，采用简支梁式支承的轴要比悬臂式支承轴的弯曲刚度大得多。

主动齿轮的轴向刚性和轴承的预紧度有关。轴承承受轴向力时，若轴承有一定的预紧度，可减小轴承的轴向变形，大大降低主动齿轮的轴向位移。因此在结构上就应考虑对圆锥滚子轴承有能适当调节其预紧度的措施，常用措施如下：

① 通过选择两圆锥滚子轴承之间厚度适当的垫片和隔离套筒的长度来实现。

② 选择弹性伸缩隔离套筒。

（2）**从动锥齿轮的支承** 从动锥齿轮的支承形式如图 2-51c 所示，其支承刚度与轴承的形式、支承间的距离以及轴承之间的分布比例有关。从动锥齿轮多用圆锥滚子轴承支承。为增加支承刚度，两轴承的圆锥滚子大端应向内，以减小（$c+d$）的值。为了使从动锥齿轮背面的差速器壳体处有足够的空间设置加强肋以增强支承稳定性，（$c+d$）的值应不小于从动锥齿轮大端分度圆直径的 70%。为了使载荷能尽量均匀分配在两轴承上，应尽量使 $c \geq d$。

对于从动锥齿轮，其轴承的调整一般用调整螺母或调整垫片。但从动锥齿轮是个巨大的盘，其轴向变形主要源于受轴向力后的弯曲变形，因此在结构上采用轴向止推销以限制从动锥齿轮的轴向变形。该结构一般称为辅助支承结构，如图 2-52 所示。辅助支承与从

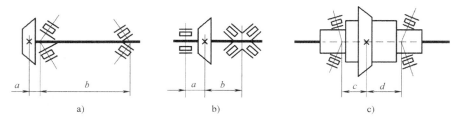

图 2-51　主减速器锥齿轮的支承形式

a）主动锥齿轮悬臂式　b）主动锥齿轮简支梁式　c）从动锥齿轮的支承

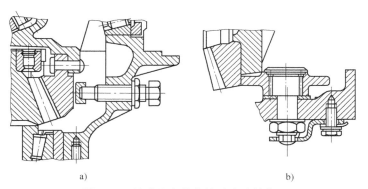

图 2-52　从动锥齿轮的辅助支承结构

动锥齿轮背面间的间隙应保证偏移量达到允许极限时能制止从动锥齿轮继续变形。主、从动锥齿轮受载变形或移动的许用偏移量如图 2-53 所示。

（3）**锥齿轮的调整**　正确的齿轮啮合传动可降低齿轮噪声并提高齿轮的使用寿命，但由于制造上的原因，锥齿轮传动时，齿轮间的正确啮合不能一步到位，需要经过调整解决。这里所指的调整包括两个方面的含义：啮合间隙调整和齿面上接触印痕的调整。

轮齿啮合间隙（一般为 0.15 ~ 0.40mm）的调整，是采用轴向移动锥齿轮的方法完成的。例如，拧动从动锥齿轮轴承调整螺母使之轴向移动，且一端拧入的圈数要等于另一端拧出的圈数，以保证轴承的预紧度不变。一般来说啮合间隙调整是紧跟轴承预紧度调整后进行的，且啮合间隙的调整

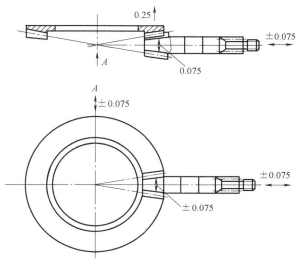

图 2-53　主、从动锥齿轮受载变形或移动的许用偏移量

不应破坏轴承预紧度的调整。

印痕校验是在啮合间隙调整后进行的。调整印痕位置可通过两种方法完成：改变啮合间隙（从动齿轮的轴向移动）和主动齿轮的轴向移动（进入从动齿轮的深度）。一般来说，改变啮合间隙时，印痕在齿轮大端和小端之间纵向移动，增加啮合间隙，印痕更靠近齿轮大端。如果用移动小齿轮的方法调整印痕位置，印痕将在齿面的上下方移动，若主动齿轮更靠近从动齿轮，印痕位置趋向于齿腹。

3. 主减速器齿轮计算载荷的确定

汽车主减速器锥齿轮的切齿法有格里森和奥里康两种方法，格里森齿制锥齿轮计算载荷的三种确定方法详见 1.8.2 节 "发动机转矩引起的载荷"，从表 1-19 中选用相应公式。

从动锥齿轮的计算转矩取 $T_c = T_s$，主动锥齿轮的计算转矩为

$$T_z = \frac{T_c}{i_0 \eta_G} \tag{2-67}$$

式中　T_z——主动锥齿轮的计算转矩；

　　　i_0——主减速器传动比；

　　　η_G——主、从动锥齿轮间的传动效率，计算时，弧齿锥齿轮副 η_G 取 95%，对于双曲面齿轮副，当 $i_0 > 6$ 时，η_G 取 85%，当 $i_0 \leqslant 6$ 时，η_G 取 90%。

4. 主减速器锥齿轮的主要参数

主减速器锥齿轮的主要参数包括主、从动锥齿轮齿数 z_1 和 z_2，从动锥齿轮大端分度圆直径 D_2 和端面模数 m_s，主、从动锥齿轮齿面宽 b_1 和 b_2，双曲面齿轮副的偏移距 E，中点螺旋角 β 以及法向压力角 α 等。

（1）**主、从动锥齿轮齿数 z_1 和 z_2**　选择主、从动锥齿轮齿数时应考虑以下因素：

1）为了磨合均匀，z_1 与 z_2 之间应避免有公约数。

2）为了得到理想的齿面重合度和高的轮齿弯曲强度，主、从动锥齿轮的齿数和应不小于 40。

3）为了啮合平稳、噪声小且具有高的疲劳强度，对于货车，z_1 一般不小于 6。

4）当 i_0 较大时，尽量使 z_1 取得小些，以便得到满意的离地间隙。

5）对于不同的 i_0，z_1 和 z_2 应有适宜的搭配。

（2）从动锥齿轮大端分度圆直径 D_2 和端面模数 m_s 对于单级主减速器，D_2 对驱动桥壳尺寸有影响。D_2 大将影响桥壳的离地间隙；D_2 小则影响跨置式主动齿轮前支承座的安装空间和差速器的安装。

D_2 可根据以下经验公式初选，即

$$D_2 = K_{D_2} \sqrt[3]{T_c} \tag{2-68}$$

式中　D_2——从动锥齿轮大端分度圆直径；

　　　K_{D_2}——直径系数，一般为 13.0~15.3；

　　　T_c——从动锥齿轮的计算转矩。

m_s 由下式计算，即

$$m_s = \frac{D_2}{z_2} \tag{2-69}$$

式中　m_s——齿轮端面模数。

同时，m_s 还应满足

$$m_s = K_m \sqrt[3]{T_c} \tag{2-70}$$

式中　K_m——模数系数，取 0.3~0.4。

（3）主、从动锥齿轮齿面宽 b_1 和 b_2 锥齿轮齿面过宽并不能增大齿轮的强度和寿命，反而会导致锥齿轮轮齿小端齿沟变窄引起的切削刀头顶面过窄及刀尖圆角过小，这样，不仅减小了齿根圆半径，加大了应力集中，还降低了刀具的使用寿命。此外，在安装时出现位置偏差或由于制造、热处理变形等原因，会使齿轮工作时载荷集中于轮齿小端，引起轮齿小端过早损坏和疲劳损伤。另外，齿面过宽也会引起装配空间的减小。但齿面过窄，轮齿表面的耐磨性会变差。

从动锥齿轮齿面宽 b_2 推荐不大于其节锥距 A_2 的 0.3 倍，即 $b_2 \leq 0.3A_2$，且应满足 $b_2 \leq 10m_s$，一般推荐 $b_2 = 0.155D_2$。对于弧齿锥齿轮，b_1 一般比 b_2 大 10%。

（4）双曲面齿轮副偏移距 E E 值过大将使齿面纵向滑动过大，从而引起齿面早期磨损和擦伤；E 值过小，则不能发挥双曲面齿轮传动的特点。一般对于乘用车和轻型货车，取 $E \leq 0.2D_2$，且 $E \leq 0.4A_2$；对于中、重型货车、越野车和大客车，取 E 为（0.10~0.12）D_2 及以下，且 $E \leq 0.2A_2$。另外，主传动比越大，则 E 值也相应越大，但应保证齿轮不发生根切。

双曲面齿轮的偏移可分为上偏移和下偏移两种。由从动齿轮的锥顶向其齿面看去，并使主动齿轮处于右侧，若主动齿轮在从动齿轮中心线的上方，则为上偏移；在从动齿轮中心线的下方，则为下偏移。若主动齿轮处于左侧，则情况相反。图 2-54a、b 所示为主动

齿轮轴线下偏移情况，图 2-54c、d 所示为主动齿轮轴线上偏移情况。

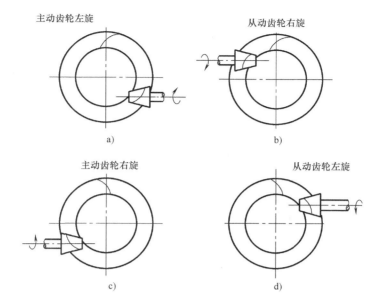

图 2-54　双曲面齿轮的偏移和螺旋方向

a)、b)　主动齿轮轴线下偏移　c)、d)　主动齿轮轴线上偏移

（5）中点螺旋角 β　螺旋角沿齿宽是变化的，轮齿大端的螺旋角最大，轮齿小端的螺旋角最小。

弧齿锥齿轮副的中点螺旋角是相等的，双曲面齿轮副的中点螺旋角是不等的，且 $\beta_1 > \beta_2$，β_1 与 β_2 之差称为偏移角。选择 β 时，应考虑其对齿面重合度 ε_F、轮齿强度和轴向力大小的影响。β 越大，则 ε_F 也越大，同时啮合的齿数越多，传动就越平稳，噪声越小，且轮齿的强度越高，一般 ε_F 应不小于 1.25，在 1.5~2.0 时效果最好。但是 β 过大，齿轮上所受的轴向力也会越大。

汽车主减速器弧齿锥齿轮螺旋角或双曲面齿轮副的平均螺旋角一般为 35°~40°。乘用车选用较大的 β 值以保证较大的 ε_F，使运转平稳，噪声小；货车选用较小的 β 值以防止轴向力过大，通常取 35°。

（6）螺旋方向　从锥齿轮锥顶看，齿形从中心线上半部向左倾斜为左旋，向右倾斜为右旋。主、从动锥齿轮的螺旋方向是相反的。螺旋方向与锥齿轮的旋转方向影响其所受轴向力的方向，当变速器挂前进档时，应使主动齿轮的轴向力离开锥顶方向，这样可使主、从动齿轮有分离趋势，防止轮齿卡死造成损坏。

（7）法向压力角 α　法向压力角大一些可以增加轮齿强度、减小齿轮不发生根切的最少齿数。但对于小尺寸的齿轮，压力角大易使齿顶变尖及刀尖宽度过小，并使齿轮端面重合度下降。因此，对于轻负荷工作的齿轮一般采用小压力角，使齿轮运转平稳、噪声低。对于弧齿锥齿轮，乘用车的法向压力角 α 一般选用 14°30′ 或 16°，货车的 α 选为 20°，重型货车的 α 选为 22°30′。对于双曲面齿轮，大齿轮轮齿两侧的压力角是相等的，但小齿轮轮齿两侧的压力角不等，选取平均压力角时，乘用车为 19° 或 20°，货车为 20° 或

$22°30'$。

5. 主减速器锥齿轮的强度计算

初选主减速器锥齿轮的主要参数后，可根据所选择的齿形计算锥齿轮的几何尺寸，并根据所确定的计算载荷进行强度验算，以保证锥齿轮有足够的强度和寿命。

轮齿损坏的主要形式有弯曲疲劳折断、过载折断、齿面点蚀及剥落、齿面胶合及齿面磨损等。下面介绍的强度验算是近似的，在实际设计中还要根据台架和道路试验及实际使用情况等来检验。

（1）单位齿长圆周力 主减速器锥齿轮的表面耐磨性常用轮齿上的单位齿长圆周力来估算，即

$$p = \frac{F}{b_2} \tag{2-71}$$

式中　p——齿轮上单位齿长圆周力；

F——作用在轮齿上的圆周力；

b_2——从动齿轮的齿面宽。

1）按发动机最大转矩计算时，有

$$p = \frac{2k_d T_{emax} k i_g i_f \eta}{n D_1 b_2} \times 10^3 \tag{2-72}$$

式中　i_g——变速器传动比；

D_1——主动锥齿轮中点分度圆直径。

2）按驱动轮打滑转矩计算时，有

$$p = \frac{2 G_2 m'_2 \varphi r_r}{D_2 b_2 i_m \eta_m} \times 10^3 \tag{2-73}$$

单位齿长圆周力许用值 $[p]$ 见表 2-9。在现代汽车设计中，由于材质及加工工艺等制造质量的提高，$[p]$ 有时会高出表中数值的 $20\% \sim 25\%$。

表 2-9　单位齿长圆周力许用值 $[p]$　（单位：N/mm）

参数 汽车类别	按发动机最大转矩计算时			按驱动轮打滑转矩计算时	轮胎与地面的附着系数
	一档	二档	三档		
乘用车	893	536	321	893	
货车	1429	—	250	1429	0.85
大客车	982	—	214	—	
牵引车	536	—	250	—	0.65

（2）轮齿弯曲强度 锥齿轮轮齿的齿根弯曲应力为

$$\sigma_w = \frac{2 T k_0 k_s k_m}{k_v m_s b D J_w} \times 10^3 \tag{2-74}$$

式中　σ_w——锥齿轮轮齿的齿根弯曲应力；

T——所计算齿轮的计算转矩，对于从动齿轮，从表 1-19 中选用相应公式，对于主动齿轮，T 还要按式（2-67）换算；

k_0——过载系数，一般取1；

k_s——尺寸系数，它反映了材料性质的不均匀性，与齿轮尺寸及热处理等因素有关，当 $m_s \geqslant 1.6$mm 时，$k_s = (m_s/25.4)^{0.25}$，当 $m_s < 1.6$mm 时，$k_s = 0.5$；

k_m——齿面载荷分配系效，跨置式结构取 $k_m = 1.0 \sim 1.1$，悬置式结构取 $k_m = 1.10 \sim 1.25$；

k_v——质量系数，当轮齿接触良好，齿距及径向跳动精度高时，$k_v = 1.0$；

b——所计算齿轮的齿面宽；

D——所计算齿轮大端分度圆直径；

J_w——所计算齿轮的轮齿弯曲应力综合系数，取法见有关文献[⊖]。

上述计算的最大弯曲应力不应超过700MPa；疲劳弯曲应力不应超过210MPa，破坏的循环次数为 6×10^6。

（3）轮齿接触强度 锥齿轮轮齿的齿面接触应力为

$$\sigma_j = \frac{c_p}{D_1}\sqrt{\frac{2T_z k_0 k_s k_m k_f}{k_v b J_J} \times 10^3} \tag{2-75}$$

式中 σ_j——锥齿轮轮齿的齿面接触应力；

D_1——主动锥齿轮大端分度圆直径；

b——b_1 和 b_2 的较小值；

k_s——尺寸系数，它考虑了齿轮尺寸对淬透性的影响，通常取1.0；

k_f——齿面品质系数，它取决于齿面的表面粗糙度及表面覆盖层的性质（如镀铜、磷化处理等），对于制造精密的齿轮，k_f 取 1.0；

c_p——综合弹性系数，钢齿轮取 $c_p = 232.6\mathrm{N}^{\frac{1}{2}}/\mathrm{mm}$；

J_J——齿面接触强度的综合系数，取法见有关文献[⊖]。

上述计算的最大接触应力不应超过 2800MPa；计算的疲劳接触应力不应超过 1750MPa。主、从动齿轮的齿面接触应力是相等的。

6. 主减速器锥齿轮轴承的载荷计算

（1）锥齿轮齿面上的作用力 锥齿轮在工作过程中，相互啮合的齿面上作用一法向力。该法向力可分解为沿齿轮切线方向的圆周力、沿齿轮轴线方向的轴向力及垂直于齿轮轴线的径向力。

1）齿宽中点处的圆周力。齿宽中点处的圆周力 F 为

$$F = \frac{2T}{D_{m2}} \tag{2-76}$$

式中 T——作用在从动齿轮上的转矩；

D_{m2}——从动齿轮齿宽中点处的分度圆直径，由下式确定，即

$$D_{m2} = D_2 - b_2 \sin\gamma_2 \tag{2-77}$$

式中 D_2——从动齿轮大端分度圆直径；

⊖ 有关文献可参照本书参考文献［12］《汽车车桥设计》。

b_2——从动齿轮齿面宽;

γ_2——从动齿轮节锥角。

由 $F_1/F_2 = \cos\beta_1/\cos\beta_2$ 可知,对于弧齿锥齿轮副,作用在主、从动齿轮上的圆周力是相等的;对于双曲面齿轮副,圆周力是不等的。

2)锥齿轮的轴向力和径向力。图 2-55 所示为主动锥齿轮齿面受力图,其螺旋方向为左旋,从锥顶看旋转方向为逆时针。F_T 为作用在节锥面上的齿宽中点 A 处的法向力。在 A 点处螺旋方向的法平面内,F_T 可分解为两个相互垂直的力 F_N 和 F_f。F_N 垂直于 OA 且位于 $\angle OOA$ 所在的平面内,F_f 位于以 OA 为切线的节锥切平面内。F_f 在此切平面内又可分解为沿切线方向的圆周力 F 和沿节锥素线方向的力 F_s。F 与 F_f 间的夹角为螺旋角 β,F_T 与 F_f 间的夹角为法向压力角 α,有

$$F = F_T\cos\alpha\cos\beta \tag{2-78}$$

$$F_N = F_T\sin\alpha = F\tan\alpha/\cos\beta \tag{2-79}$$

$$F_s = F_T\cos\alpha\sin\beta = F\tan\beta \tag{2-80}$$

于是作用在主动锥齿轮齿面上的轴向力 F_{az} 和径向力 F_{Rz} 分别为

$$F_{az} = F_N\sin\gamma + F_s\cos\gamma \tag{2-81}$$

$$F_{Rz} = F_N\sin\gamma - F_s\cos\gamma \tag{2-82}$$

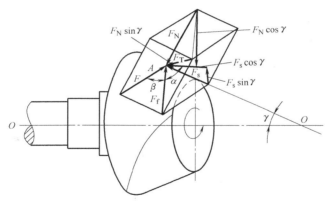

图 2-55　主动锥齿轮齿面受力图

主动锥齿轮的螺旋方向和旋转方向改变时,主、从动锥齿轮齿面上所受的轴向力和径向力见表 2-10。

表 2-10　齿面上的轴向力和径向力

主动锥齿轮	轴向力	径向力
	主动锥齿轮	主动锥齿轮
右旋顺时针旋转	$F_{az} = \dfrac{F}{\cos\beta}(\tan\alpha\sin\gamma - \sin\beta\cos\gamma)$	$F_{Rz} = \dfrac{F}{\cos\beta}(\tan\alpha\sin\gamma + \sin\beta\cos\gamma)$
	从动锥齿轮	从动锥齿轮
左旋逆时针旋转	$F_{ac} = \dfrac{F}{\cos\beta}(\tan\alpha\sin\gamma + \sin\beta\cos\gamma)$	$F_{Rc} = \dfrac{F}{\cos\beta}(\tan\alpha\sin\gamma - \sin\beta\cos\gamma)$

（续）

主动锥齿轮	轴向力	径向力
右旋逆时针旋转	主动锥齿轮	主动锥齿轮
	$F_{az}=\dfrac{F}{\cos\beta}(\tan\alpha\sin\gamma+\sin\beta\cos\gamma)$	$F_{Rz}=\dfrac{F}{\cos\beta}(\tan\alpha\sin\gamma-\sin\beta\cos\gamma)$
左旋顺时针旋转	从动锥齿轮	从动锥齿轮
	$F_{ac}=\dfrac{F}{\cos\beta}(\tan\alpha\sin\gamma-\sin\beta\cos\gamma)$	$F_{Rc}=\dfrac{F}{\cos\beta}(\tan\alpha\sin\gamma+\sin\beta\cos\gamma)$

（2）**锥齿轮轴承的载荷** 当锥齿轮齿面上所受的圆周力、轴向力和径向力通过计算确定后，根据主减速器齿轮轴承的布置尺寸，即可求出轴承所受载荷。图 2-56 所示为单级主减速器轴承布置尺寸图，各轴承的载荷计算公式见表 2-11。

表 2-11 轴承上的载荷计算公式

轴承	径向力	轴向力
A	$\sqrt{\left[\dfrac{F(a+b)}{a}\right]^2+\left[\dfrac{F_{Rz}(a+b)}{a}-\dfrac{F_{rc}D_{m1}}{2a}\right]^2}$	F_{az}
B	$\sqrt{\left(\dfrac{Fb}{a}\right)^2+\left[\dfrac{F_{Rz}b}{a}-\dfrac{F_{az}D_{m1}}{2a}\right]^2}$	0
C	$\sqrt{\left(\dfrac{Fd}{c+d}\right)^2+\left[\dfrac{F_{Rc}d}{c+d}-\dfrac{F_{ac}D_{m2}}{2(c+d)}\right]^2}$	F_{ac}
D	$\sqrt{\left(\dfrac{Fc}{c+d}\right)^2+\left[\dfrac{F_{Rc}c}{c+d}-\dfrac{F_{rc}D_{m2}}{2(c+d)}\right]^2}$	0

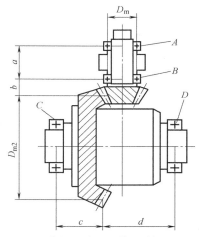

图 2-56 单级主减速器轴承布置尺寸图

轴承上的载荷确定后，很容易根据轴承型号来计算其寿命，或根据寿命要求来选择轴承型号。

7. 锥齿轮的材料

驱动桥锥齿轮的工作条件是相当恶劣的，与传动系其他齿轮相比，具有载荷大、作用时间长、变化多、有冲击等特点。它是传动系统中的薄弱环节，其材料应满足以下要求：

1）具有高的弯曲疲劳强度和表面接触疲劳强度，齿面具有高的硬度以保证有高的耐磨性。

2）轮齿芯部应有适当的韧性以适应冲击载荷，避免在冲击载荷作用下齿根折断。

3）锻造性能、切削加工性能及热处理性能良好，热处理后变形小或变形规律易控制。

4）选择合金材料时，尽量少用含镍、铬元素的材料，而选用含锰、钒、硼、钛、钼、硅等元素的合金钢。

汽车主减速器锥齿轮目前常用渗碳合金钢制造，主要有 20CrMnTi、20MnVB、20MnTiB 及 22CrNiMo 等。

渗碳合金钢的优点是表面可得到含碳量较高的硬化层（一般碳的质量分数为 0.8% ～1.2%），具有相当好的耐磨性和抗压性，而芯部较软，具有良好的韧性，故这类材料的弯

曲强度、表面接触强度和承受冲击的能力均较好。由于含碳量较低，使锻造性能和切削加工性能较好。其主要缺点是热处理成本高；表面硬化层以下的基底较软，在承受很大压力时可能产生塑性变形；如果渗透层与芯部的含碳量相差过多，会引起表面硬化层剥落。

为改善新齿轮的磨合，防止其在运行初期出现早期的磨损、擦伤、胶合或咬死，锥齿轮在热处理及精加工后，进行厚度为 0.005～0.020mm 的磷化处理或镀铜、镀锡处理。对齿面进行应力喷丸处理，可提高齿轮寿命。对于滑动速度高的齿轮，可进行渗硫处理以提高耐磨性。渗硫后摩擦因数可显著降低，即使润滑条件较差，也能防止齿面擦伤、咬死和胶合。

2.5.4　差速器设计

汽车在行驶过程中，左、右车轮在同一时间内所滚过的路程往往是不等的，如转弯时内侧车轮的行程比外侧车轮的短；因左右两车轮胎内的气压不等、胎面磨损不均匀、两车轮上的负荷不均匀而引起的车轮滚动半径不相等；左右两车轮接触的路面条件不同，行驶阻力不同等。这样，如果驱动桥的左、右车轮刚性连接，则不论转弯行驶或直线行驶，均会引起车轮在路面上的滑移或滑转。这样一方面会加剧轮胎磨损，使功率和燃料消耗量增加，另一方面会使转向沉重，通过性和操纵稳定性变差。为此，在驱动桥的左、右车轮间都装有轮间差速器。在多桥驱动的汽车上还常装有轴间差速器，以提高通过性，同时避免在驱动桥间产生功率循环及由此引起的附加载荷、传动系统零件损坏、轮胎磨损和燃料消耗等。

差速器用来在两输出轴间分配转矩，并保证两输出轴有可能以不同的角速度转动。差速器按其结构特征可分为齿轮式、凸轮式、蜗轮式和牙嵌自由轮式等多种形式。

汽车上广泛采用的差速器为对称锥齿轮式差速器，其具有结构简单、质量较小等优点。锥齿轮式差速器又可分为普通锥齿轮式差速器、摩擦片式差速器和强制锁止式差速器等。下面重点介绍普通锥齿轮式差速器。

1. 普通锥齿轮式差速器

因为普通锥齿轮式差速器的结构简单、工作平稳可靠，所以广泛应用于在一般使用条件下工作的汽车驱动桥中。普通锥齿轮式差速器结构示意图如图 2-57 所示，图中 ω_0 为差速器壳体角速度；ω_1、ω_2 分别为左、右两半轴的角速度；T_0 为差速器壳接受的转矩；T_r 为差速器的内摩擦力矩；T_1、T_2 分别为左、右两半轴对差速器的反转矩。

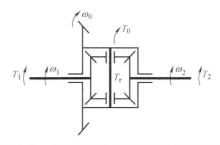

图 2-57　普通锥齿轮式差速器结构示意图

根据运动分析可得

$$\omega_1 + \omega_2 = 2\omega_0 \qquad (2\text{-}83)$$

显然，当一侧半轴不转时，另一侧半轴将以两倍的差速器壳体角速度旋转；当差速器壳体不转时，左右半轴将等速反向旋转。

根据力矩平衡可得

$$\begin{cases} T_1 + T_2 = T_0 \\ T_2 - T_1 = T_r \end{cases} \qquad (2\text{-}84)$$

差速器性能常以锁紧系数 k 来表征，k 定义为差速器的内摩擦力矩与差速器壳接受的

转矩之比，即

$$k = \frac{T_r}{T_0} \qquad (2-85)$$

结合式（2-84）可得

$$\begin{cases} T_1 = 0.5 T_0 (1-k) \\ T_2 = 0.5 T_0 (1+k) \end{cases} \qquad (2-86)$$

定义快慢转动半轴的转矩比 $k_b = T_2 / T_1$，则 k_b 与 k 之间的关系为

$$\begin{cases} k_b = \dfrac{1+k}{1-k} \\ k = \dfrac{k_b-1}{k_b+1} \end{cases} \qquad (2-87)$$

普通锥齿轮式差速器的锁紧系数 k 一般为 $0.05 \sim 0.15$，两半轴转矩比 k_b 为 $1.11 \sim 1.35$，这说明左、右半轴的转矩差别不大，故可以认为分配给两半轴的转矩大致相等，这样的分配比例对于在良好路面上行驶的汽车来说是合适的。但当汽车越野行驶或在泥泞、冰雪路面上行驶，一侧驱动轮与地面的附着系数很小时，尽管另一侧车轮与地面有良好的附着，其驱动转矩也不得不随附着系数小的一侧车轮同样地减小，无法发挥潜在牵引力，以致汽车停驶。

【拓展阅读2-13】 摩擦片式差速器

【拓展阅读2-14】 强制锁止式差速器

【拓展阅读2-15】 滑块凸轮式差速器

【拓展阅读2-16】 牙嵌式自由轮差速器

2. 普通锥齿轮式差速器齿轮设计

（1）差速器齿轮的主要参数

1）行星齿轮数 n。行星齿轮数 n 需根据承载情况来选择。通常情况下，乘用车取 $n = 2$，货车或越野车取 $n = 4$。

2）行星齿轮球面半径 R_b。行星齿轮球面半径 R_b 反映了差速器锥齿轮节锥距的大小和承载能力，可根据经验公式来确定，即

$$R_b = K_b \sqrt[3]{T_d} \qquad (2-88)$$

式中　K_b——行星齿轮球面半径系数，$K_b = 2.5 \sim 3.0$，有四个行星齿轮的乘用车和公路用货车取小值，有两个行星齿轮的乘用车及四个行星齿轮的越野车和矿用车取大值；

　　　T_d——差速器计算转矩；

　　　R_b——球面半径。

行星齿轮节锥距 A_0 为

$$A_0 = (0.98 \sim 0.99) R_b \tag{2-89}$$

3）行星齿轮和半轴齿轮齿数 z_1、z_2。为使轮齿有较高的强度，一般希望取较大的模数，但相应的齿轮尺寸会随之增大，于是又要求行星齿轮的齿数 z_1 应取小些，但 z_1 一般不小于 10。半轴齿轮齿数 z_2 在 $14 \sim 25$ 之间。大多数汽车的半轴齿轮与行星齿轮的齿数比 z_2/z_1 在 $1.5 \sim 2.0$ 之间。

为使两个或四个行星齿轮能同时与两个半轴齿轮啮合，两半轴齿轮的齿数和必须能被行星齿轮数整除，否则差速齿轮不能装配。

4）行星齿轮和半轴齿轮的节锥角 γ_1、γ_2 及模数 m。行星齿轮和半轴齿轮的节锥角 γ_1、γ_2 分别为

$$\gamma_1 = \arctan(z_1/z_2) \tag{2-90}$$

$$\gamma_2 = \arctan(z_2/z_1) \tag{2-91}$$

锥齿轮大端端面模数 m 为

$$m = \frac{2A_0}{z_1}\sin\gamma_1 = \frac{2A_0}{z_2}\sin\gamma_2 \tag{2-92}$$

5）压力角 α。汽车差速器齿轮通常采用压力角为 $20°30'$、齿高系数为 0.8 的齿形。某些重型货车和矿用车采用 $25°$ 压力角，以提高齿轮强度。

6）行星齿轮轴直径 d 及支承长度 L。行星齿轮轴直径 d 为

$$d = \sqrt{\frac{T_d \times 10^3}{1.1[\sigma_c] n r_d}} \tag{2-93}$$

式中　T_d——差速器传递的转矩；

　　　n——行星齿轮数；

　　　r_d——行星齿轮支承面中点到锥顶的距离，约为半轴齿轮齿宽中点处平均直径的一半；

　　　$[\sigma_c]$——支承面许用挤压应力，取 98MPa。

行星齿轮在轴上的支承长度 L 为

$$L = 1.1d \tag{2-94}$$

（2）差速器齿轮强度计算　差速器齿轮的尺寸受结构限制，且承受的载荷较大，但它不像主减速器齿轮那样经常处于啮合传动状态，只有当汽车转弯或左、右轮行驶不同的路程时，或一侧车轮打滑而滑转时，差速器齿轮才有啮合传动的相对运动。因此，对于差速器齿轮主要应进行弯曲强度计算。轮齿弯曲应力为

$$\sigma_w = \frac{2T k_s k_m}{k_v m b_2 d_2 J n} \times 10^3 \tag{2-95}$$

式中　　　n——行星齿轮数；

　　　　J——综合系数，取法见有关文献[⊖]；

　　　b_2、d_2——半轴齿轮齿宽及其大端分度圆直径；

　　　　T——半轴齿轮计算转矩，取 $T = 0.6T_d$；

　⊖　有关文献可参照本书中参考文献 ［12］《汽车车桥设计》。

k_v、k_s、k_m——按主减速器齿轮强度计算的有关数值选取。

静强度计算的 $[\sigma_w]=980MPa$；疲劳强度计算的 $[\sigma_w]=210MPa$。

差速器齿轮与主减速器齿轮一样，基本上由渗碳合金钢制造，目前用于制造差速器锥齿轮的材料为 20CrMnTi 和 20CrMo 等。由于差速器齿轮轮齿要求的精度较低，精锻差速器齿轮工艺已被广泛应用。

2.5.5　车轮传动装置设计

车轮传动装置位于传动系统的末端，其基本功用是接受从差速器传来的转矩并将其传给车轮。对于非断开式驱动桥，车轮传动装置的主要零件为半轴；对于断开式驱动桥和转向驱动桥（图 2-58），车轮传动装置为万向传动装置。万向传动装置的设计见 2.4，本节仅介绍半轴的设计。

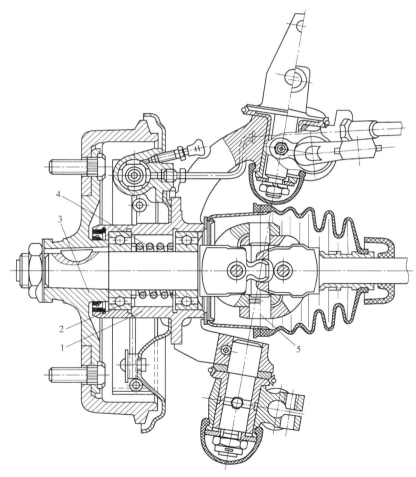

图 2-58　转向驱动桥

1—轮毂　2—轮毂轴承　3—制动鼓　4—固定弹簧　5—等速万向节

1. 结构形式分析

半轴根据其车轮端支承方式的不同，可分为半浮式、3/4 浮式和全浮式三种形式。

半浮式半轴的结构如图 2-59a 所示，其结构特点为半轴外端支承轴承位于半轴套管外端的内孔中，车轮装在半轴上。半浮式半轴除传递转矩外，其外端还承受由路面对车轮的反力所引起的全部力和力矩。半浮式半轴结构简单，所受载荷较大，只用在乘用车、轻型货车及轻型客车上。

3/4 浮式半轴的结构如图 2-59b 所示，其结构特点为半轴外端仅有一个轴承并装在驱动桥壳半轴套管的端部，直接支撑着车轮轮毂，而半轴则以其端部凸缘与轮毂用螺钉联接。该形式半轴的受载情况与半浮式半轴相似，只是载荷有所减轻，一般仅用在乘用车和轻型货车上。

全浮式半轴的结构如图 2-59c 所示，其结构特点为半轴外端的凸缘用螺钉与轮毂相连，而轮毂又借用两个圆锥滚子轴承支承在驱动桥壳的半轴套管上。理论上来说，半轴只承受转矩，作用于驱动轮上的其他反力和弯矩全由桥壳来承受，但由于桥壳变形、轮毂与差速器半轴齿轮不同心、半轴法兰平面相对其轴线不垂直等因素，都会引起半轴的弯曲变形，由此引起的弯曲应力一般为 5~70MPa。全浮式半轴主要用在中、重型货车上。

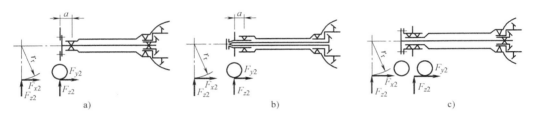

图 2-59 半轴结构形式简图及受力情况
a）半浮式 b）3/4 浮式 c）全浮式

2. 半轴计算

（1）**全浮式半轴** 全浮式半轴的计算载荷可按车轮附着力矩 M_φ 计算，有

$$M_\varphi = \frac{1}{2} m'_2 G_2 r_r \varphi \tag{2-96}$$

式中 G_2——驱动桥的最大静载荷；

r_r——车轮滚动半径；

m'_2——负荷转移系数；

φ——附着系数，计算时取 0.8。

则半轴的扭转切应力为

$$\tau = \frac{16 M_\varphi}{\pi d^3} \tag{2-97}$$

式中 τ——半轴扭转切应力；

d——半轴直径。

半轴的扭转角为

$$\theta = \frac{M_\varphi l}{G I_p} \frac{180}{\pi} \tag{2-98}$$

式中 θ——扭转角；

l——半轴长度；

G——材料剪切弹性模量；

I_p——半轴截面的极惯性矩，$I_p = \pi d^4/32$。

半轴的扭转切应力应在 500~700MPa 之间，转角宜为每米 6°~15°。

（2）半浮式半轴 半浮式半轴设计的三种载荷工况参见 1.8.1 节"车轮与路面接触点处的作用力"。

1）最大驱动力工况。半轴弯曲应力 σ 和扭转切应力 τ 为

$$\begin{cases} \sigma = \dfrac{32a\sqrt{F_{x2}^2 + F_{z2}^2}}{\pi d^3} \\ \tau = \dfrac{16F_{x2}r_r}{\pi d^3} \end{cases} \tag{2-99}$$

式中 a——轮毂支承轴承到车轮中心平面间的距离，如图 2-59 所示。

则合成应力为

$$\sigma_h = \sqrt{\sigma^2 + 4\tau^2} \tag{2-100}$$

2）最大侧向力工况。右侧半轴的弯曲应力 σ_R 和左侧半轴的弯曲应力 σ_L 分别为

$$\begin{cases} \sigma_R = \dfrac{32(F_{y2R}r_r - F_{z2R}a)}{\pi d^3} \\ \sigma_L = \dfrac{32(F_{y2L}r_r + F_{z2L}a)}{\pi d^3} \end{cases} \tag{2-101}$$

3）最大垂向力工况。半轴弯曲应力为

$$\sigma = \frac{32F_{z2}a}{\pi d^3} = \frac{16k_dG_2a}{\pi d^3} \tag{2-102}$$

半浮式半轴的许用合成应力为 600~750MPa。

（3）3/4 浮式半轴 3/4 浮式半轴的计算与半浮式类似，只是半轴的危险断面不同，3/4 浮式半轴的危险断面位于半轴与轮毂相配表面的内端。

半轴和半轴齿轮一般采用渐开线花键相连，应对花键进行挤压应力和键齿切应力验算，且挤压应力不大于 200MPa，切应力不大于 73MPa。

3. 半轴结构设计

对半轴进行结构设计时，应注意以下事项：

1）全浮式半轴杆部直径可按下式初步选取，即

$$d = K\sqrt[3]{M_\varphi} \tag{2-103}$$

式中 d——半轴杆部直径；

M_φ——半轴计算转矩，按式（2-96）计算；

K——直径系数，取 0.205~0.218。

根据初选的 d，按前面的应力公式进行强度校核。

2）半轴的杆部直径应小于或等于半轴花键的底径，以便使半轴各部分基本达到等

强度。

3）半轴的破坏形式大多是扭转疲劳损坏，在结构设计时应尽量增大各过渡部分的圆角半径，尤其是凸缘与杆部、花键与杆部的过渡部分，以减小应力集中。

4）杆部较粗且外端凸缘也较大时，可采用两端用花键联结的结构。

5）设计全浮式半轴杆部的强度应低于驱动桥其他传力零件的强度，使半轴起到"熔丝"的作用。半浮式半轴直接安装车轮，应视为保安件。

2.5.6　驱动桥壳设计

驱动桥壳的主要功用是支承汽车质量，承受由车轮传来的路面的反力和反力矩，并经悬架传给车架（或车身），此外，它也是主减速器、差速器、半轴的装配基体。

1．驱动桥壳应满足的要求

1）应具有足够的强度和刚度，以保证主减速器齿轮啮合正常并不使半轴产生附加弯曲应力。

2）在保证强度和刚度的前提下，尽量减小质量以提高汽车的行驶平顺性。

3）保证足够的离地间隙。

4）结构工艺性好，成本低。

5）保护装于其上的传动部件，防止泥水浸入。

6）拆装、调整、维修方便。

2．驱动桥壳结构方案分析

驱动桥壳大致可分为可分式、整体式和组合式三种形式。

（1）可分式桥壳　可分式桥壳的结构如图 2-60 所示，它将一个垂直接合面分为左右两部分，两部分通过螺栓联接成一体。每一部分均由一个铸造壳体和一个压入其外端的半轴套管组成，轴管与壳体用铆钉连接。

可分式桥壳的结构简单，制造工艺性好，主减速器支承刚性好。但拆装、调整、维修很不方便，桥壳的强度和刚度受结构的限制，曾用于轻型汽车上，现已较少使用。

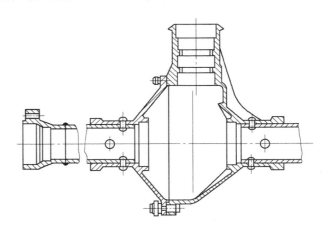

图 2-60　可分式桥壳

（2）整体式桥壳　整体式桥壳的特点是整个桥壳是一根空心梁，桥壳和主减速器壳为两体。它具有强度和刚度较大，主减速器拆装、调整方便等优点。

按制造工艺的不同，整体式桥壳可分为铸造式（图 2-61a）、钢板冲压焊接式（图 2-61b）和扩张成形式三种。铸造式桥壳的强度和刚度较大，但质量大，加工面多，制造工艺复杂，主要用于中、重型货车上。钢板冲压焊接式和扩张成形式桥壳质量小，材料利用率高，制造成本低，适于大量生产，广泛应用于乘用车和中、小型货车及部分重型

货车上。

（3）**组合式桥壳**　组合式桥壳将主减速器壳与部分桥壳铸为一体，而后用无缝钢管分别压入壳体两端，两者间用塞焊或销钉固定，其结构如图 2-62 所示。它的优点是从动齿轮轴承的支承刚度较高，主减速器的装配、调整比可分式桥壳方便，然而要求有较高的加工精度，常用于乘用车、轻型货车上。

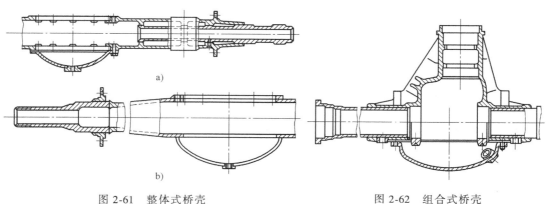

图 2-61　整体式桥壳
a）铸造式　b）钢板冲压焊接式

图 2-62　组合式桥壳

3. 驱动桥壳的强度计算

对于具有全浮式半轴的驱动桥，强度计算的载荷工况与半轴强度计算的三种载荷工况相同。图 1-47 所示为驱动桥壳受力图，桥壳的危险截面通常在钢板弹簧座内侧附近，此外，桥壳端部的轮毂轴承座根部也应列为危险截面并进行强度验算。

（1）**牵引力或制动力最大时**　此时桥壳钢板弹簧座处为危险截面，其弯曲应力 σ 和扭转切应力 τ 分别为

$$\begin{cases} \sigma = \dfrac{M_v}{W_v} + \dfrac{M_h}{W_h} \\ \\ \tau = \dfrac{T_T}{W_T} \end{cases} \tag{2-104}$$

式中　　　　M_v——地面对车轮的垂直反力在危险截面引起的垂直平面内的弯矩，$M_v = m_2' G_2 b/2$，b 为轮胎中心平面到钢板弹簧座间的横向距离（图 1-47）；

M_h——一侧车轮上的牵引力 F_{x2} 或制动力 F_{B2} 在水平面内引起的弯矩；

T_T——牵引或制动时，上述危险截面所受转矩，$T_T = F_{x2} r_r$ 或 $T_T = F_{B2} r_r$；

W_v、W_h、W_T——危险截面处的垂直平面和水平面弯曲的抗弯截面系数及抗扭截面系数。

（2）**侧向力最大时**　此时桥壳内、外钢板弹簧座处为危险截面，其弯曲应力 σ_L、σ_R 分别为

$$\begin{cases} \sigma_L = \dfrac{F_{z2L}(b + \varphi_L r_r)}{W_v} \\ \\ \sigma_R = \dfrac{F_{z2R}(b - \varphi_L r_r)}{W_v} \end{cases} \tag{2-105}$$

（3）**当汽车通过不平路面时** 动载系数为 k_d，危险截面的弯曲应力 σ 为

$$\sigma = \frac{k_d G_2 b}{2 W_v} \qquad (2\text{-}106)$$

桥壳的许用弯曲应力为 300~500MPa，许用扭转切应力为 150~400MPa。可锻铸铁桥壳取较小值，钢板冲压焊接桥壳取较大值。

2.6 汽车传动系统现代设计方法

随着社会的不断发展，现代汽车设计方法的发展也日新月异。归纳起来，可将现代汽车设计方法大致分成有限元设计方法、可靠性设计方法、优化设计方法和计算机辅助设计方法等类别。

有限元设计方法大量应用于汽车零部件的设计计算中，以解决复杂形状零部件的整体变形和应力分布的分析计算问题，使得一些薄弱环节在图样设计阶段就可以被发现并进行适当的修改。目前在汽车设计中，有限元设计方法普遍应用于车架和车身的强度计算、车架和车身的振动特性分析以及车身的结构动态特性对车内噪声的影响分析等。

可靠性设计方法随着汽车结构和使用条件日趋复杂化，在汽车设计中得以应用并推广。与传统的安全系数设计方法相比，建立在大量统计数据基础上的可靠性设计方法有较大的不同。它以概率论和数理统计为理论依据，利用应力-强度模型对汽车零部件的寿命进行较精确的计算，从而在设计阶段就有可能合理地解决汽车零部件的强度与轻量化之间的矛盾。

优化设计方法是在数学规划法的基础上，随着计算机技术的发展而发展起来的，它适用于影响因素众多、计算技术复杂的多种设计方案的选择。优化设计方法提供了一种选优的最佳路径，在路径中针对具体问题的计算方法可以是多种多样的。因而，有限元设计方法、可靠性设计方法以及传统的设计方法都可以与优化设计方法很好地结合而发挥更大的作用。

计算机辅助设计（CAD）方法充分发挥了人和计算机系统的优势，是一种人机结合解决技术问题的现代方法。应用 CAD 技术，可以将各种现代的设计计算技术、计算机制图技术、人工智能技术、技术经济分析技术等有机地结合起来，极大地激发设计人员的创造力，缩短产品的设计周期，提高产品的设计质量。

2.6.1 优化设计在膜片弹簧离合器设计中的应用

下面以膜片弹簧离合器基本参数的优化设计为例，说明优化设计在汽车传动系统设计中的应用。

对膜片弹簧离合器的基本结构参数进行优化，其目的主要是在保证离合器性能的条件下，使其结构尺寸最小。在膜片弹簧离合器的优化设计过程中，可以先进行这一步骤，对基本参数进行优化之后，得出一组理想的参数，将其作为膜片弹簧优化设计的基础。

1. 设计变量

后备系数 β 取决于离合器工作压力 F 和离合器的主要尺寸参数 D 和 d。而单位压力 p_0

也取决于 F、D 及 d。因此离合器基本参数的优化设计变量选为

$$\boldsymbol{x} = (x_1, x_2, x_3)^{\mathrm{T}} = (F, D, d)^{\mathrm{T}} \tag{2-107}$$

2. 目标函数

离合器基本参数优化设计追求的目标是：在保证离合器性能要求的条件下，使其结构尺寸尽可能小，也就是达到质量最小的目的，即目标函数为

$$f(\boldsymbol{x}) = \min\left[\pi(D^2 - d^2)/4\right] \tag{2-108}$$

3. 约束条件

1）摩擦片外径 D 的选取应使最大圆周速度 v_D 为 $65 \sim 70\mathrm{m/s}$ 及以下，即

$$v_D = \frac{\pi}{60} n_{\mathrm{emax}} D \times 10^{-3} \leqslant 65 \sim 70\mathrm{m/s} \tag{2-109}$$

2）摩擦片的内外径比 c 应在 $0.53 \sim 0.70$ 的范围内，即 $0.53 \leqslant c \leqslant 0.70$。

3）不同车型的后备系数 β 值应在一定范围内，最大范围为 $1.2 \sim 4.0$，即 $1.2 \leqslant \beta \leqslant 4.0$，以保证离合器可靠传递发动机的转矩，并防止传动系统过载。

4）为了保证扭转减振器的安装，摩擦片内径 d 必须大于减振器弹簧位置直径 $2R_0$ 约 $50\mathrm{mm}$，即

$$d > 2R_0 + 50 \tag{2-110}$$

5）为反映离合器传递转矩并保护过载的能力，单位摩擦面积传递的转矩应小于其许用值，即

$$T_{c0} = \frac{4T_c}{\pi Z(D^2 - d^2)} \leqslant [T_{c0}] \tag{2-111}$$

式中　T_{c0}——单位摩擦面积传递的转矩（$\mathrm{N \cdot m/mm^2}$）；

$[T_{c0}]$——单位摩擦面积传递转矩的许用值，可按表 2-12 给出的数据选取。

表 2-12　单位摩擦面积传递转矩的许用值　　（单位：$\mathrm{N \cdot m/mm^2}$）

离合器规格	$\leqslant 210$	$>210 \sim 250$	$>250 \sim 325$	>325
$[T_{c0}]/\times 10^{-2}$	0.28	0.30	0.35	0.40

6）为降低离合器滑磨时的热负荷，防止摩擦片损伤，单位面积压力 p_0 对于不同车型，根据所用摩擦材料在一定范围内选取，取值范围为 $0.10\mathrm{MPa} \leqslant p_0 \leqslant 1.50\mathrm{MPa}$。

7）为了减小汽车起步过程中离合器的滑磨，防止摩擦片表面温度过高而发生烧伤，离合器每一次接合的单位摩擦面积滑磨功应小于其许用值，即

$$\omega = \frac{4W}{\pi Z(D^2 - d^2)} \leqslant [\omega] \tag{2-112}$$

式中　ω——单位摩擦面积滑磨功（$\mathrm{J/mm^2}$）；

$[\omega]$——单位摩擦面积滑磨功的许用值（$\mathrm{J/mm^2}$），乘用车取 $[\omega] = 0.40\mathrm{J/mm^2}$，轻型商用车取 $[\omega] = 0.33\mathrm{J/mm^2}$，重型商用车取 $[\omega] = 0.25\mathrm{J/mm^2}$；

W——汽车起步时离合器接合一次所产生的总滑磨功（J），计算式为

$$W = \frac{\pi^2 n_e^2}{1800}\left(\frac{m_a r_r^2}{i_0^2 i_g^2}\right) \tag{2-113}$$

式中　m_a——汽车总质量（kg）；

$\quad\quad r_r$——轮胎滚动半径（m）；

$\quad\quad i_g$——起步时所用变速器档位的传动比；

$\quad\quad i_0$——主减速器的传动比；

$\quad\quad n_e$——发动机转速（r/min），计算时乘用车取 2000r/min，商用车取 1500r/min。

4. 数学模型的求解

利用此模型对某汽车膜片弹簧离合器进行优化设计，调用 Matlab 优化工具箱中 Fmincon 函数求解运算。优化前后的结构尺寸见表 2-13。

表 2-13　某膜片弹簧离合器基本参数优化计算结果

	工作压力 F/N	摩擦片外径 D/mm	摩擦片内径 d/mm
优化前	4017	280	160
优化后	5637.6	212.9	149

从表 2-13 中的数据可以看出，经过优化以后的摩擦片外径 D 和摩擦片内径 d 都明显减小，离合器的整体结构尺寸可以减小；离合器的工作压力大大增加，这说明优化后离合器的结构尺寸减小了，同时离合器的性能却提高了，材料得到了充分利用。

【拓展阅读 2-17】　膜片弹簧的优化设计

2.6.2　变速器齿轮的参数化设计

下面以变速器中常用的渐开线斜齿轮为例，基于渐开线齿轮的生成原理，介绍利用 CATIA 进行齿轮三维参数化实体建模的方法。

1. 首先用 formula 输入齿轮各参数的关系

齿轮三维建模用到的参数和公式见表 2-14。

表 2-14　齿轮基本参数和公式

序号	参数	类型或单位	公式	描述
1	α	角度（deg）	标准值:20deg	压力角（10deg ≤ α ≤ 20deg）
2	m	长度（mm）	—	模数
3	z	整数	—	齿数（5 ≤ z ≤ 200）
4	p	长度（mm）	$m*\pi$	齿距
5	h_a	长度（mm）	m	齿顶高 = 齿顶到分度圆的高度
6	h_f	长度（mm）	if $m>1.25, h_f=1.25m$; else $h_f=1.4m$	齿根高 = 齿根到分度圆的深度
7	r_p	长度（mm）	$m*z/2$	分度圆半径
8	r_a	长度（mm）	r_p+h_a	齿顶圆半径
9	r_f	长度（mm）	r_p-h_f	齿根圆半径
10	r_b	长度（mm）	$r_p\cos(\alpha)$	基圆半径
11	rr	长度（mm）	$0.38m$	齿根圆角半径
12	t	实数	$0 \le t \le 1$	渐开线变量
13	x_d	长度（mm）	$x_d=(\cos(\pi t)+\pi t\sin(\pi t))r_b$	基于变量 t 的渐开线 X 坐标

（续）

序号	参数	类型或单位	公式	描述
14	y_d	长度（mm）	$y_d = (\sin(\pi t) - \pi t \cos(\pi t)) r_b$	基于变量 t 的渐开线 Y 坐标
15	β	角度（deg）	—	斜齿轮的分度圆螺旋角
16	L	长度（mm）	—	齿厚

在 part design 模块中选择 formula（f(x) 图样）按钮，弹出 formula：parameters 对话框，将表 2-14 中齿轮的主要参数及相关函数关系输入，如图 2-63 所示。

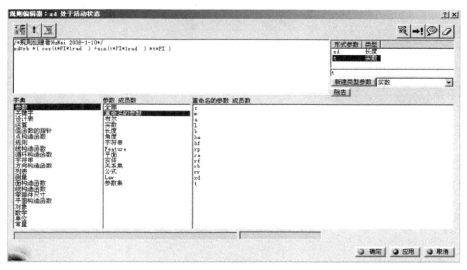

图 2-63　齿轮参数及公式

2. 制作单个齿的几何轮廓

进入 generative shape design 模块，用前面定义的参数绘制出齿顶圆、分度圆、基圆、齿根圆；利用前面建立的关于 t 的参数方程，创建渐开线上的若干个点，如图 2-64 所示。

绘制齿廓曲线，如图 2-65 所示。

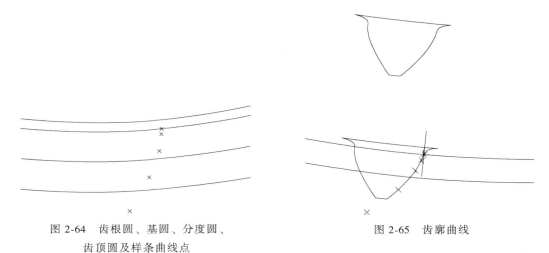

图 2-64　齿根圆、基圆、分度圆、　　　　　　图 2-65　齿廓曲线
　　　　齿顶圆及样条曲线点

3. 创建齿轮实体

创建螺旋线，将齿廓沿螺旋线拉伸，得到单个轮齿实体，如图 2-66 所示。

将该齿沿着圆周方向阵列，便可得到整个齿轮实体，如图 2-67 所示。

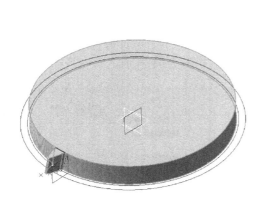

图 2-66　单个轮齿

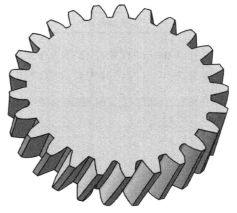

图 2-67　齿轮实体

利用上面得到的齿轮模型，只需要输入齿轮的设计参数（如齿数 z、模数 m、压力角 α、螺旋角 β 等）就可以快速地生成齿轮实体，实现渐开线齿轮的三维参数化设计。

【拓展阅读 2-18】　驱动桥壳的有限元分析

2.6.3　半轴的可靠性设计

在汽车设计中，可靠性是重要的技术指标之一。对于产品设计，须考虑各参量的统计分散性，进行随机不确定分析，真实正确地反映产品的强度与受载等情况。

1. 可靠度计算

对于全浮式半轴来说，所受的扭转切应力 τ 为

$$\tau = \frac{16T}{\pi d^3} \tag{2-114}$$

式中　T——半轴所传递的转矩；

　　　d——半轴的直径。

根据二阶矩技术，以应力极限状态表示的状态方程为

$$g(X) = r - \frac{16T}{\pi d^3} \tag{2-115}$$

式中　r——半轴材料的扭转强度；

　　　X——基本随机变量矢量，$X = [r, T, d]^T$。

设基本随机变量 X 的均值 $E(X) = [\mu_r, \mu_T, \mu_d]^T$，方差 $D(X) = [\sigma_r^2, 0, 0, 0, \sigma_T^2, 0, 0, 0, \sigma_d^2]^T$，且认为这些随机变量是服从正态分布的相互独立的随机变量。$g(X)$ 是反映半轴状态和性能的状态函数，可表示半轴的两种状态，即

$$\begin{cases} g(X) \leq 0 & \text{失败状态} \\ g(X) > 0 & \text{安全状态} \end{cases}$$

将 $g(X)$ 在均值 $E(X) = \overline{X}$ 处展开为二阶泰勒级数，可得到 $g(X)$ 的二阶近似均值 μ_g 和一阶近似方差 σ_g^2，即

$$\begin{cases} \mu_g = E[g(X)] = g(\overline{X}) + \dfrac{1}{2} \dfrac{\partial^2 g(\overline{X})}{\partial X^{T^2}} D(X) \\ \sigma_g^2 = D[g(X)] = \dfrac{\partial g(\overline{X})}{\partial X^T} D(X) \end{cases} \tag{2-116}$$

不论 $g(X)$ 服从何种分布，可靠性指标定义为

$$\beta = \frac{\mu_g}{\sigma_g} \tag{2-117}$$

可靠度的一阶估计量为

$$R = \varphi(\beta) \tag{2-118}$$

式中 $\varphi(\beta)$——标准正态分布函数。

2. 可靠性设计

给定半轴的可靠度 R，可查得可靠性指标 β，由式（2-116）推导整理得

$$(\mu_r^2 - \beta^2 \sigma_r^2)\mu_d^6 - 2\mu_r A \mu_d^3 + A^2 - \beta^2 B = 0 \tag{2-119}$$

式中 $A = \dfrac{16\sigma_T}{\pi} + \dfrac{96\mu_T}{\pi} \times (0.005)^2$；

$$B = \frac{256\sigma_T^2}{\pi^2} + \frac{2304\mu_T^2}{\pi^2} \times (0.005)^2。$$

根据加工误差和 3σ 法则，取半轴直径标准差 σ_d 为 0.005 倍的半轴直径均值 μ_d，求解式（2-119）即可求得半径最小直径的均值 μ_d 和标准差 σ_d。

思 考 题

2-1 设计离合器及其操纵机构时，应满足哪些基本要求？

2-2 离合器有哪些结构形式？各有哪些优点和缺点？

2-3 什么是离合器的后备系数？选择离合器的后备系数时应考虑哪些方面的问题？

2-4 膜片弹簧离合器有什么特点？影响膜片弹簧弹性特性的主要因素是什么？工作点的最佳位置应如何确定？

2-5 某中型货车采用周布弹簧双片离合器传递转矩，现将离合器改为膜片干式离合器，并保持传递转矩的能力基本不变，试问可供采用的措施有哪些？如果要采取这些措施会带来哪些缺点和困难？

2-6 为什么中间轴式变速器中间轴上齿轮的螺旋旋向一律要求取为右旋，而第一轴、第二轴上的斜齿轮的螺旋旋向为左旋？

2-7 为什么变速器的中心距 A 对齿轮的接触强度有影响？说明是如何影响的。

2-8 在档数相同的情况下，各种中间轴式变速器的主要差别表现在哪些方面？

2-9 惯性式同步器按结构分为几类？结构上的共同特点表现在何处？

2-10 变速器主要性能参数的选择依据是什么？

2-11 什么是螺旋角？各轴齿轮的螺旋角方向如何确定？

2-12 什么是传动轴临界转速？提高传动轴临界转速的方法有哪些？

2-13 分析双万向节传动的附加弯矩及传动轴的弯曲变形。

2-14 双十字轴万向节等速传动的条件是什么？

2-15 等速万向节最常见的结构形式有哪些？简要说明各自的特点。

2-16 传动轴总成的不平衡有哪些影响因素？如何降低传动轴总成的不平衡度？

2-17 设计驱动桥时，驱动桥应满足哪些要求？

2-18 驱动桥主减速器有几种形式？简述各种结构形式的主要特点及其应用。

2-19 把发动机前置、纵置，采用中间轴式变速器、后桥驱动，后桥为单级螺旋锥齿轮的客车改装为发动机后置在后桥之后的客车，传动系统必须做出哪些改动才能适应动力学要求？画出传动方案简图。

2-20 减速器中，主、从动锥齿轮的齿数应当如何选择才能保证具有合理的传动特性并满足结构布置上的要求？

2-21 计算汽车主减速器锥齿轮强度时，首先要确定计算载荷，共有几种确定方法？其内容是什么？解释如何应用。

2-22 什么是差速器锁紧系数？

2-23 发动机前置前轮驱动的汽车，当发动机横置和纵置时主减速器有何不同？

2-24 对驱动桥壳进行强度计算时，画出其受力状况图并指出危险截面的位置。验算工况有几种？各工况下强度验算的特点是什么？

2-25 汽车现代设计方法有哪些？

2-26 简述各种现代设计方法在汽车传动系统设计中的应用。

第3章　汽车行驶系统设计

3.1　概述

汽车行驶系统的作用是接受由发动机经传动系统传来的转矩，并通过驱动轮与路面间的附着作用，产生路面对驱动轮的驱动力，以保证汽车正常行驶；传递并承受路面作用于车轮上的各向反力及其所形成的力矩；应尽可能缓和不平路面对车身造成的冲击，并衰减其振动，以保证汽车的行驶平顺性；与汽车转向系统协调配合工作，实现汽车行驶方向的正确控制，以保证汽车的操纵稳定性。

轮式汽车行驶系统一般由车架、悬架、车桥和车轮及轮胎等组成。

3.2　悬架设计

3.2.1　悬架的结构形式与分析

1. 悬架的设计要求

悬架是车架与车桥之间连接、传力装置的总称，它把车架（或车身）与车轴（或车轮）弹性地连接起来。其主要任务是传递作用在车轮和车架（或车身）之间的一切力和力矩，并且缓和路面传给车架（或车身）的冲击载荷，衰减由此引起的承载系统的振动，保证汽车的行驶平顺性；保证车轮在路面不平和载荷变化时有理想的运动特性，保证汽车的操纵稳定性，使汽车获得高速行驶能力。

典型的车辆悬架由弹性元件、导向装置、减振器、缓冲块和横向稳定器等组成，如图 3-1 所示。

导向装置由导向杆系组成，用来决定车轮相对于车架（或车身）的运动特性，并传递除弹性元件传递的垂直力以外的各种力和力矩。当用纵置钢板弹簧作为弹性元件时，它兼起导向装置的作用。缓冲块用来减轻车轴对车架（或车身）的直接冲撞，防止弹性元

件产生过大的变形。装有横向稳定器的汽车，能减小转弯行驶时车身的侧倾角和横向角振动。

悬架的设计要求如下：

1）保证汽车有良好的行驶平顺性。为了满足汽车具有良好的行驶平顺性，要求由簧上质量与弹性元件组成的振动系统的固有频率应在合适的频段，并尽可能低。汽车平顺性的设计要求应满足国家标准GB/T 4970—2009《汽车平顺性试验方法》和国际标准 ISO 2631 规定的人体承受振动的界限值。

2）具有合适的衰减振动能力。悬架的设计应与悬架的弹性特性很

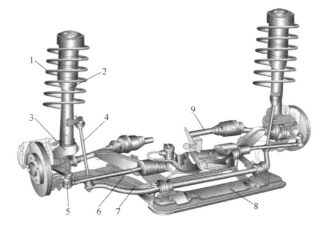

图 3-1　车辆悬架的基本结构

1—螺旋弹簧　2—筒式减振器　3—转向节　4—连接杆　5—球头销
6—下摆臂　7—横向稳定杆　8—前托架　9—半轴

好地匹配，保证车身和车轮在共振区的振幅小，振动衰减快，使汽车具有良好的乘坐舒适性。利用减振器的阻尼作用，使汽车振动的振幅连续减小，直至振动停止。

3）保证汽车具有良好的操纵稳定性。导向机构在车轮跳动时，应不使主销定位参数变化过大，车轮运动与导向机构运动应协调，不出现摆振现象。转向时整车应有一些不足转向特性。

4）汽车制动或加速时要保证车身稳定，减小车身纵倾；转弯时车身的侧倾角要合适。

5）有良好的隔声能力。独立悬架导向杆系的铰接处多采用橡胶衬套，能隔绝车轮所受来自路面的冲击并减弱噪声向车身的传递。

6）结构紧凑、占用空间要小。

7）可靠地传递车身与车轮之间的各种力和力矩，在满足零部件质量要小的条件下，还要保证有足够的强度和寿命。

2. 悬架结构形式的分析

根据汽车导向机构的不同，悬架可分为非独立悬架和独立悬架，如图 3-2 所示。根据阻尼和刚度是否随着行驶条件的变化而变化，悬架系统又可分为被动悬架、半主动悬架和主动悬架，而半主动悬架还可分为有级式和无级式两类。随着对汽车舒适性要求的提高，半主动悬架和主动悬架近几十年得到快速发展。

非独立悬架的结构特点是左、右车轮用一根整体轴连接，再经过悬架与车架（或车身）连接。其特点是：当一侧车轮受冲击力时会直接影响另一侧车轮，当车轮上下跳动时，定位参数变

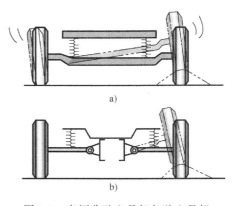

图 3-2　车辆非独立悬架与独立悬架

a）非独立悬架　b）独立悬架

化小。若采用钢板弹簧作为弹性
元件，可兼起导向作用，使结构
大为简化，降低成本。以纵置钢
板弹簧为弹性元件兼起导向装置
作用的非独立悬架如图3-3所示，
其主要优点是结构简单，制造容
易，维修方便，工作可靠。但有
以下缺点：由于整车布置上的限
制，钢板弹簧不可能有足够的长

图3-3　纵置钢板弹簧式非独立悬架

度（特别是前悬架），使其刚度较大，因而汽车平顺性较差；簧下质量大；在不平路面上行
驶时，左、右车轮相互影响，并使车轴（桥）和车身倾斜；当汽车直线行驶在凹凸不平的
路段上时，由于左右两侧车轮反向跳动或只有一侧车轮跳动，会产生不利的轴转向特性；汽
车转弯行驶时，离心力也会产生不利的轴转向特性；车轴（桥）上方要求有与弹簧行程相
适应的空间。非独立前悬架主要用作货车、大客车的前、后悬架以及某些乘用车的后悬架。

　　独立悬架的结构特点是左、右车轮通过各自的悬架与车架（或车身）连接。独立悬
架的优点是：簧下质量小；悬架占用的空间小；由于弹性元件只承受垂直力，可以用刚度
小的弹簧，使车身振动频率降低，改善汽车的行驶平顺性；由于有可能降低发动机的高
度，使整车的质心高度下降，又可改善汽车的行驶稳定性；左、右车轮各自独立运动互不
影响，可减小车身的倾斜和振动，同时在起伏的路面上能获得良好的地面附着能力。独立
悬架与非独立悬架相比，也存在以下不足：独立悬架的结构复杂，制造成本高；汽车保
养、修理困难；汽车行驶时前轮定位和轮距常发生变化，因此有时轮胎磨损较大。这种悬
架主要用于乘用车和部分轻型货车、客车及越野车上。

　　独立悬架又分为横臂式悬架、麦弗逊式悬架、纵臂式悬架、多连杆式悬架及拖拽臂式
悬架等。

 【拓展阅读3-1】　各类独立悬架的介绍

3. 悬架结构的评价指标

　　对于不同结构形式的独立悬架，不但结构特点不同，而且许多基本特性也有较大的区
别。评价时常从以下方面进行：

　　（1）**侧倾中心高度**　汽车在侧向力的作用下，车身在通过左、右车轮中心的横向垂
直平面内发生侧倾时，相对于地面的瞬时转动中心称为侧倾中心。侧倾中心到地面的距离
称为侧倾中心高度。侧倾中心位置高，它到车身质心的距离短，可使侧倾力臂及侧倾力矩
小些，车身的侧倾角也会减小。但侧倾中心过高，会使车身在倾斜时轮距变化大，加速轮
胎的磨损。

　　（2）**车轮定位参数的变化**　车轮相对车身上、下跳动时，主销内倾角、主销后倾角、
车轮外倾角及车轮前束等定位参数会发生变化。若主销后倾角变化大，容易使转向轮产生
摆振；若车轮外倾角变化大，会影响汽车直线行驶稳定性，同时也会影响轮距的变化和轮
胎的磨损速度。

（3）**悬架侧倾角刚度**　当汽车做稳态圆周行驶时，在侧向力的作用下，车厢绕侧倾轴线转动，将此转动角度称为车厢侧倾角。车厢侧倾角与侧倾力矩和悬架总的侧倾角刚度大小有关，并影响汽车的操纵稳定性和平顺性。

（4）**横向刚度**　悬架的横向刚度影响操纵稳定性，若用于转向轴上的悬架的横向刚度小，则容易使转向轮发生摆振现象。

（5）**占用空间**　不同形式的悬架占用空间的大小不同，占用横向尺寸大的悬架影响发动机的布置并使从车上拆装发动机变得困难；占用高度空间小的悬架，则允许行李舱宽敞，而且底部平整，布置油箱容易。因此，悬架占用空间的大小也用来作为评价指标之一。

4．整车悬架方案的选择

目前汽车前、后悬架采用的方案有：前轮和后轮均采用非独立悬架；前轮采用独立悬架，后轮采用非独立悬架；前轮与后轮均采用独立悬架等。

前、后悬架均为纵置钢板弹簧非独立悬架的汽车在转向行驶时，内侧悬架处于减载状态而外侧悬架处于加载状态，于是内侧悬架受拉伸，外侧悬架受压缩，结果与悬架固定连接的车轴（桥）的轴线相对汽车纵向中心线偏转一角度。对前轴，这种偏转使汽车的不足转向趋势增加；对后轴，则增加了汽车的过多转向趋势。

另外，前悬架为纵置钢板弹簧非独立悬架时，因前轮容易发生摆振现象，不能保证汽车有良好的操纵稳定性，所以乘用车的前悬架多采用独立悬架。

发动机前置前轮驱动的中高级及其以下级别的乘用车，常采用麦弗逊式前悬架和扭转梁随动臂式后悬架。当乘用车的后悬架为纵置钢板弹簧非独立悬架，而前悬架为双横臂式独立悬架时，能够通过将上横臂支承销轴线在纵向垂直平面内的投影设计成前高后低状的方式，使悬架的纵向运动瞬心位于有利于减小制动前俯角处，使制动时车身纵倾减小，保证车身有良好的稳定性能。

3.2.2　悬架设计方法及主要参数的计算

1．悬架设计的方法和步骤

在悬架系统的设计中，首先应根据车辆的概念来确定与悬架系统有关的各项性能指标（操纵稳定性、乘坐舒适性等），然后选定满足这些性能的悬架系统特性，以及满足其悬架系统特性的方式及配置方案，并从成本及质量方面验证是否可行。然而，由于各种商品的设计、车辆的布置、生产设备投资等制约条件的不同，上述设计程序也会根据实际情况进行调整。另外，悬架系统的各种性能与人的感受有密切关系，虽然对与悬架特性有关的问题已进行了多方面的研究，但目前实现定量化尚有一定的难度。因此，在悬架设计中，如何进行悬架特性设计即如何进行定位控制和缓冲功能的设计是很重要的。表3-1列举了乘用车悬架系统悬架特性值的一般范围。

表3-1　悬架特性值的一般范围

悬架特性项目	特 性 值
前束变化	前轮：(0°～外0.5°)/50mm上跳 后轮：(0°～内0.5°)/50mm上跳
外倾变化	车身：(−2°～+0.5°)/50mm上跳

（续）

悬架特性项目	特 性 值
转向主销倾角	5°～15°
转向主销偏移距	−10～+30mm
车轮中心偏置	30～70mm
主销后倾角	前置前驱车：1°～7° 前置后驱车：3°～10°
后倾拖距	0～40mm
轮距变化	（−5～+5mm）/50mm 上跳（单轮）
侧倾中心高度	0～150mm
侧倾刚度	换算成侧倾率 1.5°～4°
纵向刚度	（2～5mm）/980N 载荷
前后力顺从转向	（外 0.5°～内 0.5°）/轮心 980N 载荷 （外 0.3°～内 0.3°）/接地点 980N 载荷
侧向刚度	（0.3～3mm）/接地点 980N 载荷
侧向力顺从转向	前轮：（0°～外 0.2°）/980N 内向载荷 后轮：（外 0.1°～外 0.2°）/980N 内向载荷
载荷挠度特性	上跳行程：70～120mm 回弹行程：80～130mm 悬架率：换算成弹簧上固有频率后为 1～2Hz
阻尼特性	换算成阻尼比 C/C_e 后为 0.2～0.8

悬架设计时主要应考虑使其满足汽车行驶平顺性和操纵稳定性的要求。汽车悬架设计的一般步骤如下：

1）确定涉及汽车平顺性和操纵稳定性的性能参数，包括偏频（乘坐频率，单位为 Hz），相对阻尼系数，侧倾度 [侧倾角与侧向加速度的比值，单位为 $(°)/g$ 或 $(°)/(m/s^2)$]，转向时内、外侧车轮上的载荷转移，不足转向度（前、后桥侧偏角之差与侧向加速度的比值，单位为 $(°)/g$ 或 $(°)/(m/s^2)$）及抗制动点头率和加速仰头率等。需要从汽车总体设计中得到轴距、轮距、前桥载荷、后桥载荷、簧上质量、簧下质量及质心高度等基础数据。

2）根据上述参数对悬架系统进行设计，确定弹簧刚度、减振器的阻尼系数、侧倾中心高度、车轮定位参数及轮胎侧偏刚度等。

3）计算悬架静挠度，检验偏频是否满足要求。

4）计算悬架的侧倾角刚度、稳态转向的侧倾角和侧倾度以及稳态转向时左、右车轮上的载荷转移。

5）计算要求横向稳定杆提供的侧倾角刚度。

6）计算汽车稳态转向的不足转向度，包括计算侧倾（引起的）外倾系数、侧倾（引起的）转向系数、侧向力和回正力矩（引起的）转向系数、侧向力和回正力矩（引起的）外倾系数以及不足转向度。

7) 对悬架的弹性元件、减振器进行设计和强度、刚度校核。

8) 对悬架的导向机构进行受力分析，对其零件进行强度、刚度校核。

9) 对横向稳定杆进行设计和强度、刚度校核。

10) 制造样机，并对其进行试验。根据试验结果，对悬架设计参数进行最后的调整。

2. 悬架主要参数的计算

（1）悬架静挠度 f_c 悬架静挠度 f_c 是指汽车满载静止时悬架上的载荷 F_w 与此时悬架刚度 c 之比，即 $f_c = F_w/c$。

汽车前、后悬架与其簧上质量组成的振动系统的固有频率是影响汽车行驶平顺性的主要参数之一。因现代汽车的质量分配系数 ε 近似等于 1，所以汽车前、后轴上方车身两点的振动不存在联系。因此，汽车前、后部分车身的固有频率 n_1 和 n_2（也称为偏频）可表示为

$$\begin{cases} n_1 = \dfrac{\sqrt{c_1/m_1}}{2\pi} \\[3mm] n_2 = \dfrac{\sqrt{c_2/m_2}}{2\pi} \end{cases} \tag{3-1}$$

式中　c_1、c_2——前、后悬架的刚度（N/cm）；

m_1、m_2——前、后悬架的簧上质量（kg）。

当采用弹性特性为线性变化的悬架时，前、后悬架的静挠度可表示为

$$\begin{cases} f_{c1} = \dfrac{m_1 g}{c_1} \\[3mm] f_{c2} = \dfrac{m_2 g}{c_2} \end{cases} \tag{3-2}$$

式中　g——重力加速度。

将 f_{c1}、f_{c2} 代入式（3-1）得

$$\begin{cases} n_1 = \dfrac{5}{\sqrt{f_{c1}}} \\[3mm] n_2 = \dfrac{5}{\sqrt{f_{c2}}} \end{cases} \tag{3-3}$$

由式（3-3）可知，悬架的静挠度 f_c 直接影响车身振动的偏频 n。因此，欲保证汽车有良好的行驶平顺性，必须正确选取悬架的静挠度。

在选取前、后悬架的静挠度值 f_{c1} 和 f_{c2} 时，应当使之接近，并希望后悬架的静挠度 f_{c2} 比前悬架的静挠度 f_{c1} 小些，这有利于防止车身产生较大的纵向角振动。理论分析证明，若汽车以较高车速驶过单个路障，$n_1/n_2 < 1$ 时的车身纵向角振动要比 $n_1/n_2 > 1$ 时的小，故推荐取 $f_{c2} = (0.8 \sim 0.9)f_{c1}$。考虑到货车前、后轴荷的差别和驾驶人的乘坐舒适性，取前悬架的静挠度值大于后悬架的静挠度值，推荐 $f_{c2} = (0.6 \sim 0.8)f_{c1}$。为了改善微型乘用车后排乘客的乘坐舒适性，有时取后悬架的偏频低于前悬架的偏频。

用途不同的汽车，对平顺性的要求不一样。以运送人为主的乘用车对平顺性的要求最

高，大客车次之，货车最差。对普通级以下乘用车满载的情况，前悬架偏频要求在 1.00～1.45Hz 之间，后悬架则要求在 1.17～1.58Hz 之间。原则上乘用车的级别越高，悬架的偏频越小。对高级乘用车满载的情况，前悬架偏频要求在 0.80～1.15Hz 之间，后悬架则要求在 0.98～1.30Hz 之间。货车满载时，前悬架偏频要求在 1.50～2.10Hz 之间，而后悬架则要求在 1.70～2.17Hz 之间。选定偏频以后，利用式（3-3）即可计算出悬架的静挠度。

（2）悬架动挠度 f_d 悬架动挠度 f_d 是指从满载静平衡位置开始将悬架压缩到结构允许的最大变形（通常指缓冲块压缩到其自由高度的 1/2 或 2/3）时，车轮中心相对车架（或车身）的垂直位移。要求悬架应有足够大的动挠度，以防止在坏路面上行驶时经常碰撞缓冲块。对乘用车，f_d 取 7～9cm；对大客车，f_d 取 5～8cm；对货车，f_d 取 6～9cm。

（3）悬架弹性特性 悬架受到的垂直外力 F 与由此所引起的车轮中心相对于车身位移 f（即悬架的变形）的关系曲线称为悬架的弹性特性。其切线的斜率是悬架的刚度。

悬架的弹性特性有线性弹性特性和非线性弹性特性两种。当悬架变形 f 与所受垂直外力 F 之间呈固定比例变化时，弹性特性为一直线，称为线性弹性特性，此时悬架刚度为常数。当悬架变形 f 与所受垂直外力之间不呈固定比例变化时，悬架刚度是变化的。不同类型悬架的弹性特性如图 3-4 所示。

悬架的动容量是指悬架从静载荷的位置起，变形到结构允许的最大变形为止所消耗的功。悬架的动容量越大，缓冲块击穿的可能性越小。

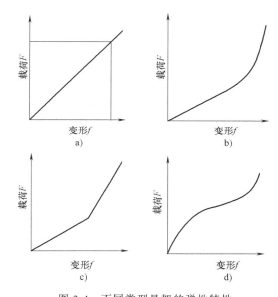

图 3-4 不同类型悬架的弹性特性
a）钢板弹簧 b）螺旋弹簧 c）扭杆弹簧 d）空气弹簧

空载与满载时簧上质量变化大的货车和客车，为了减小振动频率和车身高度的变化，应当选用刚度可变的非线性悬架。乘用车簧上质量在使用中虽然变化不大，但为了减小车轴对车架的撞击，减小转弯行驶时的侧倾与制动时的前俯角和加速时的后仰角，也应当采用刚度可变的非线性悬架。

钢板弹簧非独立悬架的弹性特性可视为线性的，而带有副簧的钢板弹簧、空气弹簧、油气弹簧等，均为刚度可变的非线性弹性特性悬架。

（4）后悬架主、副簧刚度的分配 货车后悬架多采用有主、副簧结构的钢板弹簧。其悬架弹性特性如图 3-5 所示。如何确定副簧开始参加工作的载荷 F_k 和主、副簧之间的刚度分配，受悬架的弹性特性和主、副簧上载荷分配的影响。原则上要求车身从空载到满载时振动频率的变化要小，以保证汽车有良好的平顺性，还要求副簧参加工作前、后悬架振动频率的变化不大。这两项要求不能同时满足。具体确定方法有两种：第一种方法是使副簧开始起作用时的悬架挠度 f_a 等于汽车空载时悬架的挠度 f_0，而使副簧开始起作用前

一瞬间的挠度 f_k 等于满载时悬架的挠度 f_c。于是，可求得 $F_k = \sqrt{F_0 F_w}$，其中，F_0 和 F_w 分别为空载与满载时的悬架载荷。令 $\lambda = F_0 / F_w$，则副簧、主簧的刚度之比为

$$c_a / c_m = \sqrt{\lambda} - 1 \qquad (3\text{-}4)$$

式中　c_a——副簧刚度；

　　　c_m——主簧刚度。

用此方法确定的主、副簧刚度的比值，能保证在空、满载使用范围内悬架的振动频率变化不大，但副簧接触托架前、后的振动频率变化比较大。

第二种方法是使副簧开始起作用时的载荷等于空载与满载时悬架载荷的平均值，即 $F_k = 0.5(F_0 + F_w)$，并使 F_0 和 F_w 间平均载荷对应的频率与 F_k 和 F_w 间平均载荷对应的频率相等，此时副簧与主簧的刚度之比为

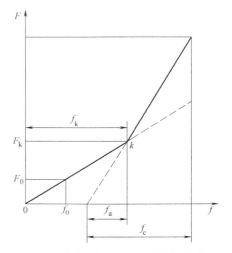

图 3-5　货车采用有主、副簧结构的
钢板弹簧的弹性特性

$$c_a / c_m = (2\lambda - 2) / (\lambda + 3) \qquad (3\text{-}5)$$

用此法确定的主、副簧刚度的比值，能保证副簧起作用前、后悬架的振动频率变化不大。对于经常处于半载运输状态的车辆，采用此法较为合适。

（5）悬架侧倾角刚度及其在前、后轴的分配　悬架侧倾角刚度是指簧上质量产生单位侧倾角时悬架给车身的弹性恢复力矩。它对簧上质量的侧倾角有影响，侧倾角过大或过小都不好。乘坐侧倾角刚度过小而侧倾角过大的汽车，乘员的舒适感和安全感较差。侧倾角刚度过大而侧倾角过小的汽车又不易察觉侧翻的发生，同时使轮胎侧偏角增大，如果发生在后轮则可能会使汽车增加过多转向。

一般来说，在独立悬架系统中，设换算到车轮上的弹簧刚度为 k_1，稳定杆的刚度为 k_2，轮距为 b，悬架的侧倾角刚度为 m，侧倾力矩为 M，侧倾角为 θ，则有

$$m = \frac{M}{\theta} = \frac{1}{2}(k_1 + k_2) b^2 \qquad (3\text{-}6)$$

采用非独立悬架时，弹簧间距 b_s 会对侧倾刚度产生影响，此时悬架侧倾角刚度为

$$m = \frac{1}{2}(k_1 b_s^2 + k_2 b^2) \qquad (3\text{-}7)$$

整车的侧倾角刚度是前悬架和后悬架侧倾角刚度的和。

要求在侧向惯性力等于 0.4 倍车重时，乘用车车身的侧倾角在 2.5°～4°之间，货车车身的侧倾角不超过 6°。

此外，还要求汽车转弯行驶时，在 $0.4g$ 的侧向加速度作用下，前、后轮侧偏角之差 $(\delta_1 \sim \delta_2)$ 应当在 1°～3°之间。而前、后悬架侧倾角刚度的分配会影响前、后轮侧偏角的大小，从而影响转向特性，因此设计时还应考虑悬架侧倾角刚度在前、后轴上的分配。为满足汽车稍有不足转向特性的要求，应使汽车前轴的轮胎侧偏角略大于后轴的轮胎侧偏

角。为此，应该使前悬架的侧倾角刚度略大于后悬架的侧倾角刚度。对乘用车，前、后悬架侧倾角刚度之比一般为1.4~2.6。

3.2.3　弹性元件的设计

1. 悬架中的弹性元件

悬架中的弹性元件主要用来传递垂直力，缓和由路面不平引起的冲击和振动。弹性元件有多种，如钢板弹簧、螺旋弹簧、扭杆弹簧、空气弹簧和油气弹簧等。

（1）钢板弹簧　在悬架中，钢板弹簧往往兼起导向机构的作用，这可以使其结构简化，并且方便维修保养，降低制造成本。因此，钢板弹簧目前仍得到广泛应用，特别是在商用车（货车）中。

常规的钢板弹簧采用多片结构，其质量较大，各片之间的摩擦会影响其性能，而且这些摩擦难以估计和控制。为了克服这些缺点，已经发展出了少片钢板弹簧，其通常由1~3片组成，各片采用变厚断面，如图3-6所示。少片钢板弹簧利用变厚断面来保持等强度，可以节省材料、减小质量，同时减小了片间的摩擦，有利于改善行驶平顺性。但是，其制造工艺比较复杂，成本较高。目前，这种变厚度少片钢板弹簧主要应用在轻型汽车上。

图3-6　钢板弹簧

（2）螺旋弹簧　螺旋弹簧在乘用车等轻型汽车的悬架中得到了广泛应用。螺旋弹簧占用的空间比较小，便于布置。在悬架中，螺旋弹簧仅承受沿其轴线方向的力，其他的载荷都由悬架的导向机构承受。这使得在螺旋弹簧设计中只需要考虑沿其轴线方向作用的力，因此便于得到比较理想的弹性特性。在悬架中采用螺旋弹簧易于获得有利的非线性悬架弹性特性，也有利于获得比较理想的行驶平顺性。

（3）扭杆弹簧　扭杆弹簧一般仅承受垂直载荷，悬架中需要有导向机构，其本身一般固定在车架上，使非簧载质量明显减小。采用扭杆弹簧的悬架可以比较容易获得有利的非线性悬架特性，有利于改善行驶平顺性。

（4）空气弹簧　目前，舒适性要求较高的旅游大客车和高级乘用车采用空气弹簧的日益增多。空气弹簧与螺旋弹簧类似，仅能承受沿其轴线方向的力，因而在采用空气弹簧的悬架中也需要导向机构。采用空气弹簧的主要优点在于其本身具有比较理想的非线性弹性特性，同时还容易实现车身高度的调节，保证车身的高度不随汽车质量的变化而变化（即保持静挠度、偏频不变），这样就可以保证汽车在多数装载情况下都具有比较理想的行驶平顺性，而采用其他弹簧很难达到这种效果。

（5）油气弹簧　油气弹簧是空气弹簧的变形，其本身含有空气弹簧和减振器。在油气弹簧中，一般利用氮气作为弹性元件，以油液传递载荷，其还具有减振器阀。油液可起减振、润滑的作用。由于采用钢制氮气室和液压缸，允许的气压较高，所以油气弹簧具有体积小、重量轻的优点，用于重型自卸车上比钢板弹簧的重量轻50%以上。又由于其具

有易于实现车身高度自动调节、弹性特性比较理想等优点，在高级乘用车上也有采用。

2. 弹性元件的计算

(1) 钢板弹簧的设计和计算

1) 钢板弹簧的布置方案。钢板弹簧在汽车上可以纵置或者横置。后者因为要传递纵向力，必须设置附加的导向传力装置，使结构复杂、质量加大，所以只在少数轻、微型车上应用。纵置钢板弹簧能传递各种力和力矩，并且结构简单，故在汽车上得到广泛应用。

纵置钢板弹簧又有对称式与不对称式之分。钢板弹簧中部在车轴（桥）上的固定中心至钢板弹簧两端卷耳中心之间的距离若相等，则称为对称式钢板弹簧；若不相等，则称为不对称式钢板弹簧。多数情况下汽车采用对称式钢板弹簧。由于整车布置的原因，或者钢板弹簧在汽车上的安装位置不动，又要改变轴距或者通过变化轴距达到改善轴荷分配的目的时，采用不对称式钢板弹簧。

2) 钢板弹簧主要参数的确定。在进行钢板弹簧计算之前，应当知道下列初始条件：满载静止时汽车前、后轴（桥）负荷 G_1、G_2 和簧下部分荷重 G_{u1}、G_{u2}，并据此计算出单个钢板弹簧的载荷：$F_{w1} = (G_1 - G_{u2})/2$ 和 $F_{w2} = (G_2 - G_{u2})/2$，悬架的静挠度 f_c 和动挠度 f_d 及汽车的轴距等。

① 满载弧高 f_a。满载弧高 f_a 是指将钢板弹簧装到车轴（桥）上，汽车满载时钢板弹簧主片上表面与两端（不包括卷耳孔半径）连线间的最大高度差（图 3-7）。f_a 用来保证汽车具有给定的高度。当 $f_a = 0$ 时，钢板弹簧在对称位置上工作。为了在车架高度已限定时能得到足够的动挠度值，常取 $f_a = 10 \sim 20$mm。

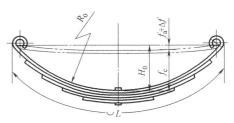

图 3-7　钢板弹簧总成在自由状态下的弧高

② 钢板弹簧长度 L 的确定。钢板弹簧长度 L 是指弹簧伸直后两卷耳中心之间的距离。增加钢板弹簧长度 L 能显著降低弹簧应力，提高使用寿命；降低弹簧刚度，改善汽车平顺性；在垂直刚度 c 给定的条件下，又能明显增加钢板弹簧的纵向角刚度。钢板弹簧的纵向角刚度是指钢板弹簧产生单位纵向转角时，作用到钢板弹簧上的纵向力矩值。增大钢板弹簧纵向角刚度的同时，能减小车轮扭转力矩所引起的弹簧变形；选用长些的钢板弹簧，会使其在汽车上的布置产生困难。原则上在总布置可能的条件下，应尽可能将钢板弹簧取长些。推荐在下列范围内选用钢板弹簧的长度：乘用车为 $L = (0.40 \sim 0.55)$ 轴距；货车前悬架为 $L = (0.26 \sim 0.35)$ 轴距，后悬架为 $L = (0.35 \sim 0.45)$ 轴距。

③ 钢板断面尺寸及片数的确定。钢板断面宽度 b 会影响钢板弹簧的刚度、强度等，可按等截面简支梁的计算公式计算，但需引入挠度增大系数 δ 加以修正。因此，可根据修正后的简支梁公式计算钢板弹簧所需要的总惯性矩 J_0。对于对称式钢板弹簧，有

$$J_0 = [(L-ks)^3 c\delta]/(48E) \tag{3-8}$$

式中　s——U 形螺栓中心距（mm）；

　　　k——考虑 U 形螺栓夹紧弹簧后的无效长度系数，刚性夹紧取 $k = 0.5$，挠性夹紧取 $k = 0$；

　　　c——钢板弹簧垂直刚度（N/mm），$c = F_w/f_c$；

δ——挠度增大系数，先确定与主片等长的重叠片数 n_1，再估计一个总片数 n_0，求得 $\eta = n_1/n_0$，然后用 $\delta = 1.5/[1.04(1+0.5\eta)]$ 初定 δ；

E——材料的弹性模量。

钢板弹簧总截面系数 W_0 的计算式为

$$W_0 \geqslant [F_w(L-ks)]/4[\sigma_w] \tag{3-9}$$

式中　$[\sigma_w]$——许用弯曲应力。

对于 55SiMnVB 或 60Si2Mn 等材料，表面经喷丸处理后，推荐 $[\sigma_w]$ 在下列范围内选取：前弹簧和平衡悬架弹簧为 350~450MPa；后主簧为 450~550MPa；后副簧为 220~250MPa。

钢板弹簧的平均厚度 h_p 为

$$h_p = 2J_0/W_0 = \frac{(L-ks)^2\delta[\sigma_w]}{6Ef_c} \tag{3-10}$$

有了 h_p 以后，再选钢板弹簧的片宽 b。增大片宽，能增加卷耳强度，但当车身受侧向力作用倾斜时，弹簧的扭曲应力增大。前悬架用宽的弹簧片，会影响转向轮的最大转角。片宽选取过小，又需增加片数，从而增加片间的摩擦和弹簧的总厚。推荐片宽与片厚的比值 b/h_p 在 6~10 之间。

矩形断面等厚钢板弹簧的总惯性矩 J_0 的计算式为

$$J_0 = nbh^3/12 \tag{3-11}$$

式中　n——钢板弹簧片数。

由式（3-11）可知，改变片数 n、片宽 b 和片厚 h 三者之一，都会影响到总惯性矩 J_0 的变化；再结合式（3-8）可知，总惯性矩 J_0 的改变又会影响到钢板弹簧垂直刚度 c 的变化，也就是影响汽车的平顺性变化。其中，片厚 h 的变化对钢板弹簧总惯性矩 J_0 的影响最大，增加片厚 h，可以减小片数 n。钢板弹簧各片厚度可能有相同和不同两种情况，希望尽可能采用前者。但因为主片工作条件恶劣，为了加强主片及卷耳，也常将主片加厚，其余各片稍薄。此时，要求一副钢板弹簧的厚度不宜过大。为使各片寿命接近又要求最厚片与最薄片的厚度之比应小于 1.5。

最后，钢板断面尺寸 b 和 h 应符合国产型材规格尺寸。

矩形断面钢板弹簧的中性轴，在钢板断面的对称位置上（图 3-8a）。工作时一面受拉应力，另一面受压应力，而且上、下表面的名义拉应力和压应力的绝对值相等。因材料的抗拉性能低于抗压性能，所以在受拉应力作用的一面首先产生疲劳断裂。除矩形断面以外的其他断面形状的叶片（图 3-8b、c、d），其中性轴均上移，使受拉应力作用的一面的拉

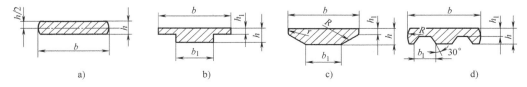

图 3-8　叶片断面形状

a）矩形断面　b）T 形断面　c）单面有抛物线边缘断面　d）单面有双槽的断面

应力绝对值减小，而受压应力作用的一面的压应力绝对值增大，从而改善了应力在断面上的分布状况，提高了钢板弹簧的疲劳强度并节约了材料。

钢板弹簧片数 n 小些有利于制造和装配，并可以降低片间的干摩擦，改善汽车行驶平顺性。但片数减少将使钢板弹簧与等强度梁的差别增大，材料利用率变差。多片钢板弹簧的片数一般在 6~14 之间，重型货车可达 20 片。用变截面少片簧时，片数在 1~4 之间。

3）钢板弹簧各片长度的确定。片厚不变宽度连续变化的单片钢板弹簧是等强度梁，形状为菱形（两个三角形）。将由两个三角形钢板组成的钢板弹簧分割成宽度相同的若干片，然后按照长度大小不同依次排列、叠放到一起，就形成接近实用价值的钢板弹簧。实际上钢板弹簧不可能是三角形的，因为为了将钢板弹簧中部固定到车轴（桥）上并使两卷耳处能可靠地传递力，必须使它们有一定的宽度，因此用中部为矩形的双梯形钢板弹簧（图 3-9）替代三角形钢板弹簧才有真正的实用意义。这种钢板弹簧各片具有相同的宽度，但长度不同。钢板弹簧各片长度是基于实际钢板各片展开图接近梯形梁的形状这一原则通过作图求得的。首先假设各片厚度不同，具体步骤如下：

先将各片厚度 h_i 的立方值 h_i^3 按同一比例尺沿纵坐标绘制在图上（图 3-10），再沿横坐标量出主片长度的一半（$L/2$）和 U 形螺栓中心距的一半（$s/2$），得到 A、B 两点，连接 A、B 即得到三角形钢板弹簧展开图。AB 线与各叶片上侧边的交点即为各片端点。如果存在与主片等长的重叠片，就从 B 点到最后一个重叠片的上侧边端点连一直线，此直线与各片上侧边的交点即为各片端点。各片实际长度尺寸需经圆整后确定。

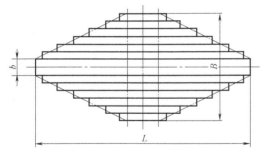

图 3-9 双梯形钢板弹簧

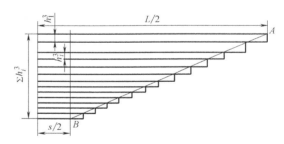

图 3-10 确定钢板弹簧各片长度的作图法

4）钢板弹簧刚度验算。之前对于挠度增大系数 δ、总惯性矩 J_0、片长和叶片端部形状等的确定都不够准确，因此有必要验算刚度。用共同曲率法计算刚度的前提是：假定同一截面上各片曲率变化值相同，各片所承受的弯矩正比于其惯性矩，同时该截面上各片的弯矩和等于外力所引起的弯矩。刚度验算公式为

$$c = 6\alpha E \Big/ \Big[\sum_{k=1}^{n} a_{k+1}^3 (Y_k - Y_{k+1}) \Big] \tag{3-12}$$

其中，$a_{k+1} = (l_1 - l_{k+1})$；$Y_k = 1 \Big/ \sum_{i=1}^{k} J_i$；$Y_{k+1} = 1 \Big/ \sum_{i=1}^{k+1} J_i$。

式中　　α——经验修正系数，$\alpha = 0.90 \sim 0.94$；

　　　　E——材料的弹性模量；

l_1、l_{k+1}——主片和第 $k+1$ 片长度的一半。

式（3-12）中主片长度的一半 l_1 如果用中心螺栓到卷耳中心间的距离代入，求得的刚度值为钢板弹簧总成自由刚度 c_j；如果用有效长度，即 $l_1' = (l_1 - 0.5ks)$ 代入，求得的刚度值为钢板弹簧总成的夹紧刚度 c_z。

5）钢板弹簧总成在自由状态下的弧高及曲率半径计算。

① 钢板弹簧总成在自由状态下的弧高 H_0。钢板弹簧各片装配后，在预压缩和 U 形螺栓夹紧前，其主片上表面与两端（不包括卷耳孔半径）连线间的最大高度差，称为钢板弹簧总成在自由状态下的弧高，计算式为

$$H_0 = (f_c + f_a + \Delta f) \tag{3-13}$$

式中　f_c——静挠度；

　　　f_a——满载弧高；

　　　Δf——钢板弹簧总成用 U 形螺栓夹紧后引起的弧高变化，$\Delta f = \dfrac{s(3L-s)(f_a+f_c)}{2L^2}$，其中 s 为 U 形螺栓中心距，L 为钢板弹簧主片长度。

钢板弹簧总成在自由状态下的曲率半径 $R_0 = L^2/(8H_0)$。

② 钢板弹簧各片自由状态下曲率半径的确定。因钢板弹簧各片在自由状态下和装配后的曲率半径不同（图 3-11），装配后各片产生预应力，其值决定了自由状态下的曲率半径 R_i。各片在自由状态下做成不同曲率半径的目的是使各片厚度相同的钢板弹簧装配后能很好地贴紧，减小主片工作应力，使各片寿命接近。

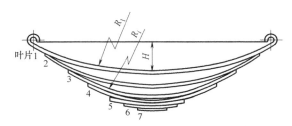

图 3-11　钢板弹簧各片自由状态下的曲率半径

矩形断面钢板弹簧装配前各片的曲率半径为

$$R_i = R_0 / [1 + (2\sigma_{0i} R_0)/(Eh_i)] \tag{3-14}$$

式中　R_i——第 i 片弹簧自由状态下的曲率半径（mm）；

　　　R_0——钢板弹簧总成在自由状态下的曲率半径（mm）；

　　　σ_{0i}——各片弹簧的预应力（MPa）；

　　　E——材料的弹性模量（MPa），取 $E = 2.1 \times 10^5 \text{MPa}$；

　　　h_i——第 i 片弹簧的厚度（mm）。

在已知钢板弹簧总成自由状态下曲率半径 R_0 和各片弹簧预加应力 σ_{0i} 的条件下，可以用式（3-14）计算出各片弹簧在自由状态下的曲率半径 R_i。选取各片弹簧预应力时，要求做到装配前各弹簧片间的间隙相差不大，且装配后各片能很好贴和。为保证主片及与其相邻的长片有足够的使用寿命，应适当降低主片及与其相邻的长片的应力。

为此，选取各片预应力时，可分为下列两种情况：对于片厚相同的钢板弹簧，各片预应力值不宜选取过大；对于片厚不同的钢板弹簧，厚片预应力可取大些。推荐主片在根部的工作应力与预应力叠加后的合成应力在 $300 \sim 350\text{MPa}$ 之间。$1 \sim 4$ 片长片叠加负的预应力，短片叠加正的预应力。预应力从长片到短片由负值逐渐递增至正值。

在确定各片预应力时，理论上应满足各片弹簧在根部处预应力所造成的弯矩 M_i 的代

数和等于零，即

$$\sum_{i=1}^{n} M_i = 0 \qquad (3-15)$$

$$\sum_{i=1}^{n} \sigma_{0i} M_i = 0 \qquad (3-16)$$

如果第 i 片的片长为 L，则第 i 片弹簧的弧高为

$$H_i = L^2 / (8R_i) \qquad (3-17)$$

6）钢板弹簧总成弧高的核算。由于钢板弹簧各片在自由状态下的曲率半径 R_i 是经选取预应力 σ_{0i} 后用式（3-14）计算的，受其影响，装配后钢板弹簧总成的弧高与用式 $R_0 = L^2 / (8H_0)$ 计算的结果会不同。因此，需要核算钢板弹簧总成的弧高。

根据最小势能原理，钢板弹簧总成的稳定平衡状态是各片势能总和最小状态，由此可求得等厚叶片弹簧的 R_0 为

$$1/R_0 = \sum_{i=1}^{n} (L_i / R_i) / \sum_{i=1}^{n} L_i \qquad (3-18)$$

式中 L_i——钢板弹簧第 i 片长度。

钢板弹簧总成弧高为

$$H = L^2 / (8R_0) \qquad (3-19)$$

用式（3-19）与用式（3-13）计算的结果应相近。若相差较多，可经重新选用各片预应力再进行核算。

7）钢板弹簧强度验算。

① 紧急制动时，前钢板弹簧承受的载荷最大，在它后半段出现的最大应力 $\sigma_{\max}$ 的计算式为

$$\sigma_{\max} = [G_1 m_1 l_1 (l_1 + \varphi c)] / [(l_1 + l_2) W_0] \qquad (3-20)$$

式中 G_1——作用在前轮上的垂直静负荷；

　　m_1——制动时前轴负荷转移系数，乘用车：$m_1 = 1.2 \sim 1.4$，货车：$m_1 = 1.4 \sim 1.6$；

　　l_1、l_2——钢板弹簧前、后段长度；

　　φ——道路附着系数，取 0.8；

　　W_0——钢板弹簧总截面系数；

　　c——弹簧固定点到路面的距离（图 3-12）。

② 汽车驱动时，后钢板弹簧承受的载荷最大，在它前半段出现的最大应力 $\sigma_{\max}$ 的计算式为

$$\sigma_{\max} = [G_1 m_1 l_2 (l_1 + \varphi c)] / [(l_1 + l_2) W_0] + G_2 m_2 \varphi / (b h_1) \qquad (3-21)$$

式中 G_2——作用在后轮上的垂直静负荷；

　　m_2——驱动时后轴负荷转移系数，乘用车：$m_2 = 1.25 \sim 1.30$，货车：$m_2 = 1.1 \sim 1.2$；

　　φ——道路附着系数；

　　b——钢板弹簧片宽；

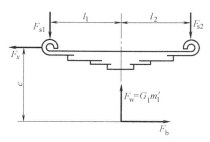

图 3-12　汽车制动时钢板弹簧的受力图

h_1——钢板弹簧主片厚度。

此外，还应当验算汽车通过不平路面时钢板弹簧的强度，许用应力 $[f]$ 取为 1000MPa。

③ 钢板弹簧卷耳和弹簧销的强度核算。钢板弹簧主片卷耳的受力图如图 3-13 所示。卷耳处所受应力 σ 是由弯曲应力和拉（压）应力合成的应力，计算式为

$$\sigma = \frac{[3F_x(D+h_1)]}{bh_1^2} + \frac{F_x}{bh_1} \qquad (3-22)$$

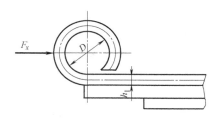

式中　F_x——沿弹簧纵向作用在卷耳中心线上的力；

　　　D——卷耳内径；

　　　b——钢板弹簧宽度；

　　　h_1——主片厚度。

许用应力 $[\sigma]$ 取为 350MPa。

图 3-13　钢板弹簧主片卷耳的受力图

对钢板弹簧销要验算钢板弹簧受静载荷时钢板弹簧销受到的挤压应力 σ_j 计算式为

$$\sigma_j = F_x/bd \qquad (3-23)$$

式中　F_x——满载静止时钢板弹簧端部的载荷；

　　　b——卷耳处叶片宽；

　　　d——钢板弹簧销直径。

用 30 钢或 40 钢经液体碳氮共渗处理时，弹簧销许用挤压应力 $[\sigma_j]$ 取为 3~4MPa；用 20 钢或 20Cr 钢经渗碳处理或用 45 钢经高频淬火后，其许用挤压应力 $[\sigma_j]$ 取为 7~9MPa。

钢板弹簧多数情况下采用 55SiMnVB 钢或 60Si2Mn 钢制造。常采用表面喷丸处理工艺和减小表面脱碳层深度的措施来提高钢板弹簧的寿命。表面喷丸处理有一般喷丸和应力喷丸两种，后者可使钢板弹簧表面的残余应力比前者的大很多。

8）少片弹簧。少片弹簧在轻型车和乘用车上得到越来越多的应用，其特点是弹簧由等长、等宽、变截面的 1~3 片叶片组成（图 3-14）。利用变厚断面来保持等强度特性，并比多片弹簧减小 20%~40% 的质量。片间放有起减摩作用的塑料垫片，或做成只在端部接触以减少片间摩擦。图 3-15 所示单片变截面弹簧的端部 CD 段和中间夹紧部分 AB 段是厚度为 h_1 和 h_2 的等截面形，BC 段为变厚截面，BC 段厚度可按抛物线形或线性变化。

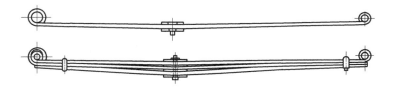

图 3-14　少片弹簧

① 按抛物线形变化。此时厚度 h_x 随长度的变化规律为 $h_x = h_2(x/12)^{1/2}$，惯性矩 $J_x = J_2(x/l_2)^{3/2}$，其中 $J_2 = (bh_2)^3/12$，设 $k = 1-(h_1/h_2)^3$，则单片刚度为

$$c = \frac{6EJ_2\xi}{l^3[1+(l_2+l)^3k]} \qquad (3-24)$$

式中　E——材料的弹性模量；

　　　ξ——修正系数，取 0.92；

　　l、l_2——相关尺寸，如图 3-15 所示。

弹簧在抛物线区段内各点应力相等，

其值为 $\sigma = \dfrac{6F_s l_2}{b h_2^2}$。

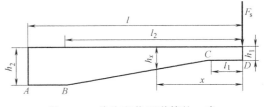

图 3-15　单片变截面弹簧的一半

② 按线性变化。由 n 片组成少片弹簧
时，其总刚度为各片刚度之和，其应力则按各片所承受的载荷分量计算。少片弹簧的宽度在布置允许的情况下尽可能取大些，以增强横向刚度，常取 75～100mm。厚度 $h_1 > 8mm$，以保证有足够的剪切强度并防止因太薄而淬裂。h_2 取 12～20mm。

（2）螺旋弹簧的设计与计算　螺旋弹簧常用于独立悬架中，其在乘用车悬架中已得到广泛应用。它只能承受沿其轴线方向作用的力，在此载荷作用下钢丝产生扭转应力。螺旋弹簧的主要尺寸参数有平均直径 D、钢丝直径 d 和工作圈数 n_s，如图 3-16 所示。

在设计悬架的螺旋弹簧时，应先根据行驶平顺性的要求确定悬架的偏频，再计算一侧悬架的刚度 c，即

$$c = (2\pi n)^2 \frac{m_s}{2} \qquad (3\text{-}25)$$

式中　m_s——在设计状态时一个车桥上的簧上质量。

而簧上质量 m_s 引起的设计轮荷为

$$F_z = \frac{m_s}{2} g \qquad (3\text{-}26)$$

式中　g——重力加速度。

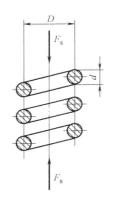

然后根据悬架导向机构的特点，求出螺旋弹簧的刚度 c_s 和受力 F_s。下面以双横臂式独立悬架为例，介绍计

图 3-16　螺旋弹簧的设计参数

算螺旋弹簧刚度 c_s 和受力 F_s 的方法。图 3-17 所示为双横臂式独立悬架的力学模型。其中，c 为悬架虚拟弹簧的刚度，c_s 为螺旋弹簧的刚度，M 为车轮的瞬时运动中心，F 为地面对车轮的垂直力，F_s 为螺旋弹簧力。设 ε 为车轮瞬时运动的角虚位移，则根据虚位移原理有

$$F(p\varepsilon) = F_s\left(\frac{l\varepsilon}{b}q\right) \qquad (3\text{-}27)$$

$$F_s = F\left(\frac{pb}{lq}\right) \qquad (3\text{-}28)$$

式中　p、l、b、q——悬架的特征尺寸，如图 3-17 所示。

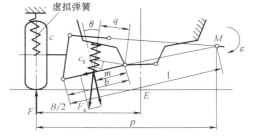

图 3-17　双横臂式独立悬架的力学模型

角虚位移 ε 会在车轮上引起垂直力增量 ΔF，也会在螺旋弹簧中引起弹簧力增量 ΔF_s，即

$$\Delta F = c(p\varepsilon) \qquad (3\text{-}29)$$

$$\Delta F_s = c_s \left(\frac{l\varepsilon}{b} q \right) \tag{3-30}$$

令

$$F = \Delta F = c(p\varepsilon) \tag{3-31}$$

$$F_s = \Delta F_s = c_s \left(\frac{l\varepsilon}{b} q \right) \tag{3-32}$$

把式（3-31）和式（3-32）代入式（3-28），得

$$c_s \left(\frac{l\varepsilon}{b} q \right) = c(p\varepsilon) \left(\frac{pb}{lq} \right) \tag{3-33}$$

$$c_s = c \left(\frac{pb}{lq} \right)^2 \tag{3-34}$$

当 $F = F_z = m_s g/2$ 时，利用式（3-28），得

$$F_{sm} = F \left(\frac{pb}{lq} \right) = \left(\frac{m_s}{2} g \right) \left(\frac{pb}{lq} \right) \tag{3-35}$$

螺旋弹簧在轴向力 F_{sm} 作用下的扭转应力为

$$\tau_c = \frac{8F_{sm}DK'}{\pi d^3} = \frac{8F_{sm}C'K'}{\pi d^2} \tag{3-36}$$

式中　τ_c——工作应力；

D——簧圈平均直径；

d——弹簧钢丝直径；

C'——旋转比；

K'——考虑到剪力与簧圈曲率影响的校正系数，有

$$K' = \frac{4C'+2}{4C'-3} \tag{3-37}$$

螺旋弹簧的刚度 c_s 为

$$c_s = \frac{F_{sm}}{f_{cs}} = \frac{Gd^4}{8D^3 n_s} = \frac{Gd}{8C'^3 n_s} \tag{3-38}$$

式中　f_{cs}——弹簧的静挠度；

G——切变模量，对碳钢 $G = 8.3 \times 10^4 \text{MPa}$；

n_s——弹簧的工作圈数。

选好旋转比 C' 后，可以根据式（3-37）计算出 K'，由式（3-36）可得

$$d = \sqrt{\frac{8F_{sm}C'K'}{\pi [\tau_c]}} \tag{3-39}$$

$$D = C'd \tag{3-40}$$

式中　$[\tau_c]$——许用静扭转应力，$[\tau_c] = 500 \text{MPa}$。

由式（3-38）可以得到

$$F_{sm} = \frac{Gdf_{cs}}{8C'^3 n_s} \qquad (3-41)$$

$$f_{cs} = \frac{F_{sm}}{c_s} \qquad (3-42)$$

而最大弹簧力 F_{smax} 为

$$F_{smax} = \frac{Gd(f_{cs}+f_{ds})}{8C'^3 n_s} \qquad (3-43)$$

式中　f_{ds}——弹簧的动挠度。

由式（3-38）可得

$$n_s = \frac{Gd}{8C'^3 c_s} \qquad (3-44)$$

弹簧的总圈数一般比工作圈数 n_s 多 $1.5\sim2$ 圈。弹簧受最大压力 F_{smax} 时，相邻圈之间的间隙应保持在 $0.5\sim1.5$mm 之间。

将式（3-41）代入式（3-36），得

$$\tau_c = \frac{8C'K'}{\pi d^2} \frac{Gdf_{cs}}{8C'^3 n_s} = \frac{Gdf_{cs}K'}{\pi D^2 n_s} \qquad (3-45)$$

式中　f_{cs}——弹簧的静挠度。

同理，动载荷下的扭转应力

$$\tau_d = \frac{Gdf_{ds}K'}{\pi D^2 n_s} \qquad (3-46)$$

螺旋弹簧的最大应力 τ_m 为

$$\tau_m = \tau_c + \tau_d < [\tau_m] \qquad (3-47)$$

式中　$[\tau_m]$——最大许用应力，$[\tau_m] = 800\sim1000$MPa。

图 3-18 所示为三种螺旋弹簧的设计。

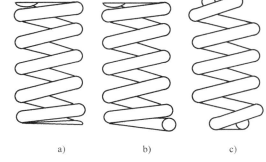

图 3-18　三种螺旋弹簧的设计

a）平端　b）切线尾端　c）猪尾端

【拓展阅读 3-2】　扭杆弹簧的设计与计算

3.2.4　独立悬架导向机构的设计

1. 导向机构的设计要求

1）对前轮独立悬架导向机构的要求。

① 悬架上载荷变化时，保证轮距变化在 ±4.0mm 之间，轮距变化大会引起轮胎早期磨损。

② 悬架上载荷变化时，前轮定位参数要有合理的变化特性，车轮不应产生纵向加速度。

③ 汽车转弯行驶时，应使车身侧倾角小。在 $0.4g$ 侧向加速度的作用下，车身侧倾角为 $6°\sim7°$ 及以下，并使车轮与车身的倾斜同向，以增强不足转向效应。

④ 汽车制动时，应使车身有抗前俯作用；加速时，有抗后仰作用。

2）对后轮独立悬架导向机构的要求。

① 悬架上的载荷变化时，轮距无显著变化。

② 汽车转弯行驶时，应使车身侧倾角小，并使车轮与车身的倾斜反向，以减小过多转向效应。

此外，导向机构还应有够强度，并可靠地传递除垂直力以外的各种力和力矩。

目前，汽车上广泛采用上、下臂不等长的双横臂式独立悬架（主要作为前悬架）和麦弗逊式独立悬架。下面以这两种悬架为例，分别讨论独立悬架导向机构参数的选择方法并分析导向机构参数对前轮定位参数和轮距的影响。

2. 导向机构的布置参数

（1）**侧倾中心** 双横臂式独立悬架的侧倾中心由图 3-19 所示的方式得出。将横臂内外转动点的连线延长，以便得到极点 P，并同时获得 P 点的高度。将 P 点与车轮接地点 N 连接，即可在汽车轴线上获得侧倾中心 W。当横臂相互平行时（图 3-20），P 点位于无穷远处，作与其平行的通过 N 点的平行线，同样可获得侧倾中心 W。

双横臂式独立悬架侧倾中心高度 h_W 的计算式为

$$h_W = \frac{B_1}{2} \frac{h_P}{k\cos\beta + d\tan\sigma + a} \tag{3-48}$$

式中 $k = c\dfrac{\sin(90°+\sigma-\alpha)}{\sin(\alpha+\beta)}$，$h_P = k\sin\beta + d$。

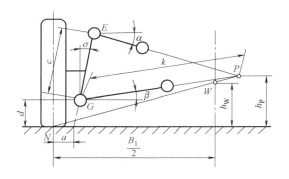

图 3-19 双横臂式悬架和纵横臂式悬架的距离
h_W 及 P 点的计算法和图解法

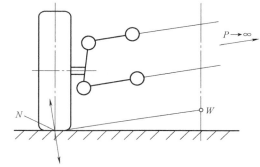

图 3-20 横臂相互平行的双横臂
式悬架侧倾中心的确定

麦弗逊式独立悬架的侧倾中心由图 3-21 所示的方式得出。从悬架与车身的固定连接点 E 作活塞杆运动方向的垂直线并将下横臂线延长，两条线的交点即为 P 点。

麦弗逊式独立悬架的弹簧减振器柱 EG 布置得越接近垂直位置，下横臂 GD 布置得越接近水平位置，则侧倾中心 W 就越接近地面，从而使得在车轮上跳时车轮外倾角的变化很不理想。若加长下横臂，则可改善运动学特性。

麦弗逊式独立悬架侧倾中心高度 h_W 的计算式为

$$h_W = \frac{B_1}{2} \frac{h_P}{k\cos\beta + d\tan\sigma + a} \tag{3-49}$$

式中 $k = \dfrac{c+o}{\sin(\alpha+\beta)}$，$h_P = k\sin\beta + d$。

（2）**侧倾轴线**   在独立悬架中，前后
侧倾中心连线称为侧倾轴线。侧倾轴线应
大致与地面平行，且尽可能高些。平行是
为了使在曲线行驶时前、后轴上的轮荷变
化接近相等，从而保证中性转向特性；而
尽可能高则是为了使车身的侧倾限制在允
许范围内。

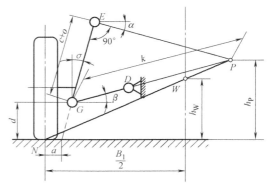

图 3-21　普通规格的麦弗逊式悬架的尺寸
h_W 和 P 点的计算法和图解法

然而，前悬架侧倾中心高度受到允许
轮距变化的限制且几乎不可能超过 150mm。
此外，在前轮驱动的车辆中，由于前桥轴
荷大，且为驱动桥，故应尽可能使前轮轮荷变化小。一般地，独立悬架（纵臂式悬架除
外）的侧倾中心高度为：前悬架 0～120mm，后悬架 80～150mm。

设计时首先要确定（与轮距变化有关的）前悬架的侧倾中心高度，然后确定后悬架
的侧倾中心高度。当后悬架采用独立悬架时，其侧倾中心高度要稍大些。如果用钢板弹簧
非独立悬架，后悬架的侧倾中心高度要取得更大些。

（3）**纵倾中心**   双横臂式悬架的纵倾中心可用作图法得出，如图 3-22 所示。自铰接
点 E 和 G 作摆臂转动轴 C 和 D 的平行线，两线的交点即为纵倾中心。

麦弗逊式独立悬架的侧倾中心，可由 E 点作减振器运动方向的垂直线，该垂直线与
横臂轴 D 延长线的交点 O 即为侧倾中心。如图 3-23 所示。

（4）**抗制动纵倾性（抗制动前俯角）**   抗制动纵倾性使得制动过程中汽车车头的下
沉量及车尾的抬高量减小。只有当前、后悬架的纵倾中心位于两根车桥（轴）之间时，
这一性能才可实现，如图 3-24 所示。

汽车在制动时会发生点头现象，即车身前部降低，后部升高。发生这种现象会影响车
内乘员的舒适性，在设计时应采取措施适当减小制动点头的程度。制动时作用在汽车上的

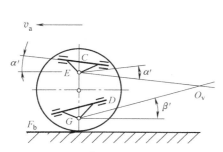

图 3-22　双横臂式悬架的纵倾中心

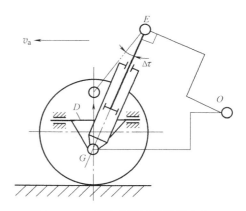

图 3-23　麦弗逊式悬架的侧倾中心

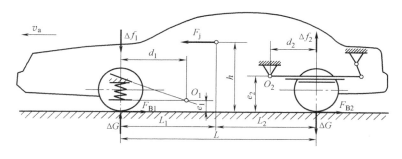

图 3-24 抗制动纵倾性

各种动态力是引起点头的根本原因，一般采用抗制动点头率来表示悬架抗制动点头的效果，前悬架的抗制动点头率为

$$\eta_{d1} = \frac{e_1 \beta L}{d_1 h} \times 100\% \qquad (3-50)$$

后悬架的抗制动点头率为

$$\eta_{d2} = \frac{e_2(1-\beta)L}{d_2 h} \times 100\% \qquad (3-51)$$

式中 e_1、e_2——前、后悬架俯仰瞬心到地面的距离；

d_1、d_2——前、后悬架俯仰瞬心到前后轴中心的水平距离；

h——汽车质心高度；

β——制动力分配系数。

抗制动点头率的数值越大，制动点头的程度就越小。在乘用车设计中，一般把前悬架的抗制动点头率选为 30% ~ 50%。100% 的抗制动点头率意味着在紧急制动时车身将保持完全水平，道路试验表明，这会对驾驶人和乘客造成严重的冲击。为抑制制动点头的程度，悬架设计中常常从选择合适的俯仰瞬心的位置着手，即通过合适的悬架上下横臂摆动轴线的布置方案来限制制动点头。

（5）抗驱动纵倾性（抗驱动后仰角） 抗驱动纵倾性可减小后轮驱动汽车车尾的下沉量或前轮驱动汽车车头的抬高量。与抗制动纵倾性不同的是，只有当汽车为单桥驱动时，该性能才起作用。对于独立悬架而言，当纵倾中心位置高于驱动桥车轮中心时，这一性能才可实现。

汽车加速时会发生仰头现象，即车身前部升高、后部降低，在设计中应采取措施减小加速仰头的程度。一般用抗加速仰头率来表示悬架抗加速仰头的效果，前悬架的抗加速仰头率为

$$\eta_{x1} = \frac{e_1 \beta_x L}{d_1 h} \times 100\% \qquad (3-52)$$

后悬架的抗加速仰头率为

$$\eta_{x2} = \frac{e_2(1-\beta_x)L}{d_2 h} \times 100\% \qquad (3-53)$$

式中 β_x——差速器的转矩分配系数。

抗加速仰头率的数值越大，加速仰头的程度就越小。后轮驱动乘用车的后悬架抗加速仰头率一般为 80% ~ 95%。

（6）**悬架摆臂的定位角** 独立悬架中的摆臂铰链轴大多为空间倾斜布置。为了描述方便，将摆臂空间定位角定义为摆臂的水平斜置角 α、悬架抗前俯角 β 和悬架斜置初始角 θ，如图 3-25 所示。

3. 双横臂式独立悬架导向机构的设计

（1）**纵向平面内上、下横臂的布置方案**
上、下横臂轴抗前俯角的匹配对主销后倾角的变化有较大影响。图 3-26 所示为六种可能布置方案的主销后倾角 λ 值随车轮跳动的曲线。图中横坐标为 λ 值，纵坐标为车轮接地中心的垂直位移量。各匹配方案中 β_1、β_2 角度的取值见图注，其正负号按右手定则确定。

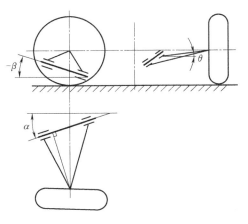

图 3-25　α、β、θ 的定义

为了提高汽车的制动稳定性和舒适性，一般希望主销后倾角的变化规律是：在悬架弹簧压缩时后倾角增大；在悬架弹簧拉伸时后倾角减小，使制动时因主销后倾角变大而在控制臂支架上产生防止制动前俯的力矩。

分析图 3-26 中 λ 的变化曲线可知，第 4、5 方案的 λ 变化规律为压缩行程 λ 减小，拉伸行程 λ 增大，这与所希望的规律正好相反，因此不宜用在汽车前悬架中；第 3 方案虽然主销后倾角的变化最小，但其抗前俯的作用也小，因此现代汽车中也很少采用；第

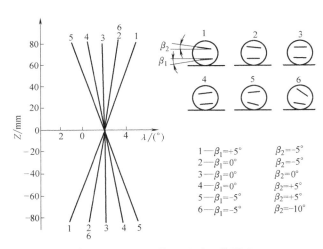

图 3-26　β_1、β_2 的匹配对 λ 的影响

1——$\beta_1=+5°$　　$\beta_2=-5°$
2——$\beta_1=0°$　　$\beta_2=-5°$
3——$\beta_1=0°$　　$\beta_2=0°$
4——$\beta_1=0°$　　$\beta_2=+5°$
5——$\beta_1=-5°$　　$\beta_2=+5°$
6——$\beta_1=-5°$　　$\beta_2=-10°$

1、2、6 方案的主销后倾角变化规律是比较好的，因此这三种方案在现代汽车中被广泛采用。

（2）**横向平面内上、下横臂的布置方案** 由图 3-27 所示的三图可知，上、下横臂布置不同，所得的侧倾中心位置也不同，这样就可根据对侧倾中心位置的要求来设计上、下横臂在横向平面内的布置方案。

（3）**水平面内上、下横臂轴线的布置方案** 上、下横臂轴线在水平面内的布置方案有三种，如图 3-28 所示。

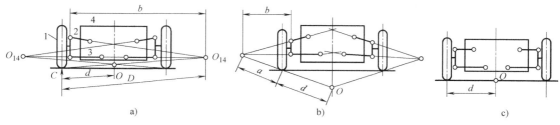

图 3-27　上、下横臂在横向平面内的布置方案

下横臂轴线 M-M 和上横臂轴线 N-N 与纵轴线的夹角，分别用 α_1 和 α_2 来表示，称为导向机构上、下横臂轴的水平斜置角。一般规定，轴线前端远离汽车纵轴线的夹角为正，反之为负，与汽车纵轴线平行者，夹角为零。

为了使轮胎在遇到凸起路障时能够使轮胎一面上跳，一面向后退让，以减小传到车身上的冲击力，并便于布置发动机，大多数前置发动机汽车的悬架下横臂轴线 M-M 的斜置角 α_1 为正值，而上横臂轴线 N-N 的斜置角 α_2 则有正值、零值和负值三种布置方案，如图 3-28 所示。上、下横臂斜置角的组合方案，对车轮跳动时前轮定位参数的变化规律有很大影响。如车轮上跳、下横臂斜置角 α_1 为正值、上横臂斜置角 α_2 为负值或零值时，主销后倾角随车轮的上

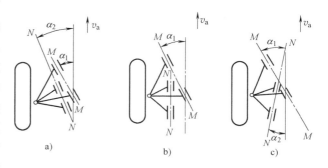

图 3-28　水平面内上、下横臂轴线的布置方案

跳而增大。若组合方案为上、下横臂斜置角 α_1、α_2 都为正值，则主销后倾角随车轮的上跳增加较小甚至减小（当 $\alpha_1 < \alpha_2$ 时）。至于采取哪种方案为好，要和上、下横臂在纵向平面内的布置一起考虑。当车轮上跳、主销后倾角变大时，车身上的悬架支承处会产生反力矩，有抑制制动时前俯的作用。但当主销后倾角变得太大时，会使支承处反力矩过大，同时使转向系统对侧向力十分敏感，易造成车轮摆振或转向盘上力的变化。因此，希望乘用车主销后倾角的原始值为 $-1° \sim +2°$。当车轮上跳时，悬架每压缩 10mm，主销后倾角的变化范围为 $10' \sim 40'$。

为了满足上述要求，选择恰当的抗前俯角，国外已根据设计经验制定出一套列线图，如图 3-29 所示。该图由三组线图组成：图 3-29a 为汽车在不同减速度时（以重力加速度 g 的倍数表示），前轮上方车身下沉量 f_1 与抗制动点头率 η_d 的关系；图 3-29b 所示为下横臂摆动轴线与水平线夹角 β_1 不相同时，主销后倾角 λ 的变化率 $d\lambda/df_1$ 与抗制动点头率的关系；图 3-29c 为球销中心距不同时，主销后倾角 λ 的变化率 $d\lambda/df_1$ 与上、下横臂摆动轴线夹角（$\beta_2 - \beta_1$）的关系。运用此图的步骤如下：

先根据设计的允许前俯角（在 $0.5g$ 时为 $1° \sim 3°$）确定 f_1，然后找到相应的 η_d，并在图 3-29b 上初选 β_1'，求出主销后倾角的变化率（推荐悬架每压缩 10mm 时为 $10' \sim 40'$）。

若超出范围，则重新选 β_1'，直至达到要求为止。接着可由图 3-29c 先选定球销中心距，用图 3-29b 所定的 $d\lambda/df_1$ 值与初选的球销中心距在图上沿虚线所示的路线找到上、下横臂的夹角 $(\beta_2'-\beta_1')$，若布置上允许即认为初选成功。此图适用于轴距为 $2.8 \sim 3.2\text{m}$，质心高为 $0.58 \sim 0.6\text{m}$ 的乘用车。

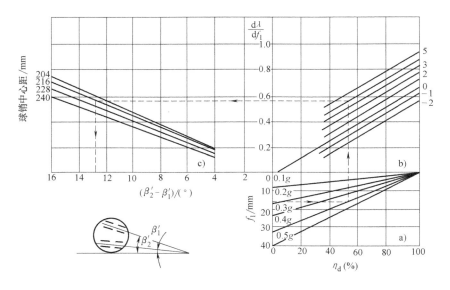

图 3-29 选择上、下横臂轴线纵向倾角的线图

（4）上、下横臂长度的确定 双横臂式悬架的上、下横臂长度对车轮上、下跳动时前轮的定位参数影响很大。现代乘用车所用的双横臂式前悬架，一般设计成上横臂短、下横臂长。这一方面是考虑到布置发动机方便，另一方面也是为了得到理想的悬架运动特性。

图 3-30 所示为下横臂长度 l_1 保持原值不变，改变上横臂长度 l_2，使 l_2/l_1 的值分别为 0.4、0.6、0.8、1.0、1.2 时计算得到的悬架运动特性曲线。其中 $Z-By$（1/2 轮距）曲

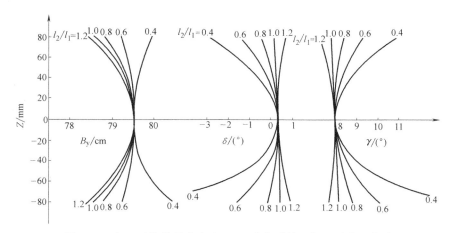

图 3-30 上、下横臂长度之比 l_2/l_1 改变时的悬架运动特性曲线

线为车轮接地点在横向平面内随车轮跳动的特性曲线。由图可以看出，当上、下横臂的长度之比为 0.6 时，By 曲线变化最平缓；l_2/l_1 增大或减小时，By 曲线的曲率都增加。图中的 $Z-\delta$ 和 $Z-\gamma$ 分别为车轮外倾角和主销内倾角随车轮跳动的特性曲线。当 $l_2/l_1 = 1.0$ 时，δ 和 γ 均为直线并与横坐标垂直，这时，δ 和 γ 在悬架运动过程中保持不变。

设计汽车悬架时，希望轮距变化要小，以减小轮胎磨损，提高其使用寿命，因此 l_2/l_1 的值应选择在 0.6 附近；为保证汽车具有良好的操纵稳定性，希望前轮定位角度的变化要小，这时 l_2/l_1 的值应选择在 1.0 附近。综合以上分析，该悬架的 l_2/l_1 应在 0.6~1.0 的范围内。美国克莱斯勒和通用汽车公司分别认为，上、下摆臂长度之比取 0.7 和 0.66 为最佳。根据我国乘用车设计的经验，在初选尺寸时，l_2/l_1 取 0.65 为宜。

4. 麦弗逊式独立悬架导向机构的设计

（1）导向机构受力分析　分析图 3-31a 所示的麦弗逊式悬架受力简图可知，作用在导向套上的横向力 F_3，可根据图上的布置尺寸求得，即

$$F_3 = \frac{F_1 ad}{(c+b)(d-c)} \tag{3-54}$$

式中　F_1——前轮上的静载荷 F_1' 减去前轴簧下质量的 1/2。

力 F_3 越大，则作用在导向套上的摩擦力 $F_3 f$ 越大（f 为摩擦因数），这对汽车的行驶平顺性有不良影响。为了减小摩擦力，在导向套和活塞表面应用了减磨材料和特殊工艺。由式（3-54）可知，为了减小力 F_3，要求尺寸（$c+b$）越大越好，或者减小尺寸 a。增大尺寸（$c+b$）使悬架占用空间增加，在布置上有困难。若采用增加减振器轴线倾斜度的方法，可达到减小尺寸的目的，但也存在布置困难的问

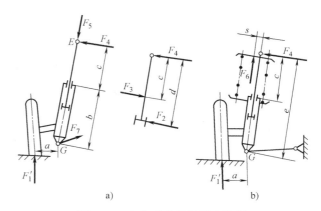

图 3-31　麦弗逊式悬架受力简图

题。为此，在保持减振器轴线不变的条件下，常将图中的 G 点外伸至车轮内部，这样既可以达到缩短尺寸的目的，又可以获得较小的甚至是负的主销偏移距，提高制动稳定性。移动 G 点后的主销轴线不再与减振器轴线重合。

由图 3-31b 可知，使弹簧和减振器的轴线偏移距离 s，再考虑到弹簧轴向力 F_6 的影响，则作用到导向套上的力将减小，可用下式计算，即

$$F_3 = \frac{F_1 ad}{(c+b)(d-c)} - \frac{F_6 s}{(d-c)} \tag{3-55}$$

由式（3-55）可知，增加距离 s，有利于减小作用到导向套上的横向力 F_3。有时为了发挥弹簧反力减小横向力 F_3 的作用，还将弹簧下端布置得尽量靠近车轮，从而使弹簧轴线与减振器轴线成一角度。这就是麦弗逊式悬架中主销轴线、滑柱轴线和弹簧轴线不共线的主要原因。

（2）摆臂轴线布置方式的选择　麦弗逊式悬架的摆臂轴线与主销后倾角的匹配影响

汽车的纵倾稳定性，如图 3-32 所示，O 点为汽车纵向平面内悬架相对于车身跳动的运动瞬心。当摆臂轴的抗前俯角 $-\beta$ 等于静平衡位置的主销后倾角 λ_0 时，摆臂轴线正好与主销轴线垂直，运动瞬心交于无穷远处，主销轴线在悬架跳动时做平动。因此，λ_0 值保持不变。

当 $-\beta$ 与 λ_0 的匹配使运动瞬心 O 交于前轮后方时（图 3-32a），在悬架压缩行程，λ_0 有增大的趋势。

当 $-\beta$ 与 λ_0 的匹配使运动瞬心 O 交于前轮前方时（图 3-32b），在悬架压缩行程，λ_0 有减小的趋势。

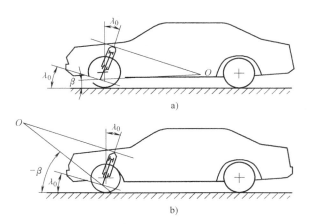

图 3-32　λ_0 角变化示意图

为了减小汽车制动时的纵倾，一般希望在悬架压缩行程主销后倾角 λ_0 有增大的趋势。因此，在设计麦弗逊式悬架时，应选择参数 β，使运动瞬心 O 交于前轮后方。

（3）摆臂长度的确定　图 3-33 所示某乘用车麦弗逊式独立悬架的运动特性曲线。图中的几组曲线是下摆臂取不同值时的悬架运动特性曲线，由图可以看出，摆臂越长，B_y 曲线越平缓，即车轮跳动时轮距变化越小，有利于提高轮胎寿命。主销内倾角 γ、车轮外倾角 δ 和主销后倾角 λ 曲线的变化规律也都与 B_y 类似，说明摆臂越长，前轮定位角度的变化越小，有利于提高汽车的操纵稳定性。

具体设计时，在满足布置要求的前提下应尽量增加摆臂长度。

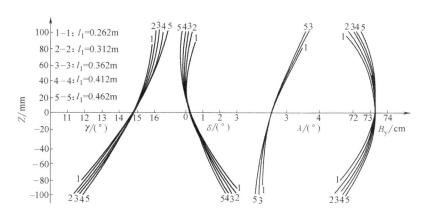

图 3-33　麦弗逊式独立悬架的运动特性曲线

3.2.5　减振器的设计

悬架中用得最多的减振器是内部充有液体的液力式减振器。汽车车身和车轮振动时，

减振器内的液体在流经阻尼孔时的摩擦和液体的黏性摩擦形成了振动阻力，将振动能量转变为热能，并散发到周围空气中去，达到迅速衰减振动的目的。如果能量的耗散仅仅是在压缩行程或者伸张行程进行，则把这种减振器称为单向作用式减振器，如果在两行程中能量均有耗散则称为双向作用式减振器，后者因减振作用比前者好而得到广泛应用。

根据结构形式的不同，减振器分为摇臂式和筒式两种。虽然摇臂式减振器能够在比较大的工作压力（10~20MPa）条件下工作，但由于它的工作特性受活塞磨损和工作温度变化的影响大而遭淘汰。筒式减振器的工作压力虽然仅为 2.5~5MPa，但是因为工作性能稳定而在现代汽车上得到广泛应用。筒式减振器又分为单筒式、双筒式和充气筒式三种。双筒充气液力减振器具有工作性能稳定、干摩擦阻力小、噪声小及总长度短等优点，在乘用车上得到越来越多的应用。

设计减振器时应当满足的基本要求是：在使用期间保证汽车行驶平顺性的性能稳定。减振器的主要参数包括：相对阻尼系数、减振器阻尼系数、最大卸荷力以及筒式减振器工作缸直径等。

（1）相对阻尼系数 ψ 减振器在卸荷阀打开前，减振器中的阻力 F 与减振器振动速度 v 之间的关系为

$$F = \delta v \tag{3-56}$$

式中 δ——减振器阻尼系数。

图 3-34a 所示为减振器的阻力-位移特性。图 3-34b 所示为减振器的阻力-速度特性，该图具有如下特点：阻力-速度特性由四段近似直线线段组成，其中压缩行程和伸张行程的阻力-速度特性各占两段；各段特性线的斜率是减振器的阻尼系数 $\delta = F/v$，所以减振器有四个阻尼系数。在没有特别指明时，减振器的阻尼系数是指卸荷阀开启前的阻尼系数。通常压缩行程的阻尼系数

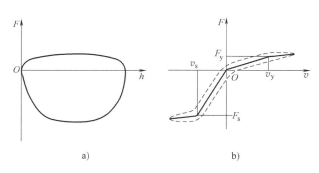

图 3-34 减振器的特性
a）阻力-位移特性 b）阻力-速度特性

$\delta_y = F_y/v_y$ 与伸张行程的阻尼系数 $\delta_s = F_s/v_s$ 不等。

汽车悬架有阻尼以后，簧上质量的振动是周期衰减振动，用相对阻尼系数 ψ 的大小来评定振动衰减的快慢程度。ψ 的表达式为

$$\psi = \delta / (2\sqrt{cm_s}) \tag{3-57}$$

式中 c——悬架系统垂直刚度；

m_s——簧上质量。

式（3-57）表明，减振器的阻尼作用在与不同刚度 c 和不同簧上质量 m_s 的悬架系统匹配时，会产生不同的阻尼效果。ψ 值大，振动能迅速衰减，同时又能将较大的路面冲击力传到车身。通常情况下，将压缩行程时的相对阻尼系数 ψ_y 取得小些，伸张行程时的相对阻尼系数 ψ_s 取得大些。两者之间保持 $\psi_y = (0.25 \sim 0.5)\psi_s$ 的关系。

设计时，先选取 ψ_y 与 ψ_s 的平均值 ψ。对于无内摩擦的弹性元件悬架，取 $\psi = 0.25 \sim 0.5$；对于有内摩擦的弹性元件悬架，ψ 值取小些。对于行驶路面条件较差的汽车，ψ 值应取大些，一般取 $\psi_s > 0.3$；为避免悬架碰撞车架，取 $\psi_y = 0.5\psi_s$。

（2）**减振器阻尼系数 δ 的确定**　减振器阻尼系数 $\delta = 2\psi\sqrt{cm_s}$。因悬架系统的固有振动频率为 $\omega = \sqrt{c/m_s}$，所以理论上 $\delta = 2\psi m_s \omega$。实际上应根据减振器的布置特点确定减振器的阻尼系数。例如，当减振器按图 3-35a 所示的方式安装时，减振器阻尼系数 δ 为

$$\delta = (2\psi m_s \omega n^2)/a^2 \tag{3-58}$$

式中　n——双横臂悬架的下臂长；

　　　a——减振器在下横臂上的连接点到下横臂在车身上的铰接点之间的距离。

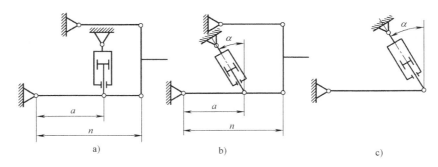

图 3-35　减振器的安装位置

减振器按图 3-35b 所示的方式安装时，减振器的阻尼系数 δ 为

$$\delta = (2\psi m_s \omega n^2)/(a^2 \cos^2 \alpha) \tag{3-59}$$

式中　α——减振器轴线与铅垂线之间的夹角。

减振器按图 3-35c 所示的方式安装时，减振器的阻尼系数 δ 为

$$\delta = (2\psi m_s \omega)/\cos^2 \alpha \tag{3-60}$$

分析式（3-58）~ 式（3-60）可知：在下横臂长度 n 不变的条件下，改变减振器在下横臂上固定点的位置或者减振器轴线与铅垂线之间的夹角 α，会改变减振器阻尼系数。

（3）**最大卸荷力 F_0 的确定**　为减小传到车身上的冲击力，当减振器活塞振动速度达到一定值时，减振器打开卸荷阀。此时的活塞速度称为卸荷速度，记作 v_x。在减振器按图 3-35b 所示的方式安装时，有

$$v_x = A\omega\alpha\cos\alpha/n \tag{3-61}$$

式中　v_x——卸荷速度，一般为 $0.15 \sim 0.30 \mathrm{m/s}$；

　　　A——车身振幅，取 $\pm 40\mathrm{mm}$；

　　　ω——悬架振动的固有频率。

若已知伸张行程时的阻尼系数 δ_s，在伸张行程的最大卸荷力 $F_0 = \delta_s v_x$。

（4）**筒式减振器工作缸直径 D 的确定**　根据伸张行程的最大卸荷力 F_0 计算工作缸直径 D 为

$$D = \sqrt{\frac{4F_0}{\pi[p](1-\lambda^2)}} \tag{3-62}$$

式中 $[p]$ ——工作缸最大允许压力，取 $3 \sim 4 \mathrm{MPa}$；

λ ——连杆直径与缸筒直径之比，双筒式减振器取 $\lambda = 0.40 \sim 0.50$，单筒式减振器取 $\lambda = 0.30 \sim 0.35$。

减振器的工作缸直径 D 有 20mm、30mm、40mm、45mm、50mm、65mm 等。选取时应按相关标准选用。

贮油筒直径 $D_c = (1.35 \sim 1.50) D$，壁厚取为 2mm，材料可选 20 钢。

3.3 轮胎与车轮的选择

3.3.1 轮胎的使用要求

对乘用车和轻型货车轮胎的要求主要包括以下内容：

1）行驶安全性。为了保证行驶安全性，要求轮胎牢固地安装在轮辋上，这取决于轮胎与轮辋的接口设计。轮胎的密封性能良好，一般要求轮胎气压的降低率为每年 25% ~ 30%。因此，按照规定检查轮胎气压是很重要的。

2）使用寿命。轮胎的使用寿命取决于其耐久性和高速强度。通常通过道路试验和台架试验来检验其是否满足要求。

3）经济性。轮胎的经济性主要包括购买价格、行驶里程、磨损形态和滚动阻力。轮胎的气压也对其经济性具有重要影响。

4）舒适性。轮胎的舒适性主要取决于其良好的刚度和阻尼特性、均匀性、低噪声性和低的停车转向阻力矩。

5）操纵性。轮胎的操纵性主要包括：对转向输入响应快速、没有滞后，具有良好的侧偏特性。

对商用车（各种货车和中、大型客车等）轮胎的要求与对乘用车和轻型货车轮胎的要求基本相同，只是上述要求的优先顺序有所不同。对于商用车轮胎，在保证安全性要求的同时，经济性是最主要的考虑因素，有关的性能要求包括行驶里程长、磨损均匀、滚动阻力系数低、牵引性能好、质量小、可以安装防滑链以及可以翻新。

与乘用车轮胎相比，商用车轮胎的滚动阻力对油耗的影响比较大，这主要是因为商用车每年的平均行驶里程是乘用车的 10 倍左右。

3.3.2 轮胎的选择

 【拓展阅读3-3】 斜交轮胎与子午线轮胎结构介绍

轮胎的选择主要依据轮胎尺寸和标记，乘用车轮胎规格标记如图 3-36 所示。

轮胎的选择主要从以下几个方面来考虑。

1）轮胎的选择原则。选择用在新设计车辆上的轮胎时，原则上应该选择符合该车使用国标准的轮胎。在日本，符合车辆用途和规格的轮胎，要从符合日本汽车轮胎协会标准

（简称轮胎协会标准）的轮胎中选择。对欧洲出口的车辆最好从ETRTO（The European Tyre and Rim Technical Organization）的标准指南所规定的轮胎中选择，对美国出口的车辆最好从TRA（The Tire and Rim Association）的年鉴规定的轮胎中选择。一般而言，与车辆型式认证一样，要求对轮胎进行认证的

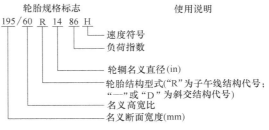

图 3-36　乘用车轮胎规格标记

国家也很多。因此，出口车用轮胎最好与轮胎厂家进行充分的协商后再决定。

2）用途。在轮胎协会标准中，规定了乘用车、货车以及客车等使用的按照用途不同而设定的标准，因此，首先要选定符合用途的轮胎组。即使满足其他参数，但不符合轮胎的用途，那么其经济性可能较差，并会发生其他问题，需要加以注意。因为会出现部分与ETRTO、TRA等用途分类法不同的情况，所以在为特殊用途车辆选择轮胎时，最好与轮胎厂家进行协商。

3）轮胎大小。在确定了轮胎的用途后，接下来就是确定轮胎的大小。在确定大小时，要考虑好与车辆的装配尺寸、载荷、使用气压、车辆的最高速度等因素，选择的大小要满足上述所有要求。由于使用气压、使用速度或是使用单轮还是双轮，都会改变载荷的大小，因此，选择时要注意一定不要选错在车辆使用条件中的轮胎载荷重量。在尚未确定车辆诸参数时，应当选择有余量的尺寸。

4）轮胎尺寸。在确定轮胎与车辆的装配尺寸时，要充分地考虑制动鼓以及车辆型式等因素再确定轮辋的直径，求出能够承受所需载荷的轮胎大小，并且考虑配用轮胎与车辆是否会发生干涉。这时配用轮胎的外径和宽度，选用在轮胎协会标准中规定的尺寸范围内的最大值。对可能在冬季积雪路面行驶的车辆，要预想到有可能使用防滑链，因此要留有余地。在使用双轮轮胎时，要确保按轮胎协会标准所规定的双轮间隔。在特殊车辆上采用比普通轮胎胎面花纹深的轮胎时，有时按花纹深度的差使轮胎的外径增大，因此，最好与轮胎厂家进行充分的协商。雪地轮胎、无防滑钉轮胎、带防滑轮刺轮胎等冬季用轮胎也属于这类深花纹轮胎。

5）轮胎气压。轮胎气压的规定应该在考虑车辆的弹簧特性等因素后确定。然而，从轮胎的性能来看，乘用车用轮胎应按设计的常用载荷选择气压，货车和客车用轮胎最好按接近最大载荷选择气压。但是，不能使用超过轮胎协会标准规定的气压-载荷对应表范围内的气压。

6）轮胎花纹及花纹深度。确定了轮胎大小后，选择符合车辆用途的花纹及花纹深度。轮胎花纹中有纵沟花纹、纵沟横沟组合花纹、横沟花纹以及方块花纹等花纹类型。一般来说，纵沟和方块花纹主要在铺装路面上使用，横沟和纵横沟组合花纹主要在非铺装路面上使用。花纹深度对乘用车来说没有什么特殊的区别，但在货车和客车用轮胎中被划分为三种类型，时速为100km/h左右的高速行驶用轮胎为浅花纹轮胎，在时速为60～80km/h使用条件下的轮胎为一般花纹轮胎，低速行驶轮胎为深花纹轮胎。

轮胎花纹及花纹深度不仅对外观有影响，还对操纵特性和噪声特性等有很大的影响，应与轮胎厂家进行充分协商后再做决定。

7）备用轮胎最好选择与正规轮胎规格相同的轮胎。但是在正规轮胎之外，也可以选择下列轮胎：一是 T 型应急轮胎，由于它宽度窄而小，充气压力高，同样可以承载，因此，比正规轮胎的体积小，目的是节省货厢内的空间和实现轻量化的要求；二是折叠式的应急用轮胎，可以折叠收藏，需要的时候用专用气筒充气使用，但是，这种轮胎在国际上已经逐渐被淘汰。这些特殊的备用轮胎，无论怎么说，都是在正规轮胎出现紧急状况后作为应急使用的轮胎，因此受到行驶速度、可行驶的距离和搭载位置等使用条件的限制，所以，用户有必要充分地认识到这一点。

3.3.3 车轮的选择

1. 车轮的功能及要求

车轮具有承受车辆的垂直载荷、侧向载荷以及驱动、制动等在行驶中所产生的各种力，并在转向时通过转向节对轮胎传递转向的作用。因此要求保持轮胎轮辋的轮廓、尺寸和形状都要正确，且其不能与制动器或轮毂罩等产生干涉，并要求具有良好的精度、刚性和耐疲劳性。

为了发挥车轮的功能，要求保持轮辋的轮廓尺寸和形状及与车辆的连接安装尺寸应符合相关标准，并具有良好的耐久性。此外，还要有良好的气密性。车辆装配处的螺母座的刚度，轮胎滚动时的纵向摆动、侧向摆动以及动平衡量也必须良好。为了在车辆行驶时不产生异常振动，对车轮安装面的精度以及轮毂孔的精度都有较高要求。另外，轮毂防尘罩平衡重、气门芯的形状和精度也要合理。此外还有造型与轻量化的要求。

 【拓展阅读3-4】 车轮的分类和特征

2. 车轮的选择方法

按下列要求选择车辆最合适的车轮：

（1）**要求质量的设定** 需要首先明确适用车轮的使用目的和使用方法。也就是说，明确适用车辆的种类、车辆质量等各种参数，并考虑所使用的轮胎，然后设定车轮的要求质量。

（2）**轮辋的选择** 根据适用于车辆的轮胎参数确定轮辋尺寸。轮辋的轮廓尺寸请参阅有关标准，以日本汽车轮胎协会为例：

JISD4218（汽车用）；

JISD4215（摩托车用）；

JISD6402（工业车辆及越野车辆用）；

JISB9203（农业机械用）。

（3）**车轮的结构** 为实现包括外观造型在内的设定目标，根据采用的材料和制造方法决定车轮结构是采用轮辋与轮辐分体的组装形式，还是采用铝制车轮等整体结构。根据选定的结构，需要研讨的具体项目会有所不同，一般会将轮辋部分和轮辐部分分开讨论。

为避免轮辋与车辆制动器发生干涉，选择轮辋时必须确保留有足够的间隙。此外，还

有利用带状凸起固定轮毂罩的车轮，此时需要选定高精度的尺寸公差。

决定轮辐形状时，需要充分考虑防止其与车辆制动器发生干涉，同时应考虑冷却性、轮毂罩安装结构等问题以及安装到车辆时的各种限制。

（4）**车轮强度条件的设定** 由于车轮的强度受轮胎的气压、车辆重量、轮胎最大载荷、车辆速度、使用温度和腐蚀等因素的影响，有必要根据前述与该车辆有关的质量要求，设定最佳强度条件。

（5）**车轮材料的选择** 车轮使用的材料有钢板、铝合金、镁合金以及其他混合材料等。另外，还有把这些由不同材料制成的轮辋和轮辐组装起来的车轮，根据上述车轮质量中的轻量化、耐腐蚀以及外观造型等要求，在考虑高强度钢板等材料强度的基础上选择合适的材料。

（6）**车轮的安全性** 车轮是重要的安全部件，必须结实耐用。随着高速公路的发展及汽车行驶的高速化，即使是很小的缺陷也会造成重大的事故。因此，必须充分考虑相关的安全问题。

（7）**车轮的使用性** 车轮和轮胎维修的便利性也是车轮必须考虑的重要条件之一。必须考虑到轮胎的装拆性、充气性、气门嘴周围的操作性以及车轮螺母（螺栓）的安装性等。

3.4 转向系统设计

3.4.1 转向系统的设计要求

转向系统是用来保持或者改变汽车行驶方向的机构，在汽车转向行驶时，保证各转向轮之间有协调的转角关系。

机械转向系统依靠驾驶人的手力转动转向盘，经转向器和转向传动机构使转向轮偏转。有些汽车还装有防伤机构和转向减振器。采用动力转向的汽车，还装有动力系统，并借助此系统来减轻驾驶人的手力。对转向系统提出的要求如下：

1）汽车转弯行驶时，全部车轮应绕瞬时转向中心旋转，任何车轮不应有侧滑。不满足这项要求会加速轮胎磨损，并降低汽车的行驶稳定性。

2）汽车转向行驶后，在驾驶人松开转向盘的条件下，转向轮能自动返回到直线行驶位置，并稳定行驶。

3）汽车在任何行驶状态下，转向轮都不得产生自振，转向盘没有摆动。

4）转向传动机构和悬架导向装置共同工作时，由于运动不协调使车轮产生的摆动应很小。

5）保证汽车有较高的机动性，具有迅速和小转弯行驶能力。

6）操纵轻便。

7）转向轮碰撞到障碍物以后，传给转向盘的反冲力要尽可能小。

8）转向器和转向传动机构的球头处，有消除因磨损而产生间隙的调整机构。

9）在车祸中，当转向轴和转向盘由于车架或车身变形而共同后移时，转向系统应有能使驾驶人免遭或减轻伤害的防伤装置。

10）进行运动校核，保证转向轮与转向盘转动方向一致。

正确设计转向梯形机构，可以使第一项要求得到保证。转向系统中设置有转向减振器时，能够防止转向轮产生自振，同时又能使传到转向盘上的反冲力明显降低。要求 M_1 类汽车以 50km/h 的车速，M_2、M_3、N_1、N_2、N_3 类汽车以 40km/h 的车速沿曲线半径为 50m 的弯道的切线方向驶离时，转向盘不得有异常振动。为了使汽车具有良好的机动性能，必须使转向轮有尽可能大的转角，并要达到按前外轮车轮轨迹计算，其最小转弯半径能达到汽车轴距的 2~2.5 倍。通常用转向时驾驶人作用在转向盘上的手力大小和转向盘转动圈数多少这两项指标来评价操纵轻便性。当汽车以 10km/h 的车速从直线进入转弯半径为 12m 的弯道行驶时，作用在转向盘上的最大手力对 M_1、M_2 类汽车为 150N，对 M_3、N_1 类汽车为 200N，对 N_2、N_3 类汽车为 245N。乘用车转向盘从中间位置转到每一端的圈数不得超过 2 圈，货车则要求不超过 3 圈。

3.4.2 机械转向器方案分析

1. 齿轮齿条转向器

目前，在大多数发动机前置前驱乘用车上采用的都是齿轮齿条转向器，在一些发动机前置后驱乘用车上也采用这种转向器。齿轮齿条转向器由与转向轴做成一体的转向齿轮和常与转向横拉杆做成一体的齿条组成。与其他形式的转向器相比，齿轮齿条转向器最主要的优点是：构造比较简单，成本较低，效率高、转向轻便，可以自动防止齿轮和齿条之间的松动，并且具有均匀的固有阻尼；有利于改善转向系统的刚性；转向传动机构仅包括转向连杆和转向节，零件少、占用空间小。

齿轮齿条转向器的主要缺点是：由于仅有齿轮与齿条一对传动副，摩擦小、传动效率高，由路面不平造成对车轮的冲击所引起的转向盘反击较大；转向连杆受斜向力的作用，杆中的应力较大；当采用两端输出式设计时转向连杆的长度受到限制；前轮转向角的大小取决于齿条的位移，为了获得足够大的车轮转角，有时只采用较短的转向节臂，使整个转向装置受力较大；随着车轮转向角的增大，转向系统的角传动比下降，使得停车转向时很费力；在非独立悬架中不能采用这种转向器。

当齿轮与齿条之间因磨损出现间隙时，利用在齿条背部靠近主动小齿轮处的压紧力可以调节弹簧的压缩量，进而自动消除齿间间隙，如图 3-37 所示。这不仅可以提高转向系统的刚度，还可以防止工作时产生冲击和噪声。

根据输入齿轮位置和输出特点的不同，齿轮齿条转向器有四种形式：中间输入，两端输出（图 3-38a）；侧面输入，两端输出（图 3-38b）；侧面输入，中间输出（图 3-38c）；侧面输入，一端输出（图 3-38d）。

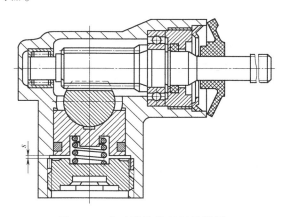

图 3-37　自动消除齿间间隙装置

采用侧面输入、中间输出方案时，由图 3-39 可知，与齿条固连的左、右拉杆延伸到

汽车纵向对称平面附近。由于拉杆长度增加，车轮上、下跳动时拉杆摆角减小，有利于减小车轮上、下跳动时转向系统与悬架的运动干涉。拉杆与齿条用螺栓固定联接，因此，两拉杆与齿条同时向左或向右移动，为此在转向器壳体上开有轴向长槽，从而降低了它的强度。

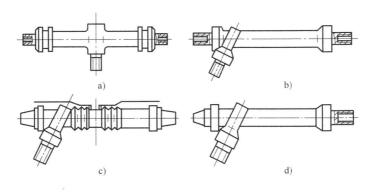

a)   b)

c)   d)

图 3-38 齿轮齿条转向器的四种形式

采用两端输出方案时，由于转向拉杆的长度受到限制，容易与悬架系统导向机构产生运动干涉。

侧面输入、一端输出的齿轮齿条转向器，常用在平头微型货车上。

如果齿轮齿条转向器采用直齿圆柱齿轮与直齿齿条啮合，则运转平稳性降低，冲击大，工作噪声增加。此外，齿轮轴线与齿条轴线之间的夹角只能是直角，导致与总体布置不适应而遭淘汰。采用斜齿圆柱齿轮与斜齿齿条啮合的齿轮齿条转向器，重合度增加，运转平稳，冲击与工作噪声均下降，而且齿轮轴线与齿条轴线之间的夹角易于满足总体设计的要求。

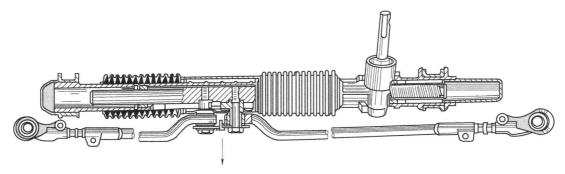

图 3-39 拉杆与齿条的连接

齿条断面形状有圆形、V 形（图 3-40）和 Y 形（图 3-41）三种。圆形断面齿条的制作工艺比较简单。V 形和 Y 形断面齿条与圆形断面齿条相比，消耗材料少，故质量小；位于齿下面的两斜面与齿条托座接触，可用来防止齿条绕轴线转动；Y 形断面齿条的齿宽可以做得宽些，因而强度得到增加；在齿条与托座之间通常装有用减磨材料（如聚四氟乙烯）做的垫片（图 3-40），用来减小滑动摩擦。

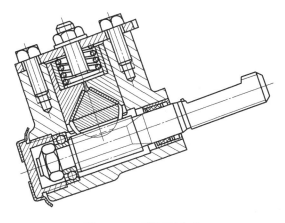

图 3-40　V 形断面齿条

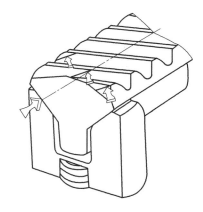

图 3-41　Y 形断面齿条

　　根据齿轮齿条转向器和转向梯形相对前轴位置的不同，齿轮齿条转向器在汽车上有四种布置形式：转向器位于前轴后方，后置梯形（图 3-42a）；转向器位于前轴后方，前置梯形（图 3-42b）；转向器位于前轴前方，后置梯形（图 3-42c）；转向器位于前轴前方，前置梯形（图 3-42d）。

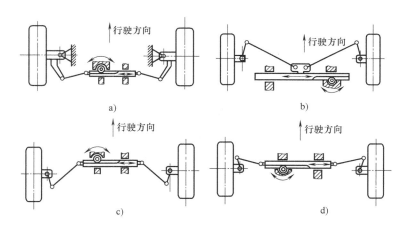

图 3-42　齿轮齿条转向器的四种布置形式

　　齿轮齿条转向器广泛应用于微型、普通级、中级和中高级乘用车上，甚至在高级乘用车上也有采用。装载质量不大、前轮采用独立悬架的货车和客车有些也用齿轮齿条转向器。

　　2. 循环球转向器

　　循环球转向器由螺杆和螺母共同形成的螺旋槽内装有钢球构成的传动副，以及螺母上齿条与摇臂轴上齿扇构成的传动副组成，如图 3-43 所示。

　　循环球转向器的优点是：在螺杆和螺母之间因为有可以循环流动的钢球，将滑动摩擦变为滚动摩擦，因而传动效率可达到 75% ~ 85%；在结构和工艺上采取措施，包括提高制造精度，降低工作表面的表面粗糙度值以及使螺杆、螺母上的螺旋槽经淬火和磨削加工，使之有足够的硬度和良好的耐磨损性能，可保证有足够的使用寿命；转向器

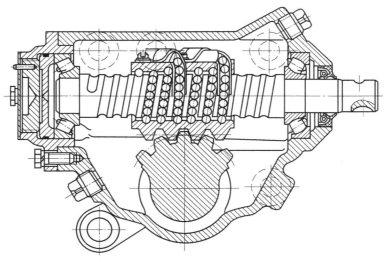

图 3-43　循环球转向器

的传动比可以变化；工作平稳可靠；齿条和齿扇之间的间隙调整工作容易进行；适合用来做整体式动力转向器。

循环球转向器的主要缺点是逆效率高，结构复杂，制造困难及制造精度要求高。

循环球转向器主要用于货车和客车上。

　【拓展阅读3-5】　蜗杆滚轮式转向器介绍

3.4.3　转向系统防伤安全机构的方案分析与计算

根据交通事故统计资料和对汽车碰撞试验结果的分析表明：汽车正面碰撞时，转向盘、转向管柱是使驾驶人受伤的主要元件。因此在碰撞试验中，相关部件的移动量和受力应符合有关规定；国家标准 GB 11557—2011《防止汽车转向机构对驾驶员伤害的规定》中规定了相关技术要求。为此，需要在转向系统中设计并安装能防止或者减轻驾驶人受伤的机构。例如在转向系统中，使有关零件在撞击时产生塑性变形、弹性变形或是利用摩擦等来吸收冲击能量。当转向传动轴中采用有万向节连接的结构时，只要布置合理，即可在汽车正面碰撞时防止转向轴等向乘员舱或驾驶室内移动，如图 3-44 所示。这种结构虽然不能吸收碰撞能量，但其结构简单，只要万向节连接的两轴之间存在夹角，正面撞车后转向传动轴和转向盘就处在图中双点画线的位置，转向盘没有后移便不会危及驾驶人的安全。

图 3-45 所示为在乘用车上应用的防伤转向轴简图，其结构简单，制造容易。转向轴分为两段，上转向轴的下端经弯曲成形后，其轴线与主轴轴线之间偏移一段距离，其端面与焊有两个圆头圆柱销的紧固板焊接在一起，两圆柱销的中心线对称于上转向轴的主轴线。下转向轴呈 T 字形，其上端与一个压铸件相连，压铸件上铸有两孔，孔内压入橡胶套与塑料衬套后再与上转向轴呈倒钩状连接，构成安全转向轴，如图 3-45a 所示。该轴在使用过程中除传递转矩外，在受到一定的轴向力时，上、下转向轴能自动脱开，如

图 3-45b 所示，以确保驾驶人安全。

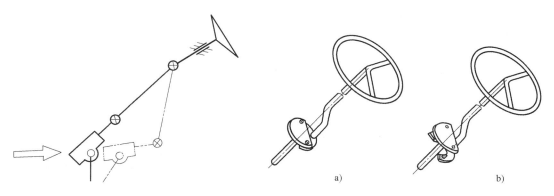

图 3-44 防伤转向传动轴简图 　　　　图 3-45 乘用车用防伤转向轴简图

图 3-46 所示为安全联轴套管，其可吸收冲击能量。位于两万向节之间的转向传动轴由套管 1 和轴 3 组成，套管经过挤压处理后形成的内孔的形状与两侧经铣削加工后所形成的轴的断面形状与尺寸完全一致。装配后从两侧的孔中注入塑料，形成塑料销钉 2 将套管与轴连接为一体。汽车与其他物体正面冲撞时，作用在套管与轴之间的轴向力使塑料销钉受到剪切作用，达到一定值后剪断销钉，然后套管与轴相对移动，存在其间的塑料能增大摩擦阻力而吸收冲击能量。此外，套管与轴相互压缩，长度缩短，可以减小转向盘向驾驶人一侧的移动量，起到保护驾驶人的作用。这种防伤机构结构简单，制造容易，只要合理地选取铆钉数量与直径，便能保证它可靠地工作和吸收冲击能量。撞车后因套管与轴仍保持连接状态，所以汽车仍有可能转向行驶到不妨碍交通的地方。

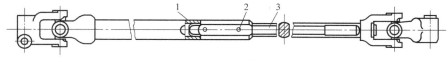

图 3-46 安全联轴套管

1—套管 2—塑料销钉 3—轴

弹性联轴器式防伤机构由上、下转向轴 1、5 和有 45°斜面的凸缘 2，弹性垫片 4（用涂有橡胶的多层帘布制成），联接螺栓 3 组成，如图 3-47 所示。

汽车一旦出现严重的、破坏性碰撞事故，弹性垫片不仅有轴向变形，还能撕裂直至断开，同时吸收了冲击能量，并允许上、下转向轴相对移动。这种防伤机构的结构简单，制造容易，成本低。但弹性垫片的存在会降低扭转刚度，对此必须采取措施予以消除。这种结构工作的可靠性由弹性垫片的强度来决定，汽车发生碰撞事故时，凸缘斜面上产生的轴向力 F_z 和径向力 F_j 相等，其最大值由弹性垫片的强度决定，即

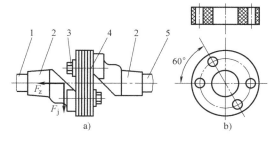

图 3-47 弹性联轴器式防伤机构

a）弹性联轴器 b）弹性垫片

1—上转向轴 2—凸缘 3—联接螺栓
4—弹性垫片 5—下转向轴

$$F_z = F_j = a_0 t \delta k_1 k_2 \sigma_1 \qquad (3-63)$$

式中　a_0——实际断面宽度；

　　　t——垫片厚度；

　　　δ——垫片帘布层数；

　　　k_1——考虑垫片不同时损坏的系数，取 0.85；

　　　k_2——考虑危险断面边缘帘线完整性被破坏的系数，取 0.80；

　　　σ_1——拉伸应力，$\sigma_1 = 5.5\mathrm{MPa}$。

　　为了安全，建议轴向力 F_z 取为 9kN，则用式（3-63）就可以确定垫片的尺寸。

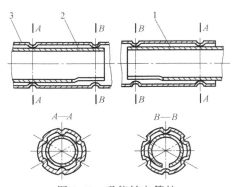

　　图 3-48 所示为吸能转向管柱，其上、下两段转向管柱 1 和 2 压入两端各有两排凹坑的套管 3 内。转向轴分为上、下两段，用花键联结（图上未画出），因而同上述几种形式相比，这种机构虽然工作可靠，但结构复杂，而且制造精度也相对要求高些。

图 3-48　吸能转向管柱

1—上转向管柱　2—下转向管柱　3—套管

　　汽车发生撞车事故时，依靠管柱与套管的挤压来吸收冲击能量。因此，为了满足所要求的压紧力，设计时需要计算套管间的过盈量 Δ，即

$$\Delta = \frac{nF_f}{4\pi E}\left(\frac{\lambda_w}{h} + \frac{\lambda_n}{h}\right) \qquad (3-64)$$

式中　n——互相平衡的径向力数或套管上的凹坑数；

　　　F_f——计算断面套管间接触点处的法向力；

　λ_w、λ_n——外、内套管系数；

　　　h——套管壁厚；

　　　E——弹性模量。

　　式（3-64）中

$$\lambda_w = \sqrt[4]{3(1-\mu^2)(R_w/h)^2} \qquad (3-65)$$

$$\lambda_n = \sqrt[4]{3(1-\mu^2)(R_n/h)^2} \qquad (3-66)$$

式中　μ——泊松比；

　R_w、R_n——外、内套管平均半径。

　　撞车时，作用在转向管柱上的轴向力 F_z 受套管间压力限制，因而

$$F_z = F_f f \qquad (3-67)$$

式中　f——套管加工表面之间没有润滑时的摩擦因数。

3.4.4　转向系统主要性能参数

1. 转向器的效率

　　功率 P_1 从转向轴输入，经转向摇臂轴输出所求得的效率称为正效率，用符号 η_+ 表

示，$\eta_+ = (P_1 - P_2)/P_1$；反之称为逆效率，用符号 η_- 表示，$\eta_- = (P_3 - P_2)/P_3$。式中，P_2 为转向器中的摩擦功率，P_3 为作用在转向摇臂轴上的功率。为了保证转向时驾驶人转动转向盘轻便，要求正效率高。为了保证汽车转向后转向轮和转向盘能自动返回到直线行驶位置，又需要有一定的逆效率。为了减轻在不平路面上行驶时驾驶人的疲劳程度，车轮与路面之间的作用力传至转向盘上的要尽可能小。为防止"打手"又要求逆效率尽可能低。

（1）转向器的正效率 η_+　影响转向器正效率的因素有转向器的类型、结构特点、结构参数和制造质量等。

1）转向器的类型、结构特点与效率的关系。在前述转向器中，齿轮齿条式、循环球转向器的正效率比较高，而蜗杆滚轮式转向器的正效率要明显低些。

同一类型转向器，因结构不同，效率也不一样。如蜗杆滚轮式转向器的滚轮与支持轴之间的轴承可以选用滚针轴承、圆锥滚子轴承和球轴承。第一种结构除滚轮与滚针之间有摩擦损失外，滚轮侧翼与垫片之间还存在滑动摩擦损失，故这种转向器的效率 η_+ 仅有 54%。另外两种结构的转向器效率，根据试验结果分别为 70% 和 75%。

转向摇臂轴轴承的形式对效率也有影响，用滚针轴承比用滑动轴承可使正或逆效率提高约 10%。

2）转向器的结构参数与效率的关系。如果忽略轴承和其他地方的摩擦损失，只考虑啮合副的摩擦损失，对于蜗杆和螺杆类转向器，其效率为

$$\eta_+ = \frac{\tan\alpha_0}{\tan(\alpha_0 + \rho)} \tag{3-68}$$

式中　α_0——蜗杆（或螺杆）的螺线导程角；

ρ——摩擦角，$\rho = \arctan f$，f 为摩擦因数。

（2）转向器逆效率 η_-　根据逆效率大小的不同，转向器又有可逆式、极限可逆式和不可逆式之分。

路面作用在车轮上的力，经过转向系可大部分传递到转向盘，这种逆效率较高的转向器属于可逆式。它能保证转向后，转向轮和转向盘自动回正。这既减轻了驾驶人的疲劳程度，又提高了行驶安全性。但是，在不平路面上行驶时，车轮受到的冲击力能大部分传至转向盘，造成驾驶人"打手"，使之精神状态紧张，如果长时间在不平路面上行驶，易使驾驶人疲劳，影响安全驾驶。属于可逆式的转向器有齿轮齿条转向器和循环球转向器。

不可逆式转向器是指车轮受到的冲击力不能传到转向盘的转向器。该冲击力由转向传动机构的零件承受，因而这些零件容易损坏。同时，它既不能保证车轮自动回正，又使驾驶人缺乏路面感觉，因此，现代汽车不采用这种转向器。

极限可逆式转向器介于上述两者之间。在车轮受到冲击力作用时，此力只有较小一部分传至转向盘。它的逆效率较低，在不平路面上行驶时，驾驶人并不会十分紧张，同时转向传动机构的零件所承受的冲击力也比不可逆式转向器的小。

如果忽略轴承和其他地方的摩擦损失，只考虑啮合副的摩擦损失，则逆效率为

$$\eta_- = \frac{\tan(\alpha_0 - \rho)}{\tan\alpha_0} \tag{3-69}$$

式（3-68）和式（3-69）表明，增加导程角 α_0，正、逆效率均增大。受 η_- 增大的影

响，α_0 不宜取得过大。当导程角小于或等于摩擦角时，逆效率为负值或者为零，此时表明该转向器是不可逆式转向器。为此，导程角必须大于摩擦角。通常，螺线导程角选在 $8° \sim 10°$ 之间。

2. 传动比的变化特性

（1）转向系统传动比 转向系统的传动比包括转向系统的角传动比 $i_{\omega o}$ 和转向系统的力传动比 i_p。

从轮胎接地面中心作用在两个转向轮上的合力 $2F_w$ 与作用在转向盘上的手力 F_h 之比，称为力传动比，即

$$i_p = 2F_w / F_h \tag{3-70}$$

转向盘转动角速度 ω_w 与同侧转向节偏转角速度 ω_k 之比，称为转向系统角传动比 $i_{\omega o}$，即

$$i_{\omega o} = \frac{\omega_w}{\omega_k} = \frac{\mathrm{d}\varphi/\mathrm{d}t}{\mathrm{d}\beta_k/\mathrm{d}t} = \frac{\mathrm{d}\varphi}{\mathrm{d}\beta_k} \tag{3-71}$$

式中　$\mathrm{d}\varphi$——转向盘转角增量；

　　　$\mathrm{d}\beta_k$——转向节转角增量；

　　　$\mathrm{d}t$——时间增量。

$i_{\omega o}$ 又由转向器角传动比 i_ω 和转向传动机构角传动比 i'_ω 所组成，即 $i_{\omega o} = i_\omega i'_\omega$。

转向盘转动角速度 ω_w 与摇臂轴转动角速度 ω_p 之比，称为转向器角传动比 i_ω，即

$$i_\omega = \frac{\omega_w}{\omega_p} = \frac{\mathrm{d}\varphi/\mathrm{d}t}{\mathrm{d}\beta_p/\mathrm{d}t} = \frac{\mathrm{d}\varphi}{\mathrm{d}\beta_p} \tag{3-72}$$

式中　$\mathrm{d}\beta_p$——摇臂轴转角增量。

此定义适用于除齿轮齿条式之外的转向器。

摇臂轴转动角速度 ω_p 与同侧转向节偏转角速度 ω_k 之比，称为转向传动机构角传动比 i'_ω，即

$$i'_\omega = \frac{\omega_p}{\omega_k} = \frac{\mathrm{d}\beta_p/\mathrm{d}t}{\mathrm{d}\beta_k/\mathrm{d}t} = \frac{\mathrm{d}\beta_p}{\mathrm{d}\beta_k} \tag{3-73}$$

（2）力传动比与转向系统角传动比的关系 轮胎与地面之间的转向阻力 F_w 和作用在转向节上的转向阻力矩 M_r 之间的关系为

$$F_w = \frac{M_r}{a} \tag{3-74}$$

式中　a——主销偏移距，指从转向节主销轴线的延长线与支承平面的交点至车轮中心平面与支承平面交线间的距离。

转向盘上的手力 F_h 表示为

$$F_h = \frac{2M_h}{D_{sw}} \tag{3-75}$$

式中　M_h——作用在转向盘上的力矩；

　　　D_{sw}——转向盘直径。

将式（3-74）、式（3-75）代入 $i_p = 2F_w / F_h$ 后得到

$$i_p = \frac{M_r D_{sw}}{M_h a} \tag{3-76}$$

分析式（3-76）可知，当主销偏移距 a 小时，力传动比 i_p 应取大些才能保证转向轻便。通常乘用车的 a 值在 $0.4 \sim 0.6$ 倍轮胎的胎面宽度尺寸范围内选取，而货车的 a 值在 $40 \sim 60$mm 范围内选取。

如果忽略摩擦损失，根据能量守恒原理，$2M_r/M_h$ 可表示为

$$\frac{2M_r}{M_h} = \frac{\mathrm{d}\varphi}{\mathrm{d}\beta_k} = i_{\omega o} \tag{3-77}$$

将式（3-77）代入式（3-76）后得到

$$i_p = \frac{i_{\omega o} D_{sw}}{2a} \tag{3-78}$$

当 a 和 D_{sw} 不变时，力传动比 i_p 越大，虽然转向越轻，但 $i_{\omega o}$ 也越大，表明转向不灵敏。

（3）转向器的角传动比 $i_{\omega o}$ 转向传动机构角传动比除用 $i'_\omega = \mathrm{d}\beta_p/\mathrm{d}\beta_k$ 表示以外，还可以近似地用转向节臂臂长 l_2 与摇臂臂长 l_1 之比来表示，即 $i'_\omega \approx l_2/l_1$。现代汽车结构中，$l_2$ 与 l_1 的比值在 $0.85 \sim 1.1$ 之间，可近似认为其比值为 1，则有 $i_{\omega o} \approx i_\omega = \mathrm{d}\varphi/\mathrm{d}\beta_p$。由此可见，研究转向系统的传动比特性，只需研究转向器角传动比 i_w 及其变化规律即可。

（4）转向器角传动比及其变化规律 式（3-74）表明，增大角传动比可以增大力传动比。由 $i_p = 2F_w/F_h$ 可知，当 F_w 一定时，增大 i_p 能减小作用在转向盘上的手力 F_h，使操纵轻便。

考虑到 $i_{\omega o} \approx i_\omega$，由 $i_{\omega o}$ 的定义可知，对于一定的转向盘角速度，转向轮偏转角速度与转向器角传动比成反比。角传动比增加后，转向轮偏转角速度对转向盘角速度的响应变得迟钝，使转向操纵时间变长，汽车转向灵敏性降低，因此"轻"和"灵"构成一对矛盾。为解决这对矛盾，可采用变速比转向器。

齿轮齿条式、循环球式、蜗杆指销式转向器都可以制成变速比转向器。下面介绍齿轮齿条转向器的变速比工作原理。

相互啮合齿轮的基圆齿距必须相等，即 $P_{b1} = P_{b2}$。其中齿轮基圆齿距 $P_{b1} = \pi m_1 \cos\alpha_1$，齿条基圆齿距 $P_{b2} = \pi m_2 \cos\alpha_2$。由上述两式可知，当具有标准模数 m_1 和标准压力角 α_1 的齿轮与具有变模数 m_2、变压力角 α_2 的齿条相啮合，并始终保持 $m_1 \cos\alpha_1 = m_2 \cos\alpha_2$ 时，它们可以啮合运转。如果齿条中部（相当于汽车直线行驶位置）齿的压力角最大，向两端逐渐减小（模数也随之减小），则主动齿轮啮合半径也减小，致使转向盘每转动某同一角度时，齿条行程也随之减小。因此，转向器的传动比是变化的。图 3-49 所示为根据上述原理设计的齿轮齿条转向器齿条压力角变化简图。从图中可以看到，位于齿条中部位置处的齿有较大压力角且齿轮有较大的节圆半径，而齿条齿有宽的齿根和浅斜的齿侧面；位于齿条两端的齿，齿根减薄，齿有陡斜的齿侧面。

循环球齿条齿扇式转向器的角传动比 $i_\omega = 2\pi r/P$，因结构原因，螺距 P 不能变化，但可以用改变齿扇啮合半径 r 的方法，达到使循环球齿条齿扇式转向器实现变速比的目的。

随转向盘转角的变化，转向器角传动比可以设计成减小、增大或保持不变的。影响选

取角传动比变化规律的因素，主要是转向轴负荷大小和对汽车机动能力的要求。若转向轴负荷小，在转向盘全转角范围内，不存在转向沉重问题。装用动力转向的汽车，因转向阻力矩由动力装置克服，所以在上述两种情况下，均应取较小的转向器角传动比并能减小转向盘转动的总圈数，以提高汽车的机动能力。

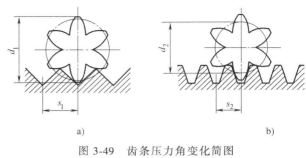

图 3-49　齿条压力角变化简图
a）齿条中部齿　b）齿条两端齿

转向轴负荷大且没有装动力转向的汽车，因转向阻力矩大致与车轮偏转角度大小成正比变化，汽车低速急转弯行驶时的操纵轻便性问题突出，故应选用大些的转向器角传动比。汽车以较高车速转向行驶时，转向轮转角较小，转向阻力矩也小，此时要求转向轮反应灵敏，转向器角传动比应当小些。因此，转向器角传动比的变化曲线应选用大致呈中间小、两端大些的下凹形曲线，如图 3-50 所示。

转向盘在中间位置的转向器角传动比不宜过小，过小则在汽车高速直线行驶时，对转向盘转角过分敏感并使反冲效应加大，使驾驶人精确控制转向轮的运动有困难。直行位置的转向器角传动比不宜低于 15。

3. 转向器传动副的传动间隙 Δt

（1）转向器传动间隙特性　传动间隙是指各种转向器中传动副（如循环球转向器的齿扇和齿条）之间的间隙。该间隙随转向盘转角 φ 的大小不同而改变，并把这种变化关系称为转向器传动副传动间隙特性（图 3-51）。研究该特性的意义在于它与直线行驶的稳定性和转向器的使用寿命有关。

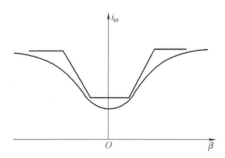

图 3-50　转向器角传动比变化特性曲线

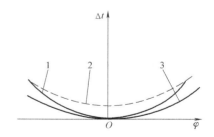

图 3-51　转向器传动副传动间隙特性

直线行驶时，转向器传动副若存在传动间隙，一旦转向轮受到侧向力作用，就能在间隙 Δt 的范围内，允许车轮偏离原行驶位置，使汽车失去稳定性。为防止出现这种情况，要求传动副的传动间隙在转向盘处于中间及其附近位置时（一般是 $10° \sim 15°$）要极小，最好无间隙。

转向器传动副在中间及其附近位置因使用频繁，磨损速度要比两端快。在中间附近位

置因磨损造成的间隙大到无法确保直线行驶的稳定性时，必须经调整消除该处间隙。调整后，要求转向盘能圆滑地从中间位置转到两端，而无卡滞现象。为此，传动副的传动间隙特性应当设计成在离开中间位置以后呈图 3-51 所示的逐渐加大的形状，图中曲线 1 表示转向器在磨损前的间隙变化特性，曲线 2 表示使用并磨损后的间隙变化特性，并且在中间位置处已出现较大间隙，曲线 3 表示调整后并消除中间位置处间隙的转向器传动间隙变化特性。

（2）传动间隙特性获得方法　循环球转向器的齿条齿扇传动副，可通过将齿扇齿做成不同厚度来获取必要的传动间隙。即将中间齿设计成正常齿厚，从靠近中间齿的两侧齿到离开中间齿最远的齿，其厚度依次递减。

如图 3-52 所示，齿扇工作时绕摇臂轴的轴线中心 O 转动。加工齿扇时使之绕切齿轴线 O_1 转动。两轴线之间的距离 n 称为偏心距。用这种方法切齿，可获得厚度不同的齿扇齿。其传动间隙为

$$\Delta t = 2\tan\alpha_d \left(R - n\cos\beta_p - \sqrt{n^2\cos^2\beta_p + R_1^2 - n^2} \right) \tag{3-79}$$

式中　α_d——端面压力角；

$\qquad R$——节圆半径；

$\qquad \beta_p$——摇臂轴转角；

$\qquad R_1$——中心 O_1 到 b 点的距离；

$\qquad n$——偏心距。

偏心距 n 不同，传动副的传动间隙特性也不同。图 3-53 所示为偏心距 n 不同时的传动间隙变化特性。n 越大，在同一摇臂轴转角条件下，其传动间隙也越大。一般偏心距 n 取 0.5mm 左右为宜。

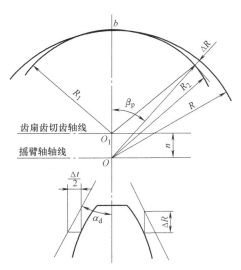

图 3-52　确定齿扇齿切齿轴线偏移的传动副

　　　　　径向间隙 ΔR 及传动间隙 Δt 的示意图

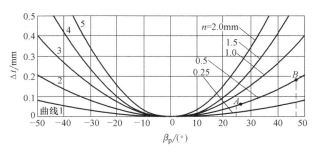

图 3-53　偏心距 n 不同时传动间隙 Δt 的变化

3.4.5　助力转向系统

1. 助力转向系统的设计要求

在汽车上采用助力转向系统的主要目的是在采用适当转向传动比的情况下，减小需要驾驶人施加到转向盘上的转向力，特别是停车转向力。为了减小转向力，转向器的一个发展方向是提高其机械效率，为此发明了循环球转向器。但是，沿着这个方向的发展是有限度的，其效率很难超过85%。另外一个减小转向力的发展方向是增大转向器的传动比。但是，如果传动比过大，则当汽车转向时，为了使前轮摆动一定角度而需要驾驶人转动转向盘的圈数就会过多（转向从容性差），这也是不能接受的。而采用助力转向系统是同时保证上述转向轻便性与转向系统从容性的有效措施。

采用助力转向系统的优点如下：

1）明显减小了停车转向力，使驾驶人可以比较轻松地进行停车转向。汽车行驶中的转向力也得到了减小，有利于减轻驾驶人的疲劳程度。

2）减少了转向盘从一端到另一端的极限转动圈数，一般在2.5~3圈之间，使驾驶人的转向操纵比较从容。有利于选择最佳的转向角传动比，而不必考虑转向沉重的问题。例如，根据操纵稳定性要求选择最佳传动比，兼顾低速大转角转向从容性（转向盘转动圈数要少）。转向系统的角传动比一般在14~24之间。

3）减小了路面对前轮的干扰和对转向盘的影响。助力转向系统具有自动抵抗这种干扰的特性，有利于减轻驾驶人的疲劳程度，特别是在比较差的路面上行驶时。

4）在某个轮胎爆破的情况下，可以更好地阻止车辆的突然转向，从而提高安全性。当汽车在行驶中发生爆胎时，由于发生爆破的轮胎的滚动半径减小、阻力增大，会使汽车迅速向爆胎方向偏转，要阻止这种偏转，就需要对前轮施加很大的反向转矩，助力转向系统可以保证驾驶人能够以合理的转向力迅速反向转动转向盘，控制汽车的行驶方向，防止其突然转向。

5）在转向车轮承受较大负荷的情况下，转向力还可以保持在合理的范围以内，有利于增大汽车总体布置的自由度。

采用助力转向系统的缺点是：其比机械转向系统复杂、成本较高；使汽车油耗有一定程度的增大；有可能产生振动和噪声的问题。

对助力转向系统的主要特性要求是安全性、敏感性和维修保养性。

（1）**安全性**　助力转向系统应该具有失效-安全特性。由于此原因，助力系统都是与常规的机械转向机构并联工作的，以保证在助力系统失效（如发动机停车）的情况下，车辆仍然具有利用机械转向机构进行转向的能力。当然，在这种情况下的转向力往往会大得多，而且一般只允许这种非正常工作状态持续相当短的时间，否则会引起机械转向机构的损坏。

（2）**敏感性**　助力转向系统除了在各种行驶情况下都能够提供足够的助力以外，还应该允许在转向盘上保持足够高的路感。采用机械转向系统的汽车在进行急转弯时，一开始转向力比较大，驾驶人感到转向盘比较沉，然后随着侧向加速度的增大，驾驶人会感到转向盘开始逐渐变轻，这表明已经趋近了轮胎与地面之间的附着极限，由侧偏角引起的轮

胎拖距正在消失（即轮胎回转力矩正在消失），车轮即将开始发生侧滑。因此，这种转向盘变轻的感觉是提醒驾驶人车轮即将开始发生侧滑的警告信号。

在采用助力转向时也要求这种预先警告信号能够传递到转向盘上，使驾驶人能够及时做出正确的反应来预防侧滑这种危险情况的发生。应该指出，这种要求与前述阻止路面对车轮的干扰传递到转向盘的要求有矛盾，在这两者之间应该进行合理的平衡。

为了使在结冰路面上行驶时还能在转向盘上保持一定的路感，在采用助力转向的汽车上其主销后倾角一般比采用机械转向器的汽车的主销后倾角大 1°左右。这是因为主销后倾角引起的拖距不像轮胎拖距那样随着轮胎侧向力的增大而减小，使得侧向力总可以保持一个对主销的力矩（侧向力乘以主销后倾角拖距），其传递到转向盘上就是路感。

（3）维修保养性　对动力转向系统维修保养的一般要求是：对于乘用车，每行驶10000km 就应该检查各处的外泄漏情况和转向油罐的油面高度，而对于重型货车，上述检查行驶里程间隔大约需要减半；每行驶 20000km 应检查助力转向泵的驱动带的状况和张紧力；在转向油罐中有可更换过滤器的情况下，每行驶 32000km 应予以更换。

2. 助力转向机构布置方案分析

液压式助力转向机构因为油液工作压力高，助力缸尺寸小、质量小，结构紧凑，油液具有不可压缩性，灵敏度高以及油液的阻尼作用可吸收路面冲击等优点而被广泛应用。

（1）助力转向机构布置方案　液压式助力转向机构由分配阀、转向器、助力缸、液压泵、贮油罐和油管等组成。根据分配阀、转向器和助力缸三者相互位置的不同，可分为整体式（图3-54a）和分置式两类，后者按分配阀所在位置的不同又分为：分配阀装在助力缸上的，即联阀式（图3-54b）；分配阀装在转向器和助力缸之间拉杆上的，即连杆式（图3-54c）；分配阀装在转向器上的，即半分置式（图3-54d）。

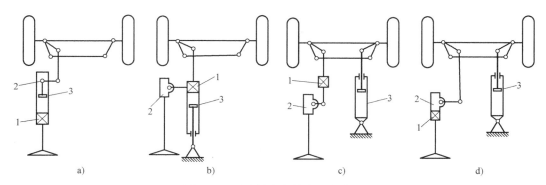

图 3-54　助力转向机构布置方案图
1—分配阀　2—转向器　3—助力缸

在分析比较上述几种不同助力转向机构的布置方案时，常从结构上是否紧凑，转向器主要零件是否承受由助力缸建立起来的载荷，拆装转向器是否容易，管路，特别是软管的管路长短，转向轮在侧向力作用下是否容易引起转向轮摆振，能不能采用典型转向器等方面来进行比较。例如，整体式助力转向器，由于分配阀、转向器、助力缸三者装在一起，结构紧凑，管路也短。在转向轮受到侧向力作用时或者发动机的振动不会影响分配阀的振动，因而不能引起转向轮摆振。它的缺点是转向摇臂轴、摇臂等转向器主要零件都要承受

由助力缸所建立起来的载荷，因此必须加大它们的尺寸和质量，这对布置它们带来不利的影响。同时还不能采用典型转向器，拆装转向器时要比分置式的困难。除此之外，由于对转向器的密封性能要求高，这给转向器的设计，特别是重型汽车的转向器设计带来困难。整体式助力转向器多用于乘用车和中型货车。

（2）**分配阀的结构方案**　分配阀有两种结构方案：分配阀中的阀与阀体以轴向移动方式来控制油路的称为滑阀式，以旋转运动来控制油路的称为转阀式。

滑阀式分配阀结构简单，生产工艺性较好，易于布置，使用性能较好，曾得到广泛应用。

转阀式与滑阀式相比，灵敏度高，密封件少，结构较为先进。由于转阀式是利用扭杆弹簧使转阀回位的，结构复杂。转阀式分配阀在国内外均得到了广泛应用。

3. 液压式助力转向机构的设计

（1）**助力缸尺寸的计算**　助力缸的主要尺寸有助力缸内径、活塞行程、活塞杆直径和助力缸壳体壁厚。

助力缸的布置若如图 3-55 所示，则在计算前，应先行确定作用在直拉杆上的力 F_1。

助力缸应产生的推力 F 为

$$F = \frac{F_1 L_1}{L} \qquad (3\text{-}80)$$

式中　L_1——转向摇臂长度；

L——转向摇臂轴到助力缸活塞之间的距离。

推力 F 与工作油液压力 p 和助力缸截面面积 S 之间的关系为

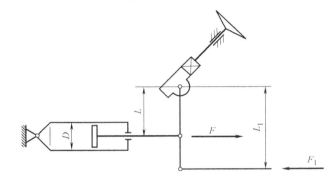

图 3-55　助力缸的布置

$$F = pS \qquad (3\text{-}81)$$

所以

$$S = \frac{F_1 L_1}{pL} \qquad (3\text{-}82)$$

因为助力缸活塞两侧的工作面积不同，应按较小一侧的工作面积来计算，即

$$S = \frac{\pi}{4}(D^2 - d_p^2) \qquad (3\text{-}83)$$

式中　D——助力缸内径；

d_p——活塞杆直径，一般初选时可取 $d_p = 0.35D$。

联立式（3-82）和式（3-83）后得到

$$D = \sqrt{\frac{4F_1 L_1}{\pi pL} + d_p^2} \qquad (3\text{-}84)$$

压力 p 一般为 6～10MPa，最高可取 16.5～18.0MPa。

活塞行程是车轮转至最大转角时，由直拉杆的移动量换算到活塞杆处的移动量得

到的。

如图 3-56 所示，活塞移到两端极限位置，还要留有一定间隙。活塞移到左侧极限位置时，其端面到助力缸之间，应留有 10mm 的间隙。活塞移到右侧极限位置时，其端面到缸盖之间应留有 $e=(0.5\sim0.6)D$ 的间隙，以利于活塞导向作用。

活塞厚度可取为 $B=0.3D$。助力缸的最大长度 s 用下式计算确定，即

$$s=10+(0.5-0.6)D+0.3D+s_1$$
(3-85)

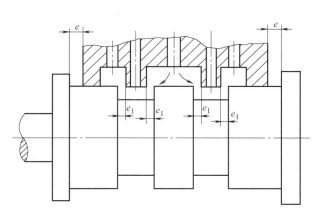

图 3-56　预开隙 e_1 和滑阀移动总量 e

式中　s_1——活塞最大位移量。

助力缸壳体壁厚 t，根据计算轴向平面拉应力 σ_z 来确定，即

$$\sigma_z=p\left[\frac{D^2}{4(Dt+t)^2}\right]\leqslant\frac{\sigma_T}{n}$$
(3-86)

式中　p——油液压力；

　　　D——助力缸内径；

　　　t——助力缸壳体壁厚；

　　　n——安全系数，取 $n=3.5\sim5.0$；

　　　σ_T——壳体材料的屈服强度。

壳体材料有球墨铸铁和铸造铝合金两种。活塞杆用 40 钢或 45 钢制造。为提高可靠性和寿命，要求其表面镀铬并磨光。

（2）分配滑阀参数的选择　分配滑阀的主要参数有滑阀直径 d、预开隙 e_1、密封长度 e_2 和滑阀总移动量 e 等，如图 3-56 所示。上述参数影响分配阀的泄漏量、液流速度和转向灵敏度，设计时可根据下列关系式来确定。

1）分配阀的泄漏量 ΔQ。要求 ΔQ 不能超过溢流阀限制下的最大排量太多，一般可超过 $5\%\sim10\%$。ΔQ 的计算式为

$$\Delta Q=\frac{\Delta r^3\Delta p\pi d}{12\mu e_2}$$
(3-87)

式中　ΔQ——分配阀泄漏量（cm^3/s）；

　　　Δr——滑阀和阀体在半径方向的间隙（cm），一般为 $0.0005\sim0.00125cm$，计算时取最大间隙；

　　　Δp——滑阀进、出口油压差，又称局部压力降（MPa）；

　　　d——滑阀外径（cm）；

　　　e_2——密封长度（cm），$e_2=e-e_1$；

　　　μ——液体动力黏度（Pa·s）。

2）局部压力降 Δp。汽车直线行驶时，液流流经分配阀后流回油箱。液流流经分配阀时，产生的局部压力降 Δp 为

$$\Delta p = 1.38 \times 10^{-3} v^2 \tag{3-88}$$

式中　Δp——局部压力降（MPa）；

　　　　v——中立位置的液流流速（m/s），计算式为

$$v = \frac{Q}{37.6 d e_1} \tag{3-89}$$

式中　Q——溢流阀限制下的最大排量（L/min），一般约等于发动机怠速时液压泵排量的
　　　　　　1.5 倍；

　　　　d——滑阀直径（cm）；

　　　　e_1——预开隙（cm）。

Δp 的允许值为 $3 \times 10^{-2} \sim 4 \times 10^{-2}$ MPa。

分析式（3-88）、式（3-89）可知，若滑阀直径 d 和预开隙 e_1 取得过小，将使中立位置的液流流速增大，并导致 Δp 超过允许值。

（3）分配阀的回位弹簧　为了防止因外界干涉破坏分配阀的正常工作并保证转向后转向盘的自动回正作用，回位弹簧的力在保证转向轻便的条件下，应尽可能取大些。为克服回位弹簧上的压力，反映在转向盘上的作用力，乘用车应比货车的小些。

回位弹簧预压缩力的最小值，应大于转向器逆传动时的摩擦力，否则转向后转向轮不可能有自动回正的作用。转向器的摩擦力可由试验确定。

（4）助力转向器的评价指标

1）助力转向器的作用效能。用效能指标 $s = F_h / F_h'$ 来评价助力转向器的作用效能，其中，F_h 和 F_h' 分别为没有助力转向器和有助力转向器时，转动转向轮所必须作用在转向盘上的力。现有助力转向器的效能指标 $s = 1 \sim 15$。

2）路感。驾驶人转动转向盘时，除要克服转向器的摩擦力和回位弹簧阻力外，还要克服反映路感的液压阻力。液压阻力等于反作用阀面积与工作液压压力的乘积。在最大工作压力时，乘用车换算到转向盘上的力增加 $30 \sim 50$N，货车增加 $80 \sim 100$N。

3）转向灵敏度。转向灵敏度可以用转向盘行程与滑阀行程的比值 i 来评价，即

$$i = \frac{D_{sw} \varphi}{2 \delta} \tag{3-90}$$

式中　D_{sw}——转向盘直径；

　　　　φ——转向盘转角；

　　　　δ——滑阀行程。

由式（3-90）可知，当 D_{sw} 和 δ 的数值不变时，转向盘转角仅仅取决于比值 i，所以这完全可以表达转向灵敏度。比值 i 越小，则动力转向作用的灵敏度越高。高级乘用车的 i 值在 6.7 以下。

转向灵敏度也可以用接通助力转向时作用在转向盘上的手力和转角来评价，要求手力为 $20 \sim 50$N，转角为 $10° \sim 15°$。

4）助力转向器的静特性。助力转向器的静特性是指输入转矩与输出转矩之间的变化

关系曲线，是用来评价助力转向器的主要特性指标。因输出转矩等于油压压力乘以助力缸工作面积和作用力臂，对于已确定的结构，后两项是常量，所以可以用输入转矩 M_φ 与输出油压 p 之间的变化关系曲线来表示助力转向的静特性，如图 3-57 所示。常将静特性曲线划分为四个区段，在输入转矩不大的时候，相当于图中 A 区段，是直线行驶位置附近小角度转向区，曲线呈低平形状，油压变化不大；汽车原地转向或掉头时，输入转矩进入最大区段（图中 C 区段），要求助力转向效果应当最大，故油压曲线呈陡而直状上升；B 区段属于常用快速转向行驶区段，要求助力作用明显，油压曲线的斜率变化应较大，曲线由较为平缓变陡。

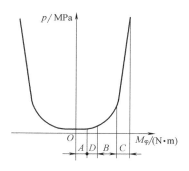

图 3-57　静特性曲
线分段示意图

除此之外，上述三个区段之间的油压曲线过渡要求平滑，D 区段曲线表明是一个较宽的平滑过渡区间。

要求助力转向器向右转和向左转的静特性曲线应对称。对称性可以评价滑阀的加工和装配质量。要求对称性大于 0.85。

 【拓展阅读3-6】　电动助力转向机构的设计

 【拓展阅读3-7】　电控液压助力转向机构的设计

3.4.6　转向梯形设计

1. 转向梯形结构方案分析

转向梯形有整体式和断开式两种，选择整体式或断开式转向梯形方案与悬架采用何种方案有联系。无论采用哪种方案，必须正确选择转向梯形参数，做到汽车转弯时，保证全部车轮绕一个瞬时转向中心行驶，使在不同圆周上运动的车轮，做无滑动的纯滚动运动。同时，为达到总体布置要求的最小转弯直径值，转向轮应有足够大的转角。

（1）**整体式转向梯形**　如图 3-58 所示，整体式转向梯形由转向横拉杆 1、转向梯形臂 2 和汽车前轴 3 组成。其中梯形臂呈收缩状向后延伸。这种方案的优点是结构简单，调整前束容易，制造成本低；主要缺点是一侧转向轮上、下跳动时，会影响另一侧转向轮。

当汽车前悬架为非独立悬架时，应当采用整体式转向梯形。整体式转向梯形的横拉杆可位于前轴后或前轴前（称为前置梯形）。对于发

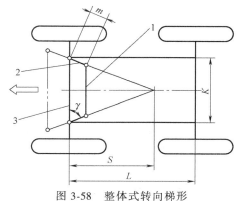

图 3-58　整体式转向梯形
1—转向横拉杆　2—转向梯形臂　3—前轴

动机位置低或前轮驱动汽车，常采用前置梯形。前置
梯形的梯形臂必须向前外侧方向延伸，因而会与车轮
或制动底板发生干涉，所以在布置上有困难。为了使
横拉杆免遭路面不平物的损伤，横拉杆的位置应尽可
能布置得高些，至少不低于前轴高度。

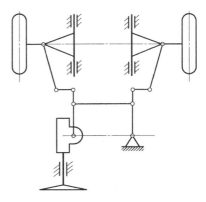

（2）**断开式转向梯形**　转向梯形的横拉杆做成断
开的，称为断开式转向梯形。断开式转向梯形的方案
之一如图 3-59 所示。断开式转向梯形的主要优点是它
与前轮采用独立悬架相配合，能够保证一侧车轮上、
下跳动时，不会影响另一侧车轮；与整体式转向梯形
相比，因为杆系、球头增多，所以结构复杂，制造成
本高，并且调整前束比较困难。

图 3-59　断开式转向梯形

横拉杆上断开点的位置与独立悬架的形式有关。采用双横臂独立悬架，常用图解法
（基于三心定理）确定断开点的位置，其求法如下（图 3-60b）：

1）延长 $K_B B$ 与 $K_A A$，交于立柱 AB 的瞬心 P 点，由 P 点作直线 PS。S 点为转向节臂
球销中心在悬架杆件（双横臂）所在平面上的投影。当悬架摇臂的轴线斜置时，应以垂
直于摇臂轴的平面作为当量平面进行投影和运动分析。

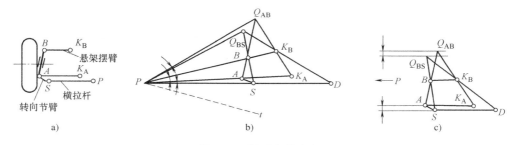

图 3-60　断开点的确定

2）延长直线 AB 与 $K_A K_B$ 交于 Q_{AB} 点，连接 P 点与 Q_{AB} 点得直线 PQ_{AB}。

3）连接 S 点和 B 点，延长直线 SB。

4）作直线 PQ_{BS}，使直线 PQ_{AB} 与 PQ_{BS} 间夹角等于直线 PK_A 与 PS 间的夹角。当 S 点
低于 A 点时，PQ_{BS} 线应低于 PQ_{AB} 线。

5）延长 PS 与 $Q_{BS} K_B$，相交于 D 点，此 D 点便是横拉杆铰接点（断开点）的理想位置。

以上是在前轮没有转向的情况下，确定断开点 D 位置的方法。此外，还要对车轮向左
转和向右转的几种不同工况进行校核。图解方法同上，但 S 点的位置变了；当车轮转向时，
可认为 S 点在垂直于主销中心线 AB 的平面上画弧（不计主销后倾角）。如果用这种方法所
得到的横拉杆长度在不同转角下都相同或十分接近，则在汽车直线行驶时和转向时，车轮的
跳动都不会对转向产生影响。双横臂互相平行的悬架能满足此要求，如图 3-60a、c 所示。

2. 两轴汽车转向时理想的内外前轮转角关系

图 3-61 所示为一辆正在转向行驶的两轴汽车（俯视图），其中，L 为轴距，B、A 分

别为左、右主销中心线的延长线与地面的交点；K 为 A、B 两点之间的距离，这辆汽车正在向右转向行驶，假定汽车转向时速度很慢，其侧向加速度很小，车轮的侧偏角可以忽略。在转向过程中，为了使各个车轮都处于纯滚动状态而无滑动发生，则要求全部车轮都绕一个瞬时转向中心做圆周运动。对两个后轮来说，它们的运动方向应该与它们到转向中心的连线垂直，即转向中心在后轴轴线的延长线上。同样，内前轮的运动方向也与它到转向中心的连线垂直，这样就可以确定上述 3 个车轮的转向

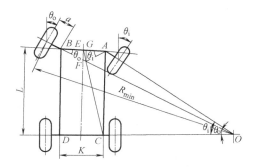

图 3-61 两轴汽车转向时理想的内外前轮转角关系

中心 O。如果外前轮的滚动轴线的延长线也与 O 相交，则各个车轮都绕同一个瞬时转向中心 O 做圆周运动，各个车轮均处于纯滚动状态，这时有

$$L\cot\theta_o - L\cot\theta_i = K \tag{3-91}$$

$$\cot\theta_o - \cot\theta_i = \frac{K}{L} \tag{3-92}$$

式中　θ_o——外前轮转角；

　　　　θ_i——内前轮转角。

式（3-92）称为理想的内外前轮转角关系，也称为阿克曼转向几何关系。汽车转向时若能满足上述条件，则车轮做纯滚动运动。但是，这是有条件的，即在轮胎的侧偏角可以忽略的情况下。现有汽车的转向梯形机构尚不能在整个转向范围内使上述条件得到满足。

如图 3-61 所示，BD 和 AC 是两条平行于汽车纵轴线的直线，分别与后轴相交于 D、C 点。E 点是纵轴线与 AB 的交点，连接 E、C 点得到 EC 线。在 EC 线上任取一点 F，它与 A、B 两点连线所组成的 $\angle FBE$ 和 $\angle FAE$，就是符合式（3-92）的理想内、外前轮转角。直线 EC 就是保证内外前轮转角关系的理想特性线。根据这条线可以比较方便地用图解法来校核转向梯形的设计质量。

3. 整体式转向梯形机构的设计与校核

图 3-62 所示为确定校核用当量转向梯形的方法。在图中的侧视图上，E 点是转向横拉杆与梯形臂的球铰中心。过 E 点作主销轴线的垂线，V 是垂足。E 点到 V 点的水平距离为 a。过 V 点作平行于地面的直线，并且延长到图 3-62 中的后视图上。在后视图中，上述过 V 点的水平线与左、右侧主销轴线分别相交于 V_L 和 V_R，V_L 与 B、V_R 与 A 之间的水平距离都是 b，其中，B、A 分别是主销轴线的延长线与地面的交点。

在图 3-62 所示的俯视图中，E_L、E_R 分别是转向横拉杆与左、右梯形臂的球铰中心，根据尺寸 a、b 就可以确定 V_L 和 V_R 点的位置。校核用当量转向梯形的顶点就是 E_L、E_R、V_L、V_R。

对转向梯形机构进行设计和校核的图解方法包括如下步骤：

1）首先，按照图 3-62 所示的方法确定校核用当量转向梯形，如图 3-63a 所示。其中，a 和当量转向梯形底角 γ 应该近似满足以下两个关系式，即

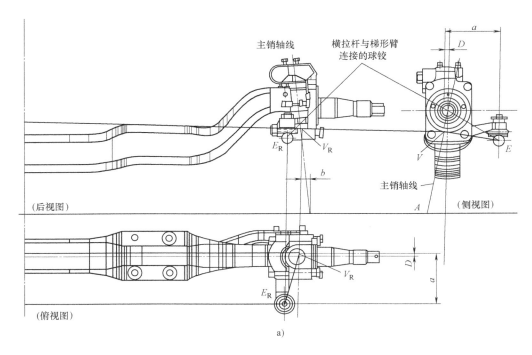

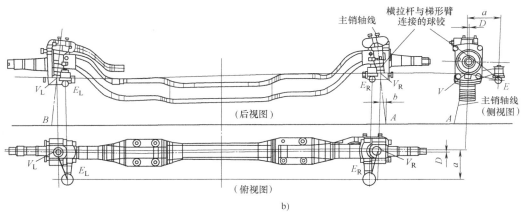

图 3-62　确定校核用当量转向梯形的方法

a）一半前桥　b）完整的前桥

$$a = (0.11 \sim 0.15)K \qquad (3-93)$$

$$\tan\gamma = \frac{L}{\dfrac{K}{2} - b} \qquad (3-94)$$

2）画出在中间位置时的当量转向梯形，如图 3-63b 所示，再给出一系列内轮转角 θ_i，利用校核用当量转向梯形通过作图求得对应的外轮转角 θ_o。

3）再分别以 A 和 B（主销轴线与地面的交点）为原点，把 θ_i 和 θ_o 画在图上（图 3-64）得到一对射线。每对射线有一个交点，把这些交点连接起来，就得到在选定的

梯形底角 γ 下的实际特性曲线。

如果上述实际特性曲线不能令人满意，那么可以再选择一个底角 γ_1，用同样的方法可以得到另一条实际特性曲线。在图 3-64 中画出了两条实际特性曲线，其对应的当量梯形底角分别是 γ 和 γ_1。EC 是理想特性曲线。若给出一系列梯形底角，便得到一系列的实际特性曲线。可以从其中选取一条比较理想的实际特性曲线，以其底角作为最后选定的梯形底角 γ。考虑到轮胎的侧偏角，应该使实际内、外前轮转角差值比计算值小些。通常要求在内前轮转到最大转角时使实际特性曲线与理想特性曲线 EC 相交，这一般要求横拉杆的两个球铰中心距比较大。由于转向节及安装在其上的零部件（制动底板等）的结构限制，横拉杆球铰中心距往往不能满足这个要求，使得在内前轮达到最大转角以前，实际特性曲线就已经与理想特性曲线 EC 相交了。因此在设计中，应该尽可能地增大横拉杆的球铰中心距。

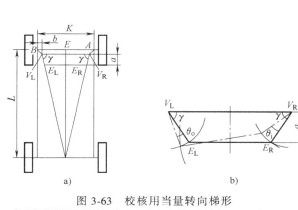

图 3-63　校核用当量转向梯形

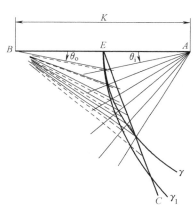

图 3-64　转向梯形与实际特征曲线

【拓展阅读 3-8】　转向传动机构的设计

3.5　制动系统设计

3.5.1　概述

制动系统的作用是使汽车以适当的减速度降速行驶直至停车，在下坡行驶时使汽车保持适当的稳定车速，使汽车可靠地停在原地或坡道上。制动系统至少应有行车制动装置和驻车制动装置。前者用来保证第一项功能和在不长的坡道上行驶时保证第二项功能，而后者则用来保证第三项功能。除此之外，有些汽车还设有应急制动和辅助制动装置。

应急制动装置利用机械力源（如强力压缩弹簧）进行制动，在某些采用动力制动或伺服制动的汽车上，一旦发生蓄压装置压力过低等故障，可用应急制动装置实现汽车制动。同时，在人力控制下它还能兼起驻车制动的作用。

辅助制动装置可实现汽车下长坡时持续地减速或保持稳定的车速，并减轻或者解除行车制动装置的负荷。

行车制动装置和驻车制动装置都由制动器和制动驱动机构两部分组成。

设计制动系统时应满足以下主要要求：

1）足够的制动能力。行车制动能力，用一定制动初速度下的制动减速度（参见 QC/T 239—2015《商用车辆行车制动器技术要求及台架试验方法》）和制动距离两项指标评定；驻坡能力是指汽车在良好路面上能可靠停驻的最大坡度。

2）工作可靠。行车制动至少有两套独立的驱动制动器管路。当其中一套管路失效时，另一套完好的管路应保证汽车制动能力不低于没有失效时规定值的 30%。行车和驻车制动装置可以有共同的制动器，而驱动机构各自独立。行车制动装置都用脚操纵，其他制动装置多为手操纵。

3）用任何速度制动，汽车都不应当丧失操纵性和方向稳定性。

4）防止水和污泥进入制动器工作表面。

5）要求制动系统的热稳定性良好。

6）操纵轻便，并具有良好的随动性。

7）制动时制动系统产生的噪声尽可能小，同时力求减少散发出对人体有害的石棉纤维等物质，以减少公害。

8）作用滞后性应尽可能短。作用滞后性是指制动反应时间，以制动踏板开始动作至达到给定的制动效能所需的时间来评价。气制动车辆反应时间较长，要求不得超过 0.6s，对于汽车列车不得超过 0.8s。

9）摩擦衬片（块）应有足够的使用寿命。

10）摩擦副磨损后，应有能消除因磨损而产生间隙的机构，且调整间隙工作容易，最好设置自动调整间隙机构。

11）汽车制动系统应装有音响或光信号等报警装置，以便当制动驱动装置的任何部件发生故障并使其基本功能遭到破坏时发出信号。

防止制动时车轮被抱死，有利于提高汽车在制动过程中的方向稳定性和转向操纵性，并缩短制动距离，因此近年来防抱死制动系统（ABS）得到快速发展和应用。此外，含有石棉的摩擦材料，因石棉致癌已被逐渐淘汰，取而代之的是各种无石棉型材料。

3.5.2　制动系统的结构方案分析

制动器有摩擦式、液力式和电磁式等形式。电磁式制动器虽有作用滞后小、易于连接且接头可靠等优点，但因成本高而只在部分重型汽车上用来作车轮制动器或缓速器。液力式制动器只用作缓速器。目前广泛使用的仍为摩擦式制动器。

摩擦式制动器按摩擦副结构形式的不同，分为鼓式、盘式和带式三种。带式只用作中央制动器。

1. 鼓式制动器

鼓式制动器分为领从蹄式、单向双领蹄式、双向双领蹄式、双从蹄式、单向增力式及双向增力式等形式，如图 3-65 所示。

不同形式鼓式制动器的主要区别有：蹄片固定支点的数量和位置不同；张开装置的形式与数量不同；制动时两块蹄片之间有无相互作用。因蹄片的固定支点和张开力位置不

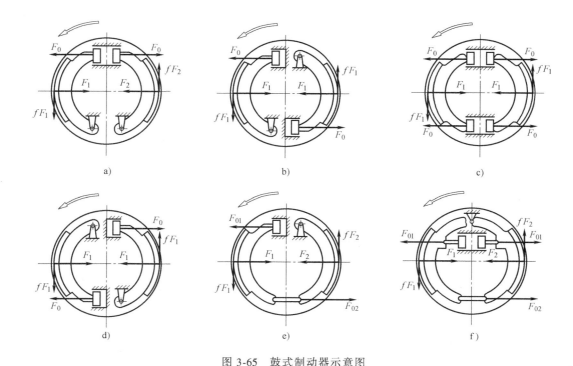

图 3-65 鼓式制动器示意图

a) 领从蹄式 b) 单向双领蹄式 c) 双向双领蹄式 d) 双从蹄式 e) 单向增力式 f) 双向增力式

同, 使不同形式鼓式制动器的领、从蹄数量有差别, 并使制动效能不同。

制动器在单位输入压力或力的作用下所输出的力或力矩, 称为制动器效能。在评价不同形式制动器的效能时, 常用一种称为制动器效能因数的无因次指标。制动器效能因数的定义为, 在制动鼓或制动盘的作用半径 R 上所得到的摩擦力 (M_μ/R) 与输入力 F_0 之比, 即

$$K = \frac{M_\mu}{F_0 R} \tag{3-95}$$

式中 K——制动器效能因数;

M_μ——制动器输出的制动力矩。

制动器效能的稳定性是指其效能因数 K 对摩擦因数 f 的敏感性 $(\mathrm{d}K/\mathrm{d}f)$, 使用中 f 随温度和水湿程度变化。要求制动器的效能稳定性好, 即是要求其效能对 f 的变化敏感性较低。

(1) 领从蹄式 领从蹄式制动器的每块蹄片都有自己的固定支点, 而且两固定支点位于两蹄的同一端, 如图 3-65a 所示。张开装置有两种形式, 第一种用凸轮或楔块式张开装置, 其中平衡凸轮式和楔块式张开装置中的制动凸轮和制动楔块是浮动的, 故能保证作用在两蹄上的张开力相等。非平衡式制动凸轮的中心是固定的, 不能保证作用在两蹄上的张开力相等。第二种用两个活塞直径相等的轮缸 (液压驱动), 可保证作用在两蹄上的张开力相等。

领从蹄式制动器的效能和效能稳定性, 在各式制动器中居中游; 前进、倒退行驶的制动效果不变; 结构简单, 成本低; 便于附装驻车制动驱动机构; 调整蹄片与制动鼓之间的

间隙容易。但领从蹄式制动器也有两蹄片上的单位压力不等（在两蹄的摩擦衬片面积相同的条件下），导致两蹄衬片磨损不均匀，寿命不同的缺点。此外，因只有一个轮缸，两蹄必须在同一驱动回路作用下工作。

领从蹄式制动器应用广泛，特别是在乘用车和轻型货车、客车的后轮用得较多。

（2）**单向双领蹄式** 单向双领蹄式制动器的两块蹄片各有自己的固定支点，而且两固定支点位于两蹄的不同端，如图 3-72b 所示，领蹄的固定端在下方，从蹄的固定端在上方。每块蹄片有各自独立的张开装置，且位于与固定支点相对应的一方。

汽车前进制动时，这种制动器的制动效能相当高。由于有两个轮缸，可以用两个各自独立的回路分别驱动两蹄片。除此之外，这种制动器还有调整蹄片与制动鼓之间的间隙容易和两蹄片上的单位压力相等，使之磨损均匀，寿命相同等优点。单向双领蹄式制动器的制动效能稳定性，仅强于增力式制动器。倒车制动时，由于两蹄片皆为双从蹄，使制动效能明显下降。与领从蹄式制动器相比，由于多了一个轮缸，使结构略显复杂。

这种制动器适用于前进制动时前轴动轴荷及附着力大于后轴，而倒车制动时则相反的汽车前轮上。它之所以不用于后轮，还因为两个互相成中心对称的轮缸难以附加驻车制动驱动机构。

（3）**双向双领蹄式** 双向双领蹄式制动器的结构特点是两蹄片浮动，用各有两个活塞的两轮缸张开蹄片，如图 3-72c 所示。

无论是前进还是倒退制动，这种制动器的两块蹄片始终为领蹄，因此制动器效能相当高，而且不变。由于制动器内设有两个轮缸，适用于双回路驱动机构。当一套管路失效后，制动器转变为领从蹄式制动器。除此之外，双向双领蹄式制动器的两蹄片上的单位压力相等，因而磨损均匀，寿命相同。双向双领蹄式制动器因有两个轮缸，故结构复杂，且调整蹄片与制动鼓之间的间隙困难是它的缺点。

这种制动器的应用比较广泛。若用于后轮，则需另设中央驻车制动器。

（4）**双从蹄式** 双从蹄式制动器的两蹄片各有一个固定支点，而且两固定支点位于两蹄片的不同端，并用各有一个活塞的两轮缸张开蹄片，如图 3-72d 所示。

双从蹄式制动器的制动器效能稳定性最好，但因制动器效能最低，所以很少采用。

（5）**单向增力式** 单向增力式制动器的两蹄片只有一个固定支点，两蹄下端经推杆相互连接成一体，制动器仅有一个轮缸用来产生推力张开蹄片，如图 3-72e 所示。

汽车前进制动时，两蹄片皆为领蹄，次领蹄上不存在轮缸张开力，而且由于领蹄上的摩擦力经推杆作用到次领蹄，使制动器效能很高，居各式制动器之首。与双向增力式制动器相比，这种制动器的结构比较简单。因两块蹄片都是领蹄，所以制动器效能稳定性相当差。倒车制动时，两蹄又都是从蹄，结果制动器效能很低。因两蹄片上单位压力不等，造成蹄片磨损不均匀，寿命不同。这种制动器只有一个轮缸，故不适合用于双回路驱动机构；另外由于两蹄片下部联动，使调整蹄片间隙变得困难。

单向增力式制动器在少数轻、中型货车上用作前制动器。

（6）**双向增力式** 双向增力式制动器的两蹄片端部各有一个制动时不同时使用的共用支点，支点下方有一轮缸，内装两个活塞用来同时驱动张开两蹄片，两蹄片下方经推杆连接成一体，如图 3-72f 所示。

与单向增力式制动器不同的是，双向增力式制动器的次领蹄上也作用有来自轮缸活塞

推压的张开力，尽管这个张开力的作用效果较小，但因次领蹄下端受到的来自主领蹄经推杆作用的张开力很大，所以次领蹄上的制动力矩能达到主领蹄制动力矩的 $2\sim3$ 倍。因此，采用这种制动器，即使制动驱动机构中不用伺服装置，也可以借助很小的踏板力得到很大的制动力矩。这种制动器前进与倒车的制动效果不变。

双向增力式制动器因两蹄片均为领蹄，所以制动器效能稳定性比较差。除此之外，两蹄片上的单位压力不等，故磨损不均匀，寿命不同。调整间隙与单向增力式一样比较困难。因只有一个轮缸，故制动器不适合用于有的双回路驱动机构。

基本尺寸比例相同的各式鼓式制动器效能因数与摩擦因数的关系曲线，如图3-66所示。

由图可见，制动器的效能因数由高至低的顺序为增力式制动器、双领蹄式制动器、领从蹄式制动器和双从蹄式制动器。而制动器效能稳定性的排序则恰好与上述情况相反。

应该指出，鼓式制动器的效能并非单纯取决于根据制动器的结构参数和摩擦因数计算出来的制动器效能因数值，还受蹄与鼓接触部位的影响。蹄与鼓仅在蹄的中部接触时，输出制动力矩就小，而在蹄的端部和根部接触时输出制动力矩就较大。制动器的效能因数越高，制动效能受接触情况的影响就越大，故正确的调整对高性能制动器尤为重要。

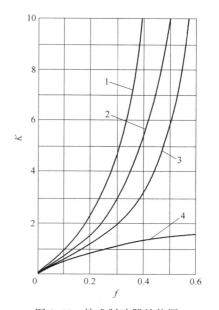

图 3-66　鼓式制动器效能因
数与摩擦因数的关系

1—双向增力式　2—双领蹄式
3—领从蹄式　4—双从蹄式

2. 盘式制动器

按摩擦副中固定元件结构的不同，盘式制动器分为钳盘式和全盘式两类。

钳盘式制动器（图3-67）的固定摩擦元件是制动块，装在与车轴连接且不能绕车轴轴线旋转的制动钳中。制动衬块与制动盘的接触面很小，在盘上所占的中心角一般仅为 $30°\sim50°$，故这种盘式制动器又称为点盘式制动器。

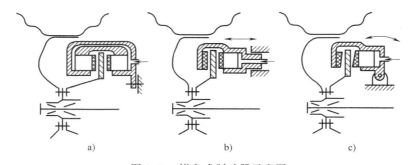

图 3-67　钳盘式制动器示意图

a）固定钳式　b）滑动钳式　c）摆动钳式

全盘式制动器中摩擦副的旋转元件及固定元件均为圆盘形，制动时各盘摩擦表面全部接触，作用原理如同离合器，故又称离合器式制动器。全盘式中用得较多的是多片全盘式制动器。多片全盘式制动器既可用作车轮制动器，也可用作缓行器。

钳盘式制动器按制动钳结构的不同，有以下不同的形式：

（1）**固定钳式**　如图3-67a所示，制动钳固定不动，制动盘两侧均有液压缸。制动时仅两侧液压缸中的制动块向盘面移动。这种形式也称为对置活塞式或浮动活塞式。

（2）**浮动钳式**

1）滑动钳式。如图3-67b所示，制动钳可以相对于制动盘做轴向滑动，其中只在制动盘的内侧置有液压缸，外侧的制动块固装在钳体上。制动时活塞在液压作用下使活动制动块压靠到制动盘上，而反作用力则推动制动钳体连同固定制动块压向制动盘的另一侧，直到两制动块受力均等为止。

2）摆动钳式。如图3-67c所示，它也是单侧液压缸结构，制动钳体与固定于车轴上的支座铰接。为实现制动，钳体不是滑动而是在与制动盘垂直的平面内摆动。显然，制动块不可能全面均匀地磨损。为此，有必要将衬块预先做成楔形（摩擦面对背面的倾斜角为6°左右）。在使用过程中，衬块逐渐磨损到各处残存厚度均匀（一般为1mm左右）后即应更换。

固定钳式的优点有：除活塞和制动块以外无其他滑动件，易于保证钳的刚度；结构及制造工艺与一般的制动轮缸相差不多；容易实现从鼓式到盘式的改型；很能适应不同回路驱动系统的要求（可采用三液压缸或四液压缸结构）。

固定钳式的缺点有：至少有两个液压缸分置于制动盘两侧，因而必须用跨越制动盘的内部油道或外部油管来连通，这一方面使制动器的径向和轴向尺寸增大，增加了在汽车上的布置难度，另一方面增加了受热机会，使制动液温度过高而汽化；固定钳式制动器要兼作驻车制动器，必须在主制动钳上另外附装一套供驻车制动用的辅助制动钳，或是采用图3-68所示的盘鼓结合式制动器。辅助制动钳结构比较简单、摩擦衬块面积小。盘鼓结合式制动器中，鼓式制动器直径尺寸较小，常采用双向增力式鼓式制动器。与辅助制动钳式比较，它能产生可靠的驻车制动力矩。

浮动钳式制动器的优点有：仅在盘的内侧有液压缸，故轴向尺寸小，制动器能更进一步靠近轮毂；没有跨越制动盘的油道或油管，加之液压缸冷却条件好，所以制动液汽化可能性小；成本低；浮动钳的制动块可兼用于驻车制动。

制动钳的安装位置可以在车轴之前或之后。

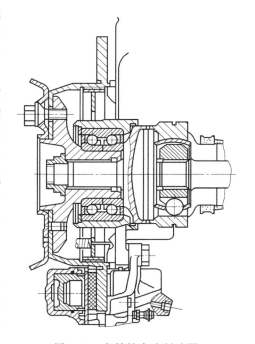

图3-68　盘鼓结合式制动器

如图3-69所示，制动钳位于轴后能使制动时轮毂轴承的合成载荷 F 减小；制动钳位于轴

前，则可避免轮胎向钳内甩溅泥污。

与鼓式制动器相比，盘式制动器有如下优点：

1）热稳定性好。其原因是一般无自行增力作用，衬块摩擦表面的压力分布较鼓式中的衬片更为均匀。此外，制动鼓在受热膨胀后，工作半径增大，使其只能与蹄中部接触，从而降低了制动效能，这称为机械衰退。制动盘的轴向膨胀极小，径向膨胀根本与性能无关，故无机械衰退问题。因此，前轮采用盘式制动器，汽车制动时不易跑偏。

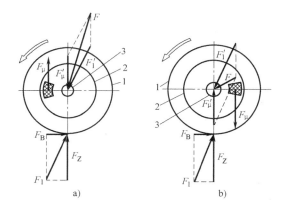

图 3-69　制动时车轮、制动盘及轮毂轴承的受力示意图

a）制动钳位于轴前　b）制动钳位于轴后

1—车轮　2—制动盘　3—轮毂　F_Z—路面法向反力

2）水稳定性好。制动块对盘的单位压力高，易于将水挤出，因而浸水后效能降低不多；又由于离心力作用及衬块对盘的擦拭作用，出水后只需经一两次制动即能恢复正常。鼓式制动器则需经十余次制动才能恢复。

3）制动力矩与汽车运动方向无关。

4）易于构成双回路制动系统，使系统有较高的可靠性和安全性。

5）尺寸小、质量小、散热良好。

6）压力在制动衬块上分布比较均匀，故衬块磨损也均匀。

7）更换衬块简单容易。

8）衬块与制动盘之间的间隙小（0.05~0.15mm），这就缩短了制动协调时间。

9）易于实现间隙自动调整。

盘式制动器的主要缺点是：

1）难以完全防止尘污和锈蚀（封闭的多片全盘式制动器除外）。

2）兼作驻车制动器时，所需附加的手驱动机构比较复杂。

3）在制动驱动机构中必须装用助力器。

4）因为衬块工作面积小，所以磨损快，使用寿命低，需用高材质的衬块。盘式制动器在乘用车前轮上得到广泛应用。

3.5.3　制动器主要参数的确定

1. 鼓式制动器主要参数的确定

鼓式制动器的主要几何参数如图 3-70 所示，具体解释见下文。

（1）**制动鼓内径 D**　输入力 F_0 一定时，制动鼓内径越大，制动力矩越大，且散热能力也越强，但制动鼓内径受轮辋内径的限制。制动鼓与

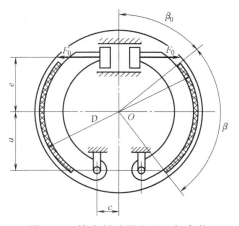

图 3-70　鼓式制动器主要几何参数

轮辋之间应保持足够的间隙，通常要求该间隙不小于20mm，否则不但制动鼓散热条件太差，而且轮辋受热后可能粘住内胎或烤坏气门嘴。制动鼓应有足够的壁厚，用来保证有较大的刚度和热容量，以减小制动时的温升。制动鼓的直径小，刚度就大，并有利于保证制动鼓的加工精度。

制动鼓内径与轮辋直径之比D/D_r的范围如下：

对于乘用车，$D/D_r = 0.64 \sim 0.74$；

对于货车，$D/D_r = 0.70 \sim 0.83$。

（2）**摩擦衬片宽度b和包角β**　摩擦衬片宽度尺寸b的选取对摩擦衬片的使用寿命有影响。若衬片宽度尺寸取小些，则磨损速度快，衬片寿命短；若衬片宽度尺寸取大些，则质量大，不易加工，并且增加了成本。

制动鼓半径R确定后，衬片的摩擦面积为$A_p = R\beta b$。制动器各蹄衬片总的摩擦面积$\sum A_p$越大，制动时所受单位面积的正压力和能量负荷越小，从而磨损特性越好。

试验表明，摩擦衬片包角为$90° \sim 100°$时，磨损最小，制动鼓温度最低，且制动效能最高。β角减小虽然有利于散热，但单位压力过高将加速磨损。实际上包角两端处单位压力最小，因此过分延伸衬片的两端以加大包角，对减小单位压力的作用不大，而且将使制动不平顺，容易使制动器发生自锁。因此，包角一般不宜大于$120°$。

衬片宽度b较大可以减小磨损，但过大将不易保证与制动鼓全面接触。

（3）**摩擦衬片起始角β_0**　一般将衬片布置在制动蹄的中央，即令$\beta_0 = 90° - \beta/2$。有时为了适应单位压力的分布情况，将衬片相对于最大压力点对称布置，以改善磨损均匀性和制动效能。

（4）**制动器中心到张开力F_0作用线的距离e**　在保证轮缸或制动凸轮能够布置于制动鼓内的条件下，应使距离e尽可能大，以提高制动效能。初步设计时可暂定$e = 0.8R$左右。

（5）**制动蹄支承点位置坐标a和c**　应在保证两蹄支承端毛面不致互相干涉的条件下，使a尽可能大而c尽可能小。初步设计时，也可暂定$a = 0.8R$左右。

2. 盘式制动器主要参数的确定

（1）**制动盘直径D**　制动盘直径D应尽可能取大些，这时制动盘的有效半径得到增加，可以降低制动钳的夹紧力，减小衬块的单位压力和工作温度。受轮辋直径的限制，制动盘的直径通常选择为轮辋直径的$70\% \sim 79\%$。总质量大于2t的汽车应取上限。

（2）**制动盘厚度h**　制动盘厚度h对制动盘质量和工作时的温升有影响。为使质量小些，制动盘厚度不宜取得过大；为了降低温度，制动盘厚度又不宜取得过小。制动盘可以做成实心的，或者为了散热通风的需要在制动盘中间铸出通风孔道。一般实心制动盘厚度可取为$10 \sim 20$mm，通风式制动盘厚度取为$20 \sim 50$mm，采用较多的是$20 \sim 30$mm。

（3）**摩擦衬块外半径R_2与内半径R_1**　推荐摩擦衬块外半径R_2与内半径R_1的比值不大于1.5。若此比值偏大，工作时衬块的外缘与内侧圆周速度相差较多，磨损不均匀，接触面积减小，最终导致制动力矩变化大。

（4）**制动衬块面积A**　盘式制动器的衬块工作面积A，推荐根据制动衬块单位面积占

有的汽车质量在 $1.6 \sim 3.5 \mathrm{kg/cm}^2$ 的范围内选用。

3.5.4 制动器的设计与计算

1. 鼓式制动器的设计计算

（1）压力沿衬片长度方向的分布规律

除摩擦衬片因有弹性容易变形外，制动鼓、蹄片和支承也有变形，所以计算法向压力在摩擦衬片上的分布规律比较困难。通常只考虑衬片径向变形的影响，其他零件变形的影响较小而忽略不计。

制动蹄有一个自由度和两个自由度之分。

首先计算有两个自由度的紧蹄摩擦衬片的径向变形规律。如图 3-71a 所示，将坐标原点取在制动鼓中心 O 点。y_1 坐标轴线通过蹄片的瞬时转动中心 A_1 点。

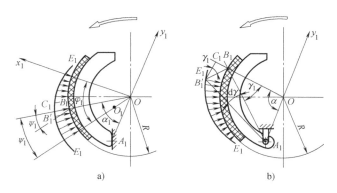

图 3-71 计算摩擦衬片径向变形简图

a）有两个自由度的紧蹄 b）有一个自由度的紧蹄

制动时，由于摩擦衬片变形，蹄片一面绕瞬时转动中心转动，同时还顺着摩擦力作用的方向沿支承面移动。结果蹄片中心位于 O_1 点，因而未变形的摩擦衬片的表面轮廓（E_1E_1 线），就沿 OO_1 方向移动进入制动鼓内。显然，表面上所有点在这个方向上的变形是一样的。位于半径 OB_1 上的任意点 B_1 的变形就是 B_1B_1' 线段，所以同样一些点的径向变形 δ_1 为

$$\delta_1 = B_1C_1 \approx B_1B_1' \cos\psi_1 \tag{3-96}$$

考虑到半径 OB_1 和最大压力线 OO_1 之间的夹角 $\psi_1 \approx (\varphi_1 + \alpha_1) - 90°$，以及 $B_1B_1' = OO_1 = \delta_{1\max}$，紧蹄的径向变形 δ_1 和压力 p_1 为

$$\left.\begin{array}{l} \delta_1 = \delta_{1\max}\sin(\alpha_1 + \varphi_1) \\ p_1 = p_{1\max}\sin(\alpha_1 + \varphi_1) \end{array}\right\} \tag{3-97}$$

式中 α_1——任意半径 OB_1 和 y_1 轴之间的夹角；

φ_1——x_1 轴和最大压力线 OO_1 之间的夹角。

其次计算有一个自由度的紧蹄摩擦衬片的径向变形规律。如图 3-71b 所示，此时蹄片在张开力和摩擦力的作用下绕支承销 A_1 转动 $\mathrm{d}\gamma$ 角。摩擦衬片表面任意点 B_1 沿蹄片转动的切线方向的变形就是线段 B_1B_1'，其径向变形分量是这个线段在半径 OB_1 延长线上的投

影，即为 B_1C_1 线段。由于 $\mathrm{d}\gamma$ 很小，可认为 $\angle A_1B_1B_1' = 90°$，故所求摩擦衬片的变形应为

$$\delta_1 = B_1C_1 = B_1B_1'\sin\gamma_1 = A_1B_1\sin\gamma_1\mathrm{d}\gamma \tag{3-98}$$

考虑到 $OA_1 \approx OB_1 = R$，分析等腰三角形 A_1OB_1，则有 $A_1B_1/\sin\alpha = R/\sin\gamma_1$，所以表面的径向变形和压力为

$$\left.\begin{array}{l}\delta_1 = R\sin\alpha\mathrm{d}\gamma\\ p_1 = p_{max}\sin\alpha\end{array}\right\} \tag{3-99}$$

综上所述可知，新蹄片压力沿摩擦衬片长度的分布符合正弦曲线规律，可用式（3-93）和式（3-99）计算。

沿摩擦衬片长度方向压力分布的不均匀程度，可用不均匀系数 Δ 评价，即

$$\Delta = p_{max}/p_\mathrm{f} \tag{3-100}$$

式中　p_f——在同一制动力矩作用下，假想压力分布均匀时的平均压力；

　　　p_{max}——压力分布不均匀时蹄片上的最大压力。

（2）计算蹄片上的制动力矩　计算鼓式制动器的制动力矩，必须查明蹄压紧到制功鼓上的力与产生制动力矩之间的关系。

为计算有一个自由度的蹄片上的力矩，在摩擦衬片表面取一横向微元面积，如图 3-72所示。它位于 α 角内，面积为 $bR\mathrm{d}\alpha$，其中 b 为摩擦衬片宽度。由鼓作用在微元面积上的法向力为

$$\mathrm{d}F_1 = pbR\mathrm{d}\alpha = p_{max}bR\sin\alpha\mathrm{d}\alpha \tag{3-101}$$

同时，摩擦力 $f\mathrm{d}F_1$（f 为摩擦因数，计算时取 0.3）产生的制动力矩为

$$\mathrm{d}M_{\mu t1} = \mathrm{d}F_1 fR = p_{max}bR^2 f\sin\alpha\mathrm{d}\alpha \tag{3-102}$$

从 α' 到 α'' 区段对上式积分得

$$M_{\mu t1} = p_{max}bR^2 f(\cos\alpha' - \cos\alpha'') \tag{3-103}$$

法向压力均匀分布时，有

$$\left\{\begin{array}{l}\mathrm{d}F_1 = p_\mathrm{f}bR\mathrm{d}\alpha\\ M_{\mu t1} = p_\mathrm{f}bR^2 f(\alpha'' - \alpha')\end{array}\right. \tag{3-104}$$

由式（3-103）和式（3-104）能计算出不均匀系数

$$\Delta = \frac{\alpha'' - \alpha'}{\cos\alpha' - \cos\alpha''}$$

由式（3-103）和式（3-104）能计算出制动力矩与压力之间的关系。但是，实际计算时还必须建立制动力矩与张开力 F_0 的关系。

紧蹄产生的制动力矩 $M_{\mu t1}$ 为

$$M_{\mu t1} = fF_1 R_1 \tag{3-105}$$

式中　F_1——紧蹄的法向合力；

　　　R_1——摩擦力 fF_1 的作用半径（图 3-73）。

如果已知蹄的几何参数和法向压力的大小，便能用式（3-103）计算出蹄的制动力矩。

为计算随张开力 F_{01} 而变的力 F_1，列出蹄上的力平衡方程式

$$\left\{\begin{array}{l}F_{01}\cos\alpha_0 + F_x' - F_1(\cos\delta_1 + f\sin\delta_1) = 0\\ F_{01}a - F_x'c + fR_1F_1 = 0\end{array}\right. \tag{3-106}$$

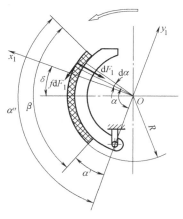

图 3-72　计算制动力矩简图

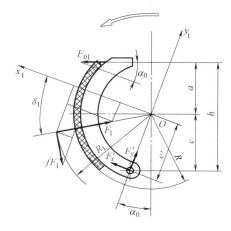

图 3-73　计算张开力简图

式中　δ_1——x_1 轴和力 F_1 的作用线之间的夹角；

　　　F'_x——支承反力在 x_1 轴上的投影。

解联立方程式（3-103）得到

$$F_1 = \frac{hF_{01}}{\left[c'(\cos\delta_1 + f\sin\delta_1) - fR_1 \right]} \tag{3-107}$$

对于紧蹄，其制动力矩为

$$M_{\mu t1} = \frac{F_{01}fhR_1}{\left[c'(\cos\delta_1 + f\sin\delta_1) - fR_1 \right]} = F_{01}D_1 \tag{3-108}$$

对于松蹄也能用类似的方程式表示，即

$$M_{\mu t2} = \frac{F_{02}fhR_2}{\left[c'(\cos\delta_2 - f\sin\delta_2) - fR_2 \right]} = F_{02}D_2 \tag{3-109}$$

为计算 δ_1、δ_2 及 R_1、R_2 的值，必须求出法向力 F 及其分量，沿着相应的轴线作用有力 $\mathrm{d}F_x$ 和 $\mathrm{d}F_y$，它们的合力为 $\mathrm{d}F_1$。根据式（3-102）有

$$F_x = \int_{\alpha'}^{\alpha''} \mathrm{d}F_1 \sin\alpha = p_{max}bR\int_{\alpha'}^{\alpha''}\sin^2\alpha\,\mathrm{d}\alpha = \frac{p_{max}bR(2\beta - \sin2\alpha'' + \sin\alpha')}{4} \tag{3-110}$$

$$F_y = \int_{\alpha'}^{\alpha''} \mathrm{d}F_1 \cos\alpha = p_{max}bR\int_{\alpha'}^{\alpha''}\sin\alpha\cos\alpha\,\mathrm{d}\alpha = \frac{p_{max}bR(\cos2\alpha' - \cos2\alpha'')}{4} \tag{3-111}$$

所以

$$\delta = \arctan\left(\frac{F_y}{F_x}\right) = \arctan\frac{\cos2\alpha' - \cos2\alpha''}{2\beta - \sin2\alpha'' + \sin2\alpha'} \tag{3-112}$$

根据式（3-103）和式（3-105）并考虑到

$$F_1 = \sqrt{F_x^2 + F_y^2} \tag{3-113}$$

则

$$R_1 = \frac{4R(\cos\alpha' - \cos\alpha'')}{\sqrt{(\cos\alpha' - \cos\alpha'')^2 + (2\beta - \sin2\alpha'' + \sin2\alpha')^2}} \tag{3-114}$$

如果顺着制动鼓旋转的蹄片和逆着制动鼓旋转的蹄片的角度 α' 和 α'' 不同，很显然两

块蹄片的 δ 和 R_1 值也不同。制动器有两块蹄片，鼓上的制动力矩等于它们的摩擦力矩之和，即

$$M_\mu = M_{\mu t1} + M_{\mu t2} = F_{01}D_1 + F_{02}D_2 \tag{3-115}$$

用液力驱动时，$F_{01} = F_{02}$，所需的张开力为

$$F_0 = \frac{M_\mu}{D_1 + D_2} \tag{3-116}$$

凸轮张开机构的张开力，可由前述作用在蹄上的力矩平衡条件得到的方程式求出，即

$$F_{01} = \frac{0.5M_\mu}{D_1} \tag{3-117}$$

$$F_{02} = \frac{0.5M_\mu}{D_2} \tag{3-118}$$

计算鼓式制动器，必须检查蹄有无自锁的可能。由式（3-108）得出自锁条件，当式（3-108）中的分母等于零时，蹄自锁，即

$$c'(\cos\delta_1 + f\sin\delta_1) - fR_1 = 0 \tag{3-119}$$

如果 $f < \dfrac{c'\cos\delta_1}{R_1 - c'\sin\delta_1}$，蹄就不会自锁。

由式（3-103）和式（3-108）可计算出领蹄表面的最大压力为

$$P_{1max} = \frac{F_{01}hR_1}{bR^2(\cos\alpha' - \cos\alpha'')[c'(\cos\delta_1 + f\sin\delta_1) - fR_1]} \tag{3-120}$$

2. 盘式制动器的设计计算

假定衬块的摩擦表面全部与制动盘接触，且各处单位压力分布均匀，则制动器的制动力矩为

$$M_\mu = 2fF_0R \tag{3-121}$$

式中　f——摩擦因数；

　　　F_0——单侧制动块对制动盘的压紧力；

　　　R——作用半径。

对于常见的具有扇形摩擦表面的衬块，若其径向宽度不是很大，取 R 等于平均半径 R_m 或有效半径 R_e，在实际上已经足够精确。

如图 3-74 所示，平均半径 R_m 为

$$R_m = \frac{(R_1 + R_2)}{2} \tag{3-122}$$

式中　R_1、R_2——摩擦衬块扇形表面的内半径和外半径。

有效半径 R_e 是扇形表面的面积中心至制动盘中心的距离，计算式为

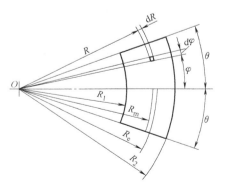

图 3-74　钳盘式制动器的作用半径计算参考图

$$R_e = \frac{2}{3} \frac{(R_2^3 - R_1^3)}{(R_2^2 - R_1^2)} = \frac{4}{3} \left[1 - \frac{m}{(1+m)^2} \right] R_m \tag{3-123}$$

式中　$m = R_1 / R_2$。

因为 $m < 1$，$\frac{m}{(1+m)^2} < \frac{1}{4}$，故 $R_e > R_m$，且 m 越小，两者差值越大。

应当指出，若 m 过小，即扇形的径向宽度过大，衬块摩擦面上各不同半径处的滑磨速度相差太大，磨损将不均匀，因而单位压力分布均匀这一假设条件不能成立，则上述计算方法也就不适用。m 值一般不应小于 0.65。

制动盘工作面的加工精度应达到下述要求：平面度公差为 0.012mm，表面粗糙度 Ra 值为 $0.7 \sim 1.3 \mu m$，两摩擦表面的平行度误差不应大于 0.05mm，制动盘的轴向圆跳动误差不应大于 0.03mm。通常制动盘采用摩擦性能良好的珠光体灰铸铁制造。为保证有足够的强度和耐磨性能，其牌号不应低于 HT250。

3. 衬片磨损特性的计算

摩擦衬片（衬块）的磨损受温度、摩擦力、滑磨速度、制动鼓（制动盘）的材质及加工情况，以及衬片（衬块）本身材质等诸多因素的影响，因此在理论上计算磨损性能极为困难。但试验表明，影响磨损的最重要因素还是摩擦表面的温度和摩擦力。从能量的观点来说，汽车的制动过程即是将汽车的机械能（动能和势能）的一部分转变为热量而耗散的过程。在制动强度很大的紧急制动过程中，制动器几乎承担了汽车全部动能耗散的任务。此时，由于制动时间很短，实际上热量还来不及逸散到大气中，而被制动器所吸收，致使制动器温度升高，这就是制动器的能量负荷。能量负荷越大，衬片（衬块）磨损越严重。对于盘式制动器的衬块，其单位面积上的能量负荷比鼓式制动器衬片的大许多倍，因而制动盘的表面温度比制动鼓的高。

各种汽车的总质量及其制动衬片（衬块）的摩擦面积各不相同，因而有必要用一种相对的量作为评价能量负荷的指标。目前，各国常用的指标是比能量耗散率，即每单位衬片（衬块）摩擦面积的每单位时间耗散的能量，通常所用的计量单位为 W/mm^2。比能量耗散率有时也称为单位功负荷，或简称能量负荷。

双轴汽车的单个前轮及后轮制动器的比能量耗散率及制动时间分别为

$$e_1 = \frac{\delta m_a (v_1^2 - v_2^2)}{4 t A_1} \beta \tag{3-124}$$

$$e_2 = \frac{\delta m_a (v_1^2 - v_2^2)}{4 t A_2} (1 - \beta) \tag{3-125}$$

$$t = \frac{v_1 - v_2}{j} \tag{3-126}$$

式中　m_a——汽车总质量（t）；

　　　δ——汽车回转质量换算系数；

　　　v_1、v_2——制动初速度和终速度（m/s）；

　　　j——制动减速度（m/s^2）；

　　　t——制动时间（s）；

A_1、A_2——前、后制动器衬片（衬块）的摩擦面积（mm^2）；

β——制动力分配系数。

在紧急制动到停车的情况下，$v_2 = 0$，并可认为 $\delta = 1$，故

$$e_1 = \frac{m_a v_1^2}{4tA_1}\beta \tag{3-127}$$

$$e_2 = \frac{m_a v_1^2}{4tA_2}(1-\beta) \tag{3-128}$$

据有关文献推荐，鼓式制动器的比能量耗散率以不大于 $1.8W/mm^2$ 为宜，计算时取减速度 $j = 0.6g$。制动初速度 v_1：乘用车用 100km/h（27.8m/s）；总质量在 3.5t 以下的货车用 80km/h（22.2m/s）；总质量在 3.5t 以上的货车用 65km/h（18m/s）。乘用车的盘式制动器在同上的 v_1 和 j 的条件下，比能量耗散率应不大于 $6.0W/mm^2$。对于最高车速低于以上规定的制动初速度的汽车，按上述条件算出的 e 值允许略大于 $1.8W/mm^2$。比能量耗散率过高不仅会引起衬片（衬块）的加速磨损，还有可能使制动鼓或制动盘更早发生龟裂。

另一个磨损特性指标是每单位衬片（衬块）摩擦面积的制动器摩擦力，称为比摩擦力，记作 f_0。比摩擦力越大，磨损越严重。单个车轮制动器的比摩擦力为

$$f_0 = \frac{M_\mu}{RA} \tag{3-129}$$

式中　M_μ——单个制动器的制动力矩；

　　　R——制动鼓半径（衬块平均半径 R_m 或有效半径 R_e）；

　　　A——单个制动的衬片（衬块）摩擦面积。

在 $j = 0.6g$ 时，鼓式制动器的比摩擦力 f_0 以不大于 $0.48N/mm^2$ 为宜。与之相应的衬片与制动鼓之间的平均单位压力 $p_m = f_0/f = 1.37 \sim 1.60N/mm^2$（设摩擦因数 $f = 0.3 \sim 0.35$）。这比过去一些文献中所推荐的 p_m 许用值（$2 \sim 2.5N/mm^2$）要小，因为磨损问题现在已较过去受到更大程度的重视。

4. 前、后轮制动器制动力矩的确定

为了保证汽车有良好的制动效能，要求合理地确定前、后轮制动器的制动力矩。为此，首先选定同步附着系数 φ_0，并用下式计算前、后轮制动力矩的比值，即

$$\frac{M_{\mu 1}}{M_{\mu 2}} = \frac{L_2 + \varphi_0 h_g}{L_1 - \varphi_0 h_g} \tag{3-130}$$

式中　$M_{\mu 1}$、$M_{\mu 2}$——前、后轮制动器的制动力矩；

　　　L_1、L_2——汽车质心至前轴和后桥的距离；

　　　h_g——汽车质心高度。

然后，根据汽车满载在沥青、混凝土路面上紧急制动到前轮抱死拖滑，计算出前轮制动器的最大制动力矩 $M_{\mu 1max}$；再根据前面已确定的前、后轮制动力矩的比值计算出后轮制动器的最大制动力矩 $M_{\mu 2max}$。

5. 应急制动和驻车制动所需的制动力矩

（1）应急制动　应急制动时，后轮一般都将抱死滑移，故后桥制动力为

$$F_{B2} = F_2\varphi = \frac{m_a g L_1}{L + \varphi h_g}\varphi \qquad (3\text{-}131)$$

此时所需的后桥制动力矩为

$$F_{B2}r_e = \frac{m_a g L_1}{L + \varphi h_g}\varphi r_e \qquad (3\text{-}132)$$

式中　$m_a g$——汽车满载总质量与重力加速度的乘积；

$\quad\quad L$——轴距；

$\quad\quad L_1$——汽车质心到前轴的距离；

$\quad\quad h_g$——汽车质心高度；

$\quad\quad F_2$——路面对后桥的法向反力；

$\quad\quad \varphi$——附着系数；

$\quad\quad r_e$——车轮有效半径。

若用后轮制动器作为应急制动器，则单个后轮制动器的应急制动力矩为 $F_{B2}r_e/2$。

若用中央制动器进行应急制动，则其应有的制动力矩为 $F_{B2}r_e/i_0$，i_0 为主传动比。

（2）驻车制动　图 3-75 所示为汽车在上坡路上停驻时的受力情况，由图不难得出停驻时的后桥附着力为

$$F_2\varphi = m_a g\varphi\left(\frac{L_1}{L}\cos\alpha + \frac{h_g}{L}\sin\alpha\right) \qquad (3\text{-}133)$$

汽车在下坡路上停驻时的后桥附着力为

$$F_2'\varphi = m_a g\varphi\left(\frac{L_1}{L}\cos\alpha - \frac{h_g}{L}\sin\alpha\right) \qquad (3\text{-}134)$$

某货车的 $F_2\varphi/(m_a g)$、$F_2'\varphi/(m_a g)$、$F_{B2}/(m_a g)$ 三者与坡路倾角 α 的关系如图 3-76 所示。

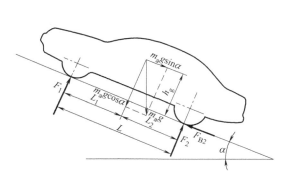

图 3-75　汽车在上坡路上停驻时的受力情况

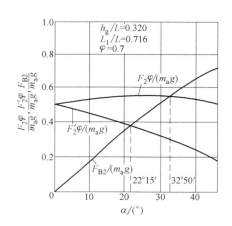

图 3-76　$F_2\varphi/(m_a g)$、$F_2'\varphi/(m_a g)$、
$F_{B2}/(m_a g)$ 与 α 的关系

汽车可能停驻的极限上坡路倾角 α_1 可根据后桥上的附着力与制动力相等的条件求得，即由

$$m_{a}g\varphi\left(\frac{L_1}{L}\cos\alpha_1+\frac{h_g}{L}\sin\alpha_1\right)=m_{a}g\sin\alpha_1 \qquad (3\text{-}135)$$

得到

$$\alpha_1=\arctan\frac{\varphi L_1}{L-\varphi h_g} \qquad (3\text{-}136)$$

式中　α_1——保证汽车上坡行驶时纵向稳定性的极限坡路倾角。

同理可推导出汽车可能停驻的极限下坡路倾角为

$$\alpha_1'=\arctan\frac{\varphi L_1}{L+\varphi h_g} \qquad (3\text{-}137)$$

在驻车制动器的设计中，在安装制动器的空间、制动驱动力源等条件允许的范围内，应力求后桥上的驻车制动力矩接近于由 α_1 所确定的极限值 $m_{a}gr_{e}\sin\alpha_1$（因 $\alpha_1>\alpha_1'$），并保证下坡路上能停驻的坡度不小于法规的规定值。

单个后轮驻车制动器的制动力矩上限为 $m_{a}gr_{e}\sin\alpha_1/2$，中央驻车制动器的制动力矩上限为 $m_{a}gr_{e}\sin\alpha_1/i_0$。

3.5.5　制动驱动机构的设计与计算

1. 制动驱动机构的形式

制动驱动机构将来自驾驶人或其他力源的力传给制动器，使之产生制动力矩。根据制动力源的不同，制动驱动机构一般可分为简单制动、动力制动和伺服制动三大类。

(1) 简单制动　简单制动单靠驾驶人施加的踏板力或手柄力作为制动力源，故也称为人力制动，其又分为机械式和液压式两种。机械式完全靠杆系传力，因其机械效率低，传动比小，润滑点多，且难以保证前、后轴制动力的正确比例和左、右轮制动力的均衡，所以在汽车的行车制动装置中已被淘汰。但由于其结构简单，成本低，工作可靠（故障少），还广泛地应用于中、小型汽车的驻车制动装置中。

液压式简单制动（通常简称为液压制动）用于行车制动装置，其优点是作用滞后时间较短（0.1~0.3s）；工作压力高（可达 10~20MPa），因而轮缸尺寸小，可以安装在制动器内部，直接作为制动蹄的张开机构（或制动块的压紧机构）而不需要制动臂等传动件，使之结构简单，质量小；机械效率较高（液压系统有自润滑作用）。液压制动的主要缺点是在过度受热后，部分制动液汽化，在管路中形成气泡，严重影响液压传输，使制动系统效能降低，甚至完全失效。液压制动曾广泛应用在乘用车、轻型货车及部分中型货车上。

(2) 动力制动　动力制动即利用发动机的动力转化而成，并表现为气压或液压形式的势能作为汽车制动的全部力源。驾驶人施加于踏板或手柄上的力，仅用于回路中控制元件的操纵。因此，简单制动中的踏板力和踏板行程之间的反比例关系，在动力制动中便不

复存在，从而可使踏板力较小，同时又有适当的踏板行程。

气压制动是应用最多的动力制动之一。其主要优点为操纵轻便、工作可靠、不易出故障、维修保养方便。此外，其气源除供制动用外，还可以供其他装置使用。其主要缺点是必须有空气压缩机、贮气筒、制动阀等装置，使结构复杂、笨重、成本高；管路中压力的建立和撤除都较慢，即作用滞后时间较长（0.3～0.9s），因而增加了空驶距离和停车距离，为此在制动阀到制动气室和贮气筒的距离过长的情况下，有必要加设气动的第二级元件——继动阀（也称加速阀）以及快放阀；管路工作压力低，一般为0.5～0.7MPa，因而制动气室的直径必须设计得大些，且只能置于制动器外部，再通过杆件和凸轮或楔块驱动制动蹄，这就增加了簧下质量；制动气室排气有很大噪声。气压制动在总质量为8t以上的货车和客车上得到广泛应用。由于主、挂车的摘和挂都很方便，汽车列车也多用气压制动。

用气压系统作为普通的液压制动系统主缸的驱动力源而构成的气顶液制动，也是动力制动。它兼有液压制动和气压制动的主要优点，因气压系统管路短，作用滞后时间也较短。但因其结构复杂、质量大、成本高，所以主要用在重型汽车上。

全液压动力制动，用发动机驱动液压泵产生的液压作为制动力源，有闭式（常压式）与开式（常流式）两种。开式（常流式）系统在不制动时，制动液在无负荷情况下由液压泵经制动阀到贮液罐不断循环流动；而在制动时，则借阀的节流而产生所需的液压并传入轮缸。闭式回路因平时总保持着高液压，对密封的要求较高，但对制动操纵的反应比开式的快。在液压泵出故障时，开式的随即不起制动作用，而闭式的还有可能利用蓄能器的压力继续进行若干次制动。

全液压动力制动除了有一般液压制动系统的优点以外，还有制动能力强、易于采用制动力调节装置和防滑移装置，即使产生汽化现象也没有什么影响等优点。但结构相当复杂，精密件多，对系统的密封性要求也较高，故目前应用并不广泛。

各种形式的动力制动在动力系统失效时，制动作用即全部丧失。

（3）伺服制动 伺服制动的制动能源是人力和发动机并用。正常情况下其输出工作压力主要由动力伺服系统产生，在伺服系统失效时，还可以全靠人力驱动液压系统以产生一定程度的制动力，因而从中级以上的乘用车到重型货车，都广泛采用伺服制动。

按伺服力源的不同，伺服制动有真空伺服制动、空气伺服制动和液压伺服制动三类。

真空伺服制动与空气伺服制动的工作原理基本一致，但伺服动力源的相对压力不同。真空伺服制动的伺服用真空度（负压）一般可达0.05～0.07MPa；空气伺服制动的伺服气压一般能达到0.6～0.7MPa，故在输出力相同的条件下，空气伺服气室直径比真空伺服气室的小得多。但是，空气伺服系统的其他组成部分却较真空伺服系统的更为复杂。真空伺服制动多用于总质量为1.1～1.35t的乘用车和装载质量在6t以下的轻、中型货车，空气伺服制动则广泛用于装载质量为6～12t的中、重型货车，以及少数几种高级乘用车。

图3-77所示为非动作状态的直接作用式真空助力器。A、B两室由动力膜片及动力活塞隔开，在非动作状态下，两室通过控制阀的真空阀连通并保持负压，动力活塞依靠回位弹簧的弹力返回到右方的停止位置。在操纵杆推向左方时，首先关闭控制阀的真空阀，切断A、B两室的连通，接着打开大气阀，使大气流入B室，在A、B两室之间产生压差，

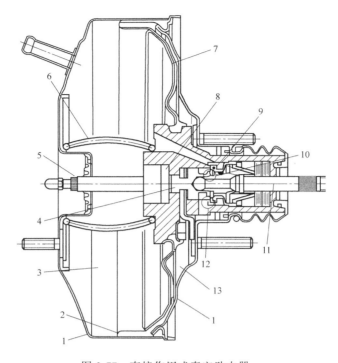

图 3-77　直接作用式真空助力器

1—外壳　2—动力膜片　3—A 室　4—阀柱塞　5—推杆　6—回位弹簧
7— 动力活塞　8—反作用盘　9—控制阀　10—大气阀　11—操纵杆　12—真空阀　13—B 室

动力活塞向左移动，此时输入力通过阀柱塞推压反作用盘，同时动力活塞产生的力也推压反作用盘，反作用盘由软橡胶制成。上述力在反作用盘上产生的内压推动推杆，使主缸内产生液压，同时将阀柱塞推回右方，该推力上升到与输入力相平衡时，大气阀关闭，输出停止阀柱塞顶端的面积越小，助力比（输入/输出力比）越大。输入力解除时，真空阀打开，B 室的大气通过真空阀和 A 室吸入到真空源，动力活塞返回原始位置。

液压真空助力器曾主要用在总质量不满 11t 的汽车上，现在主流采用的是气液助力器，助力源是真空泵的负压。图 3-78 所示为非工作状态中的液压真空助力器。由于图中的 A、B 两室平时始终保持负压状

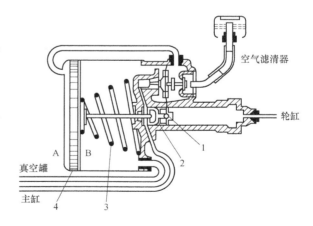

图 3-78　液压真空助力器

1—球（单向阀）　2—液压活塞　3—回位弹簧　4—动力活塞

态，在回位弹簧的作用下，动力活塞及液压活塞被推向左方，球形单向阀处于开放状态，使来自主缸的制动液连通轮缸。因此，即使液压真空助力器出现故障无法工作，也可以作

为普通的液压制动器来实现制动功能。

2. 分路系统

为了提高制动工作的可靠性，应采用分路系统，即全车的所有行车制动器的液压或气压管路分为两个或更多的互相独立的回路，其中一个回路失效后，仍可利用其他完好的回路起制动作用。

双轴汽车的双回路制动系统有图 3-79 所示的五种常见分路形式。

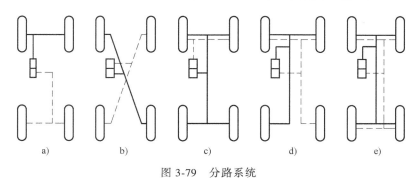

a)　　　　b)　　　　c)　　　　d)　　　　e)

图 3-79　分路系统

1）一轴对一轴（II）型。如图 3-79a 所示，前轴制动器与后桥制动器各用一个回路（"II 型"是其形象的简称，下同）。

2）交叉（X）型。如图 3-79b 所示，前轴的一侧车轮制动器与后桥的对侧车轮制动器同属一个回路。

3）一轴半对半轴（HI）型。如图 3-79c 所示，两侧前制动器的半数轮缸和全部后制动器轮缸属于一个回路，其余的前轮缸则属于另一回路。

4）半轴一轮对半轴一轮（LL）型。如图 3-79d 所示，两个回路分别对两侧前轮制动器的半数轮缸和一个后轮制动器起作用。

5）双半轴对双半轴（HH）型。如图 3-79e 所示，每个回路均只对每个前、后制动器的半数轮缸起作用。

II 型的管路布置较为简单，可与传统的单轮缸（或单制动气室）鼓式制动器配合使用，成本较低，目前在各类汽车特别是货车上用得最多。这种形式若后制动回路失效，则一旦前轮抱死即易丧失转弯制动能力。对于采用前轮驱动因而前制动器强于后制动器的乘用车，当前制动回路失效而单用后桥制动时，制动力将严重不足（小于正常情况下的一半），并且若后桥负荷小于前轴，则踏板力过大时易使后桥车轮抱死而使汽车侧滑。

X 型的结构也很简单。直行制动时任一回路失效，剩余总制动力都能保持正常值的50%。但是，一旦某一管路损坏造成制动力不对称，此时前轮将朝制动力大的一边绕主销转动，使汽车丧失稳定性。因此，这种方案适用于主销偏移距为负值（达 20mm）的汽车。这时，不平衡的制动力使车轮反向转动，改善了汽车稳定性。

HI、HH、LL 型的结构都比较复杂。LL 型和 HH 型在任一回路失效时，前、后制动力的比值均与正常情况下的相同。LL 型和 HH 型的剩余总制动力可达正常值的 50% 左右。HI 型单用一轴半回路时剩余制动力较大，但此时与 LL 型一样，在紧急制动情况下后轮很容易先抱死。

3. 液压制动驱动机构的设计计算

（1）制动轮缸直径 d 的确定　制动轮缸对制动蹄（块）施加的张开力 F_0 与轮缸直径 d 和制动管路压力 p 的关系为

$$d = \sqrt{4F_0/(\pi p)} \qquad (3\text{-}138)$$

制动管路的压力一般为 10~12MPa，对盘式制动器可更高。压力越高，对管路（首先是制动软管及管接头）的密封性要求越严格，但驱动机构越紧凑。

（2）制动主缸直径 d_0 的确定　第 i 个轮缸的工作容积为

$$V_i = \frac{\pi}{4} \sum_{i=1}^{n} d_i^2 \delta_i \qquad (3\text{-}139)$$

式中　d_i——第 i 个轮缸活塞的直径；

$\qquad n$——轮缸中活塞的数目；

$\qquad \delta_i$——第 i 个轮缸活塞在完全制动时的行程。

在初步设计时，对鼓式制动器可取 $\delta_i = 2.0 \sim 2.5\text{mm}$。

所有轮缸的总工作容积为 $V = \sum\limits_{i=1}^{m} V_i$，其中，$m$ 为轮缸数目。制动主缸应有的工作容积为 $V_0 = V + V'$，其中，V' 为制动软管的容积变形。在初步设计时，制动主缸的工作容积可取为 $V_0 = 1.1V$（乘用车）、$V_0 = 1.3V$（货车）。

主缸活塞行程 S_0 和活塞直径 d_0 可用下式确定，即

$$V_0 = \frac{\pi}{4} d_0^2 S_0 \qquad (3\text{-}140)$$

一般，$S_0 = (0.8 \sim 1.2)d_0$。

主缸的直径 d_0 应符合有关标准的规定。

（3）制动踏板力 F_p　制动踏板力 F_p 的计算式为

$$F_p = \frac{\pi}{4} d_0^2 p \frac{1}{i_p} \frac{1}{\eta} \qquad (3\text{-}141)$$

式中　i_p——踏板机构传动比；

$\qquad \eta$——踏板机构及液压主缸的机械效率，可取 $\eta = 0.82 \sim 0.86$。

制动踏板力应满足以下要求：最大踏板力一般为 500N（乘用车）或 700N（货车）。设计时，制动踏板力可在 200~350N 的范围内选取。

（4）制动踏板工作行程 S_p　制动踏板工作行 S_p 的计算式为

$$S_p = i_p(S_0 + \delta_{01} + \delta_{02}) \qquad (3\text{-}142)$$

式中　δ_{01}——主缸中推杆与活塞间的间隙，一般取 $\delta_{01} = 1.5 \sim 2.0\text{mm}$；

$\qquad \delta_{02}$——主缸活塞空行程，即主缸活塞从不工作的极限位置到使其皮碗完全封堵主缸上的旁通孔所经过的行程。

制动器调整正常时的踏板工作行程 S_p 只应占计及制动衬片（衬块）的容许磨损量时踏板行程的 40%~60%。

为了避免空气侵入制动管路，在计算制动主缸活塞回位弹簧（同时也是回油阀弹簧）时，应保证踏板放开后，制动管路中仍保持 0.05～0.14MPa 的残余压力。

踏板行程（计及衬片或衬块的允许磨损量）对乘用车不大于 100mm，对货车不大于 180mm。此外，作用在制动手柄上的力对乘用车不大于 400N，对货车不大于 600N；制动手柄行程对乘用车不大于 160mm，对货车不大于 220mm。

【拓展阅读 3-9】　制动力调节机构

3.6　汽车行驶系统现代设计方法

3.6.1　概述

汽车行驶系统对整车行驶动力学的要求如操纵稳定性、行驶平顺性等有重要的影响，是汽车总布置设计、运动校核的重要内容之一。利用现代设计方法对行驶系统进行设计和仿真，可以缩短产品开发周期，大大减少产品开发费用和成本，明显提高产品质量，获得最优化和创新的设计产品。

3.6.2　基于多体动力学的悬架设计与仿真

传统悬架系统的设计、试验、试制过程往往是边试验边改进，从设计到试制、试验、定型，产品开发成本较高，周期长。运用动力学分析软件进行仿真分析以及优化设计，可以大大简化悬架系统的设计开发过程。

软件从数据输入到数据输出的整个计算过程可以分为以下几个部分：

1）数据的输入。

2）数据的检查。

3）机构的装配及过约束的消除。

4）运动方程的自动生成。

5）积分迭代运算过程。

6）运算过程中的错误检查和信息输出。

7）结果的输出。

利用多体动力学软件可以进行悬架的包络空间分析、悬架的运动学分析、悬架的柔顺性分析、静载耐久性分析及动载耐久性分析等。

通过将虚拟悬架置于虚拟试验台架上并运行一系列的仿真过程以检验包络空间和动态干涉方面的问题。分析检查在轮胎弹跳和滚转过程中部件不会发生碰撞。如果已知各部件的几何外形，可以证实轮胎和车轮有足够的间隙，符合标准的要求。解决了悬架的包络空间问题后，可以将虚拟的悬架置于虚拟的试验台架上并进行一系列的悬架运动学分析，以分析并理解悬架的运动学特性。如果出现了运动学方面的问题，可以提出设计的修改建议，改变悬架连接点的位置、控制臂的长度和其他影响悬架运动学特性的几何参数。悬架

弹簧的特性也可以得到检查以保证车辆总体上性能的要求，包括悬架在车轮跳动和扭转过程中对弹簧弹性的要求。

　　根据建立的前悬架系统分析模型，利用多体动力学仿真前悬架平行跳动过程中车轮、主销、转向系统的变化，以及悬架导向系、转向杆系与车身之间的相互影响，从而评价前悬架系统的性能，发现问题所在，并提出改进方案，进行优化设计。然后对比分析，选取合适的悬架类型来进行后续的整车仿真。下面以悬架的动力学仿真为例简要说明利用多体动力学软件预估评价、优化悬架系统的方法。

图 3-80　悬架仿真模型

　　图 3-80 所示的悬架仿真模型在进行动力学仿真时，首先对悬架参数进行设置，包括质心高度、簧载质量和轴距等。然后设置仿真参数，对悬架进行平行跳动仿真试验。图 3-81～图 3-84 所示为前悬架

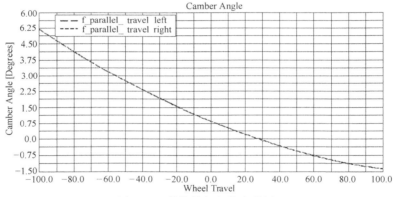

图 3-81　前轮外倾角仿真结果

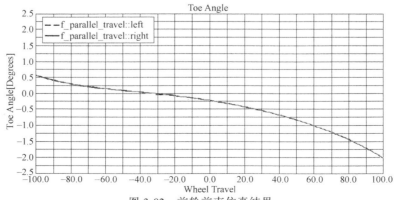

图 3-82　前轮前束仿真结果

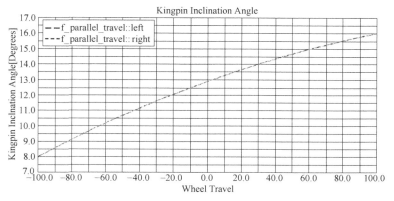

图 3-83　主销内倾角仿真结果

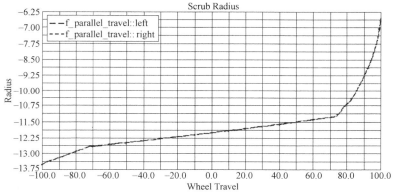

图 3-84　主销偏移距仿真结果

仿真试验结果。仿真结束后进行解算，然后系统就能输出多种有关悬架性能的参数。由于在整车运动过程中，路面存在一定的不平度，轮胎和车身之间的相对位置会发生变化，这也会使车轮定位参数发生相应的变动。

可以对车轮定位参数中的某项或多项进行优化，使定位参数达到一个理想值。例如，通过对悬架的部分硬点坐标进行改变来达到优化定位参数的目的。也可以选取双横臂悬架的下控制臂前点、后点，下控制臂球头销，转向拉杆内点、外点，上控制臂前点、后点以及上控制臂球头销共八个硬点的 24 个坐标值进行分析。对于麦弗逊式悬架，则选取下控制臂前点、后点，下控制臂球头销，转向拉杆内点、外点以及弹簧下支点共六个硬点的 18 个坐标值进行分析。基于建立的前悬架系统分析模型，分析悬架平行跳动过程中车轮、主销、转向系统的变化，以及悬架导向系、转向杆系与车身之间的相互影响，从而预估评价前悬架系统的性能。

除了车轮定位参数之外，多体动力学软件还可以仿真车辆的侧倾特性、制动性能参数等，以便在设计时对悬架方案进行评价和优化。

3.6.3　整体式转向梯形机构的优化设计

汽车转向行驶时，受弹性轮胎侧偏角的影响，所有车轮不是绕位于后轴延长线上的点

滚动，而是绕位于前轴和后轴之间的汽车内侧某一点滚动。此点位置与前轮和后轮的侧偏角大小有关。因影响轮胎侧偏角的因素有很多，且难以精确确定，故下面在忽略侧偏角影响的条件下，分析有关两轴汽车的转向问题。此时，两转向前轮轴线的延长线应交在后轴延长线上，如图 3-85 所示。设 θ_i、θ_o 分别为内、外转向车轮转角，L 为汽车轴距，K 为两主销中心线延长线到地面交点之间的距离。若要保证全部车轮绕一个瞬时转向中心行驶，

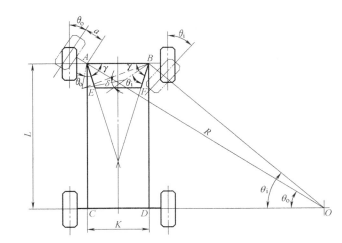

图 3-85　理想的内、外车轮转角关系简图

则梯形机构应保证内、外转向车轮的转角有如下关系，即

$$\cot\theta_o - \cot\theta_i = \frac{K}{L} \tag{3-143}$$

若自变角为 θ_o，则因变角 θ_i 的期望值为

$$\theta_i = f(\theta_o) = \operatorname{arccot}(\cot\theta_o - K/L) \tag{3-144}$$

现有转向梯形机构仅能近似满足式（3-140）。以图 3-85 所示的后置梯形机构为例，在图上作辅助用虚线，利用余弦定理可推得转向梯形所给出的实际因变角 θ'_i 为

$$\theta'_i = \gamma - \arcsin\frac{\sin(\gamma+\theta_o)}{\sqrt{\left(\frac{K}{m}\right)^2 + 1 - 2\frac{K}{m}\cos(\gamma+\theta_o)}} - \arccos\frac{\frac{K}{m}[2\cos\gamma - \cos(\gamma+\theta_o)] - \cos2\gamma}{\sqrt{\left(\frac{K}{m}\right)^2 + 1 - 2\frac{K}{m}\cos(\gamma+\theta_o)}}$$

$$\tag{3-145}$$

式中　m——梯形臂长；

　　　γ——梯形底角。

所设计的转向梯形给出的实际因变角 θ'_i，应尽可能接近理论上的期望值 θ_i。其偏差在最常使用的中间位置附近小角范围内应尽量小，以减小高速行驶时轮胎的磨损；而在不经常使用且车速较低的最大转角时，可适当放宽要求。因此，再引入加权因子 $\omega(\theta_{oi})$，构成评价设计优劣的目标函数 $f(x)$ 为

$$f(x) = \sum_{\theta_{oi}=1}^{\theta_{omax}} \omega(\theta_{oi})\left[\frac{\theta'_i(\theta_{oi}) - \theta_i(\theta_{oi})}{\theta_i(\theta_{oi})}\right] \times 100\% \tag{3-146}$$

将式（3-144）、式（3-145）代入式（3-146）得

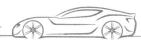

$$f(x) = \sum_{\theta_{oi}=1}^{\theta_{omax}} \omega(\theta_{oi}) \left| \frac{\gamma - \arcsin \frac{\sin(\gamma + \theta_{oi})}{\sqrt{\left(\frac{K}{m}\right)^2 + 1 - 2\frac{K}{m}\cos(\gamma + \theta_{oi})}}}{\operatorname{arccot}\left(\cot\theta_{oi} - \frac{K}{L}\right)} - \frac{\arccos \frac{\frac{K}{m}[2\cos\gamma - \cos(\gamma + \theta_{oi})] - \cos 2\gamma}{\sqrt{\left(\frac{K}{m}\right)^2 + 1 - 2\frac{K}{m}\cos(\gamma + \theta_{oi})}}}{\operatorname{arccot}(\cot\theta_{oi} - \frac{K}{L})} - 1 \right| \times 100\% \tag{3-147}$$

式中　x——设计变量，$x = [x_1, x_2]^T = [r, m]^T$；

　　　θ_{omax}——外转向车轮最大转角，由图 3-85 得

$$\theta_{omax} = \arcsin \frac{L}{\dfrac{D_{min}}{2} - a} \tag{3-148}$$

式中　D_{min}——汽车最小转弯直径；

　　　a——主销偏移距。

考虑到多数使用工况下转角 θ_o 小于 20°，且 10° 以内的小转角使用得更加频繁，因此取

$$\omega(\theta_o) = \begin{cases} 1.5 & 0 < \theta_o \leqslant 10° \\ 1.0 & 10° < \theta_o \leqslant 20° \\ 0.5 & 20° < \theta_o \leqslant \theta_{max} \end{cases} \tag{3-149}$$

建立约束条件时应考虑到：设计变量 m 过小时，会使横拉杆上的转向力过大；当 m 过大时，将使转向梯形布置困难，故对 m 的上、下限及对 γ 的下限应设置约束条件。因 γ 越大，梯形越接近矩形，$f(x)$ 的值就越大，而优化过程是求 $f(x)$ 的极小值，故可不必对 γ 的上限加以限制。综上所述，各设计变量的取值范围构成的约束条件为

$$m - m_{min} \geqslant 0 \tag{3-150}$$

$$m_{max} - m \geqslant 0 \tag{3-151}$$

$$\gamma - \gamma_{min} \geqslant 0 \tag{3-152}$$

梯形臂长度 m 设计时常取 $m_{min} = 0.11K$，$m_{max} = 0.15K$，梯形底角 $\gamma_{min} = 70°$。

此外，由机械原理可知，四连杆机构的传动角不宜过小，通常取 $\delta \geqslant \delta_{min} = 40°$。如图 3-85 所示，转向梯形机构在汽车向右转弯至极限位置时达到最小值，故只考虑右转弯时 $\delta \geqslant \delta_{min}$ 即可，利用该图所作的辅助用虚线及余弦定理，可推出最小传动角约束条件为

$$\frac{\cos\delta_{min} - 2\cos\gamma + \cos(\gamma + \theta_{omax})}{(\cos\delta_{min} - \cos\gamma)\cos\gamma} - \frac{2m}{K} \geqslant 0 \tag{3-153}$$

式中　δ_{min}——最小传动角。

已知 $\theta_{omax} = \arcsin \dfrac{L}{\dfrac{D_{min}}{2} - a}$，故由式（3-153）可知，$\delta_{min}$ 为设计变量 m 及 γ 的函数。

由式（3-150）、式（3-151）、式（3-152）和式（3-153）四项约束条件所形成的可行域，如图 3-86 所示。图 3-86b 所示的可行域适用于要求 δ_{min} 较大，而 γ_{min} 可小些的车型；图 3-86c 所示的可行域适用于要求 γ_{min} 较大，而 δ_{min} 小些的车型。

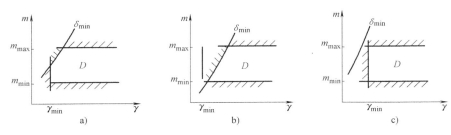

图 3-86 转向梯形机构优化设计的可行域

由上述数学模型可知，转向梯形机构的优化设计问题，是一个小型的约束非线性规划问题，可用复合形法来求解。下面以某汽车转向梯形优化设计为例进行说明，其转向梯形简图如图 3-87 所示。

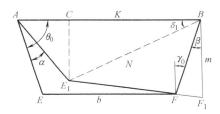

图 3-87 某汽车转向梯形简图

（1）设计变量 在实际转向梯形机构中，当外侧车轮实际转角为 α 时，通过转向梯形所能得到的转向轮实际转角 β 为

$$\beta = \gamma_0 + \arcsin\frac{m\cos(\gamma_0+\alpha)}{T} - \arcsin\left[\frac{2m^2+K^2}{2mT} - \frac{2mK\cos(\theta_0-\alpha)-(K-2m\sin\gamma_0)^2}{2mT}\right]$$

$$(3\text{-}154)$$

式中 γ_0、θ_0——汽车直线行驶时转向梯形机构的布置角和梯形底角；

$T = \sqrt{m^2+K^2-2mK\cos(\theta_0-\alpha)}$。

在汽车设计中，对转向梯形机构的设计主要是选择合适的 m 和 θ_0，故设计变量为

$$\boldsymbol{X} = (x_1, x_2)^{\mathrm{T}} = (m, \theta_0)^{\mathrm{T}} \tag{3-155}$$

（2）目标函数 由内转向轮实际转角与理论转角误差建立的目标函数为

$$\min f(x) = \min\{\beta - \beta_0\} \tag{3-156}$$

（3）约束条件 约束条件为

$$\begin{cases} g_1(x) = \delta_{min} - 42° \leqslant 0 \\ g_2(x) = \gamma_0[90° - \arctan(1.2L/K)] \leqslant 0 \\ g_3(x) = 10° - \gamma_0 \leqslant 0 \\ g_4(x) = m - 0.15K \leqslant 0 \\ g_5(x) = 0.11K - m \leqslant 0 \end{cases} \tag{3-157}$$

式中 $\delta_{\min}$——传动角的最小值。某汽车的转向传动机构参数为 $L = 4550\mathrm{mm}$，$K = 2150\mathrm{mm}$，$m = 220\mathrm{mm}$，$\theta_0 = 75°$，内侧车轮最大转角 $\beta_{\max} = 42°$。

（4）**求解** 根据约束条件计算 $\gamma_0 = 15° \sim 25°$ 时外轮的理论转角与实际转角。由于汽车大部分工况的转向轮转角小于 $20°$，而且在 $10°$ 以内的转角使用最频繁。根据计算数据分析可知，$\gamma_0 = 23°$ 时的转向机构为最佳方案。$\gamma_0 = 23°$ 时内侧车轮转角的理论和实际值偏差如图 3-88 所示。

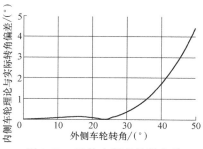

图 3-88 最佳内侧车轮转角的理论和实际值偏差

思 考 题

3-1 汽车独立悬架与非独立悬架的优缺点有哪些？独立悬架有哪些常见形式？它们各自有何优缺点？

3-2 汽车悬架设计需要考虑的特性项目有哪些？

3-3 悬架设计的一般步骤是什么？

3-4 汽车悬架主副簧刚度分配的方法有哪些？各有何特点？

3-5 影响选取钢板弹簧长度、片厚、片宽以及片数的因素有哪些？

3-6 悬架导向机构的布置参数有哪些？

3-7 汽车轮胎、车轮的选择方法有哪些？

3-8 转向系统的主要性能参数有哪些？它们是如何定义的？

3-9 动力转向系统的布置方案有哪几种？各有什么特点？

3-10 制动系统设计时需要满足的基本要求有哪些？

3-11 什么是制动器效能因数和制动效能稳定性？它们是如何定义的？

3-12 制动驱动的形式有哪几种？各有什么特点？

第 2 篇

性能设计篇

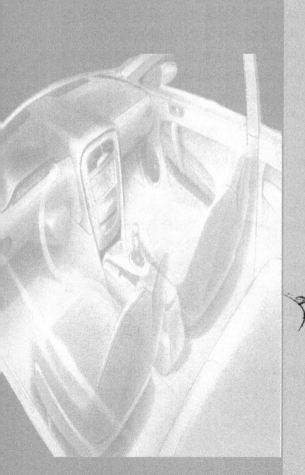

第4章 汽车性能设计导论

4.1 汽车性能设计的概念

一辆汽车设计的好与坏，最终要由汽车实际使用时所表现出来的性能来评价。因此，在现代汽车产品的研发过程中，汽车性能设计越来越得到研究者的重视。有别于传统汽车结构设计时以某一具体零件或者系统为设计对象，汽车性能设计以某一性能指标，如汽车噪声指标，根据其整车设计目标，在完整的开发周期内，展开该性能的控制和设计工程。这些性能都涉及汽车的很多系统和部件，如噪声和振动就涉及汽车的每个系统，包括车体、发动机、悬架、进气排气等系统。如果这些系统的噪声与振动都实现了事先设定的目标，那么整车的噪声与振动将达到理想的结果。

汽车的结构设计，是确定汽车整体、部件（总成）和零件的结构。也就是说，设计师需要考虑由哪些部件组合成整车，又由哪些零件组合成部件。零件是构成产品最基本的、不可分解的单元，零件设计时，首先要考虑这个零件在整个部件中的作用和要求；其次，为了满足这个要求，零件应选用什么材料并设计成什么形状；最后，零件如何与部件中其他零件相互配合和安装。汽车结构设计主要包括材料选择、零件形状及汽车布置这三方面。

传统的基于规范条文的汽车结构设计对零件材料、结构体系、构件计算等方面的内容均有明确的规定，并且有大量的设计规范要求。这些设计规范的本意是让工程师设计出具有特定性能的汽车，却并没有提供校核依据条文设计出的汽车实际性能的方法。因而实际汽车的性能通常会比预期的最低标准更高，有时也会更低。相应地，实际汽车设计要么不够经济，要么安全性偏低。

而汽车的性能设计，贯穿新车型设计、开发和研制的全过程。汽车的结构设计是确定汽车整体、部件（总成）和零件结构的过程；汽车性能设计影响并制约着汽车的结构设计，而汽车的结构设计则体现了汽车性能设计。

4.2 汽车性能指标

根据不同的需求，汽车的性能分析指标是不一样的，通常用来评定汽车的性能指标主要有动力性、经济性、安全性、操纵稳定性、平顺性、通过性、可靠性和环保性等。不同种类的车，各有特点。

汽车的使用性能是指汽车能适应各种使用条件而发挥最大工作效率的能力，主要有下面几项：

1. 汽车的动力性

汽车的动力性是用汽车在良好路面上直线行驶时所能达到的平均行驶速度来表示的。这是汽车首要的使用性能，汽车必须有足够的平均速度才能正常行驶。同时汽车也必须有足够的牵引力，这样才能克服各种行驶阻力，正常行驶，这些都取决于动力性的好坏。汽车的动力性主要用3个方面的指标来评定：最高车速、汽车的加速能力和汽车的最大爬坡度。

2. 汽车的经济性

汽车的经济性常用一定工况下汽车行驶百公里的燃油消耗量或一定燃油量能使汽车行驶的里程来衡量。为降低汽车的运输成本，要求汽车以最少的燃料消耗，完成尽量多的运输量，评价指标为每行驶100km消耗掉的燃料量（L）。燃油经济性与很多因素有关，如行驶速度，当汽车以接近于低速的中等车速行驶时燃油消耗量最低，高速时燃油消耗量随车速的增加而迅速增加。另外，汽车的保养与调整也会影响汽车的燃油消耗量。

由于等速油耗与实际行驶情况有很大差别，实际上不能全面地评定汽车的燃油经济性。现在一般都采用循环油耗来评定汽车的燃油经济性。循环油耗是指在一段指定的典型路段内汽车以设定的不同工况行驶时的油耗，起码要规定等速、加速和减速三种工况，复杂的还要计入起动和怠速停驶等多种工况，然后折算成百公里燃油消耗量。例如，我国有15工况循环油耗（乘用车）、6工况循环油耗（货车）和城市4工况循环油耗（客车）。

3. 汽车的安全性

汽车的安全性一般分为主动安全性和被动安全性。汽车的主动安全性是指汽车本身防止或减少道路交通事故发生的性能，主要取决于汽车的总体尺寸、制动性、行驶稳定性、操纵性、信息性以及驾驶人工作条件。此外，汽车的动力性也是很重要的影响因素。

汽车的被动安全性是指交通事故发生后，汽车本身减轻人员伤害和货物损失的能力。被动安全性可分为汽车内部被动安全性（减轻车内驾驶人、乘员受伤和货物受损）和外部被动安全性（减轻对事故所涉及的其他人员和车辆的损害）。汽车的被动安全系统主要包括安全带、安全气囊、智能安全带及安全气囊系统、吸能式车体结构等。汽车的被动安全系统除和汽车技术状况有关外，还与汽车行驶制动时的速度以及轮胎和路面的情况有关。

4. 汽车的操纵稳定性

汽车的操纵稳定性包括相互联系的两个部分，即操纵性和稳定性。操纵性是指汽车能够准确地响应驾驶人转向指令的能力；稳定性是指汽车在行驶过程中，具有抵抗改变其行

驶方向的各种干扰，并保护稳定行驶而不致失去控制甚至翻车或侧滑的能力。实际上两者是很难完全分开的，稳定性的好坏直接影响操纵性，因此常统称为汽车操纵稳定性。

汽车的操纵稳定性不但影响汽车驾驶的操纵方便程度，而且是影响高速汽车安全行驶的一个主要因素。随着汽车保有量的增加和车速的提高，汽车的操纵稳定性显得越来越重要，被人们称为"高速行车的生命线"。

汽车操纵稳定性涉及的问题较为广泛，需要采用较多的物理参量从多方面进行评价。

5. 汽车的平顺性

汽车的平顺性是指保持汽车在行驶过程中乘员所处的振动和冲击环境在一定舒适范围内的性能。因此，平顺性主要根据乘员主观感觉的舒适性来评价。对于货车，还包括保持货物完好的性能。平顺性既是决定汽车舒适性最主要的因素，也是评价汽车性能的主要指标。

6. 汽车的通过性

汽车的通过性是指汽车在一定装载质量条件下能以足够高的平均车速通过各种坏路及无路地带和克服各种障碍的能力。坏路及无路地带是指松软土壤、沙漠、雪地和沼泽等松软地质及坎坷不平地段。各种障碍是指陡坡、侧坡、台阶和壕沟等。

汽车的通过性主要取决于汽车的支承、牵引参数及几何参数，也与汽车的其他性能，如动力性、平顺性、机动性、稳定性和视野性等密切相关。

7. 汽车的可靠性

汽车用户眼里的高可靠性一般包括汽车经久耐用，不容易出故障，随时可以使用，维修费用低等。目前世界上公认的可靠性定义是：产品在规定的条件下，在规定的时间内，完成规定功能的能力。上述可靠性定义中包含 4 个要素：

1）产品。汽车、汽车部件、汽车零件等都是产品，它们是可靠性研究的对象。

2）规定的条件。它是指产品工作的条件，如承受的机械载荷、电压、电流、工作温度、湿度、腐蚀、维修、保养及操作者的特性等。产品的工作条件对其可靠性影响很大，只有规定了产品的工作条件，才能进行可靠性分析和比较。

3）规定的时间。在可靠性工程中，"时间"泛指广义的时间，包括次数（产品承受载荷的次数，开关的开闭次数）、距离（汽车行驶里程数）、时间（汽车发动机在规定条件下工作的时数）等反映产品寿命的量。规定使用时间的长短，对可靠性是有影响的。对同一批产品，规定的使用时间（寿命）越长，到寿命发生故障的产品比例就越高，即可靠性越低。

4）规定的功能。在产品（汽车或其零部件）设计任务书、使用说明书、订货合同以及国家标准中规定的各种功能与性能要求。

产品不能实现规定的功能被定义为失效。因此，失效的定义与规定功能的定义直接相关。例如，如果把发动机能够运转定义为规定的功能，则发动机停止运转就是失效；如果把发动机能够提供一定转矩作为规定功能，则当发动机不能提供这样的转矩时就是失效，即使发动机能够运转也是失效。

8. 汽车的环保性

随着汽车工业的迅速发展，汽车保有量急剧增加，汽车的环保性能越发受到公众的关

注和重视。汽车排放对大气的污染、汽车噪声对环境的影响已构成汽车的两大公害。目前，许多国家都制定了汽车排放和噪声标准，这对汽车生产和使用维修部门都提出了新的要求。

汽车的有害气体主要通过汽车尾气排放、曲轴箱窜气和汽油蒸气三个途径进入大气，造成对大气的污染。汽车排放的污染物主要是 CO、HC、NO_2 和细微颗粒物等。噪声是汽车的第二大公害。汽车的主要噪声源包括：动力系统声源、路面声源和风激励声源，汽车主要噪声源示意图如图 4-1 所示。

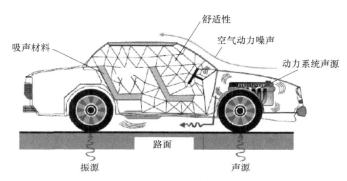

图 4-1　汽车主要噪声源示意图

另外，从系统工程的观点来看，汽车性能指标又是一个系统，它具有层次性、相关性和目的性等特点。例如，舒适性有四个一级指标，它又包括人体舒适性、环境舒适性、操纵方便性和座舱居住性等多个二级指标。并且这些性能指标相互作用、相互影响，从而保证达到驾驶方便和乘坐舒适的目的。

选择汽车性能参数，实质上就在于确定产品的技术水平是先进还是落后。但是由于现代科学技术发展迅速，对于在汽车产品开发阶段认为是先进的性能，当新产品进入市场时，其中的某些性能可能已经落后了，所以在选择新车型的性能参数时，需要对汽车技术发展的趋势进行动态分析。预测汽车技术发展的动态分析的方法有时间外推法、变化规律插入法、判断增长类推法、独立因素相互关联法和模拟计算法。

4.3　本书性能设计的安排

本书的性能设计篇主要介绍汽车的轻量化性能、汽车的碰撞安全性能、NVH 性能和尾气排放性能设计。

在设计汽车性能时，性能之间的取舍是有矛盾的。如汽车的轻量化是减少燃料消耗和减少机动车废气排放的有效途径，但是对于振动噪声问题来说，在实现车身轻量化时，一般均会使车身及主要零部件的固有模态降低，使隔声性能下降，因此，轻量化与减振降噪是互相矛盾的。为了解决这一问题，以达到车辆振动噪声性能与轻量化目标的最佳平衡，最主要的技术是模拟分析的优化设计方法。因轻量化的需要而减弱的零部件的固有模态要控制在允许范围内，通过灵敏度分析将部分零部件的部分结构去除，对影响较大的部分应给予必要的加强以控制应力的增加，优化选择零部件的形状、材料，在重量不增加的情况

下实现性能的提升。另外，还可以在实施主动控制振动噪声的同时，寻求对轻量化有力的方案。

同时，轻量化设计与汽车的碰撞安全性能又是相互矛盾的，在正面碰撞过程中，从碰撞安全性的角度考虑需要结构吸能，吸能结构需要精细化设计与分析；从侧面碰撞的角度考虑要求 A、B 柱、门槛梁、车门防撞梁等的刚性要很好。汽车设计需要材料、结构、性能等一体化设计。

汽车的性能设计离不开 CAE 分析技术的发展，CAE 是一项集产品设计、工程分析、数据管理、仿真在内的计算机辅助工程系统，其理论基础包括数值计算方法、有限单元法、多体系统动力学等，其核心技术是通过对所设计的产品在性能指标上进行分析与校核，从而指导产品设计。在汽车工业中，采用有限元法计算机械零件的应力和变形并进行强度和刚度的分析与校核，采用多体动力学方法进行汽车整车的操纵稳定性和行驶平顺性等动态性能的仿真分析，这些方法大大缩短了产品的研制周期、减少了产品开发费用，开发出性能更为优越的汽车整车和零部件，对提高汽车整车性能有至关重要的作用。

第5章　汽车轻量化设计

5.1　概述

汽车轻量化是指在满足汽车使用要求、安全性和成本控制的条件下，将结构轻量化设计技术与多种轻量化材料、轻量化制造技术集成应用所实现的产品减重，从而提高汽车的动力性，降低燃料消耗，减少排气污染。

汽车轻量化技术，无论对于传统的燃油汽车，还是对于新能源汽车，都是一项有共性的基础技术。而车辆全生命周期的材料回收与再利用法规也要求工业界采取轻量化材料技术。

对于常规内燃机车辆，当汽车的重量减轻时，加速和制动所需要的动力也减小，因此可以将发动机、变速器和制动系统设计得更小一些。从车辆动力学的角度看，汽车重量的减轻不会影响车辆的稳定性和操纵性；但从另一方面看，减轻某些部件的重量可以调节汽车轴间负荷分配以及降低汽车质心，这两方面都可以改善汽车的操纵性。汽车重量的减轻会对乘坐舒适性和安全性产生负面影响。

根据尺寸和类别的不同，车辆动力有15%～35%用于克服质量。对于传统内燃机车辆，轻型车辆降重10%就可以提高6%～8%的燃油经济性，由于乘用车白车身占总车重的25%～30%，故车身减重在降低油耗、提高续驶里程的任务中扮演着重要角色。

轻量化在新能源汽车设计中也是举足轻重的，由于整车质量减小，电动车的续驶能力得到了提高；取消了动力总成，蓄电池可以随车身底盘结构的需要布置，提升了汽车的性能。

轻量化材料在选取上主要包括高强度钢、铝合金、镁合金及复合材料等。

汽车轻量化技术包括轻量化材料技术、轻量化先进工艺技术和轻量化结构设计与优化技术三方面。轻量化先进工艺技术主要包括制造技术与连接技术两类。在制造技术方面，主要有轻量化成形制造技术、轻量化铸造技术和复合材料成形技术等。连接技术主要有液相焊接方法、固相焊接方法、机械连接方法和胶粘结方法等。

轻量化结构设计与优化技术方面主要包括零件结构的轻量化设计方法以及整车和零部件结构的拓扑优化、尺寸优化、形状和形貌优化、多学科多目标优化等技术。

轻量化评价指标如下。

1. 轻量化指数

通过引入整备质量、名义体积、百公里综合油耗和发动机指标，提出整车轻量化指数 E，其表达式为

$$E = \frac{m_0 Q}{VP} \tag{5-1}$$

式中　m_0——整备质量（kg）；

　　　　V——汽车名义体积（m^3），$V = LB(H - G)$，其中，L 为整车长；B 为整车宽；H 为整车高；G 为最小离地间隙；

　　　　Q——百公里综合油耗（L/100km）；

　　　　P——发动机功率（kW）。

2. 轻量化品质因子

轻量化品质因子，即在给定的车轮支撑面下有多大的质量才能达到多大的刚度。车身结构的轻结构品质按下式定义，即

$$L_T = \frac{m_{crr}}{c_T A} \times 10^3 \tag{5-2}$$

式中　m_{crr}——骨架质量（不带车门和盖板）（kg）；

　　　　c_T——扭转刚度（N·m/(°)）；

　　　　A——支撑面积（轮距×轴距）（m^2）。

奥迪 A8 采用的铝合金空间框架结构的车身质量为 220kg（不带车门和盖板），扭转刚度为 32000N·m/(°)，轻结构品质 $L_T = 5$。它比当前相当的板壳结构钢车身的质量降低约 45%。

3. 名义密度

名义密度定义为汽车整备质量与名义体积之比，用名义密度的大小来反映乘用车轻量化的水平，名义密度小的车辆轻量化水平高，其表达式为

$$P = \frac{m_0}{V} \tag{5-3}$$

式中　m_0——汽车整备质量（kg）；

　　　　V——汽车名义体积。

4. 质量系数

质量系数是汽车装载质量与整备质量的比值，是衡量货车轻量化水平的重要参数。在装载质量和使用寿命相同的条件下，质量系数越大，表明该车型的结构和制造水平越高。具体公式见式（1-3）。

5.2　汽车材料轻量化设计

5.2.1　材料选择依据

　　轻量化设计的效果很大程度上取决于材料选择的合理性。汽车结构材料的选择一般要考虑材料的成本、成形难易及制造成本、生成效率、焊装难易、回收与环保等问题。对承载件要满足强度、刚度、韧性的要求，对覆盖件要满足美观、耐腐蚀、易涂漆、抗冲击、易修复、防雷击（低导电性）、隔声、隔热及密封性好的要求；对寒冷或高热地区使用的车辆，还必须具备低导热性、低热膨胀系数、抗高温老化和低温脆断等；对非承载、形状复杂的零件要满足成形要求；对于冲击吸能区零件（如保险杠外罩、横梁、前纵梁、车门、仪表板、头枕等），则要有很好的吸能特性。从节能与环保角度讲，所有材料最好都具有较低的密度，以减轻车辆重量。对于不同载荷类型，如弯曲、扭转、拉伸、压缩、剪切，需要利用材料的不同力学特性，并综合考虑合理的结构设计，使材料发挥最大效益而不增加车辆重量，实现轻量化设计。

　　表 5-1 列出了对一些轻量化材料特征值的评估数据。这里，比体积 $1/\rho$ 的值越大，材料所占的体积就越大。比刚度值 $E/(g\cdot\rho)$ 的大小则表示了抵抗变形的能力，而断裂长度 $R_m/(g\cdot\rho)$ 的大小则表示了在纯拉应力状态下根据强度确定的材料的可利用性。

表 5-1　在拉应力下采用平均值评估典型的设计材料

材料	钢合金	铝合金	镁合金	钛合金	PA6	GFK 单向（50%）	CFK 单向（50%）	AFK 单向（50%）
$\rho/(kg/dm^3)$	7.85	2.7	1.74	4.5	1.15	2.25	1.5	1.32
E/MPa	210000	70000	45000	110000	2500	39000	120000	31000
R_m/MPa	700	400	300	1000	80	1150	1700	1250
$\frac{1}{\rho}/(dm^3/kg)$	0.1274	0.37	0.575	0.222	0.869	0.4444	0.6667	0.7576
$\frac{E}{(g\cdot\rho)}/km$	2675.16	2592.6	2586.07	2444.44	217.4	1766.9	8155.88	2393.97
$\frac{R_m}{(g\cdot\rho)}/km$	8.92	14.8	17.24	22.22	6.96	52.1	115.53	96.53

注：PA6 为尼龙的一种；GFK 为玻璃纤维增强板材；CFK 为化学纤维复合材料；AFK 为凯夫拉纤维复合材料。

　　还可以采用品质指数确定材料的应力载荷特征，并快速完成材料的预选。表 5-2 列出了实际中不同应力载荷类型下的品质指数，表中以铝合金为标准，以便进行比较。

　　标准的品质指数表明，在几何相似的情况下，与其他可选择的材料相比较所考察的材料轻（或重）多少。

表 5-2 以铝为标准采用品质指数评估典型设计材料的轻量化适宜度

相关性能	品质指数	木材	镁合金	铝合金	钛合金	钢	GFK	CFK	AFK
静态强度-拉、压	$R_m/(g \cdot \rho)$	1.35	1.16	1	1.50	0.6	7.65	3.45	6.39
纵向刚度-拉、压	$E/(g \cdot \rho)$	0.93	1	1	0.94	1.03	0.67	3.09	0.91
剪切强度-扭转	$G/(g \cdot \rho)$	—	1.06	1	0.93	1.06	0.32	1.11	0.15
杆的弯曲刚度	$\sqrt{E}/(g \cdot \rho)$	0.96	1.00	1	0.97	1.02	0.82	1.76	0.95
平板的翘曲刚度和抗弯刚度	$\sqrt[3]{E}/(g \cdot \rho)$	0.97	1.00	1	0.98	1.01	0.87	1.46	0.97
弹性能量吸收能力	$R_{p0.2}/E$	0.47	1.55	1	4.54	2.08	9.14	2.29	19.78
冲击强度	A	0.20	2.50	1	1.50	2.50	0.75	0.20	0.20
振动强度 $R=-1, N=10^6$	$\sigma_{bw}/(g \cdot \rho)$	1.20	1.20	1	2.20	1.30	1.70	2.80	3.20

注：表中的值大于1为更轻，小于1为更重。

5.2.2 汽车轻量化材料

1. 高强度钢

汽车用钢按力学性能（抗拉强度和屈服强度）来分类，通常分为低强度钢、高强度钢和超高强度钢三类，其中屈服强度为210~550MPa的为高强度钢，超过550MPa的为超高强度钢；按照冶金学的分类，通常分为低强度钢、普通高强度钢（CHSS）和先进高强度钢（AHSS）三类。低强度钢包括无间隙原子钢（IF）和低碳钢；普通高强度钢（CHSS）包括CMn钢、烘烤硬化钢（BH）、高强度IF钢和高强度低合金钢（HSLA）；先进高强度钢（AHSS）包括双相钢（DP），相变诱导塑性钢（TRIP）、复相钢（CP）、马氏体钢（MS）、孪晶诱导塑形钢（TWIP）和第三代汽车钢（中锰钢、QP钢、热冲压PHS钢）。

钢材在汽车上的应用仍处于主导地位，先进高强度钢的生产和应用非常普遍，目前已经成熟地应用于A、B、C柱加强件、车顶横梁和纵梁、窗框、前后部顶梁、座椅导轨、座椅骨架、保险杠加强件以及车门防撞梁等零件之中。2015款福特Edge汽车中，先进高强度钢约占白车身的50%，通用COLORADO汽车的整个车身结构中，热冲压成形钢占5.7%，多相及马氏体钢占20.8%，双相钢占11.3%，低合金强度钢占10%。

高强度硼合金钢板，如22MnB5热成形钢的产品实物的抗拉强度已经达到了1500MPa，是目前强度最高的汽车用钢，主要用于轻量化的汽车安全构件中，如沃尔沃XC90汽车中热成形钢（1500MPa以上）的应用比例达到30%。图5-1所示为高强度钢在汽车中的应用比例。

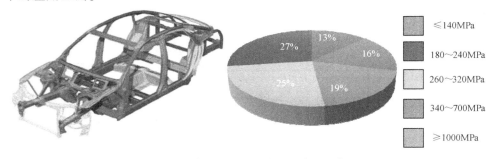

图 5-1 高强度钢在汽车中的应用比例

钢材轻量化设计的一个优秀的示范性项目是 ULSAB（超轻钢车身）。ULSAB 是由
"超轻钢板车身联盟（Ultra Light Steel Auto Body）"发起的高强钢应用研究项目，对高强
钢板的应用起到了全球性的推动作用，其影响一直延续至今。ULSAB 单依靠钢材运用，
使车身质量降低到 203kg，相对于对标车的平均质量 271kg，质量降低了 68kg（25%），静
态抗弯刚度、抗扭刚度、车身一阶模态分别提高了 80%、52%、58%，碰撞性能与对标车
相当。

汽车上不同部位起不同作用的高强度钢板的选用方法见表 5-3。

表 5-3　汽车上高强度钢板的选用方法

变形方式	典型零件	重要性能	几何与材料关系式
大塑性变形	保险杠、加强板、门防冲击板、边梁加强肋	高吸能、高压溃强度	$F_a \propto h\sigma_b^N (N=1/2)$ $U_E \propto h^2\sigma_b^{2N} (N=2/7\sim1/2)$
小塑性变形	车顶盖、门外板、行李舱盖板	高的压痕抗力	$F_t \propto h\sigma_y^N (N\approx1/2.5)$
小弹性和塑形变形	车边梁、横梁	高模量	$F \propto hE_D^N$ $1/E_D = 1/E + 1/E_a$
小弹性变形	边梁	高疲劳强度	$\sigma_w \propto \sigma_b$

注：F_a、F_t 和 F 分别是压溃力、压痕抗力和微变形抗力，h 为厚度，U_E 为压溃吸收能量，σ_y、σ_b 和 σ_w 分别为
流变应力、抗拉强度和疲劳强度，E_D、E 和 E_a 分别为动载荷设计模量、弹性模量和割线模量。

车身用钢还可以根据使用部位的不同分为外板用钢、内板用钢和结构件用钢三类，其
性能要求和材料选择见表 5-4。

表 5-4　车身不同部位用钢的性能要求和材料选择

部位	性能要求	材料选择
外板	高冲压成形性、低回弹、良好的形状冻结性、高的抗凹陷性、耐腐蚀、合理的表面外貌和表面粗糙度、对油气的附着能力强、失效稳定性好	BH 钢
内板	高冲压成形性、低材料屈服强度、高成形极限、高结构刚度、高结构强度、良好的焊接性能、失效稳定性好、良好的尺寸精度	IF 钢和超 IF 钢
结构件	高冲压成形性、低材料屈服强度、高延展性、烘烤硬特性、高结构刚度、高结构强度、良好的焊接性能、失效稳定性好	DP、CP、TRIP、TWIP、Mart 钢

2. 铝合金

铝在汽车轻量化领域的应用十分广泛，包括动力总成、底盘和车身，车身降重潜力非
常巨大。

铝合金材料的强度与钢铁的强度相当，铝合金的密度是 2.7g/cm^3 左右，仅为钢铁的
1/3，吸收冲击的能力是钢的 2 倍，导热性能比铁高 3 倍，与其他材料相比，轻量化效果、
耐腐蚀性和回收利用性都很好，因此铝合金是应用较早且技术比较成熟的轻量化材料，在
汽车上的用量呈现持续增长的趋势。

目前铝合金在汽车中应用的形式有铝合金铸件、铝合金锻件、铝合金挤压件和铝合金

板材。如板状保险杠采用板材冲压成形，保险杠加强肋采用挤压型材；车身框架的盒形断面梁一般由铝挤压成形；覆盖件的加强板采用挤压铝型材；空间框架的连接件采用真空压铸铝。

铝合金在车身上应用最具代表性的是"空间框架"的铝合金车身。铝空间框架的设计使车身质量减少40%，车身的静态扭转刚度提高40%。

铝合金的另一种应用是泡沫铝，泡沫铝是一种细胞状的多孔洞的铝材料。其孔隙度达90%时密度很小，仅有 $0.2g/dm^3$。弹性模量为 $8 \sim 10GPa$ 下，可承受 $20 \sim 25MPa$ 的压力。可用于针对正面冲击和侧面冲击的加固件与冲击吸收体，也可用于隔声材料等。

3. 镁合金

镁是汽车应用材料中最轻的结构金属，密度为 $1.74g/cm^3$，比铝轻2/3，比钢轻78%，可作为铸件、挤压件或板件应用。高纯度镁合金有更好的耐腐蚀性，延展性是铝合金的3倍，比铝更适合于作为碰撞吸能部件。与传统铸铝合金相比，镁所具有的低密度、合理的强度和应用适应性使其成为在汽车应用方面非常有吸引力的材料。

锻造、挤压、铸造是镁合金构造的主要方法。目前汽车用镁合金件大部分是压铸件，如离合器、变速器壳体、仪表板、车门框、气缸盖罩、转向盘骨架、座椅骨架、轮毂等。镁合金在汽车上的用量每年都在上升。

镁是一种应变率敏感的材料，也就是说其强度随加载速度的提高而增大，这同样意味着镁制件在动载荷下会比静载荷吸收更多的能量，因此用镁金属构件承受碰撞载荷可以提高整车的耐撞性能。

由于镁具有熔点低（650℃）和性质活泼的特点，镁合金在熔解状态下非常活跃，与铝相比，抗疲劳、蠕动性、耐电偶腐蚀性都欠佳；制造时的主要危险是燃烧，如对其进行机加工和磨削时，以及镁合金焊接时，如果热熔金属与空气接触会产生燃烧危险；从使用过程上看，镁制件防电化学腐蚀是一个大问题。

4. 复合材料

汽车用非金属材料包括通用塑料、先进高性能工程塑料和树脂基复合材料。树脂基复合材料根据增强体和基体材料的不同分为多种类型增强基复合材料，如玻璃纤维增强复合材料、碳纤维增强复合材料、生物纤维增强复合材料等。在汽车行业，习惯上把这些树脂基复合材料简称为"复合材料"。

现阶段，玻璃纤维增强复合材料应用较为广泛，如乘用车车身空气导流板、前翼子板和前挡泥板延伸部件、发动机舱盖、装饰条、尾板等以及商用车保险杠、翼子板、脚踏板、面罩、导流板、驾驶室壳体等典型零部件。

碳纤维增强复合材料（CFRP）具有较好的韧性和较高的抗拉强度，其密度在 $1.45 \sim 1.6g/cm^3$ 之间，抗拉强度可达 $1.5GPa$ 以上，超过铝合金的3倍，接近超高强度钢的水平。碳纤维的应用可使汽车车身质量减小30%～60%。但由于碳纤维成本及CFRP部件制造成本过高，碳纤维增强复合材料在汽车中的应用仍然有限，仅在一些F1赛车、高级乘用车、小批量车型上有所应用。常用纤维材料的力学性能与高速钢（HSS）材料的对照见表5-5。

表5-5　常用纤维材料的力学性能与高速钢（HSS）材料的对照

材料	抗拉强度/GPa	拉伸模量/GPa	相对密度 g/cm³	比强度/GPa	比模量/GPa
E-glass	3.5	72	2.6	1.35	28
Carbon Fiber	3.0	235	1.75	1.71	134
Kevlar 49	3.9	131	1.44	2.7	91
HSS	1.3	210.0	7.87	0.17	—

轻量化材料除了向复合化方向发展以外，还在向微结构化方向发展。对于产品的整体性能而言，材料的基础性能和结构优化具有同样的作用，因此极大地推动了功能导向型材料的发展。目前在汽车轻量化材料中使用的功能导向型材料有三明治复合材料、仿生复合材料（Biomimetic Tendon-Reinforced，BTR）和负泊松比（Negative-Poisson´s-Ration，NPR）材料等。

【拓展阅读5-1】　新型功能导向型材料设计

5.3　汽车结构轻量化设计

结构轻量化设计是实现汽车轻量化的重要途径之一，也是轻量化汽车产品开发的基础和前提。

轻量化设计是一个多层级的过程，即在概念化及其实现的不同回路中要进行多次的循环反复。为了节省费用与时间，应当尽早地将已有的经验知识引入到方案设计中。实践表明，遵循自然法则会实现智能化的设计。所有违反自然规律的行为将会导致在设计、重量与加工等方面付出更高的代价。除此之外，仿生学在许多方面给轻量化设计指明了方向（造型、拓扑和构造），即如何对构件、结构进行优化。

下面给出轻量化设计中应遵循的一些参考要点。

1. 尽量直接的力导入与力平衡

设计中应使受力直接导入到主承载结构上。偏转或者回转设计通常会由于其复杂的应力状态而产生更高的载荷，其结果是几何尺寸更加复杂、自重增加（大约重10倍），示例如图5-2所示。

如果可能的话，应将不对称的设计改为对称的设计，其好处是可利用结构内部力平衡。在纯支承性设计（杆和梁）中，这样的方式会使得剪场设计得到更好地利用。在型材的设计中也是一样，闭口型材比开口型材可承受更高的载荷（约30倍），而产生的变形则小得多（约1/300）。这一点适用于各种几何形状的横截面。

总的原则是，设计结构或型材应是封闭的，至少也是可分割的，如图5-3所示。

2. 尽量大的截面二次矩与阻力矩

在承受弯曲、扭转和压弯载荷的设计中，应在尽可能小的面积上实现大的截面二次矩与阻力矩，也就是说剖面形状因子要达到最大。这种做法是将较多的材料从结构中心移开，并将其设置在外部的高承载区域。图5-4所示为设计的步骤，即从实心横截面到空心横截面以及到三明治横梁的设计过程。

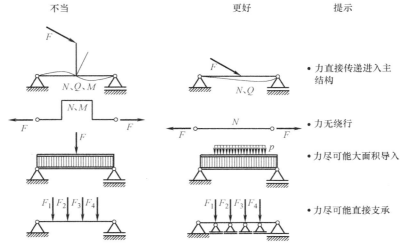

图 5-2　支承结构中典型的力导入问题

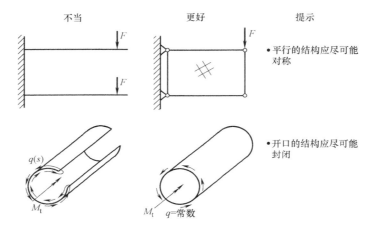

图 5-3　支承结构与截面的典型力平衡问题

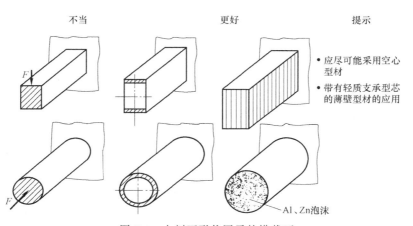

图 5-4　大剖面形状因子的横截面

空心型材的截面二次矩通常比实心横截面的高出很多。其所受到的局限是，结构的尺寸需有规律地放大，但自重要降低。通过采用适当的型芯结构，可以使得三明治结构设计很好地适应于受控载荷的类型，结构化型芯的抗弯刚度要比均匀化型芯的抗弯刚度高出约4倍。

3. 轻盈的结构

通过松散的构造，可大大加固小横截面面积的平面支承结构。带有加强肋的或下弦杆的支承结构、三明治结构的刚度比实心支承结构的刚度要高出很多。图5-5所示为通过加强肋或下弦杆加固的平板、网格板和疙瘩板实现结构的轻量化设计。

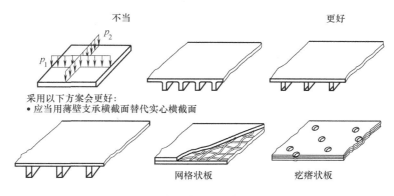

图 5-5　用肋或横梁来增加板的刚度

4. 利用曲率的自然支承作用

可通过预弯曲设计提高直盘或直板的抗弯刚度、压弯刚度和翘曲刚度，因为这种设计增加了截面二次矩，消除了不稳定的趋势，如图5-6所示。

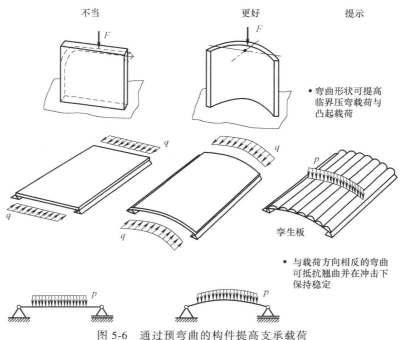

图 5-6　通过预弯曲的构件提高支承载荷

5. 在主承载方向进行有针对性的加固设计

有针对性地引入正交各向异性或者各向异性设计可提高构件在确定方向上的刚度。这里应尽量利用设计或者材料力学上的各向异性，以提高结构的承载能力和不稳定极限。如结构受压时引入压槽来强化可能发生弯曲损坏的构件；结构受拉时在受力方向上引入纤维复合材料，如图 5-7 所示。

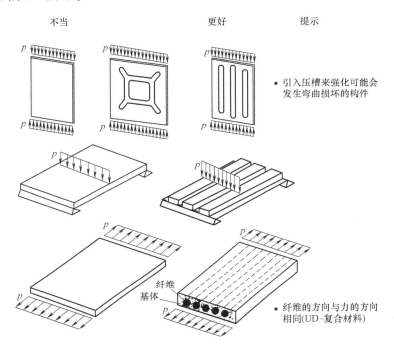

图 5-7 有针对性地加强刚度的构件

还可以通过不同的板材厚度（如拼焊板与拼焊管）来增加刚度，如采用激光焊接的方法将不同厚度与质量的板材焊接在一起，并一起加工成形，通过这种方法可加工出空心型材（如液压成形）与大的平面构件，如图 5-8 所示。

另外，还可以采用增强刚度的材料组合，如钢-铝型材/板材/复合（激光轧制转换接头）。这里所采用的连接技术为有针对性的表面堆焊与挤压。

成形有机板，也称为热塑性纤维复合塑料，采用玻璃纤维、碳纤维或者芳纶纤维的单一方向连续纤维，也具有很好的应用前景。

6. 优先遵循集成化原则

在已知条件下，轻量化设计结构应由尽量少的构件组成。为了将多个单一构件连接在一起，需要更多的连接工作和材料消耗，

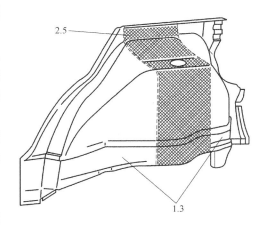

图 5-8 在乘用车车轮外罩壳上通过板厚变化和几何尺寸的配合的平面加固方式

这也可能会引起装配与可靠性方面的问题，如图 5-9 所示。

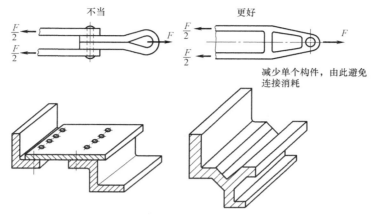

图 5-9　将多个单一构件集成为整体式结构件

采用这种方法的优点是可以节省材料、提升结构的安全性能、减少加工量，但模具的成本会更高。

7. 引入空腔结构

为了保证在刚度不变的条件下减轻重量，可以在承受较小载荷的区域引入"释放孔"，如图 5-10 所示。

8. 充分挖掘设计的潜力

只有在确保安全的前提下，才可以考虑实现极限轻量化。这个安全前提条件是：

1）对力的准确了解，包括力的大小与方向。

图 5-10　通过在腹板上开孔或者采用带孔的板实现轻量化横截面

2）采用规格可以得到确实保障的高价值材料。

3）应用准确的计算方法，如有限单元法等。

4）对结构的几何尺寸进行优化分析，如尺寸参数优化、拓扑优化等。

5）还要确保对设计细节进行有针对性的先期试验。

在动态载荷的轻量化设计中，除了以上规则外，还必须考虑到影响使用寿命的因素，如疲劳强度等。

 【拓展阅读 5-2】　空间框架式车身机构设计

5.4　汽车工艺轻量化设计

5.4.1　轻量化制造技术

轻量化制造技术是产品实现轻量化的重要因素之一，汽车零部件的模块化、薄壁化、空心化发展趋势，对工艺技术提出了新的挑战。目前采用激光拼焊技术将多个零件简化为

一体化结构、采用新的连接技术减小焊料质量、采用管件液压成形、不等厚板轧制及超高强度钢的热成形技术等用于实现结构轻量化的先进制造技术，与传统的冲压工艺相比，在减轻重量、减少零件数量和模具数量、提高刚度与强度、降低生产成本等方面具有明显的技术和经济优势。

1. 薄板与薄壁管的轻量化成形技术

超过 90% 的轻量化结构都是薄壁结构，因此板材的加工（冲压、弯曲、深冲）工艺非常重要。与铸造和注射模塑等方法相比，板材成形方法及加工出的产品具有高承载性、可连接性以及构件的可修复性等优点。薄板成形常用的方法有拼焊板深冲、补丁技术、柔性变截面辊轧板、热冲压成形和电镀辊轧等。

从结构力学的角度看，由管组成的空间结构是理想的结构，与型材相比，这种结构产生局部不稳定的可能性更低，并具有较高的抗扭刚度；绝大多数的管由板材经过滚轧和连接加工而成，常用的工艺主要有拼焊管、液压成形、热成形、空心轴圆锻造、轴向成形等。对于铝、镁变形合金可通过挤压方法制成壁厚相对较薄的管材。

在此主要介绍热冲压成形、液压成形和辊压成形技术。

（1）**热冲压成形技术** 热冲压成形工艺过程首先把常温下强度为 500~600MPa 的高强度硼合金钢板（俗称硼钢，如 20MnB5、22MnB5、30MnB5 等）加热到 900~950℃ 并保持 5~10min，使之均匀奥氏体化，然后送入内部带有冷却系统的模具内热冲压成形，之后保压快速冷却淬火（冷却速度 > 50℃/s），使奥氏体转变成马氏体。成形件因而得到强化硬化，屈服强度可以达到 1000MPa 以上，抗拉强度可以达到 1500MPa 以上。高强度钢板热冲压成形工艺的基本流程是：落料—预成形—加热—冲压成形—去氧化皮—激光切边冲孔—防锈处理，并在冲压成形和保压定形阶段同时进行板件淬火。

（2）**液压成形技术** 管件液压成形是将管坯放入模具内，利用高压液体充入管坯空腔，同时辅以轴压补料，使其直径胀大至贴靠凹模的成形过程。由于内部压力可高达 400MPa，在欧洲又称为内高压成形技术（IHPF），在美国则称为管件液压成形技术（TH）。

液压成形适用于汽车领域的沿构件轴线变化的圆形、矩形截面或各种异形截面空心构件。与传统冲压焊接工艺相比，液压成形技术具有成形精度高、可节约材料、减少成形件数量和后续机械加工与焊接量、提高成形件的强度与刚度、减少模具数量、降低生产成本等优点。液压成形在底盘部件中应用较多，如前副车架主管、扭力梁、控制臂等，车身结构件主要应用于 A、B 柱等件。

（3）**辊压成形技术** 辊压成形工艺通过顺序配置的多道次成形辊轧，把卷材、带材等金属板带不断地进行横向弯曲，以制成特定断面的型材。辊压成形的优势在于能够加工其他工艺无法实现的复杂形状。一般，辊压成形为等截面零件，近年来开始开发三维变截面辊压成形技术。其优势是合理设计型材的几何断面，提高承载能力，减轻零件重量。辊压成形因其成本低和效率高而得到重视，如汽车地板有多个零件采用辊压成形，材料利用率在 90% 以上。

2. 铸造成形技术

铸造是一种使熔融的金属流入铸型并使其固化，从而得到铸型的外形的工艺。铸造可以得到复杂的内外几何结构而降低零件的成本，减少所需的装配工作量和接近最终形状的

零件材料。但由于固化的金属内存在大规模缩孔和夹杂物，铸件的力学性能通常会低于锻造金属件。

对需要重复多次铸造的汽车零件，根据铸造工艺可分为高压铸造、低压铸造、重力铸造、挤压铸造和半固体铸造等工艺方法，此处介绍高压铸造和低压铸造技术。

（1）**高压铸造成形技术** 高压铸造（HPDC）是铝合金与镁合金件常用的一种工艺，其优势在于可高效率生产集成设计复杂薄壁构件的能力。

高压铸型安装在一台能高速喷射熔融金属的机器上，在极短的时间内将金属注入型腔，从而产生并保持极高的压力，在铸型内采用内部冷却水道，可对零件快速冷却。HDPC具有极高的实收率（可达95%），高度接近最终形状，能获得较高的表面质量和较小的尺寸误差，这极大减少了后续机械精加工的工作量。

（2）**低压铸造成形技术** 低压铸造（LP）系统是依靠最高0.08MPa的压力将熔融的金属送入铸型内的一种铸造工艺。LP系统可以生成非常好的铸件，使用可控、无混流充型可几乎消除空气夹杂问题，在固化方向上可供应等待补充的熔融金属，会减小与固化相关的收缩，这两方面都可大幅度减小零件内的收隙率。

低（差）压铝合金铸造件的优势主要是在获得较高工艺品质的同时，可以生产一体化设计的中空、薄壁、复杂构件。除车轮和缸盖外，主要用于汽车悬架系统、转向系统、行驶系统的轻量化构件生产。目前，上述系统在铝合金构件的生产上得到批量应用，达到了较好的轻量化和提高车辆驾乘性能的效果。

3. 复合材料成形技术

为解决传统注塑和模压成形低效率高成本和高能耗等工艺缺点，目前有短流程、高效率、低能耗和低成本的丁长纤维增强热塑性复合材料直接在线模压成形（LFT-D）技术，包括在线注射成型工艺（LFT-D-injecting）和在线模压工艺（LFT-D-molding）。在线注射成形适用于制造小型件和复杂零部件，在线模压成形一般用于尺寸较大、形状简单的产品。长纤维增强热塑性复合材料在线模压产品现已广泛地应用于后背门内板、仪表板骨架、前端模块、底护板、备胎舱支架、发动机气门室罩盖及油底壳等汽车关键零部件。

5.4.2 轻量化连接技术

1. 液相焊接技术

液相焊接的操作过程是将待连接的两种材料的局部加热到熔融状态，并对它们施加压力，形成熔接，然后在继续施加压力的情况下，将熔接的液相材料冷却，从而形成连接点。汽车工业中常使用的液相焊接方法是电阻点焊、电弧焊和激光焊接等，在此主要介绍电阻点焊和激光焊接。

（1）**电阻点焊** 电阻点焊是一种对搭接焊件施加大电压大电流，利用电流通过时焊件本身各接触表面间的接触电阻产生的焦耳热进行焊接的连接方法。该方法具有焊接时间短、生产成本低、无额外增重、不会增加材料回收困难等优点，适用于大规模自动化生产，是目前钢制车身装配过程中应用最广泛的连接工艺。一个典型白车身有将近5000个电阻焊焊点。

电阻点焊还可用于铝合金，并已经用于连接铝板，目前主要应用于车身覆盖件、车门

内外板及发动机舱盖等。但铝合金电阻点焊存在诸多问题：铝合金具有良好的导电性和导热性，对其进行电阻点焊需要进行硬规范；对焊接设备的要求很高，铝合金表面容易形成致密氧化膜；铝合金焊点强度相对较低，铝合金点焊一般用于非承载部件的连接。

钢板和铝板的电阻点焊参数见表 5-6。

表 5-6　钢板和铝板的电阻点焊参数（板厚 0.9mm）

参数	钢板（无镀层）	镀锌钢板	铝板（无镀层）
焊接时间/s	7~10	9~12	3
电流/kA	7~10	9~11	18~23
受力/kN	1.9~2.6	2.2~2.9	4.1~5

（2）激光焊接　激光焊接是一种利用高能量密度的激光作为焊接热源进行焊接的焊接方法。高强钢中激光焊是一种重要的连接技术。激光焊的焊缝非常整洁、坚固，使多余材料用量降至最少，为综合利用多等级钢板提供了制造与装配的重要技术保障。激光焊带来了激光拼焊板材等新工艺，焊缝光滑一致，使在焊接区周围的材料畸变与特性改变达到最小化，并可改善总成的整体质量和美观效果。

伴随高强钢应用而出现的激光拼焊和液压成形都可以减少部件数量，降低模具与工装费用，简化后续装配工艺，提高部件、分总成和车身结构件的完整性。与传统焊接工艺有所不同的是，激光拼焊和液压成形工序可以结合在部件和分总成生产的工序当中，而不一定是在最后才完成总成焊接。在高尔夫 2004 车型上首次应用的激光焊工艺就比前续车型减少了 25% 的工序时间。

激光拼焊可以把不同强度和不同厚度的钢板整合到一张板材上去，即在冲压工序或其他成形工序中，可以把这张"组合钢板"当成一块单独板料送进冲压机。与均一化板材相比，激光拼焊板可以用最少的材料达到对强度、耐撞性、抗凹陷强度的性能优化，也可以减少关键部件的数量及简化装配工序。用拼焊板冲压或者液压成形制作的完整部件，免除了将多块板材焊接在一起的麻烦，虽然给冲压成形的上游供需带来了压力，但是在整体上可起到降低净成本和显著提高部件性能（如重量、刚度、强度等）的作用。

除了在钢材上有应用，目前在铝合金、镁合金、异种材料上激光焊接均有应用。

2. 固相焊接技术

固相焊接最大的特点是焊接过程中没有熔化再凝固的过程，连接完成后接头处的力学性能与母材相当，避免了熔化焊中容易产生的热影响区缺陷。摩擦焊是固相焊接的一种，摩擦焊依靠粗糙表面相互摩擦产生的热量进行连接，摩擦热可由待连接件之间的相对运动产生或由额外的搅拌头与连接件进行相对的运动产生，如图 5-11 所示。摩擦焊的种类很多，如旋转摩擦焊、线性摩擦焊、搅拌摩擦点焊、搅拌摩擦缝焊等。其中搅拌摩擦焊是汽车工业常用的连接技术，可用于铝合金连接或钢-铝异种金属连接。目前搅拌摩擦焊在新能源车辆的电池包铝合金壳体制造上已广泛应用。

3. 机械连接技术

在汽车工业中，螺栓和螺母的传统机械连接方法因装配速度太慢，使用较少。近年来，随着轻量化技术的发展，多材料连接技术迅速发展，在此介绍无铆连接、自穿刺铆接

和流转螺钉连接等多材料快速机械连接技术。

（1）**无铆连接** 无铆连接（Clinch），也称冲铆，是一种在压力作用下板件局部变形形成机械自锁的双面机械连接方法。在凸模压力作用下，板件产生拉伸塑性变型并逐渐接触到凹模底部，此后凸模继续下行，材料发生塑性流动并填充凹模，达到两板相互咬合状态形成连接接头，如图 5-12 所示。

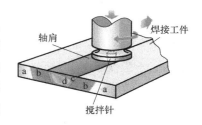

图 5-11 摩擦焊示意图
a—母材 b—热影响区 c—热机
影响区 d—焊接区

与其他工艺相比，无铆连接技术具有多重优点：连接接头外观质量好且无表面损伤、连接过程中板间无热变形、长期使用成本低以及不会额外增加质量。其缺点也比较明显：无铆连接对铆接工艺要求较高、对板材的厚度组合有限制、连接成功率比自穿刺铆接的低、静强度低。目前，无铆连接工艺在多种轻量化车身设计中得到应用，由于无铆接头强度较差，主要用于非承载部件的连接，例如某白车身中有 213 个无铆接头，均用于与车身覆盖件的连接，占覆盖件连接头总量的 16%。常用无铆连接的铆模和厚度范围见表 5-7。

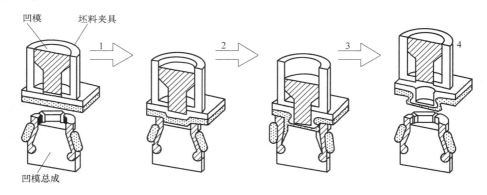

图 5-12 无铆连接工艺过程

表 5-7 常用无铆连接的铆模和厚度范围

铆模形式	原点模		SKB 模	
铆钉规格/mm	$\phi6$	$\phi8$	$\phi6$	$\phi8$
上下板总厚度/mm	1.0~3.0	1.6~6.0	0.4~2.5	0.6~5.0

（2）**自穿刺铆接** 自穿刺铆接（Self-Piercing Riveting，SPR）也称锁铆铆接，是一种使用实心或半空心铆钉连接两层或多层板材的冷成形双面连接工艺。其中，使用半空心铆钉的自穿刺铆接技术在汽车板材连接中得到大量应用。连接时在凸模压力的作用下，半空心铆钉穿透上层板材之后继续下行刺入下层板材，而后铆钉尾部的中空部分在下板内扩张，在不刺穿下板的前提下形成机械自锁，如图 5-13 所示。

自穿刺铆接的连接过程可分为定位、夹紧、送钉、刺穿、变形、成形等不同阶段，如图 5-14 所示。

近年来，随着钢-铝混合结构的大量应用，自穿刺铆接已经成为电阻点焊技术的强有

力竞争者。与电阻点焊技术相比，自穿刺铆接技术
的优点包括：可用于连接焊接性能差的材料、含涂
层材料及异种材料；可用于连接多层板材，如图5-
15所示；不散发烟雾和热量，噪声小；符合环保要
求，能量消耗低。除此之外，自穿刺铆接工艺连接
的快速接头强度高，无需冲孔，冲、铆一步完成，
适用于汽车车身制造的大规模自动化生产。

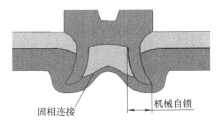

图 5-13　自穿刺铆接的机械固相连接图

自穿刺铆接技术是目前钢-铝混合车身以及全铝车身装配时采用的最主要的连接工艺，
例如某白车身上包含1847个铆点。

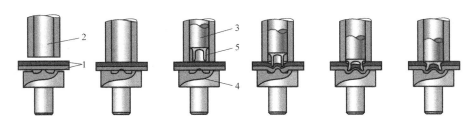

图 5-14　自穿刺铆接工艺过程

1—被连接工件　2—预夹紧工装　3—上模　4—下模　5—自穿刺铆钉

无铆连接与自穿刺铆接距离设计要求见表5-8。

（3）流转螺钉连接　流转螺钉连接（FDS）工
作时先低转速低压力与板件表面接触，之后板件在
流转螺钉的高转速高压力作用下产生塑性变形
（"流"前期），流转螺钉在板件上钻出柱形通孔
（"流"中期），转速及压力降低，使流转螺钉可以
在孔内自攻螺纹（"流"后期），之后为正常螺钉
拧紧过程，板件冷却并与流转螺钉贴合形成一个气
密性和水密性极好的连接，如图5-16所示。

图 5-15　多层板连接的自穿刺铆接图

1—不锈钢板　2—非金属夹层
3—不锈钢板　4—中碳钢板

表 5-8　无铆连接与自穿刺铆接距离设计要求

连接方式	直径/mm	最小点距/mm	最小平面宽度/mm	点中心到边缘最小距离/mm
Clinch	φ6	12	12	6
	φ8	14	14	7
SPR	φ3	16	16	8
	φ5	18	18	9

FDS能在材料内直接攻出米制的螺纹，这样能形成一个可拆卸的连接，任何时候都可
以将螺钉从材料中旋出。其特点是适用于单面连接，可用于不同厚度、不同材料的连接，
两层及两层以上的板材连接，也可用于预开孔和无开孔的板材连接，特别适用于机器人辅
助的生产线。

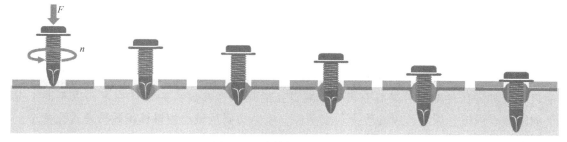

图 5-16　流转螺钉连接工艺

4. 胶粘结技术

粘结是指相同或不同材料的表面在黏结剂的作用下，通过界面力结合在一起的状态。通常认为黏结剂浸润、扩散、渗透至被粘材料的粗糙表面形成机械自锁结构，以及黏结剂固化、交联及在被粘贴材料表面（或氧化层以及经过预处理的材料表面）形成物理、化学的结合力。

多材料轻量化车身结构中大量采用结构胶粘结技术，且该技术常与点焊、Clinch、SPR、FDS 等点连接技术配合使用。在对零件实施粘结以前，零件由原始板材经过热处理、表面处理、冲压成形等步骤；对不同零件实施粘结之后，为了防止在碰撞高载荷的作用下发生粘结剥离，在高应力区域一定要加机械紧固件连接，如使用点焊、螺栓连接等。而后续经过子结构装配、白车身装配并最终实施烘烤固化以完成稳固连接。

不同材料的连接，如钢-铝连接技术和钢-镁连接技术已经分别在上市车型上得到了充分验证，其在抗腐蚀和疲劳方面都有较好的表现。

接续性的粘结会给整体车身刚度和舒适性带来很大提升，同时重量变化却不是很大。某车在设计时也采用铆接-粘结复合连接技术，通过对设计进行优化，与前代车型相比，无铆连接接头数量降低了 11%（2840 个），而粘结接头的长度提高了约 50%，达到 154m。

5.5　汽车结构轻量化优化设计

轻量化优化设计主要包括结构优化、材料优化、工艺优化和多学科优化方法。结构优化主要通过调整汽车结构的尺寸、形状、形貌以及拓扑结构来优化结构性能与质量。材料优化主要是通过汽车材料选型，实现多材料混合及在结构中的合理分布等。工艺优化主要包括连接工艺、拼焊板、变厚度板及液压成形等工艺在汽车设计中的合理运用。由于汽车的结构、材料与工艺的耦合关系，不能从单方面考虑汽车的轻量化设计，如在车身轻量化优化设计中，应同时综合多个学科的性能要求，使得整体性能匹配达到轻量化设计目标。多学科优化方法是解决多个学科性能冲突的主要手段，它主要基于多学科优化设计理论，融合多个学科工程问题，将数学算法、求解策略、数据分析与管理集成于一体，考虑子学科、耦合变量等耦合作用，研究交互影响现象之间的协同作用，以尽可能高的效率求得整体最优解。

下面主要介绍结构轻量化优化设计、多学科优化设计和材料-结构一体化设计方法。

5.5.1 结构轻量化优化设计

1. 尺寸优化

尺寸优化是应用最早，也是应用最成熟的一种汽车轻量化技术。它一般以汽车零部件的尺寸（如冲压件壁厚、梁截面尺寸、减重孔的尺寸等参数）为设计变量，以不同工况下的刚度、强度、振动、吸能等为约束条件，以结构质量最小为目标函数构建优化模型。

下面以汽车车门冲压件厚度尺寸优化问题为例进行介绍。

> **例 5-1** 汽车车门结构由玻璃、塑料和钢三种材质组成，设计时考虑以下因素：避免车门太重引起车门相对于其连接铰链的下垂量；避免由发动机或道路载荷振动引起的车门共振，对车门的第一阶频率要尽量高一些。
>
> （1）目标函数　整个车门的重量最小化为目标函数。
>
> （2）约束
>
> 1）为避免发动机怠速（35Hz）下引起的结构共振，车门一阶模态固有频率大于 35Hz。
>
> 2）静载荷作用下门锁在 z 方向上的绝对位移不大于 1.42mm。
>
> （3）设计变量　设计范围内的冲压件板厚范围为 0.5~2.5mm。
>
> （4）分析工况
>
> 1）静态载荷作用下的结构变形工况。在铰链处约束的情况下在门锁 z 方向施加 700N 力。
>
> 2）车门的约束模态工况。在铰链处约束的情况下计算车门的前 5 阶固有频率。
>
> 经过 15 循环迭代后，在同时满足车门一阶固有频率和车门下垂量的约束条件下，车门总重量由 30.6kg 减小到 26.3kg，减重达 14%。优化前原始车门单元厚度云图如图 5-17a 所示，优化后车门单元厚度云图如图 5-17b 所示。

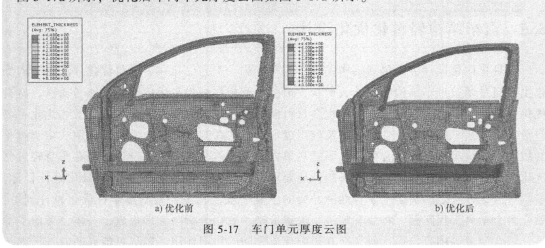

　　a) 优化前　　　　　　　　　　　　　　　　　　b) 优化后

图 5-17　车门单元厚度云图

2. 拓扑优化

拓扑优化是通过改变结构的拓扑关系来重新定义材料在零件上的分配，以使新设计的

零件满足某种或多种性能指标的优化设计方法，主要应用于结构概念设计阶段。目前的拓扑优化方法主要是变密度法，其优化结果只能给出材料分布情况，还需要设计人员进行再设计，因此往往将拓扑优化、形状优化和尺寸优化等方法结合起来应用，才能获得减重效果明显的具有可行性的结构方案。

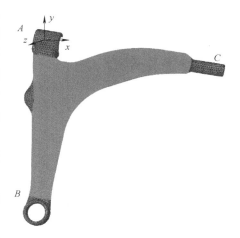

图5-18 控制臂结构与设计区间图

这里以汽车悬架控制臂的拓扑结构优化为例进行介绍。

（1）优化目标函数 应变能最小为目标函数。

（2）约束 设计区间的体积不大于原始的57%。

（3）边界条件 约束 B 点 z 方向自由度；A、C 区域 x、y、z 自由度约束；结构底面 z 轴对称设置。

（4）载荷条件 对 B 点在 X 方向施加7000N集中力、Y 方向施加-7000N集中力。

（5）设计变量 设计区域中的单元密度，如图5-18所示中间红色区域。

图5-19所示为控制臂在14次迭代循环中设计区域单元被逐渐移除的优化过程。由图可知，材料的体积逐渐减小到原始状态的57%，而控制臂的应变能逐渐提高。如图5-20所示，优化过程中，控制臂中的部分单元不断被移除。

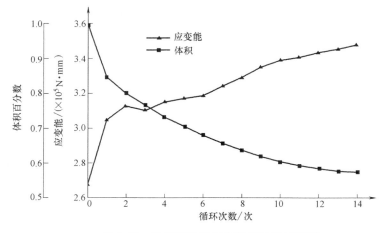

图5-19 控制臂体积与应变能迭代过程图

5.5.2 多学科优化设计

随着现代优化设计理论的发展以及结构分析能力和手段的不断完善，汽车结构轻量化优化设计的研究已从单一准则减重优化发展到考虑结构强度、刚度、耐撞性、NVH（噪声、振动与声振粗糙度）性能和耐久性优化在内的多学科和多目标优化设计。

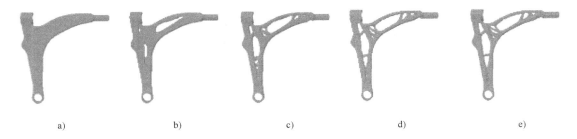

a)　　　　　　　b)　　　　　　　c)　　　　　　　d)　　　　　　　e)

图 5-20　控制臂拓扑结构变化过程图

a) 原始状态　b) 3 个循环后剩余 77% 体积　c) 7 个循环后剩余 66% 体积

d) 10 个循环后剩余 61% 体积　e) 14 个循环后剩余 57% 体积

常用的多学科优化设计（Multidisciplinary Design Optimization，MDO）计算方法有多学科可行法、单学科可行法、一致性优化法、并行子空间优化法、协同优化法、两级集成系统综合法和目标分流法等。此处以齿轮减速器优化作为多学科优化设计示例。

例 5-2　采用协同优化算法对齿轮减速器结构优化进行分析。x_1 为齿宽系数，x_2 为齿宽模数，x_3 为小齿轮的齿数，x_4、x_5 为轴承间距（cm），x_6、x_7 为轴的直径（cm），如图 5-21 所示。

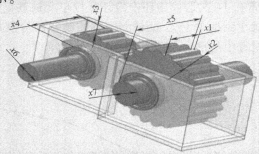

图 5-21　减速器结构图

其优化数学模型如下：

$$\begin{cases} \min \quad f(x) = 0.7854 x_1 x_2^2 (3.333 x_3^2 + 14.933 x_3 - 43.0934) - 1.508 x_1 (x_6^2 + x_7^2) + \\ \quad 7.477 (x_6^3 + x_7^2) + 0.7854 (x_4 x_6^2 + x_5 x_7^2) \\ s.t. \quad g_i \leqslant 0, i = 1, 2, \cdots, 11 \end{cases}$$

s.t.

$$g_1 = 27 / (x_1 x_2^2 x_3) - 1 \leqslant 0$$

$$g_2 = 397.5 / (x_1 x_2^2 x_3^2) - 1 \leqslant 0$$

$$g_3 = 1.93 x_4^3 / (x_2 x_3 x_6^4) - 1 \leqslant 0$$

$$g_4 = 1.93 x_5^3 / (x_2 x_3 x_7^4) - 1 \leqslant 0$$

$$g_5 = 10 \sqrt{\left[745 x_4 / (x_2 x_3) \right]^2 + 1.69 \times 10^6} / x_6^3 - 1100 \leqslant 0$$

$$g_6 = 10\sqrt{[745x_5/(x_2x_3)]^2 + 1.575 \times 10^6}/x_7^3 - 850 \leq 0$$

$$g_7 = x_2x_3 - 40 \leq 0$$

$$g_8 = -x_1/x_2 + 5 \leq 0$$

$$g_9 = x_1/x_2 - 12 \leq 0$$

$$g_{10} = (1.5x_6 + 1.9)/x_4 - 1 \leq 0$$

$$g_{11} = (1.1x_7 + 1.9)/x_5 - 1 \leq 0$$

上述各式中，变量的取值范围为：$2.6 \leq x_1 \leq 3.6$，$0.7 \leq x_2 \leq 0.8$，$1.7 \leq x_3 \leq 28$，$7.3 \leq x_4 \leq 8.3$，$7.3 \leq x_5 \leq 8.3$，$2.9 \leq x_6 \leq 3.9$，$5 \leq x_7 \leq 5.5$。

原问题分解为以下三个学科：

子学科1：

$$D_1 : \begin{cases} \min & f_1 = -1.508x_1x_6^2 + 7.477x_6^3 + 0.7854x_4x_6^2 \\ s.t. & g_{1i} \leq 0, i = 1,2,3,5,7,8,9,10 \\ & \boldsymbol{x}^* = (x_1, x_2, x_3, x_4, x_6) \end{cases} \tag{5-4}$$

子学科2：

$$D_2 : \begin{cases} \min & f_2 = -1.508x_1x_7^2 + 7.477x_7^3 + 0.7854x_5x_7^2 \\ s.t. & g_{2i} \leq 0, i = 1,2,4,6,7,8,9,10 \\ & \boldsymbol{x}^* = (x_1, x_2, x_3, x_5, x_7) \end{cases} \tag{5-5}$$

子学科3：

$$D_3 : \begin{cases} \min & f_3 = 0.7854x_1x_2^2(3.3333x_3^2 + 14.9334x_3 - 43.0934) \\ s.t. & g_{3i} \leq 0, i = 1,2,7,8,9 \\ & \boldsymbol{x}^* = (x_1, x_2, x_3) \end{cases} \tag{5-6}$$

根据式（5-6）进行系统目标函数构造，从各学科中选取只包含耦合变量的约束作为系统约束条件，建立系统级数学模型如下：

$$SYS : \begin{cases} \min & F = (f_1/283.444 + f_2/1121.84 + f_3/1581.46)/3 \\ s.t. & G_i \leq 0, i = 1,2,7,8,9 \\ & \boldsymbol{s}^* = (s_1, s_2, s_3) \end{cases} \tag{5-7}$$

基于优化设计软件，采用协同优化算法建立减速器多学科优化模型，系统层经过19次迭代计算。学科层经过110次迭代计算，系统层变量收敛于 $\boldsymbol{x}^* = [3.5, 0.7, 17, 7.3, 7.715, 3, 3.5, 5.287]$，得最优解 $f = 1.00465$，与其理想解 $F = 1.00463$ 基本一致。

5.5.3 材料-结构一体化设计

　　未来，轻量化结构优化设计技术将能在轻量化与材料特性、工艺性、生产批量、成本及其制约因素中找到一个最佳的结合点，实现结构-材料-性能-成本一体化设计，使合适的材料用于合适的部位，缩短产品开发周期，降低生产成本。

　　在今后相当长的一段时间内，钢仍然是汽车制造的主要材料。但为满足不同车型在细分市场的定位和竞争需要，汽车用材多元化将成为趋势，如图 5-22 所示。工程师会在"将合适的材料用于合适的部位"方面做出更多的努力，并由此出现铝密集、镁密集、非金属密集车身与钢车身、全铝车身、多材料车身并存的局面，产品的开发目标将由此演变为寻求轻量化效果、工艺性、性能、安全性、成本的总体上最优化。同时，汽车零件的模块化、制造的集成化和新能源汽车发展提出的全新架构需求，也都将带来整车产品设计理念的重大变化。

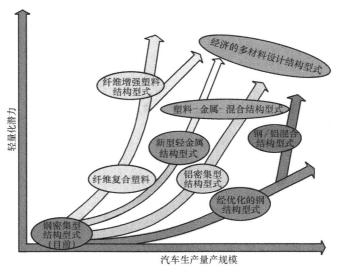

图 5-22　未来汽车用材与结构设计发展趋势

　　下面，以车门的多材料体设计为例说明材料-结构一体化设计的基本方法。

　　例 5-3　对于由 n 个零件装配而成的车门结构（图 5-23），若以重量 W 最轻、成本 C 最低为目标函数，以零件数目为 n，第 i 个零件的壁厚和材料分别为 h_i 和 M_i，材料种类 m 为设计变量，以应力、刚度、频率和其他响应量作为约束条件。该例与前述例 1 的车门优化问题类似，不同之处在于本例的工况有两个，一个是在门锁处的垂向载荷，另一个是在门框侧上部和侧下部分别施加沿 $-x$ 和 x 方向的力。

　　在装配级进行整个结构的优化，即可实现多材料体设计。

　　其优化数学模型如下：

$$\min W = W(h_i, M_i) \quad (i = 1, 2)$$
$$\min C = C(h_i, M_i) \quad (i = 1, 2)$$

$$s.t. \begin{cases} d_{sag} \leqslant 2.7\text{mm} \\ d_{upper} \leqslant 3.0\text{mm} \\ d_{lower} \leqslant 2.7\text{mm} \\ f_1 \geqslant 35\text{Hz} \\ 0.6\text{mm} \leqslant h_i \leqslant 3.0\text{mm} \quad (i=1,2) \\ M_i \in \{1,2,3,4\} \quad (i=1,2) \end{cases}$$

式中　d_{sag}、d_{upper}、d_{lower}、f_1——车门在固定载荷施加点处的下垂位移、侧上部位移、
侧下部位移和自由状态第一阶频率；

h_i、M_i——零件壁厚和候选材料种类代号，材料种类依次为镁
合金、铝合金、低碳钢和碳纤维四种材料。

这是一个多目标非线性规划问题，经过优化设计得到的可行域及 Pareto 解方案如
图 5-24 所示，详细结果见表 5-9。

综上所述，汽车结构设计必然是向多种材料综合使用的、轻量化的设计过程方向
发展。

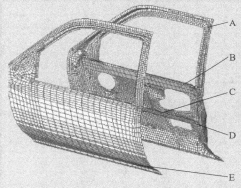

图 5-23　车门结构图

A—内板　B—加强件　C—防撞梁　D—梁支架　E—外板

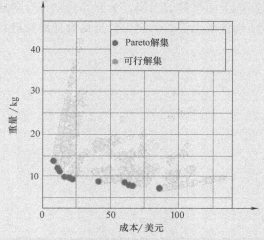

图 5-24　轻量化车门设计的 Pareto 最优组合

表 5-9 轻量化车门设计的 Pareto 最优组合表

M1[①]	M2[①]	t_1/mm	t_2/mm	质量/kg	价格[④]/美元	质量减少量[①](%)	价格处罚[②](%)	$\frac{\Delta C^{③}}{\Delta W}$/（美元/kg）
3	3	0.81	0.70	13.583	8.965	0	0	—
3	2	0.88	1.09	11.835	11.934	12.9	33.1	1.70
3	1	0.90	1.30	11.498	12.335	15.4	37.6	1.62
2	2	1.80	1.07	9.778	18.027	28.0	101.1	2.38
2	1	1.77	1.57	9.683	19.545	28.7	118.0	2.71
1	1	2.60	1.35	9.285	21.577	31.6	140.7	2.93
2	4	1.77	0.98	8.765	41.791	35.5	366.2	6.81
4	2	1.68	1.05	8.022	63.284	40.9	605.9	9.77
4	1	1.75	1.28	7.704	65.284	43.3	635.7	9.69
4	4	1.61	1.00	7.027	85.336	48.3	851.9	11.65

① 1、2、3、4 分别代表镁合金、铝合金、低碳钢和碳纤维四种材料。
② 对于所有钢（3-3-0.81-0.70）方案的相对变化量。
③ 减少单位质量带来的成本增加。
④ 基于 2003 年的原材料价格。

思 考 题

5-1 常用的轻量化材料有哪些？选择轻量化材料时要考虑哪些因素？

5-2 用于新能源车辆的不同材料的连接方法有哪些？各有哪些不同？

5-3 试以某一汽车结构件来说明如何使用轻量化设计原则进行轻量化设计？

第6章 汽车碰撞安全性设计

6.1 概述

汽车给人类带来巨大的便利，但同时也带来了交通事故。世界卫生组织 2004 年研究表明，全世界每年死于车祸的人数高达 120 万，另有 3000 万人因此而受伤，甚至终身残疾，其危害不亚于一次大规模战争。我国已成为世界第一大汽车生产国和消费国，同时也是交通事故较严重的国家之一。从 2001 年到 2004 年，交通事故连续年死亡人数超过 10 万，到 2012 年每 10 万人口道路死亡人数为 4.4。因此，最大限度地保证碰撞时人员的安全、减少事故造成的损失，具有重要的现实意义。

汽车的安全分为主动安全和被动安全两大类。主动安全是保证驾驶人安全有效地驾驶，避免交通事故的发生；被动安全是指一旦发生意外，如何将损伤降到最低。一辆真正安全的车，应该兼顾主动安全和被动安全。

按照碰撞事故发生的时间，可以把车辆危险状态分为稳定行驶、异常行驶、危险临近、临碰、碰撞和撞后 6 种状态。碰撞事故发生过程与汽车主、被动安全技术之间的关系如图 6-1 所示。

降低交通事故伤害的最佳方式就是预防并避免车祸的发生。主动安全就是通过各种措

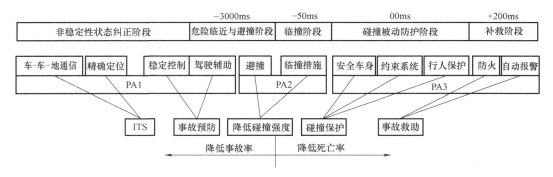

图 6-1　碰撞事故发生过程与汽车主、被动安全技术之间的关系图

施来将各种可能发生的车祸消除在萌芽状态，如防抱死制动系统（ABS）、电子制动力分配系统（EBD）、牵引力控制系统（TCS）、电子稳定控制系统（ESC）、轮胎气压监测系统（TPMS）以及碰撞警告、自适应前照灯、防追尾等系统。

很多情况下，车祸的发生是不可避免的，发生车祸后汽车对乘员的保护能力，取决于汽车的被动安全性。碰撞安全被动保护技术又可以分为车体耐撞技术和乘员约束技术两大分支。车身结构耐撞性设计是决定安全保护性的关键，正确搭配安全带可以有效降低车祸死亡率，安全气囊需要安全带的配合使用才能有效发挥作用。

汽车的碰撞通常分为正面碰撞、侧面碰撞、追尾碰撞、滚翻事故和碰撞行人等情况。在交通事故中，发生不同形式碰撞的比例和人员死亡率是不同的。正面碰撞事故占事故总数的67%，但由于设计上已采取很多有效的措施，死亡率只占碰撞事故死亡人数的31%。侧面碰撞事故占28%，但由于侧面碰撞中对乘员的保护更困难，死亡率很高，占事故死亡总人数的34%。追尾碰撞事故发生的比例也很少，而一般车速较低，死亡比例也较少，但颈部的挥鞭性损伤是常见的伤害形式。滚翻事故出现的概率也比较低，但死亡率较高，占33%，多数是由于乘员被甩出乘员舱而造成的。近年来行人安全保护越来越受到重视。

汽车主、被动安全技术分类见表6-1。

表 6-1　汽车主、被动安全技术分类

主动安全技术			被动安全技术	
车辆稳定控制系统	驾驶人警告与信息系统	避撞系统	耐撞车身与乘员保护系统	其他被动安全系统
ABS ESC 翻滚控制 紧急制动辅助(EBA) 主动转向	胎压监测 道路偏离预警 盲区探测 疲劳监测 安全带提醒 车速检测与控制 交通标示识别 碰撞警告 车辆定位导航 平视显示系统(HUD) 自适应前照灯	自适应巡航(ACC) 换道辅助 道路保持与自动航向纠正 防追尾 避撞自动制动	前方气囊 侧向气囊 防下滑膝部气囊 侧碰撞防护气帘 脚部气囊 颈部保护装置 乘员分类系统 乘员坐姿探测 后排乘员保护 侧翻保护系统 儿童约束系统 耐撞车身	行人保护 碰撞兼容方案 碰撞后自动报警系统 燃油切断系统 电源自动切断系统 逃逸技术 汽车黑匣子

6.2　汽车碰撞安全性法规和新车评价规程以及碰撞试验

6.2.1　汽车碰撞安全性法规

在世界汽车百余年的发展过程中，形成了美国汽车法规、欧洲汽车法规和日本汽车法规三大汽车法规体系。

1. 美国汽车碰撞安全性法规

美国汽车技术法规体系主要由联邦机动车安全标准（Federal Motor Vehicle Safety

Standard，FMVSS）、联邦机动车环境保护法规（Environmental Protection Agency，EPA法规）、联邦汽车燃料经济性标准法规即美国"企业平均燃油经济性"标准（Corporate Average Fuel Economy，CAFE）组成。

FMVSS是美国汽车安全技术法规的核心内容之一。FMVSS由美国国家公路交通安全管理局（National Highway Traffic Safety Administration，NHTSA）根据美国《国家交通及机动车安全法》负责制定与实施。至2009年，FMVSS共计60余项，将汽车的安全问题分为5大类。

FMVSS是目前国际上汽车安全技术法规的三大主要体系之一，在全球范围内具有深远的影响。近年来已有越来越多的国家逐步参照FMVSS修改或替换其本国原有的技术法规。

2. 欧盟国家汽车碰撞安全性法规

联合国欧洲经济委员会（Economic Commission of Europe，ECE）于1958年开始制定统一的汽车法规。1991年以后，原ECE改称为欧洲联盟，简称欧盟（European Union，EU），原欧洲经济共同体（European Economic Community，EEC）制定的指令现一般称为欧洲共同体汽车技术指令（EC指令）。

在ECE已颁布的99项法规中，有81项是安全法规。法规以数字1开始按顺序排行，即ECE R1，R2，…，R109等，R为法规Regulation的缩写。EEC指令按年度和印发时间顺序统一编号，如EEC对M_1类车辆实施整车型式认证的指令70/156/EEC，为1970年EEC指令中的第156个顺序号。

欧盟关于汽车碰撞安全性的指令和法规见附录A表A-2所示。

3. 中国汽车碰撞安全性法规

我国汽车强制性标准体系主要参考欧洲ECE/EEC法规体系，在具体内容上紧跟欧、美、日三大汽车法规体系的协调成果。因此，我国强制性标准从技术要求的角度看，其内容与国际上先进的法规体系基本相同。

截至2015年6月，已经批准发布的汽车（不含摩托车）安全强制性标准达101项之多。其中，主动安全35项，被动安全35项，一般安全31项。

 【拓展阅读6-1】 美国、欧洲及日本的汽车碰撞安全性法规

6.2.2 新车评价规程介绍

NCAP是英文New Car Assessment Program的缩写，译为新车评价程序，或新车碰撞测试。各国的测试机构对新车进行各种不同的碰撞试验，以检测汽车内驾驶人及乘客在碰撞时所受伤害的程度，并予以评分。

NCAP一般由政府或具有权威性的组织机构，按照比国家法规更严格的方法对在市场上销售的车型进行碰撞安全性能测试，评价车内乘员的伤害程度，根据头部、胸部、腿部等主要部位的伤害程度将试验车的安全性进行评分和划分星级，并向社会公开评价结果。

尽管NCAP不是国家强制的，但由于它代表性广泛、直接面向消费者公布试验结果，受到了消费者和汽车企业的重视。汽车制造商会把它作为汽车开发的重要评估依据，在NCAP试验取得良好成绩的厂家，也将试验结果作为产品推广的宣传内容。

NCAP 最早出现在美国，随后欧洲和日本等也制定并实施了相关的 NCAP。

【拓展阅读 6-2】 美国、欧洲及日本的新车评价规程

中国 C-NCAP（中国新车评价规程）始于 2005 年，从 2006 年正式建立 C-NCAP。至今，已经发布了 2006 年版、2009 年版、2012 年版、2015 年版、2018 年版。从 2018 年 7 月 1 日起，《C-NCAP 管理规则（2018 年版）》正式实施。

2018 年版 C-NCAP 新规则与 2015 年版规则相比，更改了侧面碰撞可变形壁障的参数；更改了碰撞试验后排假人得分权重；提高了鞭打试验车速；更改了假人各部分得分权重；增加了侧气帘加分要求；增加了后排安全带提醒加分；增加了行人保护试验及评价；增加了车辆自动紧急制动系统（AEB）试验及评价；采用了全新的星级评分体系，见表 6-2。

表 6-2 C-NCAP 星级划分要求及各板块最低得分率要求

2018 版星级及得分率		各板块最低得分率要求				
		乘员保护	行人保护	主动安全		
				2018 年	2019 年	2020 年
5+	95%	95%	75%	50%	55%	72%
5	85%	85%	70%	26%	38%	55%
4	75%	75%	60%			
3	60%	65%	50%			
2	45%	55%	40%			
1	<45%	<55%	<40%			

【拓展阅读 6-3】 美国、欧洲、日本、中国 NCAP 机构测试项目对比

6.2.3 汽车碰撞试验

整车碰撞试验是对汽车被动安全性的综合评价，不仅可用于评价碰撞过程中的乘员保护，还可用于评价车身结构的抗撞性。在车身抗撞性设计过程中，车身抗撞性设计的最终效果需要整车碰撞试验验证，同时为车身抗撞性设计而进行的碰撞仿真，一般也是对某种整车碰撞试验的模拟。因此，了解整车碰撞试验方法是非常重要的。

整车碰撞试验，按照碰撞形式可分为正面碰撞、侧面碰撞、后面碰撞、滚翻和低速碰撞等。下面主要介绍正面碰撞和侧面碰撞。

1. 正面碰撞试验

正面碰撞试验有多种形式，按照碰撞对象可分为与壁障的碰撞和与实车的碰撞。对于与壁障的正面碰撞，按照碰撞角度可分为汽车与垂直于汽车行驶方向壁障的碰撞和汽车与壁障的角度碰撞。

各国（地区）的被动安全法规和 NCAP 都规定了正面碰撞的试验方法，而且试验方法之间有时会存在较大差别，表 6-3 是它们的对比情况。其中，FMVSS 301 和 ECE R34 是燃料泄漏技术规范，ECE R33 是汽车结构抗撞性能技术规范，其他是正面碰撞中乘员保护的技术规范。

表 6-3　一些国家和地区正面碰撞试验方法的对比

碰撞形式	技术规范名称		碰撞车速/(km/h)	试验车质量
对刚性壁障 0°角 100%重叠率正面碰撞	美国	FMVSS 208	48.3	③
		FMVSS 301	48.3	③
		US-NCAP	56.3	③
	欧洲	ECE R34	48.3~53.1	①
		ECE R33	48.3~53.1	①
	中国	GB 11551	50_{-2}^{0}	②
		C-NCAP	50_{0}^{+1}	⑤
对刚性壁障 30°角正面碰撞	美国	FMVSS 208	48.3	③
		FMVSS 301	48.3	③
对可变形壁障 0°角 40%重叠率正面碰撞	欧洲	ECE R94	56_{0}^{+1}	②
		Euro-NCAP	64±1	④
	中国	C-NCAP	64±1	⑥

① 表示整备质量。

② 表示整备质量+前排外侧座椅上两个第 50 百分位 HYBRID Ⅲ 男性假人的质量。

③ 表示整备质量+额定行李质量+前排外侧座椅上两个第 50 百分位 HYBRID Ⅲ 男性假人的质量。

④ 表示整备质量+36kg 行李质量+前排外侧座椅上两个第 50 百分位 HYBRID Ⅲ 男性假人的质量。

⑤ 整备质量+前排外侧座椅上两个第 50 百分位 HYBRID Ⅲ 男性假人的质量+第二排座椅最左侧一个第 5 百分位 HYBRID Ⅲ 女性假人的质量+在第二排右侧座位上放置一个儿童约束系统和一个 Q 系列 3 岁儿童假人。

⑥ 表示整备质量+前排外侧座椅上两个第 50 百分位 HYBRID Ⅲ 男性假人的质量+第二排座椅最左侧一个第 5 百分位 HYBRID Ⅲ 女性假人的质量。

2. 侧面碰撞试验

侧面碰撞试验用于模仿汽车间或汽车与障碍物的侧面碰撞。按碰撞对象的不同，侧面碰撞试验可分为实车间的侧面碰撞试验和试验车与壁障的碰撞试验。

各国（地区）NCAP、被动安全性法规和标准中规定的侧面碰撞试验是不同的，见表 6-4。

表 6-4　一些国家和地区侧面碰撞试验方法的对比

碰撞形式	技术规范名称		移动变形壁障速度/(km/h)	移动变形壁障质量/kg
移动刚性壁障与静止试验车侧面垂直碰撞	美国	FMVSS 208	32.2	1800
		FMVSS 301	48.3	1800
移动可变形壁障与静止试验车侧面垂直碰撞	欧洲	ECE R95	50±1	950±20
		Euro-NCAP	50±1	950±20
	中国	GB 20071	50±1	950±20
		C-NCAP	50_{0}^{+1}	950±20
移动可变形壁障与静止试验车侧面角度碰撞	美国	FMVSS 214	53.9	1367.6
		US-NCAP	61.9	1367.6
横向移动试验车侧面撞击刚性柱形障碍物	欧洲	Euro-NCAP	试验车横向运动速度：29±0.5	—

【拓展阅读 6-4】　汽车碰撞试验介绍

6.3 乘员伤害评价

碰撞安全的目的是防止碰撞时人体受到损伤或降低其受伤程度。为此，有必要理解人体受到冲击时的响应以及损伤发生的过程，从统计学角度求得人体损伤发生的评价指标，并基于此对碰撞中施加给人体的冲击力加以控制，设计出不超过损伤评价指标的车辆和约束装置。

1. 人体损伤容限

人体损伤容限是针对某种损伤找到合适的力学参数，通过其数值衡量损伤严重程度，并且确定可以接受的损伤程度。

美国国家公路交通安全管理局将人体载荷的承受极限与简易伤害指标（Abbreviated Injury Scale，AIS）（表 6-5）联系起来，建立了 NCAP 评分体系。其重要意义是，虽然伤害程度不能直接测量，但是可以帮助理解人体承受某种外界机械载荷以后会出现哪些可能的后果。AIS 对分析交通事故统计数据、观察影响因素及制定改进措施都非常有帮助。

车辆法规中规定的生物力学限值并不是人体的损伤度限值，只是规定了一个人体所能承受的外部机械载荷的最大限值，在这个机械载荷作用下，某个部位（如胸部）很有可能发生某一程度以上的伤害。用于汽车碰撞试验的人体损伤度限制大致在 AIS 3+级，导致的死亡概率约为 35%。

通常在汽车碰撞过程中人体发生伤害的部位有头部、颈部、胸部、髋部和腿部等。

表 6-5 简易伤害指标 AIS

AIS	严重度	伤害类型	导致死亡的概率（%）
0	无伤	无	0
1	轻微	表面伤害	0
2	中度	可恢复	1~2
3	严重	可能恢复	8~10
4	重伤	不治疗不可能完全恢复	50
5	危重	治疗后也不能完全恢复	50
6	致死	不能存活	100

2. 头部伤害

头部是全身最关键和脆弱的部位，如果头部有外伤，头骨发生骨折或塌陷，内部软组织就会受到损伤。在不承受直接打击的情况下，汽车事故引发的头部剧烈运动就足以引起大脑与颅骨之间的激烈碰撞，也就是常说的"脑震荡"。

生物力学研究结果表明，头部损伤的严重程度与头部加速度峰值和加速度持续作用的时间有关。美国 NHTSA 于 1972 年开始在碰撞试验的假人伤害评价计算中采用头部伤害指数（Head Injury Criterion，HIC），其计算式为

$$HIC = \max_{0 < t_1 < t_2 < T} \left\{ (t_2 - t_1) \left[\frac{1}{t_2 - t_1} \int_{t_1}^{t_2} a(t) \, \mathrm{d}t \right]^{2.5} \right\} \tag{6-1}$$

加速度波形的积分区域如图 6-2 所示。

在 FMVSS 208 中规定头部损伤容限 $HIC_{36} < 1000$，持续 3ms 以上的加速度峰值 $< 80g$。但值得注意的是，HIC 指数只指示头颅的骨折风险，虽有学者提出考虑头骨变形和非刚体脑组织特性的头部撞击力（Head Impact Power，HIP）指标等，但脑组织的损伤准则目前尚不完善，尚未纳入法规中。

在 FMVSS 201 中，采用的基于 HIC_{36} 的权重式指标 $HIC(d)$ 为

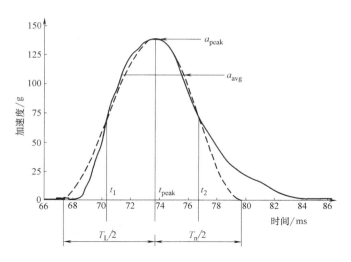

图 6-2　加速度波形的积分区域

$$HIC(d) = 0.7544 HIC_{36} + 166.4 \tag{6-2}$$

行人保护中常采用 HIC_{15} 指标。

3. 胸部伤害

前方碰撞的胸部伤害指标由胸部加速度和胸部压缩量来表征。试验表明，人类在胸部承受 $49g$ 的分布载荷时没有受到伤害。安全气囊对人体施加的均布载荷比试验条件宽松，因此安全气囊的伤害标准定在 $60g$。另外，标准允许周期短于 3ms 的加速度脉冲峰值可高于 $60g$。

胸腔内伤可引发比脑组织内伤更严重的致死伤害。在安全带载荷和安全气囊的作用下，胸部压缩 33% 会导致严重伤害（AIS3 级），但不至于致命，对 50 百分位男性来讲相当于 76mm。后来 NHTSA 又将压缩量降到了 63mm。

在侧碰标准中，胸部伤害指数（Thoracic Trauma Index，TTI）用来表征胸部的侧向碰撞损伤容限，计算式为

$$TTI(d) = 0.5(RIBY + T12Y) \tag{6-3}$$

式中　$RIBY$——受撞击的第 4 根肋骨与第 8 根肋骨侧向加速度较大值的绝对加速度，数值为重力加速度 g 的倍数；

$T12Y$——第 12 胸椎侧向加速度的绝对值，数值为重力加速度 g 的倍数。

标准要求 $TTI < (85 \sim 95)g$，双门车可采用较高限值。

对胸部的压缩试验表明，生物力学响应具有速度相关特性。生物力学研究界建议生物试验应当采用黏滞指标（Viscous Criteria）。黏滞指标是瞬时胸部变形速率（V）与胸部压缩量（C）的乘积。胸部压缩量定义为瞬时胸部变形相对于初始胸部厚度的比率。在对胸部进行 $2 \sim 20$m/s 速度的冲击试验时发现，黏滞指标与生物力学响应较为吻合。黏滞指标限值为 $[VC]_{max} = 1.0$m/s。

除此之外，其他胸部载荷限值评价指标的定义形式还有胸部性能指标（Thorax Per-

汽车设计

formance Criterion，ThPC），用于 FMVSS 214 和 SAE J1727 的侧撞胸部载荷评价。两个基本测量要素是肋骨变形指数（Rib Deflection Criterion，RDC）和 VC 指数，用于法规 ECE R95 和欧盟指令 96/27EG。

除了上述头部与胸部的伤害评价指标外，还有其他的一些评价指标。此外还有颈部、下肢的相关损伤评价指标。

6.4 汽车碰撞与耐撞性设计

6.4.1 汽车结构耐撞性与总体设计原则

汽车在碰撞中结构产生塑性变形吸能，提供合理的减速过程，并保持足够的乘员生存空间，这种以保护乘员为目的车身变形特性称为碰撞特性或耐撞性（Crash Worthness）。

车辆发生正面碰撞时，会导致车身变形以及车辆加速度的产生，进而引起乘员与车辆的相对运动。车辆的正面碰撞分为三个阶段，一次碰撞为车辆与障碍物或对方车辆的碰撞，二次碰撞为乘员与车室内部结构发生的碰撞，三次碰撞为人体内部的骨骼、内脏之间的碰撞。

在一次碰撞中车辆产生加速度，但碰撞的能量被车身前部的结构变形所吸收，约束装置对乘员的运动加以控制，从而实现对乘员的保护。因此车身结构缓冲与吸能措施是碰撞安全性设计的关键技术。

1952 年，Bela Bareny 在专利中提出，为保证汽车的碰撞安全性，车身应包含两个区域：

1）前部和尾部的变形吸能区，用于永久性塑形变形，吸收碰撞动能，确保合理的减速度。

2）中部的刚性乘员舱，尽可能的刚性保证乘员生存空间。

因此车体耐撞性的总体设计原则如下：

1）车室以外的前端结构（发动机舱、前悬架）要有足够的塑性，以便利用前部变形充分吸收车体的碰撞动能，把传入车室的碰撞能量降低到最小，使得作用于乘员身上的力和加速度不超过规定的人体忍耐极限。车体最主要的吸能标志就是降低撞击加速度的峰值。为此，需要把车体设计分为两个区来考虑，一个是前端的塑性变形区，保证碰撞时获得最小的加速度峰值；另一个是车室内的刚性不变形区，保证基本的乘员生存空间。

2）车室的刚度要尽量高，以便在碰撞事故中保证给乘员留有足够的生存空间，避免发生挤压伤害。同时，把乘员阻挡在车室之内，避免乘员被抛出车外遭受更严重的伤害。此外，发动机、变速器等刚性部件不得因碰撞而侵入驾驶区，转向柱、转向盘以及一些操纵机构的碰撞位移不得威胁乘员的安全；车室还要保持形状完整，以便在车辆事故后乘员能轻易地从内部自行开启车门逃生，或在接受外部救援的时候能够顺利从外部开启车门使乘员安全撤出。

3）在结构完整的车室内部，再用弹簧与阻尼系统（安全带与安全气囊等）把乘员和车室隔开，降低二次碰撞的强度。

在一个设计合理的汽车正碰撞的总能量中，车身前部结构吸收的能量约占80%，驱动部件和车身纤维板各占约10%。在车身前部结构吸收的能量中，约有70%分配给纵梁，25%分配给轮罩，5%分配给翼子板、发动机舱盖等。

车辆耐撞性设计概念如图6-3所示。

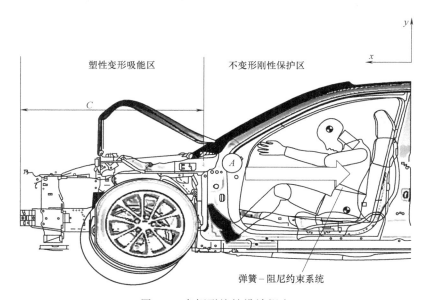

图6-3　车辆耐撞性设计概念

6.4.2　碰撞过程中的车身刚度

将100%重叠率刚性壁障正面碰撞简化为代表车辆的质量为 m 的质点，当车辆加速度为 a 时，碰撞力表示为 $F=ma$。将 F 表示为位移 x 的函数，可得到车室载荷变形特性，即弹性特性（图6-4）。在碰撞过程中，加载阶段的车身刚度即为载荷变形特性的斜率，车身刚度 k 可用线性弹簧表示。由此，车辆质量为 m 的质点与弹簧 k 组成弹簧-质量模型。由能量守恒定律可知，碰撞前车辆的动能 $mv_0^2/2$ 与最大变形能 $kx_{max}^2/2$ 相等，因此车身刚度 k 可表示为

$$k = \frac{mv_0^2}{x_{max}^2} \tag{6-4}$$

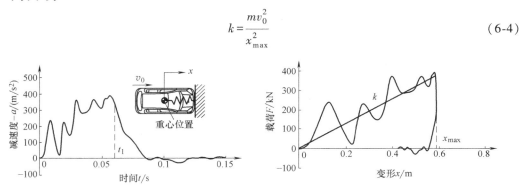

图6-4　100%重叠率刚性壁障正面碰撞试验（55km/h）中车辆减速度与载荷变形特性

在碰撞负荷时间区间内的平均车辆减速度 $\bar{a}$ 为

$$\bar{a} = \frac{v_0^2}{2x_{max}^2} = \frac{v_0^2}{2(v_0/\omega)} = \frac{v_0\omega}{2} = \frac{v_0}{2}\sqrt{\frac{k}{m}} \qquad (6\text{-}5)$$

由此可得车身刚度与车辆质量的关系为

$$k = 4\left(\frac{\bar{a}}{v_0}\right)^2 m \qquad (6\text{-}6)$$

在规定碰撞速度为 v_0，车辆平均减速度与车辆类型无关时，车身刚度 k 与车辆质量 m 成正比。当碰撞速度 $v_0 = 55\text{km/h}$ 时，可求得乘用车的平均车辆减速度 $\bar{a} = 185\text{m/s}^2$。代入式（6-6）可得车身刚度 k 与车辆质量 m 的近似关系为

$$k = 588m \qquad (6\text{-}7)$$

车身刚度与车辆质量的关系如图 6-5 所示。

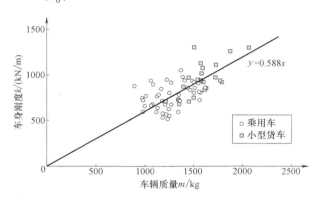

图 6-5　车身刚度与车辆质量的关系

6.4.3　碰撞波形与正面碰撞过程分析

车辆在碰撞时，碰撞区域变形会产生一个加速度，并传递到乘员舱，在乘员舱刚性区设置一个加速度测试点，这个基点随车体经历了一系列的加速度时间历程，其称为该车型的"碰撞波形"（Crush Pulse）。

碰撞波形反映了碰撞力的振荡、结构的响应、前纵梁的压溃或弯曲以及发动机介入等，且碰撞波形的峰值与发动机高度相关。

以车辆质量 133kg、碰撞速度 50km/h、与 100% 重叠率刚性壁障正面碰撞过程为例进行说明。图 6-6 所示为车辆减速度与发动机减速度随时间的变化关系曲线，其中车辆减速度随时间的变化关系曲线即为碰撞波形。

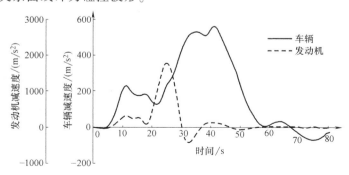

图 6-6　车辆减速度与发动机减速度随时间的变化关系曲线

正面碰撞中的碰撞现象可分为发动机与壁障发生碰撞之前和之后两个阶段。以发动机与壁障接触的时刻（18ms）为界，分别称之前与之后的阶段为阶段1和阶段2，如图6-7所示。

车辆减速度显示10ms处具有峰值的前半部分（发动机碰撞前）与20ms后减速度值上升的后半部分（发动机碰撞后）。

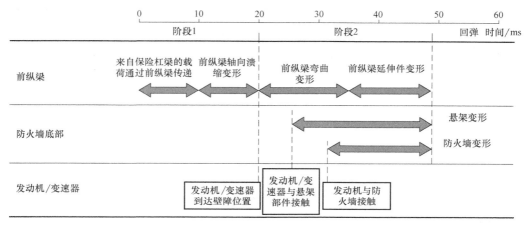

图6-7　100%重叠率试验时间序列变形模型

在阶段1，车室只在以前纵梁前端为中心的发动机舱前部发生变形，后方基本不变形。此时，碰撞吸能盒与前纵梁前端产生轴向溃缩变形。碰撞吸能盒与前纵梁前端部分轴向溃缩后发动机与刚性壁障发生接触，且发动机被约束固定于副车架上而产生峰值，由图6-6可知，分别在12ms和18ms出现较大峰值。阶段1中的大部分碰撞能量被吸能盒与前纵梁产生轴向溃缩变形吸收。

碰撞进入阶段2后，除了通过前纵梁向车室的载荷传递路径以外，由于发动机与车体产生接触，也形成了一条载荷传递路径。阶段2中，前纵梁的变形从轴向压缩变为弯曲变形。弯曲变形使前纵梁承载的载荷减小，车辆减速度也随之减小。之后，变形继续向前纵梁的后方推进，使前纵梁承载的载荷再次上升。

发动机支架在发动机与壁障碰撞后断裂，发动机与前纵梁各自开始独立运动。在30ms时发动机与防火墙接触，再次被推向车辆前方而取得负的峰值，防火墙开始变形，车辆减速度增加。

阶段2中增加了由发动机与悬架、防火墙等接触所产生的接触力，使防火墙底部向地板也有力被传递，并产生较大的碰撞力。前纵梁、前指梁的截面力和来自发动机的接触力共同作用于防火墙，使车室产生了减速度。

在60ms碰撞结束，之后由于车身的弹性变形作用，整车发生反弹，减速度为负值。

6.4.4　等效矩形波

对于一定的初始碰撞动能和固定的碰撞压缩空间，矩形加速度波形可以把人体加速度抑制在一定的低水平之下，矩形加速度波形是对乘员保护最有利的一种碰撞形式，代表了

一种均匀的能量释放过程,可以避免过高的集中加速度峰值,能把峰值保证在较低水平,因此其是所有形态里较理想的波形。

在实际碰撞过程中,车体在纵向的刚度变化幅度比较大,且碰撞力是一个波动过程,因此碰撞加速度曲线不是一个理想的矩形,而是呈现出从零逐渐上升到峰值的趋势。以"初始动能相等"和"压缩空间相等"为边界条件,任何一个形态的加速度波形都可以被等效成一个矩形方波,即被称为"等效矩形波"(Equivalent Square Wave,ESW)。

等效的原则是保证任意矩形方波下的面积相等。设车体质量为 m_v,初始碰撞速度为 v_0,最大动态压溃量为 C,且在此距离内完成全部前端结构压缩。等效加速度方波幅值高度为 ESW,在恒定的加速度 ESW 作用下,碰撞力做功等于整车的初始碰撞动能,即

$$\frac{1}{2}m_v v_0^2 = ESW m_v C \tag{6-8}$$

$$ESW = \frac{v_0^2}{2C} \tag{6-9}$$

如果 ESW 用 g(重力加速度)来表示,设 v_0 的单位为 km/h、C 的单位为 mm,则式(6-9)可表示为

$$ESW = 3.94\frac{v_0^2}{C}g \tag{6-10}$$

以 NHTSA 整车碰撞试验数据库中试验编号 v5425 为例进行说明。该车质量为 1364kg,长度为 4503mm,宽度为 1703mm,碰撞速度为 39.9km/h(11.08m/s),最大压溃量为 419mm,乘员约束系统仅有安全气囊而无安全带。其碰撞波形如图 6-8 实线所示,求 ESW。

将上述数据带入式(6-10)计算可得:$ESW = 3.94 \times \dfrac{39.9^2}{419}g = 14.97g$,如图 6-8 中虚线所示。

可用 ESW 方法在变形域内进行碰撞力做功分析。ESW 越低,乘员的最大加速度响应就可能越低,因此,

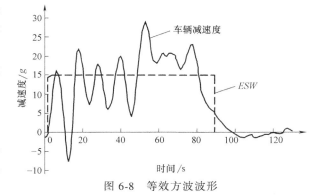

图 6-8 等效方波波形

车辆耐撞性设计应当追求尽可能低的 ESW 水平。给定碰撞速度和前端可利用压缩空间以后,ESW 就是一个固定值。同样 ESW 的设定会直接影响车体实际碰撞时的最大加速度响应。

据 2011~2012 年 NCAP 的数据统计,五星车辆的 ESW 大部分分布在 16~20g 之间。实际工程中通常将 ESW 作为决定最大压溃空间尺寸参数的初始设计输入。

例 6-1 可利用压缩空间 D 由图 6-9 中所示的 D_1 和 D_2 两大部分组成,由车体总布置方案所决定。一旦 ESW 目标值确定,总压缩空间 D 就由式(6-10)所确定。假设一个乘用车欲进行 50km/h 的刚性壁障正面碰撞试验,且想保证其 ESW 小于 20g,求所需的最小压缩空间长度 D。根据式(6-10)有

$$D = 3.91 \times \frac{50^2}{20} \text{mm} = 492.5 \text{mm}$$

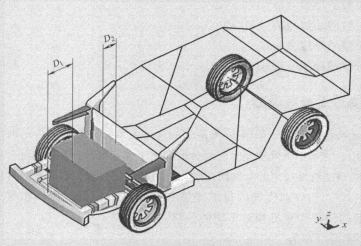

图 6-9　前端压溃空间示意图

这就意味着，为尽量保证碰撞后车室的完整性，即避免前挡板受到发动机从前往后的挤压变形，在总布置设计阶段，应当保证 D_1 和 D_2 之和大于 492.5mm。NCAP 五星级车型的可利用压缩空间 D 在 400～900mm 之间，大量的四星级车辆可用压缩空间低于 400mm。

6.4.5　吸能盒溃缩结构的设计计算

在分析完成结构件的压溃空间及压溃力目标以后，需要将截面力转化为承载部件的截面几何、材料厚度、材料等级等设计参数，其主要的计算依据是薄壁梁压溃理论。纵梁有两种压溃吸能方式：弯折变形与轴向压溃皱褶变形。从吸能的效果来看，纯粹的轴向皱褶变形吸能效果最好，也就是能获得更高的波形效率。这种变形形式一般只有在正面碰撞工况中，发生于较短及比较稳定的专用吸能部件上（如保险杠后面的"碰撞盒"），在偏置碰撞、斜角碰撞等不对称碰撞载荷情况下，较长的结构件都会发生弯曲变形甚至是扭转变形。图 6-10b、c 所示为两种典型的变形形态。

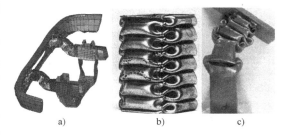

图 6-10　吸能盒变形示意图
a) 吸能盒在车中的位置　b) 吸能盒压溃　c) 吸能盒折弯

汽车的前部吸能设计基于该原理进行结构设计，吸能盒的位置如图 6-10a 所示。根据塑形理论建立薄壁梁压缩模型，在不考虑应变率的情况下，保守计算封闭薄壁方形结构的压溃载荷和溃缩变形量可采用以下模型计算得到，即

$$P_m = 9.56 \sigma_0 h^{\frac{5}{3}} c^{\frac{1}{3}} \tag{6-11}$$

$$H = 0.983 h^{\frac{1}{3}} c^{\frac{2}{3}} \tag{6-12}$$

式中　P_m——薄壁管件的压溃载荷（N）；

　　　H——溃缩变形量（mm）；

　　　σ_0——材料的屈服应力（MPa）；

　　　h——管壁的厚度（mm）；

　　　c——管件截面 1/4 周长（mm）。

6.4.6　车辆乘降与乘降效率

在汽车的正面碰撞中，基于车辆-乘员系统的运动关系，分析乘员与车内部件（包括约束系统）的相互作用，常采用乘降的概念。乘员被约束于车室内时，作用力通过约束系统传递给乘员，利用由车辆碰撞特性决定的车辆减速度使乘员减速的过程，称为乘降（Ride-Down）。

以 E_0、m_0、a_0、x_0 分别代表乘员的碰撞初始动能、质量、胸部水平加速度和位移，x_v、x_{0v} 代表车辆的位移和乘员相对车辆的位移。

则乘员的动能可以写为

$$E_0 = \int_0^t m_0 a_0(t)\,\mathrm{d}x_0(t) \tag{6-13}$$

整个碰撞过程中，乘员的能量可以分解为

$$E_0 = E_{rd} + E_{rs} = \int_0^t m_0 a_0(t)\,\mathrm{d}x_{0v}(t) + \int_0^t m_0 a_0(t)\,\mathrm{d}x_v(t) \tag{6-14}$$

式中　E_{rd}——乘员的动能转换成因车辆减速而被吸收的车体缓冲能量；

　　　E_{rs}——约束系统的变形能，这个过程是约束系统缓冲。

碰撞过程中乘员的总动能可以分为车体缓冲能量和约束系统的变形能两部分动能。车体缓冲消耗动能的多少对于乘员保护是非常重要的。

车辆结构通过约束耦合过程做功，称为乘降能，即外力作用在变形的结构上所消耗的能量。

乘降效率为乘降能与乘员初始动能的比值，其表征了乘员动能由车辆变形吸收的多少，也是车辆结构与约束系统耦合程度的表征，表达式为

$$\mu = \frac{\int_0^t m_0 a_0(t)\,\mathrm{d}x_v(t)}{\dfrac{1}{2} m_0 v_0^2} \tag{6-15}$$

当乘员的初始动能一定时，乘降效率越高，约束系统的变形能量就越小，施加给乘员的载荷也就越少。因此车体乘降效率也可以看作衡量车辆减速度波形对乘员施加载荷程度的指标。

图 6-11 所示为一组汽车正面碰撞中乘

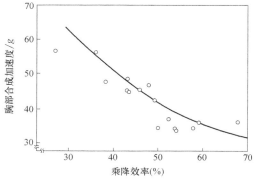

图 6-11　汽车正面碰撞中乘降效率与乘员
胸部合成加速度最大值的关系

降效率与乘员胸部合成加速度最大值的关系，试验是按照美国 NCAP 的规定进行的。由图 6-11 可知，乘员胸部合成加速度的最大值随着乘降效率的提高而降低，利用乘降可以减小约束系统对乘员胸部的作用力，这对减轻乘员胸部、头部和颈部的伤害都有利。

6.4.7　乘员约束系统模型与乘员的约束系统设计匹配

建立乘员约束系统的弹簧-质量模型（图 6-12）如下：

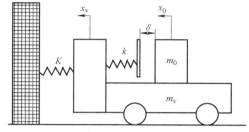

假设质量为 m_v 的车辆以初始速度和加速度撞击固定障碍墙，车辆前端刚度为 K，乘员质量为 m_0，车辆约束系统特征刚度为 k，约束系统间隙为 δ。假设车辆加速度是一个理想等效方波，加速度恒定为 ESW。

图 6-12　车体-乘员系统动力学模型

车辆与乘员的运动方程为

$$\begin{cases} m_v \ddot{x}_v = -Kx_v + k(x_0 - x_v) \\ m_0 \ddot{x}_0 = -k(x_0 - x_v) \end{cases} \tag{6-16}$$

乘员的加速度 $\ddot{x}_0$ 与车辆加速度 $\ddot{x}_v$ 之间的关系为

$$\ddot{x}_0 = \ddot{x}_{0v} + \ddot{x}_v \tag{6-17}$$

式中　$\ddot{x}_{0v}$——乘员相对于车辆运动的加速度。

乘员在车内相对于车体的运动可以简化为一维自由振动系统，其运动方程为

$$\ddot{x}_0 = -\frac{k}{m_0} x_{0v} \tag{6-18}$$

可知约束系统的无阻尼固有圆频率为

$$\omega^2 = \frac{k}{m_0} \tag{6-19}$$

由振动力学可知其方程的解为

$$\ddot{x}_{0v} = A\sin(\omega t + \varphi) \tag{6-20}$$

在矩形方波冲击载荷 $p_0 = ESW$ 作用的初始边界条件下可解得积分常数 A 与 φ 分别为

$$A = -\sqrt{p_0^2 + (\omega\Delta v_c)^2} \tag{6-21}$$

$$\varphi = \arctan \frac{-p_0}{\omega\Delta v_c} = -\arctan \frac{1}{\omega t^*} \tag{6-22}$$

乘员与车辆碰撞的时间 t^* 为

$$t^* = \sqrt{\frac{2\delta}{p_0}} \tag{6-23}$$

乘员约束系统与车辆碰撞时的碰撞速度 Δv_c 为

$$\Delta v_c = a_v t^* = p_0 t^* \tag{6-24}$$

由式（6-17）与式（6-20）可知，$\ddot{x}_0 = \ddot{x}_{0v} + \ddot{x}_v = A\sin(\omega t + \varphi) + \ddot{x}_v$，该式说明只有在正弦函数幅值峰值时乘员获得最大加速度，即

$$\ddot{x}_{0max} = |A| + p_0 \tag{6-25}$$

将式（6-21）代入式（6-25）得

$$\ddot{x}_{0max} = \sqrt{p_0^2 + (\omega \Delta v_c)^2} + p_0 = \sqrt{p_0^2 + (\omega p_0 t^*)^2} + p_0 = p_0 \left[1 + \sqrt{1 + (\omega t^*)^2} \right] \tag{6-26}$$

又因 $p_0 = ESW$，可得乘员最大加速度 $\ddot{x}_{0max}$ 为

$$\ddot{x}_{0max} = ESW \left[1 + \sqrt{1 + (2\pi f t^*)^2} \right] \tag{6-27}$$

令车辆的等效加速度为 $a_e = \dfrac{v_0^2}{2C}$，可知此处 $a_e = ESW$，可得

$$\ddot{x}_{0max} = a_e DAF \tag{6-28}$$

其中

$$DAF = 1 + \sqrt{1 + (2\pi f t^*)^2} \tag{6-29}$$

DAF 称为动力放大因子。

式（6-28）的含义是约束系统将车体的等效加速度又放大了一个倍数，这个倍数完全取决于约束系统的参数特性。

> **例 6-2** 假设某约束系统的固有频率为 6Hz，乘员被约束之前的自由行程 δ 为 50mm，目标 $ESW = 15g$，试求乘员最大加速度 $\ddot{x}_{0max}$。
>
> **解**
> $$t^* = \sqrt{\frac{2\delta}{p_0}} = 0.03s$$
> $$DAF = 1 + \sqrt{1 + (2\pi f t^*)^2} = 2.5$$
> $$\ddot{x}_{0max} = ESW \times DAF = 37.5g$$
>
> 上式表明，车体通过约束系统将碰撞加速度传递到乘员身上。在约束系统（弹簧）的作用下，乘员所承受的加速度等于车体加速度再叠加一个由单自由度弹簧-质量振动系统引起的振荡加速度。当乘员与约束系统之间的自由行程为零时，放大作用最小，乘员加速度为车体等效加速度的 2 倍。同时控制等效加速度波峰高度是降低乘员伤害程度的重要措施之一。

由以上分析可知，约束系统越软，乘员自由行程越大，对车体加速度的放大作用越小。另一方面，如何在内部空间允许的条件下使放大系数降为最小，则是车体-约束系统耦合设计的任务。

根据 2011～2012 年 NCAP 的统计，五星级车辆的 $\ddot{x}_0$ 分布在 $20 \sim 25g$，四星级车辆的 $\ddot{x}_0$ 分布在 $20 \sim 30g$，三星级以下车辆的 $\ddot{x}_0$ 则都在 $25g$ 以上。匹配良好的约束系统应当将 $\ddot{x}_0$ 控制在 $25g$ 以下。

> **例 6-3** 已知某乘用车车辆质量 $m_v = 1364kg$，车速 $v_0 = 39.9km/h$，设该车的最大动态压溃量 $C = 516mm$，等效矩形波 $ESW = 12.08g$，单位有效乘员质量的约束刚度为 $k_0 = 0.07g/mm$，约束间隙为 $\delta = 16mm$。试判断在给定的法规正面碰撞试验测试条件和速度下，是否满足乘员胸部加速度小于 $40g$ 的要求。

解 可知约束系统的固有频率为 $\omega = \sqrt{\dfrac{k}{m_0}} = \sqrt{k_0} = 26.2\,\mathrm{rad/s}$，碰撞时间为 $t^* = \sqrt{\dfrac{2\delta}{ESW}} = 0.016\,\mathrm{s}$，因此由 $\ddot{x}_{0\max} = ESW\left[1+\sqrt{1+(\omega t^*)^2}\right]$，可得 $a_{0\max} = 25.18g < 40g$。该约束系统满足正面碰撞试验测试人体加速度限制。

例 6-4 某乘用车车辆质量 $m_v = 2000\,\mathrm{kg}$，车速 $v_0 = 56\,\mathrm{km/h}$，假设将该车的车身前部碰撞区设计为偏硬一些，即设该车的最大动态压溃量 $C = 625\,\mathrm{mm}$，等效矩形波 $ESW = 19.77g$。单位有效乘员质量的约束刚度仍为 $k_0 = 0.07g/\mathrm{mm}$，约束间隙为 $\delta = 16\,\mathrm{mm}$。试判断在给定的法规正面碰撞试验测试条件和速度下，是否满足乘员胸部加速度小于 $40g$ 的要求。

解 可得约束系统的固有频率为 $\omega = 26.2\,\mathrm{rad/s}$，碰撞时间为 $t^* = \sqrt{\dfrac{2\delta}{ESW}} = 0.0129\,\mathrm{s}$，因此可计算得 $a_{0\max} = 40.63g > 40g$，该约束系统不满足人体碰撞加速度限制。

由此可知，不同的汽车结构，在其碰撞波形不一样的情况下，约束系统需要重新匹配，否则约束系统可能不满足人体碰撞加速度限制。

例 6-5 对例 4 的车型参数重新进行约束系统匹配，降低单位有效乘员质量的约束刚度为 $k_0 = 0.03g/\mathrm{mm}$，并减小约束间隙为 $\delta = 13\,\mathrm{mm}$。试判断在给定的法规正面碰撞试验测试条件和速度下，是否满足乘员胸部加速度小于 $40g$ 的要求。

解 由此可得约束系统的固有频率为 $\omega = 17.15\,\mathrm{rad/s}$，碰撞时间为 $t^* = 0.01\,\mathrm{s}$。因此可得 $a_{0\max} = 39.83g < 40g$，该约束系统满足人体碰撞加速度限制。

乘员响应由汽车结构和约束系统特性共同决定，因此汽车结构（波形）与约束系统必须匹配。但约束系统功效是有限的，当 $DAF \geq 2$ 时，如果 ESW 已经达到 $20g$，由公式 $\ddot{x}_{0\max} = ESW \times DAF$ 可知胸部加速度响应很难小于 $40g$，此时必须对碰撞波形进行重新设计，乘降效率要重新分配。

如何实现约束系统的刚度则需要针对安全带与安全气囊的刚度与时序进行具体匹配与设计，可参考相关设计指导书。

6.4.8 汽车侧面碰撞安全设计

1. 侧面碰撞过程分析

当汽车受到侧面碰撞时，受到撞击的部位一般是车门或立柱。汽车车门通常发生较大变形而侵入车室，直接撞击乘员，导致乘员的胸腹部和腰部等躯干部位发生损伤，如肋骨骨折、胸腹腔内脏损伤以及盆骨骨折等。与汽车正面碰撞乘员保护相比，在汽车侧面碰撞中，可对乘员起到保护作用的车门溃缩空间以及车门与乘员之间的空隙均较小，如图 6-13 所示，因此侧面碰撞不能再采用正面碰撞中吸能缓冲区的设计方法。

在侧面碰撞中，假人的受力情况与正碰车和侧碰车的质量及刚度、车门速度、车门变

汽车设计

形模式和车门内饰材料力学特性相关，同时还和假人与车门间的间隙相关。在侧面碰撞中，常采用在移动变形壁障（Moving Deformable Barrier, MDB）前端安装蜂窝铝来模拟正面碰撞车辆前部结构的刚度，通过使用 MDB 撞击试验车辆的侧面，来评估乘坐在试验车辆上的假人的损伤值。图 6-14 所示为 UN R95 中侧面碰撞试验的正碰车辆、侧碰车辆、车门和假人的速度-时间曲线。

图 6-15 所示为将正碰车辆、侧碰车辆、车门及假人在侧面碰撞中的运动简化后的模型。设正碰车辆的质量为 M_1，侧碰车辆的质量为 M_2，假人的质量和速度分别为 m、$v(t)$。设正碰车辆的速度为 $V_1(t)$，初始速度为 V_{10}，碰撞后的速度为 V_{11}。侧面碰撞车辆的速度为 $V_2(t)$，初始速度为 0，碰撞后的速度为 V_{21}。此外，再设车门和假人的共同速度为 v_E。正碰车辆和侧碰车辆之间

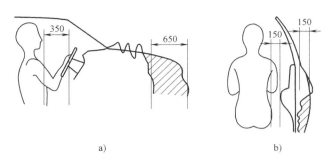

图 6-13　正面碰撞和侧面碰撞中对乘员起到保护作用的空间
a）正面碰撞　b）侧面碰撞

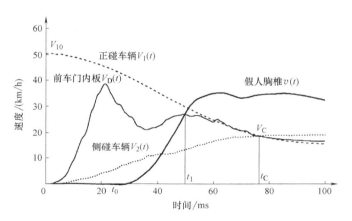

图 6-14　侧面碰撞中各部分的速度-时间曲线

的作用力为 $F_V(t)$，车门和假人之间的作用力为 $F_D(t)$。图 6-16 所示为图 6-14 的简化图。

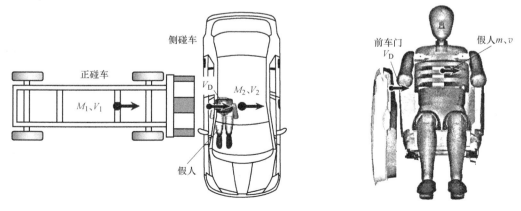

图 6-15　侧面碰撞运动简化模型

设碰撞开始之后的时刻用 t 表示，则侧面碰撞中发生的现象按照时间序列如下：

1）$t = 0$ 时刻，车门内饰材料和假人之间有初始间隙 l_s，正碰车辆的速度为 V_{10}。

2）$0 < t < t_0$ 阶段。正碰车辆碰撞侧碰车辆的侧面，正碰车辆的前部与侧碰车辆的车门间发生力的相互作用。正碰车辆的前部和侧碰车辆的侧面（如车门、B柱、侧梁等）产生形变，碰撞作用力增大。由此，正碰车辆速度 $V_1(t)$ 减小，侧碰车辆速度 $V_2(t)$ 增大。车门在发生变形的同时，

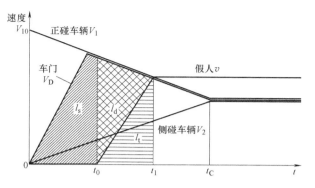

图 6-16 速度时间曲线中车门与假人的位移

速度越来越接近正碰车辆的速度。由于安全带对乘员产生的横向约束作用，假人在侧面碰撞发生时相当于处在悬浮于座椅上的状态。

3）$t_0 \leqslant t < t_1$ 阶段。车门与假人接触（$t = t_0$），两者间发生力的相互作用。假人由于受到车门的作用力 $F_D(t)$ 被加速，假人的速度 $v(t)$ 增加，车门内板的速度 $v_D(t)$ 减小。

在假人与车门接触的时刻 t_0 到假人与车门达到共同速度的时刻 t_1 的时间段内，车门内板速度和假人速度构成的部分面积为车门内饰材料和假人变形量之和 l_d。在该时间段内，车门内板速度和时间轴所构成部分的面积为参照静止坐标系时假人中心线移动的距离 l_t。

4）$t_1 \leqslant t < t_C$ 阶段。到 t_1 时刻，车门与假人达到相同速度（最终速度）v_E，车门与假人间的距离最小。当 $t > t_1$ 时，假人从加载阶段进入卸载阶段，车门和假人之间的作用力也不再增加，假人开始对车门施加反弹力。但由于假人向车门施加的力较小，车门速度变回正碰车辆的速度。

5）$t \geqslant t_C$ 阶段。在时刻 t_C，正碰车辆和侧碰车辆达到共同速度 V_C（$V_{11} = V_{21} = V_C$）。此后，正碰车辆和侧碰车辆发生反弹。

由此模型分析可知，假人受到的力在从 t_0 时刻起到假人速度达到车门内板速度的时刻 t_1 为止为定值，此后为 0，因此可以认为假人的损伤值在时刻 t_1 就已经确定。

根据动量守恒定律，可得

$$M_1 V_{10} = M_1 V_{11} + M_2 V_{21} = (M_1 + M_2) V_C \tag{6-30}$$

可得共同速度 V_C 为

$$V_C = V_{11} = V_{21} = \frac{M_1}{M_1 + M_2} V_{10} \tag{6-31}$$

由式（6-31）可看出，虽然正碰车辆和侧碰车辆最终达到的共同速度 V_C 与车身刚度大小无关，但达到 V_C 所经历的时间与车身刚度有关。侧碰车辆侧向刚度越小其加速度越大，车门与假人越早达到速度 V_C。在速度-时间曲线中，侧碰车辆速度的斜率即表征侧碰车辆的加速度。

设车门向假人施加的力为 F_D，假人的加速度为 a，则假人的运动方程式表示为

$$F_D = ma \tag{6-32}$$

这里假定向假人施加的力 F_D 越大，假人受到的损伤就越大。因此，为了降低损伤值，只需减小 F_D 的值。又因假人质量 m 为定值，所以要减小 F_D，只有降低假人的加速度 a。

在速度-时间曲线中，假人速度的斜率越大，表示假人的加速度越大，假人受到的力 F_D 也越大。图 6-17 所示为侧面碰撞中车门与假人的运动。

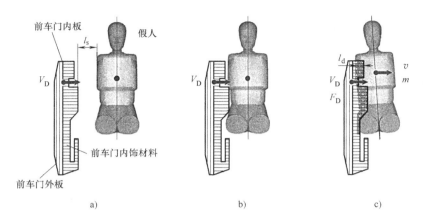

图 6-17　侧面碰撞中车门与假人的运动
a）$t=0$；b）$t=t_0$；c）$t=t_1$

2. 侧面碰撞中降低假人损伤值的设计方法

（1）侧面碰撞中车身结构的设计　因为侧面碰撞中保证乘员生存空间的乘员舱允许压缩空间有限，所以提高乘员舱刚度、减小车门的侵入量显得尤为重要。

1）侧面碰撞中载荷传递路径设计。侧面碰撞中理想的侧碰车辆载荷传递路径应是：载荷从最初与正碰车辆接触的车门输入，通过门梁传递到 A 柱、B 柱、C 柱，再传递到侧梁、地板横梁和车顶纵梁。在侧面碰撞中，作用于车身侧面的碰撞载荷先传递到通过弯曲变形来承受载荷的结构部件，如门梁、支柱、侧梁、车顶纵梁等，再传递到通过轴向变形来承受载荷的结构部件，如车顶横梁，地板横梁等。侧面碰撞中侧碰车辆的载荷传递路径如图 6-18 所示。

为减小汽车侧面受撞击后对乘员舱的侵入，在设计侧向撞击

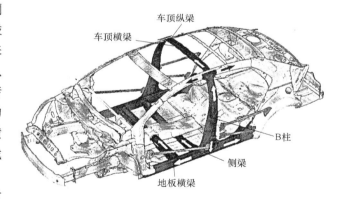

图 6-18　侧面碰撞中侧碰车辆的载荷传递路径

力在车身结构中传递的路径时，应注意以下几点：乘员舱横向结构对侧向结构向车内的运动或变形起到重要的抵挡作用；侧围结构自身的刚度对其向车内的运动或变形也起到重要的作用；车门抗侧撞横梁和 B 柱将侧向撞击力分流给两侧的立柱，并经乘员舱的横向结构传递到非撞击侧，如何将侧围结构组织成一个刚性的整体，对于减小车门对乘员舱的侵入非常重要。

2）侧面碰撞中车身刚度特性的要求。通过车辆结构设计提高车辆刚度可以降低车门内板的速度，从而减小车门的侵入量。侧面碰撞时要求侧面结构有足够大的刚度，确保车

门和立柱不发生大的变形。

① 通过设置抗侧撞梁，可以将车门受到的载荷分散给两侧的立柱，减小车门受撞击区域的变形。在设计时，应当防止碰撞过程中抗撞梁出现弯曲失稳。通过对车门铰链和门锁的设计，使车门抗侧撞横梁与车身结合为一体，有利于将车门所受的撞击力有效地传给两侧的立柱。

② B柱的弯曲刚度要足够大，用于抵抗车门向内弯曲变形。另外由于B柱截面形状复杂，在各截面处抵抗弯曲的能力不同。若分布不合理，在撞击中B柱会产生弯曲失稳，使B柱抵抗侧向撞击的能力急剧下降。通常采取B柱加强板进行加强。

③ 门槛梁和车顶边梁的作用也主要是防止向车内侧的弯曲变形。与B柱的方法一样，可使用加强板，也可以采用如填充发泡材料等方法提高弯曲刚度大小和改善其分布。

④ 乘员舱底部横向结构对侧围结构起到了支撑的作用。其中起主要作用的横向的梁结构，如顶盖横梁、前风窗下横梁、仪表板安装横梁和地板横梁等，从车身结构抗侧面碰撞设计要求的角度来看，应当提高它们的刚度并防止在受到轴向载荷时产生弯曲失稳。

（2）调整假人的就座位置　增加初始间隙 l_s，即假人的就座位置离车门距离较大。作用于假人的力在大小不变的情况下，由于车门内饰材料与假人的接触时刻 t_0 较晚，车门与假人的共同速度降低，因而车门内饰材料与假人的变形量之和 l_d 较原先的更小。

（3）改变车门内饰材料变形特性　假设不改变车门内板与假人的位置，只增加内饰材料可压溃部分的变形量。在这样的情况下，l_d 越大，内饰材料离假人越近，初始间隙 l_s 也越小。在假人受到的力的大小不发生变化的情况下，内部装饰材料的刚度降低，变形量 l_d 增大，最终假人速度降低，假人速度曲线的斜率随之减小，这可以使假人受到的力减小。

（4）控制车门侵入速度　车门侵入速度也会影响假人的速度。车门的侵入速度小，假人与车门发生接触的时间 t_0 也随之推迟。由于车门速度减小，假人的最终速度也减小，假人变形量与车门内饰材料变形量之和 l_d 也减小。此时，减小车门内饰材料产生的力，使 l_d 变为和原先大小一样，则可以减小假人的加速度。

（5）侧安全气囊　在侧面碰撞中，保护乘员的安全气囊分为两种：胸气囊和气帘。胸气囊收缩在座椅或车门中，主要保护乘员的胸部。气帘通常收缩在车顶侧边区域，保护乘员头部。

胸气囊在乘员胸部位置处展开，以压力形式对胸部施加作用力，从而防止假人直接承受来自车门的局部压力。安全气囊的压力使各部位受力较为均匀，产生的压力使肋骨变形较车门直接撞击的时间要早，且肋骨变形的速度较小，因此由变形速度决定的胸部损伤值也较小。

6.5　行人保护

行人保护的研究始于20世纪70年代，并在21世纪进入快速发展阶段，其具体表现是法规更新更快、评价体系更为严格。行人保护已成为车体耐撞性研究的重点。世界主要

行人保护法规简要对比见表6-6，其中以欧洲 NCAP 的评价体系最为细致和全面，有些国家的法规有逐步向 Euro-NCAP 体系靠拢的趋势。以下叙述中的行人保护控制策略是基于 Euro-NCAP 最新的行人保护评价规程而制定的。

表 6-6　世界主要行人保护法规简要对比

规定　　撞击部位	国标（GB）	ECE	NCAP	GTR[1]
头部	儿童 1/2 区域 HIC≤1000	儿童 1/2 区域 HIC≤1000	HIC≤650	儿童 1/2 区域 HIC≤1000
			650<HIC≤1350	
	儿童+成人 2/3 区域 HIC≤1000	儿童+成人 2/3 区域 HIC≤1000	1000<HIC≤1350	儿童+成人 2/3 区域 HIC≤1000
			1350<HIC≤1700	
	其他区域 HIC≤1700	其他区域 HIC≤1700	HIC>1700	其他区域 HIC≤1700
大腿撞击发动机舱盖前沿	不考察	碰撞力≤5N	5kN≤碰撞力≤6kN	不考察
		弯矩≤300N·m	300N·m≤弯矩≤380N·m	
大腿撞击保险杠	碰撞力≤7.5N	碰撞力≤7.5N	5kN≤碰撞力≤6kN	碰撞力≤7.5N
	弯矩≤510N·m	弯矩≤510N·m	300N·m≤弯矩≤380N·m	弯矩≤510N·m
小腿撞击保险杠	弯角≤19°	弯角≤19°	300N·m≤小腿弯矩≤380N·m	弯角≤19°
	剪切位移≤6mm	剪切位移≤6mm	19mm≤MCL[2]≤22mm	剪切位移≤6mm
	加速度≤170g	加速度≤170g	ACL[3]/PCL[4]≤10mm	加速度≤170g

① GTR 为全球统一汽车技术法规。
② MCL 为内侧副韧带。
③ ACL 为前交叉韧带。
④ PCL 为后交叉韧带。

6.5.1　行人头部保护设计

行人头部碰撞保护的第一个任务是确定可能与头部发生碰撞的区域，在这个区域里，必须控制车体的外刚度。头部与车体外表面相撞以后通常用 HIC 值来衡量车体的安全性。

显然，不同身高的人在前方与车体相撞时，头部接触的区域是不一样的，儿童和矮小的行人头部会与前端接触，高大的行人头部会接触到发动机舱的后部，甚至是风窗玻璃。接触区域还与碰撞速度有关，车速越快，头部接触区就越往后。Euro-NCAP 用外廓环绕线（Wrap Around Distance，WAD）长度来定义头部撞击区。用软尺从前方地面开始测量，头部撞击的区域一般分布在 1000~2100mm 之间。根据这种"WAD 坐标"，6 岁儿童的碰撞点大约在 WAD1000，矮小身材的行人（5 百分位）头部碰撞点约在 WAD1500，中等身材的行人（50 百分位）头部碰撞点约在 WAD1800（图 6-19）。

行人头部保护的基本措施是降低潜在碰撞区域的车体刚度。平整的车身金属外表面并不会对头部造成过度伤害，如果外表板件下面有不可压缩的刚体部件，头部就会透过柔性的车身外表面与内部的刚性件相撞，引发过度伤害。另外一种高刚度的区域是金属板件的棱边，平板弯折出棱角以后在法向上的刚度会大大提高，因此在前侧围上缘、边梁等部位都应加以注意。常见的高刚度钣金区有风窗上边梁、A柱、流水槽及罩饰板、侧围上缘。外露或内藏的硬性部件有前照灯、发动机舱盖锁、发动机、前悬架固定座、蓄电池、刮水器和发动机舱盖铰链等。硬点分布区域如图6-20所示。

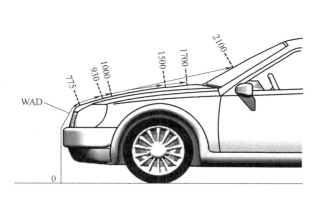

图 6-19　WAD 度量方法

图 6-20　硬点分布区域

硬点区域要尽量在造型和总布置阶段排除在撞击区域以外。对于发动机、上边梁、蓄电池、悬架固定座等无法布置在碰撞区域外的硬点结构，则应尽量保证一个与外板之间法向距离上的最小值，使碰撞发生时外板不会与其接触。最后，要关注刚性部件周边结构件的刚度及其安装基座的刚度，以便在头部与其发生硬性碰撞时表现出一定的退让性。

1. 发动机舱盖内外板设计

根据试验得知，头部的重伤往往不是由发动机舱盖直接引起的，而是由撞到发动机舱盖下的硬物引起的。因此，适当留出发动机舱盖下碰撞距离不仅可以减少或避免与硬物相碰，还可增加发动机舱盖的吸能，有效降低 HIC 值。发动机舱盖内、外板压边处的截面形状应保证易于变形吸能（图6-21）。发动机舱盖不同位置的刚度可通过调整发动机舱盖内、外板结构来进行控制。

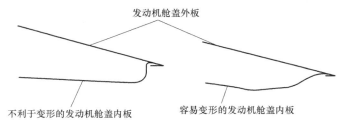

图 6-21　发动机舱盖内外板截面设计

2. 风窗下边梁设计

风窗下边梁设计为开口式结构，对行人头部保护有利。前风窗下边梁截面设计如图

6-22 所示。

3. 流水槽盖板设计

在发动机舱盖外板以下的流水槽盖板部分，要容易变形吸能。主要措施有降低密封条高度，增大发动机舱盖内、外板之间的距离，采用开放式悬臂结构密封条支撑件等。在发动机舱盖以后的部分（罩板与风窗玻璃之间的位置），要尽量抬高流水槽盖板的高度，尽量使头部提前与流水槽盖板相接触。

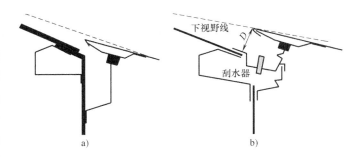

图 6-22　前风窗下边梁截面设计
a）封闭式前风窗下边梁设计　b）开口式前风窗下边梁设计

4. 刮水器设计

发动机舱盖应覆盖刮水器转轴，且与刮水器转轴之间留有足够的空间 D_1（图 6-23）。若不能满足 D_1 要求，则刮水器应采用压溃式设计，压溃力推荐为 1500N 左右。压溃设计可采用刮水器转轴压溃和刮水器支架压溃两种方式，其中，刮水器支架压溃又有材料压溃和结构压溃两种形式。

若采用压溃式结构，则必须保证刮水器有足够的压溃空间，这就要求适当抬高刮水器臂的高度，以便使头部尽早与其接触，但需兼顾驾驶人的视野。另外，刮水器底部沿碰撞方向到流水槽的距离 D_2 应当保证最小空间要求，如图 6-23 所示。

5. 翼子板及其支架设计

翼子板可采用塑料材料以削弱刚度，支架可采用易变形或可压溃结构，并合理布置翼子板支架的数量及位置，如图 6-24 所示。

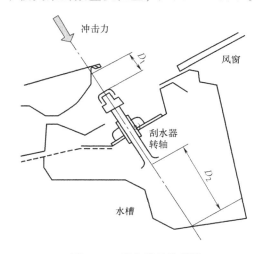

图 6-23　刮水器吸能设计

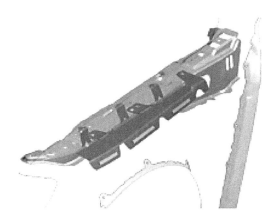

图 6-24　翼子板及支架设计

6. 发动机舱盖铰链设计

在造型阶段要考虑将发动机舱盖铰链布置在头部撞击区域以外。铰链加强板到发动机舱盖外板之间要留有足够的距离。铰链加强板在满足刚度要求的前提下应尽量缩小尺寸。

7. 散热器框架设计

散热器框架与发动机舱盖外板间应留有足够的距离，可以采用塑料材料以减弱其刚度（图6-25）。

8. 发动机舱盖锁设计

发动机舱盖锁应尽量布置在WAD1000线之前与BLE线之后，即头型

图6-25 塑料材料的散热器框架

试验区域和大腿试验区域的中间位置（图6-26）。若必须布置在头型碰撞区域内，则锁体与外板之间应保证留有最小距离。锁板及其加强板要易于变形吸能（图6-27）。

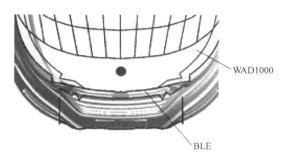

图6-26 发动机舱盖锁布置位置

图6-27 易变形的锁板结构

9. 标准紧固件

如果硬点结构与发动机舱盖外板之间没有足够的空间，则应格外关注联接螺栓的设计。联接螺栓应尽量布置在硬点下面和侧面，从而增加吸能空间。若必须布置在硬点结构上面，螺栓应尽量采用向下联接的方式，如图6-28所示。

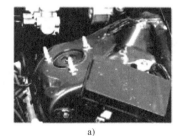
a)

b)

图6-28 螺栓联接方式
a）螺栓向上联接方式 b）螺栓向下联接方式

6.5.2 行人小腿保护设计

车辆前端造型直接决定着行人保护实施对策的难易程度，如果前期造型设计没有充分考虑行人保护性能要求，将会给后期的结构设计和布置带来很大挑战。

车辆造型与行人小腿保护性能相关的参数主要有发动机前缘参考线距离地面的高度 H_1、小腿支撑离地高度 H_2、发动机前缘参考线与保险杠上参考线的水平距离 B_1、小腿支撑与蒙皮的水平距离 B_2，如图6-29所示。各参数与柔性腿型碰撞器（Flexible Pedestrian Legform Impactor，FLEX-PLI）腿型的影响关系如下：

（1）发动机前缘参考线与保险杠上参考线的水平距离 B_1 它影响车辆前端造型特

征，B_1 越小，越有利于控制小腿膝部十字韧带拉长量和股骨弯矩伤害。

（2）**小腿支撑离地高度 H_2** 它影响车辆前端下部造型特征，H_2 越小，越有利于控制腿型的运动姿态，能够有效降低膝部韧带 PCL、ACL、MCL 及胫骨弯矩伤害。

（3）**小腿支撑与蒙皮的水平距离 B_2** 它影响碰撞时小腿支撑起作用的时间，B_2 越小，小腿支撑起作用的时间越早，一般建议 $B_2 < 40mm$。

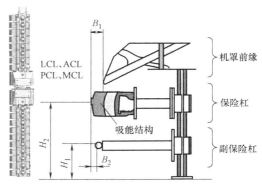

图 6-29　小腿保护相关尺寸定义

（4）**前伸吸能结构** 前伸吸能结构不仅影响车辆的造型特征，还影响小腿膝关节韧带拉长量，其厚度可根据能量原理和牛顿第二定律计算得出，即

$$E_{小腿} = \frac{1}{2}mv^2 = \int_{\Delta x} F_{小腿}\ \mathrm{d}x \qquad (6\text{-}33)$$

$$\frac{1}{2}v^2 = a\Delta x \qquad (6\text{-}34)$$

$$F_{小腿} = ma \qquad (6\text{-}35)$$

式中　$E_{小腿}$——小腿腿型冲击器动能；

　　　m——小腿腿型冲击器质量。

例 6-6　以 Euro-NCAP 要求使用 FLEX-PLI 行人保护柔性腿为例，$m = 12.95kg$，令 $a = 150g$，则由式（6-33）、式（6-34）得保险杠横梁前端面与蒙皮之间的最小可变形空间为

$$\Delta x = \frac{E_{小腿}}{ma} = \frac{825\mathrm{J}}{12.95\mathrm{kg}\times150\times9.8\mathrm{m/s}^2} = 43.3\mathrm{mm}$$

考虑到在碰撞过程中动能并不能被完全吸收，现假设吸收了 60% 的动能，那么有效吸能空间应为 $\Delta x = (43.3/0.6)\mathrm{mm} = 72\mathrm{mm}$。

结构布置时应尽可能将刚度大的零部件（如拖钩、雷达等）布置在小腿碰撞区域以外。此外，车辆的造型对小腿区域范围也有较大影响，合理的前端造型能有效减小小腿碰撞区域。如图 6-30 所示，其采用凸角结构，缩小了 120° 试验范围。

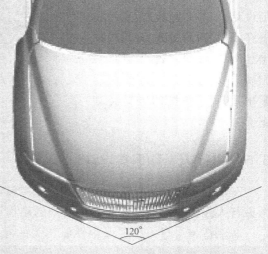

图 6-30　有利于小腿保护的前端造型

　【拓展阅读 6-5】　主动行人保护设计

思　考　题

6-1　碰撞的类型有哪些？针对正面碰撞和侧面碰撞情况应考虑采用什么样的损伤指标？

6-2　什么是车体的耐撞性？提高车辆耐撞性的总体设计原则是什么？

6-3　方形薄壁钢管件尺寸为 400mm×80mm×80mm，管壁厚度为 2mm，下端固支，刚体墙质量从方管上端面向下冲击，求压溃载荷及方管溃缩变形量。

6-4　假设你是碰撞安全设计工程师，现有两种钢材供你选用：高强钢 A（屈服强度 800MPa），普通钢 B（屈服强度 280MPa）。只考虑轴向压溃情形，假设压溃力保持不变（由于碰撞减速度以及能量吸收的要求），并且截面尺寸也不变（由于空间的限制，截面尺寸不变，即截面总宽不变，只能改变截面厚度）。请估算若使用高强钢 A 代替普通钢 B 将会减重多少？（相对普通钢 B 减少的比例，用小数表示，保留小数点后 3 位）。

第7章　汽车NVH性能设计

NVH 是三个英文单词的缩写，即 Noise（噪声）、Vibration（振动）和 Harshness（声振粗糙度，也可以通俗地理解为不平顺性）。由于以上三者在汽车等机械振动中是同时出现且密不可分的，常把它们放在一起进行研究。简单地讲，乘员在汽车中的一切触觉和听觉感受都属于 NVH 研究的范畴，此外还包括汽车零部件由于振动引起的强度和寿命等问题。

7.1　汽车 NVH 的基本概念

7.1.1　为什么会振动

处于原位置的物体具有 3 种性质：第一，物体排斥使状态发生变化的加速度，而且会产生抵抗的力量，这种抵抗力的产生是由于物体具有维持现在状态的性质，称为惯性力。第二，流体或被流体围着的固体排斥使位置发生变化的速度，而且会产生抵抗的力量，这种抵抗力的产生是由于流体具有黏性，称为阻尼抵抗力。第三，物体抵抗使形状和体积发生变化的位移，而且会产生抵抗的力量，这种抵抗力的产生是由于物体具有想返回到原来形式的性质，称为恢复力，恢复力的强度用刚度描述。

图 7-1 所示为单自由度系统的力学模型，具有质量 m、阻尼 c、弹簧刚度 k 三种性质。如果用上面的符点来表示位移 x 关于时刻 t 的微分，那么惯性力 $f_m(t) = -m\ddot{x}(t)$，阻抗抵抗力 $f_c(t) = -c\dot{x}(t)$，恢复力 $f_k(t) = -kx(t)$。这个单自由度系统在没有任何外力作用的自由状态下，3 种类型的内力将会保持平衡，即

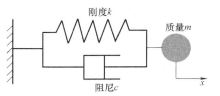

图 7-1　单自由度力学模型（阻尼衰减系统）

$$f_m + f_c + f_k = 0 \tag{7-1}$$

$$m\ddot{x} + c\dot{x} + kx = 0 \tag{7-2}$$

式（7-2）是力的平衡式，质量、阻尼、弹簧刚度这 3 类动态特性中，因为阻尼具有排斥物体自身移动的性质，所以会设法使物体停止振动，而质量和刚度则互相纠缠发生振动。因此，首先要考虑忽略阻尼的非阻尼系统问题，式（7-2）变成

$$m\ddot{x} + kx = 0 \tag{7-3}$$

式（7-3）的成立和时间 t 没有关系。一旦外界发生扰动破坏物体的状态和形式，只要依据质量和刚度所产生的内部阻抗力，物体就能在自由状态下进行周期运动，即振动是自发性发生并且会持续下去的。式（7-3）要求 x 无论经过几次微分都应成为同样的函数，而满足这一条件的函数只有指数函数，其解为 $x = x_{e0}e^{\lambda t}$，将其代入式（7-2），当 $x_{e0} \neq 0$ 时，有

$$m\lambda^2 + c\lambda + k = 0 \tag{7-4}$$

得

$$c_c = 2\sqrt{mk}, \zeta = \frac{c}{c_c} \tag{7-5}$$

则

$$\lambda = -\Omega\zeta \pm \sqrt{\zeta^2 - 1} \tag{7-6}$$

式中，$\Omega = \sqrt{\dfrac{k}{m}}$，$f_n = \dfrac{\Omega}{2\pi} = \dfrac{1}{2\pi}\sqrt{\dfrac{k}{m}}$。

当 $\zeta \geqslant 1$ 时，λ 为负实数，$x = x_{e0}e^{\lambda t}$ 表示的是随着时间的变化逐渐变为零的非周期运动。把这种状态称为过衰期。

当 $\zeta \leqslant 1$ 时，λ 为复数，且

$$\lambda_1, \lambda_2 = -\sigma \pm j\omega_d \tag{7-7}$$

这里

$$\sigma = \Omega\zeta, \omega_d = \Omega\sqrt{1 - \zeta^2} \tag{7-8}$$

由式（7-7）和式（7-8）可得

$$x = e^{-\sigma t}\left(X_1 e^{j\omega_d t} + X_2 e^{-j\omega_d t}\right) \tag{7-9}$$

ω_d 是衰减固有角振动频率，σ 是衰减率，ζ 是衰减比，c_c 是临界衰减系数。式（7-9）表示的是阻尼振动，如图 7-2 的实线所示，把这种状态称为不足衰减。如果把图 7-2 中的实线与没有阻尼时的虚线相比较，可以知道阻尼的作用是使振幅减小并使振动缓慢。

图 7-2　衰减振动与不衰减振动的比较

7.1.2　为什么共振

如果外力 $f(t)$ 作用于图 7-1 所示的系统，则有关系式

$$m\ddot{x} + c\dot{x} + kx = f(t) \tag{7-10}$$

通常式（7-10）左边加法的成立与时间无关，因此 x 必须是指数函数。令

$$f(t) = Fe^{j\omega t}, x(t) = Xe^{j\omega t} \tag{7-11}$$

将式（7-11）代入式（7-10），求解得

$$\frac{|X|}{X_{st}} = \frac{1}{1-\beta^2+2j\zeta\beta} \tag{7-12}$$

式中，$\beta = \dfrac{\omega}{\Omega}$，$X_{st} = \dfrac{F}{k}$。

式（7-12）表明，响应振幅 x 成为复数。如果把它分成大小和相位两部分，则

$$\begin{cases} \dfrac{|X|}{x_{st}} = \dfrac{1}{\sqrt{(1-\beta^2)^2+(2\zeta\beta)^2}} \\ \tan\phi = -\dfrac{2\zeta\beta}{1-\beta^2} \end{cases} \tag{7-13}$$

若用图表示式（7-13），则如图 7-3 所示，图中，振幅 $|X|$ 变为最大值时的现象称为共振。

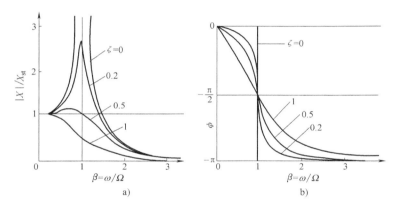

图 7-3　在单自由度阻尼衰减系统的强迫振动中的振幅和相位

a）振幅　b）相位

考虑共振现象，由于激振力具有正向工作的性质，激振源会向系统注入能量，但是，系统内部拒绝能量持续不断地增加，每个周期都会将等量的能源返回给激振源。这样，系统对激振力重复进行的容纳和排斥现象就是强迫振动。另一方面，自由振动的产生是由于系统本身具有能够振动的性质，如果与自由振动具有相同振动频率的激振力作用于这个系统，则激振将会以符合系统性质的形式进行，所以系统就不会排斥激振力。因此，伴随着激振的开始，能量 W_0 将与已发生的自由振动同步调地被持续注入系统，振幅也会随着时间逐步增大。

处于衰减的时候，能量 W_0 也会因此泄漏到系统的外边。W_0 与振幅成正比，振动波的能量 W_c 与振幅的平方成正比，故在激振初期振幅较小的时候，$W_0 > W_c$。但是随着振幅的增大，渐渐地 W_c 急剧增大且接近 W_0，振幅也接近于一个定值。

用激振的频率（或振动频率）的函数表现的响应的位移振幅与激振力振幅之比，称为柔度。由式（7-13）可得

$$G = \frac{X}{F} = \frac{1}{1-\beta^2 + 2\mathrm{j}\zeta\beta} \tag{7-14}$$

G 是频率响应函数的一种。表示响应的速度振幅和加速度振幅分别称为速度导纳和加速度导纳。

7.1.3　固有模态和模态解析

图 7-4 所示的两自由度系统在没有外力作用的情况下有

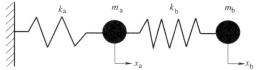

图 7-4　两自由度力学模型（非衰减系统）

$$\begin{pmatrix} m_a & 0 \\ 0 & m_b \end{pmatrix} \begin{pmatrix} \ddot{x}_a \\ \ddot{x}_b \end{pmatrix} + \begin{pmatrix} k_a + k_b & -k_b \\ -k_b & k_b \end{pmatrix} \begin{pmatrix} x_a \\ x_b \end{pmatrix} = \begin{pmatrix} 0 \\ 0 \end{pmatrix} \tag{7-15}$$

如果两个自由度以相同的角振动频率振动，在时刻 t 的位移是

$$x_a = X_a \mathrm{e}^{\mathrm{j}\Omega t}, x_b = X_b \mathrm{e}^{\mathrm{j}\Omega t} \tag{7-16}$$

把式（7-16）代入式（7-15），得

$$\left(-\Omega^2 \begin{pmatrix} m_a & 0 \\ 0 & m_b \end{pmatrix} + \begin{pmatrix} k_a + k_b & -k_b \\ -k_b & k_b \end{pmatrix} \right) \begin{pmatrix} X_a \\ X_b \end{pmatrix} = \begin{pmatrix} 0 \\ 0 \end{pmatrix} \tag{7-17}$$

如果系统振动，由于振幅 X_a 和 X_b 不等于 0，则式（7-17）左边系数矩阵的行列式必须为零，即

$$\begin{vmatrix} -\Omega^2 m_a + k_a + k_b & -k_b \\ -k_b & -\Omega^2 m_b + k_b \end{vmatrix} = 0 \tag{7-18}$$

解这个关系式，则求得两个角振动频率，即

$$\Omega_1 = \sqrt{\frac{1}{p_1}}, \Omega_2 = \sqrt{\frac{1}{p_2}} \ (\Omega_1 < \Omega_2) \tag{7-19}$$

p_1 和 p_2 按从大到小的顺序依次取代下面式子中的 p。

$$p = (g \pm \sqrt{g^2 - 4dh})/(2d) \tag{7-20}$$

式（7-19）中的 Ω_1 和 Ω_2 是由这个系统固有的质量和刚度决定的，称为固有角振动频率。

当式（7-20）成立时，运动方程式（7-15）中上下两行的式子是相同的，因此，即使能解这个式子，也无法求解振幅 X_a 和 X_b 这两个值，只能确定它们的比值 α。如果把 X_a 与 X_b 的比值重新写成 ϕ_a 与 ϕ_b（ϕ_a、ϕ_b 为相对幅值）的比值，则

$$\alpha = \frac{X_a}{X_b} = \frac{\phi_a}{\phi_b} \tag{7-21}$$

把式（7-21）代入式（7-17），则能得到两组 α 值，即

$$\begin{cases} \alpha_1 = (k_a + k_b - \Omega_1^2 m_a)/k_b = k_b/(k_b - \Omega_1^2 m_b) \\ \alpha_2 = (k_a + k_b - \Omega_2^2 m_a)/k_b = k_b/(k_b - \Omega_2^2 m_b) \end{cases} \tag{7-22}$$

只求振幅的比说明没有办法确定振动的绝对值，而只能确定它的相对运动（模态）。由式（7-22）可知，这两组形式只由这个系统固有的特性决定，故称它们为固有模态。固

有模态 $|\phi_r|(r=1,2)$ 通常表达为式（7-23）给出的形式，即将各自由度的振幅纵向排列成矢量的形式。

$$\begin{cases} \{\phi_1\} = \begin{Bmatrix} \phi_{a1} \\ \phi_{b1} \end{Bmatrix} = \begin{Bmatrix} 1 \\ \alpha_1 \end{Bmatrix}, \begin{Bmatrix} 1/\alpha_1 \\ 1 \end{Bmatrix} \\[12pt] \{\phi_2\} = \begin{Bmatrix} \phi_{a2} \\ \phi_{b2} \end{Bmatrix} = \begin{Bmatrix} 1 \\ \alpha_2 \end{Bmatrix}, \begin{Bmatrix} 1/\alpha_2 \\ 1 \end{Bmatrix} \end{cases} \tag{7-23}$$

固有模态不是大小的绝对值而是比值。因此除了式（7-23）外，还有无数的其他表达方法。

一般来讲，N 自由度系统的固有模态和固有振动频率的数目，与自由度的数量相同，存在 N 个。而且在其他的形式和速度下，这个系统无法自由振动。但是通常这些模态组合一起进行振动，所以大多数情况下无法分辨振动的形式和速度。

任意两个互不相同的固有模态之间，存在下列关系，即

$$\begin{cases} \{\phi_l\}(M)\{\phi_r\} = 0 \\ \{\phi_l\}(K)\{\phi_r\} = 0 \end{cases}$$
$$(r \neq l : r, l = 1 \sim N) \tag{7-24}$$

式中 (M)、(K)——质量矩阵和刚度矩阵。

把式（7-24）这样的关系称为正交性。

固有模态具有正交性，是指不同的固有模态相互之间力学（能量）关系独立，与变形形态无关。因此，以某个固有模态做自由振动的系统，如果不对其施加新的外作用力，则这个固有模态不会转变成其他的固有模态，也不会在中途出现其他的固有模态。另外，在强迫振动中，与一个固有模态相对应的激振力无论怎样组合，都不会激起另一个不同的固有模态的振动。

根据广义的傅里叶变换，任意的振动现象都能用互相正交的函数群的一次组合来表现。由于固有模态相互之间力学的正交性，在表现力学系统的运动时可以使用这个函数群。由此可知，在 N 维空间中，任意的位移都能用 N 个固有模态的一次组合来表现，即

$$\{x(t)\} = \sum_{r=1}^{N} \xi_r(t) \cdot (\phi_r) = (\phi)\{\xi(t)\} \tag{7-25}$$

式中 ξ_r——模态位移；

(ϕ)——模态矩阵。

式（7-25）是把空间坐标转换成模态坐标的模态解析的基本式。这样，模态解析的根源就存在于傅里叶变换之中了。

在图 7-4 所示的系统中，如果给质量 m_a 一个冲击力，那么由此而流入系统的能量就会通过刚度 k_b 传递到质量 m_b，这时 m_b 也同时运动起来。这样，因为在实际的空间里各自由度间通过作用力连在一起，所以能量一边变换形态一边在整个系统中流动，结果振动跨过了全自由度而成为一体振动现象。同样，在这个系统的运动方程式（7-15）中，上下

式子通过 k_b 而相互连接在一起也表现了相同的道理。即从关于自由度 x_a 的力平衡求得的上式中有 x_b，而关于 x_b 的下式中又有 x_a，所以这两个式子无法各自单独求解。

另一方面，由于固有模态相互之间力学性的独立存在，在不同的模态坐标间绝不可能出现能量的移动。因此，如果把式（7-15）的空间坐标转换成式（7-25）的模态坐标，运动方程式为

$$\begin{cases} m_1 \ddot{\xi}_1 + c_1 \dot{\xi}_1 + k_1 \xi_1 = 0 \\ m_2 \ddot{\xi}_2 + c_2 \dot{\xi}_2 + k_2 \xi_2 = 0 \end{cases} \tag{7-26}$$

式中　m_1、m_2——模态质量；

　　　k_1、k_2——模态刚度。

在式（7-26）中，上下的式子互相独立存在，则可以把它们各自当成单自由度系统的运动方程式而单独求解。而且，如果把式（7-26）的解 ξ_1 和 ξ_2 代入式（7-25），则可以求出空间坐标中的解 x_a 和 x_b。这样，如果采用模态分析，先把多自由度系统的振动问题分解成复数的单自由度系统，然后就可以解决了。

7.1.4　声波

声波是空气等介质中的粒子做往返运动（振动）而在介质中传播的波动现象。粒子的振动方向和波动的传播方向一致称为纵波。图 7-5 所示为粒子单一频率简谐振动的声波的某个瞬间状态，图的上部分表示以粒子的平均位置为中心的振动所产生的介质的疏密状态，下部分表示由此而引发的压力变动，介质密的部分为高压，介质疏的部分为低压。当介质是空气时，这种压力变动以大气压为中心而产生。声波通过传播这种粒子疏密振动的能量变动而进行移动。粒子本身并没有向声波的前进方向移动，粒子的振动频率随着声音的高低而变化，但是传播速度（声速 c）却和声音的高低无关，它由介质的性质和温度等条件决定。譬如在温度为 θ 的空气中，$c = (331.5 + 0.607\theta)$ m/s。

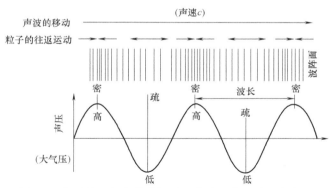

图 7-5　粒子单一频率简谐振动的声波的某个瞬间状态

7.1.5　声音的强度

如图 7-5 所示，单位时间内通过单位波截面积的能量定义为声强，其表达式为

$$I = \frac{p^2}{\rho_0 c} \tag{7-27}$$

式中　p——声压；

　　　ρ_0——介质的密度，在标准大气压 $1.013\times10^5\,\mathrm{Pa}$ 的常温空气下 $\rho_0 = 1.2\,\mathrm{kg/m^3}$。

因为人的感觉大体上与声压的对数成正比，所以评价声压和声强用对数关系表示，即

$$SPL = 20\log_{10}\frac{p}{p_0}, IL = 10\log_{10}\frac{I}{I_0} \qquad (7\text{-}28)$$

式中　SPL——声压级（dB）；

　　　IL——声强水平（dB）。

基准值 $p_0 = 2\times10^{-5}\,\mathrm{Pa}$、$I_0 = 10^{-12}\,\mathrm{W/m^2}$ 是以人的最小可听音为基础确定的，同时，在空气中 $SPL\approx IL$。

由声源单位时间内放射的声音的全部能量，即表示声源输出的声功率作为评价指标，有

$$PWL = 10\log_{10}\frac{P}{P_0}(\mathrm{dB}) \qquad (7\text{-}29)$$

式中，$P_0 = 10^{-12}\,\mathrm{W}$。

在空气中的自由空间，与点声源距离为 r 的点的声压和声强，由 $I = P/4\pi r^2$ 的关系式得

$$SPL = IL = PWL - 20\log_{10}r - 11(\mathrm{dB}) \qquad (7\text{-}30)$$

人们感觉声音的大小，不仅要根据声音的强弱来判断，还要根据声音的频率及波形的不同来判断，人们定义声音的响度级别（单位为 phon（方））是通过同样强弱的声音，及定义该声音是 1000Hz 纯音（纯音是声音振动频率保持不变，波形可以用完全的正弦曲线表示的音）的声压级（声压级是表示声音引起的空气压力变化大小的指标）来完成的。

7.1.6　声音的传播

将存于自由音场中的点声源看作微小的声源，则该声源所产生的声音的强度与距该声源距离的二次方成反比，即逆二次方法则。另外，声音来源于直线构成的线声源时，该声音的强度与距该声源的距离成反比。声音强度的衰减不是能量的损失而是声音扩散导致的声音强度的衰弱（即距离衰减）。在足够宽广的平面整体中同样振动的面声源所产生的声音不存在距离衰减。

阻尼等的内阻，由于将粒子的动能转变成热能进而使热能消散，从而导致了在介质中传播的声音强度的下降，这种现象称为声波吸收现象。声波吸收是指在一般的空气等介质中，介质的温度、湿度越低，声波吸收程度就越大，或者高音急增。

平面若是由两种密度不同的介质相接组成，一般情况下声波在一种介质下传播到与另一种介质连接面时，一部分声波会反射回原来的介质中，而另一部分会穿过介质连接面在另一种介质中传播。它们的比率，也就是反射率和透射率的比率可以通过以下方法得出：由于反射波和透射波的能量之和等于入射波的能量，且声波在介质连接面两侧的粒子运动速度和声压相等，这样可以通过已知的两种介质的密度和体积得出反射率和折射率的比

值。此外，倾斜入射的入射波与折射波的介质连接面的垂线之间的角度，即入射角和折射角的正弦比率，等于声波在两种介质的音速比。在由温度变化等原因引起连续性密度变化的大气中，由于这种折射现象接连发生，使声波的前进方向扭曲变化。

和光波一样，声波也能发生衍射现象（声波、电磁波、光波等绕过障碍物继续传播）。一般来说，衍射现象的频率越低，衍射程度越强，由于声波的衍射现象比光波更加明显，用墙和隔离屏风等障碍物来遮挡声波会使问题扩大化。

7.2 汽车 NVH 性能设计与整车关系

NVH 的研发、调试、开发工作应与汽车总体研发流程紧密配合，穿插在汽车总体设计与研发的各阶段。为了提高汽车的 NVH 性能，根据汽车产品研发流程，NVH 研发工作通常可分为：

1）在汽车概念设计阶段，汽车 NVH 性能工程师参与汽车总体概念过程，参与制定汽车 NVH 指标，并协调其与其他性能之间的关系。通过收集同类汽车的 NVH 信息、标杆样车的 NVH 性能分析与试验，建立符合概念样车的 NVH 性能指标。

2）设计阶段的 NVH 工作主要是结合计算机辅助设计（Computer Aided Design，CAD），运用不同的计算机辅助工程（Computer Aided Engineering，CAE）方法进行汽车各零部件和整车的 NVH 性能分析，在部件级系统层次进行测验验证。主要内容包括系统和整车 CAE 分析，系统和整车目标值校核，设计方案选择及验证、优化与改进设计等。

3）在开发阶段，工作的重心则由 CAE 转换到以试验为主的性能调试。需要全面测试样车的 NVH 性能，并对比所设立的目标值，找出差距，提出设计改进方案。针对可能出现的问题，诊断发生的原因，及时解决。这一时期的开发工作，需定期进行主观评估和客观测试的评估，以发现和解决可能由生产装配、零部件产品质量等所引发的 NVH 性能问题。及时诊断和解决这些可能的问题，确保投产的顺利进行是这部分工作的最终目的。

4）投产阶段的 NVH 开发工作为初始质量的抽查和解决可能遗留的性能问题。由于 NVH 开发工作有着明显的时间特征，应根据上述阶段的节点纳入到汽车产品的研发流程中，才能保证新产品的 NVH 性能达到确定目标。

汽车 NVH 特性的研究应该是以整车作为研究对象的，但由于汽车系统极为复杂，因此常将它分解成几个子系统进行研究，如动力传动系统、底盘子系统（主要包括前、后悬架系统）、车身子系统等，也可以研究某一个激励源产生的或某一工况下的 NVH 特性。

7.3 汽车 NVH 性能评价

7.3.1 NVH 评价的客观状态

如果要对 NVH 做出有意义的评价，其测试数据就需要在可比较的工况下进行。

NVH 最重要的衡量标准是用户的反应。然而，很难用语言描述来表达用户的偏爱，因此，建立一些客观评价的状态参数是很重要的。表 7-1 列出了一个汽车 NVH 测试的客观状态描述示例。

表 7-1　汽车 NVH 测试的客观状态示例

操作条件	表现形式
空载	振动和低频噪声
低速牵引	发动机转矩引起的振动和低频噪声
加速	发动机、排气的噪声辐射和排气管振动引起的噪声和振动
滑行	由轮胎和动力传动系统的不平衡、轮胎噪声等引起的振动和噪声
行驶于粗糙路面	路面噪声和振动
倒车	动力系统弯曲振动和齿轮啮合引起的呼啸声
制动	由制动器打滑引起的长声尖叫

对汽车的 NVH 问题进行逻辑分类，给出一些状态评价参数，从而更好地对 NVH 问题进行分析，主要的评价状态参数分类见表 7-2。

表 7-2　汽车 NVH 评价状态参数分类

状态参数分类	相关参数
主观评价参数	隆隆声、摇晃、声品质
客观评价参数	声压、声强、速度、加速度
频率范围参数	低频、中频、高频
来源参数	发动机、动力传递系统、悬置系统、排气系统
变速器参数	档位、变速比

7.3.2　声品质

传统的汽车噪声控制中，只强调噪声量级的大小，认为噪声级越低越好。自 20 世纪 80 年代以来，人们不仅要求汽车"安静"，还关心它的频率组成成分及与发动机转速的关系等，即考虑声音的品质。近 30 年来，在汽车开发过程中，声品质越来越重要，甚至影响汽车的品牌。

一个产品的声品质是指它带给人特有的听觉感受，是一种主观感受。声品质包括响度、音色、音调、锐度、纯音度、声音的调制和语音清晰度等方面的指标。

人们说一个产品的声品质好是指该声音不使人烦恼，而声品质坏则是指噪声使人不舒服并使人有烦恼的感觉。例如汽车关门的声音，关门时，人们喜欢声音听起来小、厚重，只有一次碰撞而且没有其他杂音。从频谱上看，低频噪声比高频噪声衰减得要慢些，相临频带的声音幅值相差不大。这种声音的声品质就是好的。反之，人们不喜欢音量大、有多次碰撞的声音，甚至含有叽叽喳喳的杂声，这种声音的声品质就是不好的。

汽车最主要的声音是与发动机有关的，人们用很多主观指标来评判这类声音的声品质，如舒适感觉、运动感觉、平稳感觉、动力感觉和纯音的感觉等。发动机的声音与缸数、振动噪声的阶次密切相关，于是，声音阶次的成分决定了发动机的声品质。

现在，很多汽车公司都在研究声品质的主观评价与客观测试之间的关系，即不仅能定性还能定量地描述其声品质。与发动机有关系统的声品质的定性和定量描述有下面四个指标：声压级指标、阶次组成、线性度和高频噪声。

7.3.3　主观评价

主观评价是用户对车内噪声、振动和舒适性的直观感觉，感觉声音是安静还是吵闹，是和谐还是刺耳，感觉振动大小和舒适性。

车内NVH的主观评价指标包括主观定级和声品质。主观定级是人为地把噪声或者振动分成10个级别。第1级表示噪声或者振动非常大，人绝对不能接受。第10级表示噪声或者振动非常小，以至于在车内感觉不到噪声与振动的存在。其他的8个级别介于第1级和第10级之间，噪声振动从大到小。表7-3列出了这10个级别以及相应的噪声与振动大小和舒适程度的描述。

表7-3　噪声与振动主观评价级别

级别	1	2	3	4	5	6	7	8	9	10
意见	不能接受				接受的过渡		可以接受			
接受对象	所有用户	绝大多数用户			比较挑剔的用户		受过培训的人员			

车内噪声的主观评级与客观测量数据之间存在关系，图7-6所示为一般乘用车在全负荷工况下这两者之间的大致关系。例如车内噪声为55dB（A）时，主观评价为7.3级。

7.3.4　客观评价

1. 车内噪声评价

车内噪声评价主要用来描述用户坐在汽车里面对噪声与振动的感觉。它是从用

图7-6　乘用车在全负荷工况下主观评级与客观噪声级之间的大致关系

户的角度来评价一部车的噪声与振动大小，因此也称为用户层次的评价。汽车公司结合用户的反馈和"比较车"的测量结果，确定开发汽车在市场上的定位和噪声与振动量级。由于车内噪声评价反映了一辆汽车的整体噪声与振动水准，因此也称为整车评价。整车评价是汽车产品开发的核心。

图7-7所示为人体振动与噪声的测量点。车内噪声与振动的客观评价指标如下：

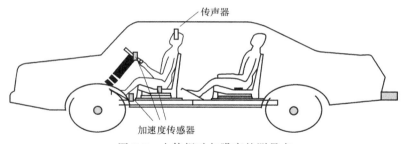

图7-7　人体振动与噪声的测量点

1）驾驶人耳朵和乘客耳朵处的噪声，包括噪声量级和声品质。

2）汽车地板或者座椅基架处的振动。

3）转向盘上的振动。

4）座椅上的振动和人体的振动。

车内噪声的评价包括噪声量级的大小和声品质。发动机的振动与噪声是与阶次密切相关的，因此车内噪声也由不同阶次组成。如果知道振动级或者噪声级与转速和频率的关系，阶次曲线也就确定了，这对于寻找噪声源非常有帮助。还有一些噪声是与转速没有关系的。若这个噪声的频率不随转速而变化，那么很可能是由共振引起的噪声。如果这个噪声杂乱无章，那么很可能是摩擦噪声。

发动机的运转工况可以分成三种：第一种是怠速，即汽车定置时，发动机空转；第二种是全负荷，即用力地将加速踏板踩到底，进气控制阀门全开，在全力加速时，通常处于这种状况；第三种是半负荷，进气控制阀门半开，汽车在正常行驶时通常处于这种状态。在评价车内噪声与振动时，分别对这三种状态进行评价。

 【拓展阅读7-1】 模拟人头声学测试

车内噪声评价指标主要包括怠速和加速的声音评价及语音清晰度。

(1) 怠速和加速的声音评价 汽车在起动时，发动机温度低，转速通常比较高，在1000r/min左右。发动机运转一段时间后，温度上升，怠速会下降。在设计新车时，怠速通常定在600~700r/min。当发动机转速稳定后，车内噪声就不是转速的函数了，当然发动机转速会在怠速上下浮动。声压或者声功率是频率的函数，求出所有频率下的声压或者声功率的均方根值，然后得到其声压级或者声功率级。这种声级用来作为怠速时声音的评价指标。

在全负荷时，发动机的功率和转速迅速上升，发出的噪声也变大。在开发新车或者评价现有汽车的车内噪声时，全负荷最能检验汽车噪声水准。另外，半负荷状态也非常重要，因为用户驾驶汽车时，发动机多半是处于这种工作状态的。在这些状况下，发动机的转速范围一般为1000~6000r/min。声级不仅是频率的函数，还是转速的函数，可以绘制成三维图谱，或者将其总量级和各个阶次的量级绘在平面图上。噪声的总量级和主要阶次的量级用来评价这些状态下的声音。

(2) 语音清晰度 这个参数描述了在噪声环境下说话的清晰程度。语音清晰度用百分数来表示，100%表示说话完全听得清楚，而0表示说话完全听不清楚。

说话的声音有它的频谱，这个频谱是用1/3倍频程来表示的，符号记为 $H(f)$。

当背景噪声超过说话声音时，说话声音就听不清楚了。当噪声完全盖过说话声音时，说话声音就听不见了。一般噪声超过说话声音12dB时，说话声音就听不见了。这时的背景噪声定义为上限噪声，用符号 $UL(f)$ 表示。$UL(f)$ 的和 $H(f)$ 的关系表示为

$$UL(f) = H(f) + 12 (\mathrm{dB}) \tag{7-31}$$

同样，当背景噪声低到一定的时候，说话声音就可以完全听清楚。一般当背景噪声比上限噪声低30dB时，说话完全听得清楚，这个背景噪声称为下限噪声，用 $LL(f)$ 表示。$LL(f)$ 与 $UL(f)$ 的关系为

$$LL(f) = UL(f) - 30 (\mathrm{dB}) \tag{7-32}$$

上面定义的上限噪声和下限噪声之间的差值对所有的频率都是一样的，即 30dB。然而说话声音是与频率有关的，因此，引入计权系数 $W(f)$。综合上限噪声、下限噪声和计权系数，语音清晰度 AI 定义为

$$AI = \sum W(f) D(f)/30 \tag{7-33}$$

$D(f)$ 定义如下：

当噪声 $N(f)$ 超过上限噪声时，即 $N(f) > UL(f)$，说话声音完全听不见，语音清晰度为零。这时的 $D(f)$ 为

$$D(f) = 0 \tag{7-34}$$

当噪声 $N(f)$ 在下限噪声和上限噪声之间时，即 $LL(f) < N(f) < UL(f)$，说话声音被噪声掩盖了一部分，这时的 $D(f)$ 为

$$D(f) = UL(f) - N(f) \tag{7-35}$$

当噪声小于下限噪声时，即 $N(f) < LL(f)$，说话声音可以完全听得清楚。这时的 $D(f)$ 为

$$D(f) = 30$$

2. 整车振动的评价

（1）人体对振动的反映特性　乘坐质量（Ride Quality）是车内振动最主要的衡量指标。各种振动源将振动传递到座椅、转向盘和地板，车内的乘员会感受到这些振动。地板（或者是座椅的支架）的振动反映了车体本身的特性，同时又是对座椅的振动输入。座椅的振动与地板的输入和座椅的结构特征有关。了解这些结构的振动特性对提高人体的舒适性非常重要。

人体各个部位对振动的敏感频率是不一样的。手的敏感频率是 $8 \sim 16 \mathrm{Hz}$。坐着的时候，各个方向的敏感频率不同：在垂直方向为 $4 \sim 8 \mathrm{Hz}$，而在横向为 $1 \sim 2 \mathrm{Hz}$。

振动量级与主观评价之间的关系见表 7-4。

表 7-4　振动量级与主观评价之间的关系

振动加速度大小/（$\mathrm{m/s^2}$）	人体舒适程度
<0.315	感觉不到不舒服
0.315 ~ 0.63	有一点不舒服
0.5 ~ 1.0	比较不舒服
0.8 ~ 1.6	不舒服
1.25 ~ 2.5	非常不舒服
>2.0	极度不舒服

（2）座椅模型和座椅-人体组合模型　评价汽车座椅的舒适性涉及三个因素：座椅结构振动传递率、输入信号和输出信号，这三个因素都是频率的函数。为了简单地评价座椅的舒适性，引入座椅有效幅值传递率（Seat Effective Amplitude Transfer Rate，SEAT），定义为

$$SEAT\% = \left[\frac{\int W_{\mathrm{ss}}(f) E_{\mathrm{i}}^2(f) \, \mathrm{d}f}{\int W_{\mathrm{ff}}(f) E_{\mathrm{i}}^2(f) \, \mathrm{d}f} \right]^{\frac{1}{2}} \times 100 \tag{7-36}$$

式中 $W_{ss}(f)$ 和 $W_{ff}(f)$ ——座椅和地板的加速度频谱；

$E_i(f)$ ——针对人体响应的频率计权函数，见表 7-5。

表 7-5   频率计权函数表

频率范围/Hz	计权函数
0.5 ~ 2.0	$E_i(f) = 0.4$
2.0 ~ 5.0	$E_i(f) = f/0.5$
5.0 ~ 16.0	$E_i(f) = 1$
16.0 ~ 80.0	$E_i(f) = 16/f$

$SEAT$ 为百分数，是表示座椅舒适程度的量值。比如，$SEAT$ 值为 100% 时，表示座椅的振动与地板是一样的，即座椅刚性地与地板相连接；当 $SEAT$ 小于 100% 时，表明地板传递到座椅的振动减小；当 $SEAT$ 值大于 100% 时，表明振动从地板传到座椅时被放大；当 $SEAT$ 值为 50% 时，表明这把座椅比 $SEAT$ 值为 100% 的座椅舒服一倍。

（3）怠速和加速的振动评价指标   人体在频率为 4~8Hz 之间对垂向振动最为敏感。在 8Hz 以上，敏感度随频率的增加而减小。如果加速度曲线在频域内从 8Hz 开始积分，那么得到的速度曲线将是一条水平线。当转速一定的时候，某个频率 f 下，某个方向的速度与加速度的关系为

$$v_m(f_i) = \int a_m(f_i)\,\mathrm{d}f\, \frac{a_m(f_i)}{\mathrm{j}2\pi f_i} \qquad (7\text{-}37)$$

式中 a_m、v_m ——m 方向加速度和速度。

式（7-37）中，下标 m 表示振动的三个方向，即 x、y 和 z 方向。

与怠速时的噪声评价一样，采用一个统计速度来评价怠速时的振动。对这个转速下的振动来说，速度由很多频率成分组成。考虑所有频率的贡献，用各个频率下的速度均方根值表示某个方向总的振动速度。如果将三个方向的速度考虑进来，就得到了最后的速度值，即

$$v = \sqrt{v_x^2 + v_y^2 + v_z^2} \qquad (7\text{-}38)$$

式中 v_x、v_y、v_z ——x、y、z 三个方向振动速度的均方根值。

与声音评价一样，全负荷和半负荷工况下，振动是频率和转速的函数，可以用三维图谱或者包含总量级和阶次量级的二维图谱来评价振动。

3. 系统和零部件性能评价

在开发的初期，车内噪声与振动指标确定后，这个指标就分解到各个系统和零部件。在以后的开发过程中，所有系统和零部件的开发就以车内指标为中心进行。例如车内噪声分解到排气系统，排气系统就设立排气尾管的噪声指标、辐射噪声指标、消声器的传递损失指标和挂钩传递力的指标等。

4. 通过噪声评价

汽车在通过街道和居民区时会产生噪声。过大的噪声会影响人们的休息和生活。GB

1495—2002《汽车加速行驶车外噪声限值及测量方法》规定当汽车通过街道时，在一定的距离内，其噪声不能超过某个标准，这就是通过噪声，见表7-6。

表 7-6　汽车加速行驶车外噪声限值

汽车分类	噪声限制/dB（A）	
	第一阶段	第二阶段
	2002. 10. 1~2004. 12. 30 期间生产的汽车	2005. 1. 1 以后生产的汽车
M_1	77	74
M_2（GVM①≤3.5t），或 N_1（GVM≤3.5t）： GVM≤2t 2t≤GVM≤3.5t	78 79	76 77
M_2（3.5t≤GVM≤5t），或 M_3（GVM>5t）： P②<150kW P≥150kW	82 85	80 83
N_2（3.5t≤GVM≤12t），或 N_3（GVM>12t）： P<75kW 75kW≤P≤150kW P≥150kW	83 86 88	81 83 84

注：1. M_1、M_2（GVM≤3.5t）和 N_1 类汽车装用直喷式柴油机时，其限值增加1dB（A）。

　2. 对于越野汽车，其 GVM>2t 时：

　　如果 P<150kW，其限值增加1dB（A）；

　　如果 P≥150kW，其限值增加2dB（A）。

　3. M_1 类汽车，若其变速器前进档多于四个，P>140kW，P/GVM 之比大于75kW/t，并且用第三档测试时其尾端出线的速度大于61km/h，则其限值增加1dB（A）。

① GVM——最大总质量（t）。

② P——发动机额定功率（kW）。

汽车高速行驶时，其噪声源有两大类：一类是汽车本身的噪声源，另一类是汽车与接触其的物体的摩擦噪声。汽车本身的噪声源包括进气系统的噪声、排气系统的噪声和发动机的辐射噪声。而汽车与接触其的物体的摩擦噪声包括车胎-路面摩擦噪声和车体-空气摩擦产生的风激噪声，如图7-8所示。

通过噪声测试试验场包括一个长20m、宽20m的主体部分，10m长的驶入道路和10m

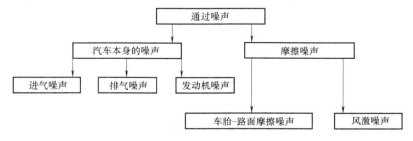

图 7-8　通过噪声源分解图

长的驶出道路，这两个道路的宽度至少为 3m。在驶入和驶出的道路两边还要有与之连接的道路，以便汽车进入和离开试验场地。通过噪声露天试验场如图 7-9 所示。

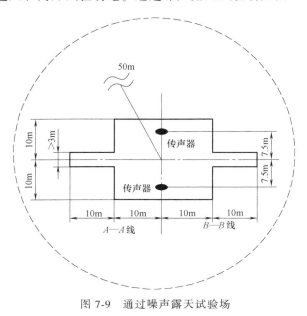

图 7-9　通过噪声露天试验场

　【拓展阅读 7-2】　　通过性噪声测试

7.4　汽车 NVH 设计流程

NVH 特性的设计与研究贯穿产品研发的整个过程，依据产品开发的阶段不同，具体分为产品开发前期的 NVH 设计、产品开发中期的 NVH 设计、产品开发后期的 NVH 设计。

7.4.1　汽车产品开发前期的 NVH 设计与流程

汽车产品开发前期 NVH 设计的任务是制定整车 NVH 指标，并将其分解到各子系统和部件。这部分的工作是决定汽车 NVH 性能的关键一步。

下面介绍影响汽车 NVH 性能目标制定的主要因素。

1）用户的要求：在汽车不同工况和路面条件下的振动噪声水平和声音品质。主要包括设计新型汽车的市场定位和用户群的要求，这由市场信息和咨询结果确定，是产品规划过程中必需进行的工作。同时，对标杆样车在振动噪声方面的特点有定性认识和定量分析。

2）政府强制法规：通过噪声的限制。同时根据公告要求设定要求，对动力传动系统和进、排气系统设计要对标杆样车有定量分析，对振动噪声处理方法有全面了解。

3）竞争对手样车水平：开发新车与标杆车 NVH 水平的定性和定量分析。以结构设计、静力学和运动学方面的分析、设计与 CAE 分析相结合，明确 NVH 的基本性能要求，进而将整车 NVH 分解到子系统。

4）公司技术水平：公司在汽车NVH设计、分析与试验方面的能力和配套供应商水平。

总之，整车NVH目标是依据新车型的市场定位和成本等综合因素、竞争对手样车NVH水平的主观评价和客观评价以及专家决策而制定的。

从整车出发的主观评价包括振动、噪声和不平顺性三方面。

对于整车状态下振动的主观评价具体表现为座椅振动、前地板振动、转向盘振动、后视镜振动和动力总成振动。主要工况有泊车状态下点火、熄火时在车外观察车身振动，泊车状态下怠速、急加速和减速；行驶状态下恒定车速（常用车速）、加速、滑行、缓制动和紧急制动；路面状态有高速环路、普通路面、砖石路面、扭曲路面和不同坡度等。

对于整车状态下噪声的主观评价有在泊车状态下怠速、急加速和减速时，正、副驾驶人和后座椅乘员耳旁的车内噪声大小和声音品质、车内声、开关门声；泊车时发动机怠速、急加速和减速时发动机部位的车外噪声、排气声和进气声；不同行驶状态如恒定车速（常用车速）、加速、滑行、缓制动和紧急制动，以及不同路面状态如高速环路、普通路面、砖石路面、扭曲路面、不同坡度等条件下正、副驾驶人和后座椅乘员耳旁的车内噪声大小和声音品质、车内BOOMING声⊖、通过噪声。

对竞争对手样车NVH水平的客观评价是制定整车振动指标和分解的主要依据，主要分为两大类试验：整车和部件NVH水平测试、整车NVH固有特性试验，见表7-7。通过测试与对比样车NVH的水平和品质，确定开发车型的NVH指标，整车级与部件级振动噪声的指标包括频率范围、隔振、吸振、隔声与消声要求。

表7-7　某标杆样车整车NVH性能客观评价项目表

编号	测试项目	测试输出
1	整车模态	整车/系统的模态、振型；模态分解表
2	系统模态	
3	关键点可动性（Point Mobility）及传递函数	关键点可动性及传递函数值
4	空档扫描	座椅轨道，转向盘振动，驾驶人和乘客耳声压，阶次分析结果
5	全气门加速（WOT）	
6	缓加速（POT）	
7	减速	
8	怠速（空调开、关）	座椅轨道，转向盘振动，驾驶人和乘客耳声压
9	光顺路面的均速	
10	粗糙路面的均速	
11	轮胎不平衡的路测	座椅轨道，转向盘振动，驾驶人和乘客耳声压，阶次分析结果
12	传动轴不平衡（后驱或四驱）	
13	轮胎噪声均速路测	60km/h下驾驶人和乘客耳旁声压，传递函数
14	风噪声路测	120km/h下驾驶人和乘客耳声压
15	碰撞条均速路测	座椅轨道，转向盘振动VDV值，驾驶人和乘客耳声压VDV值

⊖　BOOMING声指低沉的嗡嗡声、轰轰声。

（续）

编号	测试项目	测试输出
16	排气口噪声路测	WOT 工况下,排气口声压,驾驶人和乘客耳声压
17	发动机噪声消减函数	发动机噪声消减函数值
18	进气口噪声传递函数	进气口噪声传递函数值
19	排气口噪声传递函数	排气口噪声传递函数值
20	动力系统辐射噪声	动力系统辐射噪声值
21	转向系统噪声振动	转向系统噪声振动值
22	动力系统振动测试	动力系统振动测试值
23	进气口噪声	进气口噪声值

注：VDV，Vibration Dose Value，振动剂量值；WOT，Whole Open Throttle，节气门全开；POT，Partly Open Throttle，节气门部分开度。

整车振动噪声目标制定后，将其分解到子系统和部件，这一分解是双向的。目标之间会相互调整，特别是与其他指标和结构之间的协调。目标的分解是理论与实际经验相结合的过程。目前，在分解过程中，结合 CAE 工具可及时发现问题，在试制之前达到最佳结果。

7.4.2　汽车产品开发中期的 NVH 设计与流程

汽车产品开发中期主要是车型详细设计，这时要将 NVH 目标融入设计之中。NVH 问题通常比较复杂，多环节相互关联和耦合，当一个零部件改动设计后，可对整车 NVH 性能产生影响；同时，NVH 性能与其他性能要求可能存在矛盾，必须在整车项目团队中协调解决。在汽车产品开发中期，采用 CAE 数字化样车计算汽车 NVH 水平和固有特性，实现设计与 CAE 分析同步，进而完善设计。CAE 数字化样车的建立要对材料特性和零部件物理特性进行测试和分析，如刚度、转动惯量等。如某一车型进行 CAE 分析的基础数据要求：CAD 三维数模，车身、开闭件、内外饰、底盘等部件所用到材料的材料特性，如弹性模量、密度、泊松比等；各零部件明细及材料厚度等数据；各零部件之间的连接关系如焊点位置等信息；动力系统的质心、质量和转动惯量等；所有底盘部件的质心、质量和转动惯量等；所有悬架、衬套的动态弹性刚度及阻尼等；弹簧的刚度；减振器的阻尼特性曲线；变速器、传动系统动力传输比。某新车型 NVH 分析要进行的 CAE 分析工作见表 7-8 和表 7-9。

表 7-8　某新车型 NVH 相关 CAE 分析工作列表第一部分

编号	CAE 分析项目	分析输出
1	建立系统及整车分析模型	系统和整车分析模型及所有分析结果,模态分解风险报告及改进方案
2	白车身模态	
3	声腔模态	
4	转向柱/仪表盘模态	
5	座椅模态	
6	配饰车身(trim body)模态	
7	框架/子框架模态	

（续）

编号	CAE 分析项目	分析输出
8	白车身静弯扭刚度	白车身静弯扭刚度及改进方案
9	白车身节点刚度	白车身节点刚度及改进方案
10	转向柱/仪表盘刚度	转向柱/仪表盘刚度及改进方案
11	配饰车身节点动刚度（point mobility）	配饰车身节点动刚度（point mobility）及改进方案
12	配饰车身传递函数	配饰车身传递函数及改进方案
13	框架/子框架刚度	框架/子框架刚度及改进方案
14	动力系统模态	动力系统模态及悬架设计方案
15	排气系统模态	排气系统模态、应力及改进方案
16	排气系统隔振挂钩点传递力	

表 7-9 某新车型 NVH 相关 CAE 分析工作列表第二部分

编号	CAE 分析项目	分析输出
1	整车模态	整车模态分析结果及改进方案
2	怠速性能	怠速性能整车分析结果及改进方案
3	加速性能	加速性能整车分析结果及改进方案
4	传动轴不平衡（后轮及四轮驱动）	传动轴不平衡（后轮及四轮驱动）整车分析结果及改进方案
5	轮胎/毂不平衡（tire wheel in balance）	轮胎/毂不平衡整车分析结果及改进方案
6	制动不均（Brake Roughness）	制动不均整车分析结果及改进方案
7	粗糙路面（Rough Road）	粗糙路面整车分析结果及改进方案
8	不光顺路面（Coarse Road）	不光顺路面整车分析结果及改进方案
9	光顺路面（Smooth Road）	光顺路面整车分析结果及改进方案
10	冲击条（Impact Strip）整车的节点动刚度和传递函数	冲击条整车分析结果及改进方案

表 7-8 列出的 NVH 整车 CAE 分析依赖于是否取精确的轮胎模型、路谱及荷载，否则其结果只具有参考价值，可用于相对比较。

7.4.3　汽车产品开发后期的 NVH 设计与流程

汽车产品开发后期，NVH 设计与分析完成，各项性能达成要求后，进行模型试制。这时，要对模型车进行主观和客观评价。主要是发现 NVH 问题和对数字化样车进行验证。同时，通过试验对数字化样车模型进行修改，建立混合数字化模型。为进一步准确分析与修改结构和新设计提供准确的数字化 NVH 设计与分析平台。在试制成功后，批量生产中，主要是质量控制和汽车 NVH 稳健性分析与设计。

1. 整车 NVH 调试

在样车完成后，需要对不同动力和结构的样车进行 NVH 调试工作，样车需要完成的试验与标杆车 NVH 主观和客观评价相同，也需要完成 CAE 分析中定义的测试项目并出具

相应的报告。测试结果将与标杆汽车进行比较，对不能达到目标值的项目做出工作计划；如果测试结果符合要求，将出具达标报告、工程签发标准和风险评估报告。

2. 整车 NVH 性能改进

设计阶段 NVH 与 CAE 分析在于进行有效的设计验证，以避免出现重大的设计失误等。但由于多种因素，如供应商产品质量、设计及装配问题等，通常会导致一些 NVH 性能问题。解决这些问题通常占据了 NVH 调试工作的绝大部分时间。常用解决问题的方法和步骤包括主客观评价其 NVH 性能、对比目标值或参照车基准值、量化需改进值、对问题所发生原因做诊断、根据诊断结果提出改进方案、验证改进方案的有效性和可靠性。在最终工程签发时必须满足所有主观和客观 NVH 目标值的要求。

3. 试产时整车 NVH 工作

试产时期的 NVH 工作主要是检测可能由量产所带来的 NVH 问题。主要手段为主观评估和工厂质量管理所用的一些手段，通常包括检查专员评估结果，主观评估生产签发的标定试车，车间全气门加速和怠速检测结果，车间车体漏气检测指标，车间关门力度检测指标以及车间密封条间隙检测指标。对主观评估和质量检测所发现的问题需要及时解决，以确保投产顺利进行。

4. 投产时的 NVH 工作

投产后 NVH 的开发工作则让位于质量管理系统。通常 NVH 需要现场支持投产，确保生产流程顺利进行，同时继续监督下述质量指标：全气门加速和怠速性能、车体漏气性、关门力度、密封条间隙。

汽车整车 NVH 的设计与 NVH 性能控制是一项复杂的技术工作，它要求在汽车设计的各阶段运用试验与 CAE 分析方法进行大量的工作。将 NVH 与 CAE 分析用于汽车产品 NVH 的早期概念设计选型、目标值建立、设计验证直到产品的工程签发的各阶段工作。CAE 分析工作能在模具确立前尽早地发现可能由设计不当引发的 NVH 性能问题，及早地纠正这些问题或及时优化设计，能避免产品开发晚期的 NVH 问题、重新开模和重大设计改变。

7.5 汽车 NVH 性能设计要点

汽车上存在许多复杂的噪声振动源，发动机燃烧、发动机和传动系统旋转部件不平衡以及其他部件的相对运动都会产生动态作用力，直接或间接传到车身，引起车身振动，并通过结构辐射噪声到车内。

汽车 NVH 性能的设计应围绕以下几个方面展开：设计出好的车身结构；对激励源进行准确的定位；避免与主模态共振；运用激励源-传递路径-响应的流程进行控制优化；关注激励力传递的衰减。

7.5.1 整车 NVH 性能的影响因素

对于现代承载式乘用车，一般由车身、动力总成和底盘三大总成组成。底盘又可以细分为转向系统、悬架系统和进、排气系统等。这三大系统的振动是影响整车 NVH 性能的

重要因素。

1. 动力总成振动

发动机的振动源主要源于气缸内周期变化的气体压力和曲柄机构运动产生的惯性力。对于四冲程发动机来说，完成一个工作循环需要经过进气、压缩、做功与排气这四个过程。燃烧产生的力在气缸内推动活塞上下运动，活塞带动曲柄连杆机构，然后推动曲轴做旋转运动。气缸内燃烧产生的压力会作用在曲柄销上形成交变切向力和径向力。活塞、连杆、曲柄等运动部件在运动过程中产生惯性力和惯性力矩。对多缸发动机来说，惯性力可以做到相互平衡，但是惯性力矩通常很难平衡。发动机内部还会有曲轴的扭转振动与弯曲振动及阀机构的振动等，发动机内部的振动源也会通过整机传递给汽车上的其他系统。

发动机整体有六个方向的振动，上下、前后、左右的跳动以及绕三个轴的转动，即发动机的刚体运动，其振动频率一般为 5 ~ 20Hz；发动机的弹性振动模态频率一般高于 200Hz，远远高于 NVH 分析频率。

动力总成的其他子系统，如进气系统、排气系统、传动轴系等的振动问题也是汽车振动模态匹配要考虑的重要问题。

汽车排气系统一般通过法兰和吊耳分别与发动机排气歧管以及车身地板相连。由于受到发动机本身振动和排气激励的影响，排气管振动相对较大。排气系统的振动会通过挂钩和吊耳引起车身地板的振动，从而产生车内噪声。因此在设计初期就应做好车身和排气系统的振动匹配及排气系统吊挂点的选择。

传动轴系的振动主要考虑扭振问题。通常在设计中通过改变系统结构参数（转动惯量、扭转刚度、扭转阻尼等）来减振，如改变飞轮的转动惯量、改变传动系统某些轴段的扭转刚度或采用液力偶合器等。

2. 车身振动

汽车车身不但组成零件多，而且结构复杂。以普通乘用车的白车身为例，它是钢板冲压件焊接成的空间板梁组合壳体，由 400 ~ 500 个冲压件组成。对现代承载式车身来说，其所受载荷也是十分复杂的，包括驱动、制动、转弯等载荷。

车身是噪声与振动的传递通道，各种噪声和振动源都会通过车身传入车内。如图 7-10 所示，汽车上的大多数部件直接与车身相连接，如排气系统、传动系统、悬架系统、动力总成、车身门盖开启件等，这些系统的振动都会影响到车身，反过来车身的振动也会对这些系统产生影响，因此各个与车身相连接的系统的振动模态频率应与车身的模态频率错开，否则系统与车身之间会发生共振。在整车振动模态频率的规划与匹配过程中，应以车身模态频率为中心，与之相连的系统振动模态频率应错开分布在其上下侧。

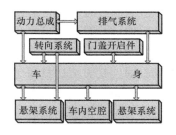

图 7-10 整车各系统连接示意图

车内空间是由车身壁板围成的一个封闭空腔，同任何结构系统一样，具有模态频率和模态振型。结构系统的模态以具体的位移分布为特征，与其类似，声学系统的模态以具体的声压分布为特征。声学模态频率是声学共鸣频率，在该频率处车内空腔产生声学共鸣，使得声压放大。当一典型的空腔受到壁板的激励时，声学共鸣将导致恼人的低频 "轰鸣"

噪声，对乘客的舒适性有很大的影响。因此在设计阶段应考虑到车内声腔模态频率需避开白车身的振动频率。

3. 其他系统

操纵机构的振动主要是因为其安装吊挂刚度偏低，或自身结构动力特性不当，或车身振动过大，它不仅容易使驾驶人疲劳，严重时还可能使操纵失控。最典型的操纵机构是转向机构。转向机构中转向盘容易产生上下跳动和左右摆动，产生的主要原因是转向盘及管柱安装总成与车身振动或其他激励源发生共振。转向盘垂向振动和左右摆动的频率一般为20~50Hz，与车身的振动频率及发动机的激励频率重叠的可能性很大，因此是模态匹配的重点目标。

汽车悬架是车架、车身及车轮之间的弹性连接装置，它的作用是缓和行驶中汽车受到的冲击力，衰减由于弹性系统引起的振动等。悬架结构形式和性能参数的选择，直接对汽车行驶平顺性、操纵稳定性和舒适性有很大的影响。悬架系统的振动与车身振动之间的匹配也是考虑内容之一。

综上所述，对于整车模态匹配问题，重点是要做好动力总成、车身、转向系统、排气系统等几大系统的模态频率规划与匹配，这些都必须在概念设计目标值制定与分解这一阶段完成。

7.5.2 整车模态及频率的规划与匹配

1. 模态规划表

汽车各系统相互连接，相连接系统的模态一定要分开，否则会发生共振，如排气系统的模态频率就不能与车身模态频率一样。在汽车开发设计过程中，各个系统的开发设计既相互关联又相对独立。为了从一开始就避免共振现象，应规定各系统的模态频率范围，并制成表格，这个表格标定出各个系统的模态频率，并且把相连接系统或者部件的模态频率分开，这张表被称为整车模态频率规划表。制作整车模态频率规划表是制定整车 NVH 目标值及各子系统目标值分解的关键步骤。各系统振动模态频率目标值的制定过程即为模态频率规划的过程。在模态匹配过程中以模态规划表为依据就是以模态规划表为各个系统的设计指南，各系统在设计过程中应严格按照规划表来设计，当达不到模态规划表的要求时，应对设计方案进行调整或进行结构优化；当其中一个系统的模态频率发生变化时，也必须根据这张表来调整与之相连系统的模态频率。

模态频率规划表包含的内容应有白车身弯曲模态频率、扭转模态频率、门盖开启件模态频率、车内声腔模态频率、动力总成刚体模态频率、转向系统及转向盘模态频率以及排气系统、悬架系统等的模态频率，排气系统还应做好吊挂点的优化选择。

某六缸发动机乘用车的部分模态频率规划表见表7-10。发动机是汽车动力源，也是汽车最主要的噪声与振动源。发动机与变速器连在一起，因此隔振和防冲不仅是发动机的问题，还是整个动力装置的问题。

1）该发动机的怠速频率，即点火阶次（第3阶）频率为30Hz，可推断其怠速为600r/min。动力装置的六个刚体振动模态频率彼此分离，说明这六个模态是彼此解耦的。理想的设计是既要使所有系统自身的模态彼此解耦，又要使所有相邻系统的模态彼此解

耦。例如，动力装置上下振动模态频率明显低于发动机托架上下振动模态频率，即动力装置的模态与托架的模态是完全解耦的。

2）在实际应用中，无论是使一个系统所有的模态完全解耦还是使相邻系统的模态完全解耦都是非常困难的。当系统间模态频率接近时，需要谨慎分析相邻系统之间的耦合程度。表7-10中动力装置（发动机）的左右摇转模态频率与前车架（发动机托架）上下跳动模态频率接近，但这不一定意味着两个模态会强烈耦合，因为这两个模态的振动方向不一致，耦合程度比较低。

表 7-10　某六缸发动机乘用车的部分模态频率规划表

部件	模态特征	频率	5	10	15	20	25	30	35	40	45	50
车身/车架	车身第一阶垂向弯曲模态	(27.5Hz)						■				
	车身第一阶横向弯曲模态	(29.7Hz)						■				
	车身扭转模态	(25.4Hz)					■					
转向盘	转向盘第一阶垂向弯曲模态	(33.5Hz)							■			
	转向盘第一阶横向弯曲模态	(36.2Hz)								■		
底盘	前车架上下跳动模态	(12.6Hz)			■							
	后车架上下跳动模态	(14.8Hz)			■							
动力装置	前后移动模态	(7.2Hz)		■								
	左右移动模态	(6.1Hz)	■									
	上下移动模态	(7.3Hz)		■								
	横向摇转模态	(13.5Hz)			■							
	纵向摇转模态	(10.3Hz)		■								
	左右摇转模态	(12.4Hz)			■							
排气系统	第一阶垂向弯曲模态	(23.2Hz)					■					
	第一阶横向弯曲模态	(35.5Hz)								■		
	第一阶扭转模态	(42.7Hz)									■	

注：1. 括号内为对应的模态频率。
　　2. 灰影处为怠速频率。

3）车身扭转模态频率是25.4Hz，明显低于发动机的怠速频率，这对怠速状态下的振动和噪声性能很有帮助。车身横向弯曲振动模态频率是29.7Hz，非常接近怠速频率，这时，车身尤其是车身前段结构的设计就非常关键。车身扭转振动的模态"纯"度应比较高，不能与侧向弯曲振动模态耦合。

4）转向盘两个方向上的振动模态频率分别高出怠速频率3.5Hz和6.2Hz。但是在开发过程中，如果转向盘和传动轴上附加了一些零件，其模态频率将会降低，怠速时，转向盘可能产生抖动。

在汽车开发过程中，整车模态频率规划表指导着各个系统的设计，并调节各个系统之间的关系，即模态频率规划表与整车噪声振动目标是汽车 NVH 设计最重要的指南。

2. 整车模态频率匹配策略基本原则

1）以模态频率规划表为依据、以车身为中心、重点对外协系统及车身附属系统的振动模态频率进行控制。

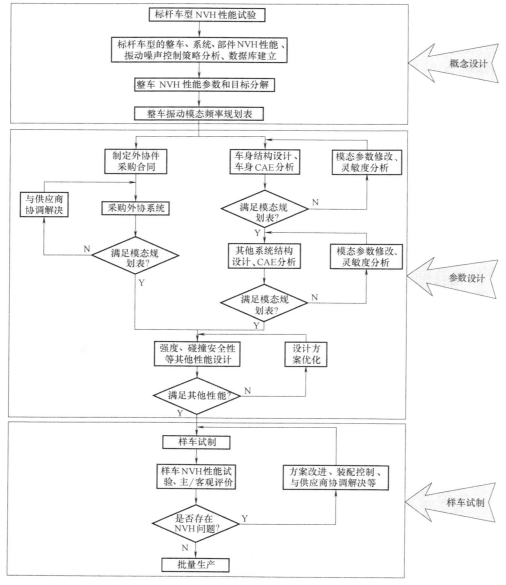

图 7-11　整车模态匹配流程

　　2）车身参数在设计后期应尽量少修改或不修改，其他系统模态频率分别分布在怠速激励和车身固有频率的两侧，且相差 2~3Hz 或以上。

　　3）外协系统目标值应写进采购合同，且供应商应参与设计过程，与整车设计工程师协调解决系统振动性能匹配问题。

　　4）一些车身附属系统的频率应较高或布置在车身模态节点上。

3. 整车模态频率匹配流程

　　根据汽车 NVH 正向设计流程及模态匹配策略，制定整车模态匹配流程（图 7-11）。将整个匹配过程分为概念设计、参数设计和样车试制与生产三个阶段，在各个阶段应采取

相应的控制措施使之遵守匹配策略。

在汽车概念设计阶段，主要目标是制定总体技术指标。在充分分析竞争车型和参考车型的 NVH 性能后，应将新车型的 NVH 性能作为一个与汽车安全性和燃油经济性同等重要的指标提出，并分解到各子系统直至部件级和供应商。

汽车产品开发中期主要是车型详细设计，这时要将各系统的振动目标融入设计之中。本阶段的工作重心应是目标值校核、分析、结构优化及改进设计。

当建立数字化样车，各项性能达到要求后，进行模型试制。这时，工作的重心则由分析转换到以试验为主的性能调试。需要全面测试样车的性能，并对比所设立的目标值，找出差距，提出设计改进方案。针对可能出现的问题，诊断可能的发生原因，及时解决。对这一时期的开发工作，需定期进行主观评估和客观测试，确保工作进度。同时，通过试验对数字化样车模型进行修改，建立混合数字化模型，为进一步准确分析与修改结构提供准确的数字化设计与分析平台。

7.5.3　完善车身设计

车身的设计对控制结构传播噪声十分重要。车身外各种激励引起的结构振动和结构噪声表明车身设计的优劣。好的车身设计对各支撑点的激励敏感度低，即激励力引起的振动和噪声的响应值低。

引起车身噪声振动响应的主要因素有车身壁板的振动和车身结构声腔空气共振。汽车车身壁板由多块薄钢板冲压焊接而成，在受到激励力时，就会产生强迫振动响应，因此，经常需要加强汽车车身结构板件的局部结构。复杂的车身薄钢板模态频率和振型需要用有限元计算或实测得到。空气作为弹性体在车身封闭起来的空腔内形成许多振动模态或声学空腔模态，其第一阶声学空腔模态频率一般在 40~80Hz 之间，低频阶次的声学空腔模态和频率可以用有限元方法计算。

在上述分析中，空腔的腔壁假设为刚性，即没有考虑车身结构板的振动。但事实上，在低阶声学空腔模态频率范围内，声学空腔模态和车身结构振动模态有很强的耦合，此时不仅声场响应的计算需要考虑车身结构振动，车身结构振动的计算也必须考虑声学空腔模态。也就是说，这时车身结构振动和声学空腔模态应该作为耦合系统同时分析和计算。

声腔和车身结构振动模态的耦合强度随频率增加而减弱。随着频率的增加，每一块结构板的振动不再与相邻的板共同作用，而基本上是局部单独作用。振动与声腔声场耦合通常使用板的声辐射效率来评价。假设车身有很多块板，振动速度接近，减小车身结构传播噪声的有效途径是先控制声辐射效率高的结构板的振动，而不是把所有板的振动都降低。减小声辐射效率高的结构板的振动的有效方法是在结构板上附加阻尼。

阻尼表示系统自身振动幅值或能量衰减的能力。阻尼越大，振动幅值或能量衰减越大。衡量阻尼的参数一般有阻尼比和阻尼损耗因子，两个参数都是无量纲单位。阻尼比描述系统的振动幅值衰减，阻尼损耗因子则描述系统的振动能量衰减。

汽车车身用的每块薄钢板的自身阻尼主要来自材料阻尼，其阻尼损耗因子一般在 0.0005~0.001 之间。当多块薄钢板经冲压、焊和铆等工艺拼装成地板和车门等结构之后，结构振动会在焊接和铆接点产生局部摩擦，使得结构阻尼明显高于材料阻尼，整车测量得

到的车身薄钢板阻尼损耗因子可达 0.005 或更高。内饰件和密封条对增加车身结构阻尼也有一定的效果。尽管车身结构阻尼明显高于钢板材料阻尼，车身薄板结构仍经常需要特殊的阻尼处理，以衰减来自多方面的振动能量，降低车内噪声。

工程中常见的情况是噪声的主要分量由共振结构表面产生，在这些振动中，控制噪声就等于要降低结构的振动。阻尼材料能大大减小结构共振频率处的振幅，在汽车上增加适量的阻尼材料，能优化汽车的减振性能。

衡量车身结构振动和噪声特性的常用指标是车身振动和声学灵敏度。车室空腔灵敏度是指单位激励力作用在车身支撑点时，在人耳处测量到的噪声级。车室空腔灵敏度常用 p/F 来表示，其单位是 dB。

车身设计与声学敏感度有关的另一个衡量指标是关门声的声品质，它属于瞬态声振效应。解决方法是在车门、行李舱附加侧向外壁板及顶盖等处增加阻尼处理，依靠阻尼衰减瞬态振动和噪声辐射。车身结构设计流程图如图 7-12 所示。

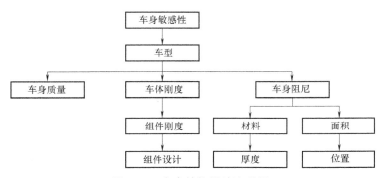

图 7-12　车身结构设计流程图

7.5.4　对激励源的准确分析与识别

对汽车进行 NVH 性能优化的关键是要从中找出主要激励源，针对主要噪声源或振动源采取减振降噪措施，从而收到预期的效果。

1. 汽车激励源的种类

行驶中汽车的主要激励源包括不平路面、发动机的惯性力载荷和不平衡脉动转矩、车轮不平衡质量以及传动系统不平衡转矩等。

发动机的旋转、往复质量和燃烧室中的气体压力波动将产生发动机的激励。实验表明，车室内噪声的峰值频率与发动机的激励频率关系密切。

由于制造误差的影响，车轮和轮胎不可能完全平衡，这将产生激励，并产生前轮摆振等 NVH 问题。为了减小其影响，必须降低汽车 NVH 特性对车轮和轮胎不平衡量的灵敏度。

不平路面对轮胎的激励通过悬架传递至车身，最后形成振动和噪声作用于乘员。

2. 激励源的识别方法

汽车是一个复杂的发声体，其上存在许多复杂的噪声振动源，对其进行噪声控制、NVH 性能优化，关键是要从中找出主要激励源，针对主要激励源采取措施。

常用的噪声源识别分析方法，按声信号处理方式可分为声压测量法、声强测量法和声全息法；按工况可分为选择运行法、声隔离法；按处理方式可分为快速傅里叶变换法（Fast Fourier Transformation，FFT）、谱分析法、频响函数法（Frequency Response Function，FRF）和相干函数法、小波分析法、时频法；按二次处理结果可分为模态法、阶次跟踪法、传递路径分析法（Transfer Path Analysis，TPA）、声品质法、CAE法和波束成像法等。

7.5.5　运用激励源-传递路径-响应流程进行优化控制

汽车可以看成是一个由激励、传递路径和响应组成的系统。激励源产生的振动、噪声通过悬架系统、车身结构系统等传递路径传入车身和车室声学空腔，形成振动和声学响应。而响应可以理解为激励与灵敏度的综合作用。

激励源、传递路径和响应三个环节是汽车噪声振动控制中必须考虑的，相应的措施包括激励源控制、传递路径优化和保护响应接收者三个方面。

研究各种激励源的发生机理、控制和降低噪声振动的发生是根本性措施。目前在声激励源的控制上主要采用两种方法：一是改进设备结构、提高加工和装配质量，以降低声源的辐射声功率；二是采取隔振、阻尼处理等减小振动能量传递或减小振动。

其次要优化传递路径，这方面的方法有很多，如隔声、隔振处理等措施。

对接收者的保护也是一种方法，可以采用隔声、隔振设计等保护方法。

对响应流程进行优化时要灵活运用主动和被动噪声振动控制技术，对三个环节进行相应优化。

7.5.6　减振元件的设计要点

非承载式车身通常通过一系列车身减振器与车架相连，作用在车架上的激励力传到车身时会因车身减振器而衰减，车身减振器构成整车减振的一道屏障。承载式车身的前、后托架有时通过减振器与车身相连，有时则与车身刚性连接。影响托架与车身连接方式的因素有很多，如操纵性能、离地间隙和成本控制等，有时甚至要考虑平衡低频整车振动。如托架与车身刚性连接有助于提高整车振动的模态频率，改善振型，但会直接影响高频结构振动和噪声的传递。与非承载式车身相比，托架如果与车身刚性连接，则使承载式车身失去了一道减振屏障。

发动机的激励力经过隔振器传到车架或托架时会大大衰减。与此类似，承载式车身的后差速器也常常通过减振器放置在后托架上。发动机上的发电机、水泵、油泵和空气压缩机等通过各种方式连接到发动机壳体上，有的是通过支架结构固连到发动机上，有的是使用减振器。这些零部件与发动机支架结构的设计也很重要。

不论用何种连接和减振方式，整车结构振动和噪声最关心的一个问题是在连接处的减振效果，或激励力传递的衰减量。

1. 激励力到车身噪声的传递分析

处理弹性结构受力作用产生的速度响应时常常用到导纳，导纳定义为振动速度和激励

力的比值,是机械阻抗的倒数。如果振动速度的拾取点和激励点重合,比值就称为激励点导纳。如果振动速度的拾取点远离激励点,比值就称为异点导纳,或直接称为导纳。

对于连续弹性系统,导纳谱由许多模态组成,而每个模态的影响都可以从单自由度系统的分析中找到规律。对于黏性阻尼系统,阻尼可以按比例化解成质量 m 和刚度 k,此时,系统导纳随阻尼比而变化。在共振频率之下,导纳谱与频率成正比,刚度影响占主导地位。在共振频率之上,导纳谱与频率成反比,质量影响占主导地位。在共振频率附近,刚度影响和质量影响平衡相消,阻尼影响占主导地位,阻尼比增加,共振峰值降低。

如果弹簧刚度和阻尼不变,首先改变质量会影响共振频率,其次在共振频率之上即质量控制区,质量增加,导纳下降。

汽车上多种激励力通过多种交叉途径传到车身上的多个结构支撑点,每点的力又要细分为 x、y 和 z 三个方向。为了深入理解其物理意义,这里考虑一个非常简单的模型即单激励力和单一途径的力传递分析,如图 7-13 所示。

假设弹性结构 A(如托架)受到动态力 F_1 的作用在点 1 激励,结构 A 和结构 B(如车身)相连,连接点在结构 A 的点 2 和结构 B 的点 3。分析的目的是要估计连接点的耦合力和结构 B 点 4 的速度响应。

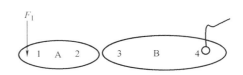

图 7-13 单激励力和单一途径的力传递分析模型(刚性连接)

如果结构 A 不与结构 B 相连,同时假设结构 A 受 F_1 激励在点 2 的导纳为 Y_{12},则结构 A 受 F_1 激励在点 2 的振动速度为

$$V_{2自由} = F_1 Y_{12} \tag{7-39}$$

这个速度称为自由速度,因为结构 A 在点 2 不受约束。

如果结构 A 按图 7-13 所示与结构 B 相连,连接点的耦合力可以通过连续边界条件推导出来。但更直观的方法是把连接点的机械耦合等效成电流回路:$V_{2自由}$ 是电源电压,结构 A 与结构 B 各自在点 2 和点 3 激励点的导纳为电阻,耦合力作为电流就可写成

$$F_{23}^{rigid} = V_{2自由}/(Y_{23}+Y_{33}) = F_1 Y_{12}/(Y_{22}+Y_{33}) \tag{7-40}$$

根据耦合力 F_{23},结构 B 点 4 的速度响应为

$$V_4 = F_{23} Y_{34} = F_1 Y_{12} Y_{34}/(Y_{22}+Y_{33}) \tag{7-41}$$

式(7-40)和式(7-41)中的分母都是 $(Y_{22}+Y_{33})$,代表了等效电路中的总电阻。

若结构 A 与结构 B 不是刚性相连,而是通过隔振器柔性连接,如图 7-14 所示。等效电路中的总电阻就成为 $Y_{22}+Y_{iso}+Y_{33}$,其中 Y_{iso} 为隔振器的导纳。在这种情况下耦合力就成为

$$F_{23}^{iso} = F_1 Y_{12}/(Y_{22}+Y_{iso}+Y_{33}) \tag{7-42}$$

如果设计得当,隔振器导纳 $|Y_{iso}| \gg |Y_{22}+Y_{33}|$,耦合力就大幅度降低。对于弹簧隔振器,其导纳与弹簧刚度 k 成反比,即

$$Y_{iso} = -j\omega/k \tag{7-43}$$

高导纳意味着弹簧软,弹簧刚度低。隔振

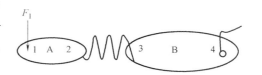

图 7-14 单激励力和单一途径的力传递分析模型(弹性连接)

效率 β，即刚性连接时的传递力 F_{23}^{rigid} 与柔性连接时的传递力 F_{23}^{iso} 比值的对数，可以表示成支撑点复合导纳的比值的对数，即

$$\beta = 20\lg \frac{F_{23}^{\text{rigid}}}{F_{23}^{\text{iso}}} = 20\lg \frac{|Y_{22}+Y_{\text{iso}}+Y_{33}|}{|Y_{22}+Y_{33}|} \tag{7-44}$$

如果隔振器导纳比结构激励点动态导纳高一个数量级，隔振效率一般在 20dB 左右。这个概念对实际应用十分重要，可以直接指导实际设计。

2. 车身结构连接点低导纳设计要点

车身与悬架相连，发动机与传动系统相连，均有很多受力点，每个受力点都会产生动态力激励。例如发动机或后桥托架常常通过减振器连接到车身，以抑制托架传来的振动。当车身振动和噪声对连接点的激励力非常敏感时，减振器的重要性尤为突出。减振器需要高导纳，意味着弹簧软，弹簧刚度低。但实际应用中受零部件运动限位、疲劳极限的限制和其他性能需求，减振器导纳只能在一定的范围内增加。如果减振器弹簧刚度不能太低，要达到 20dB 的隔振效率，车身连接点的导纳就需要足够低，动态刚度要足够大。

车身设计初期就需要考虑到整体结构布置和各支撑点附近的具体设计。设计要点归纳如下：

1）各支撑点位置要尽量靠近结构局部加强的地方，如加强肋和加强板。支撑点要避免结构呈现柔性的地方，如截面非封闭的梁状结构或壁板和地板的中央位置。

2）若受空间布置限制只能使用悬臂结构作为支撑，则应尽量减小悬臂，并加强悬臂支撑的刚度。数据表明，一般悬臂的长度每增加 100mm，车室空腔敏感度就增加 5dB。

3）在连接处要为橡胶减振元件设计专门的支撑座，并要有一定高度的护圈。护圈结构帮助橡胶减振元件对中，避免侧弯，更重要的是加强了局部刚度，减小结构导纳。

4）连接处的紧固元件应采用贯穿橡胶减振元件的长螺栓。紧固螺栓穿过空心管状托架时，要在中空处附加套筒支撑。

5）连接处支撑座的底面要足够大。若在连接处还需要连接其他支架结构，其他支架结构在连接处的接触面也要足够大。

思 考 题

7-1 什么是汽车 NVH 性能？为什么说汽车的 NVH 性能很重要？

7-2 NVH 性能一般采用什么指标进行评价？评价方法是什么？

7-3 什么是声品质？

7-4 汽车 NVH 开发的一般流程有哪些？

7-5 什么是模态规划？模态规划的关键部件是什么？

7-6 在 NVH 性能中，评价车辆结构属性的参数有哪些？这些参数又是如何获得的？

7-7 太硬或太软的被动悬架会产生什么问题？

第8章 汽车排放后处理设计

8.1 概述

治理汽车排气污染是一个系统工程，需要综合应用多种技术和手段。从一开始就考虑将汽车设计为低排放而从源头削减的技术无疑是控制污染的最佳方法，但是现阶段以石油为燃料的内燃机车辆，机内控制排放在降低污染物的同时会影响发动机的其他性能，而且无法做到从根本上解决现有污染物排放的问题。随着排放法规的日益严格，人们开始考虑包括催化转化在内的各种机外净化技术。在机内控制的基础上，辅之以末端治理为目的的机外控制措施（主要指催化净化措施），可以将机动车污染控制在极小的范围内。

后处理装置作为机外净化的主要构件，一般安装在车辆排气系统中，通过催化转化、吸附或过滤及再生的工作方式，减少汽车排气中有害污染物的排放。

8.2 汽车排放后处理的主要技术

8.2.1 汽油机排放后处理

1. 污染物后处理过程中的载体技术

污染物处理过程中的载体技术主要采用金属或陶瓷等作为技术处理的物质载体，然后将贵金属催化剂涂覆之后，封装成催化转化器，用于处理排放污染物。在此过程中，当确定催化器的体积后，需要利用数目更多及壁更薄的载体，使之具有更大表面积的物质进行催化反应，从而在提升催化转化效率的过程中，不断提升催化反应的耐久性。从应用实践情况来看，这种后处理技术能够显著减小催化器的实际容量，从而降低排气系统的背压。

2. 污染物后处理过程中的紧耦合催化器和涂覆技术

这种技术主要在靠近汽车发动机排气歧管的部位，增加一个催化转化器，利用发动机

排气热量将催化器加热，使催化转化器快速起燃。该技术的主要作用是有效降低汽车发动机在冷起动过程中的污染物排放量。在此过程中，还可采用涂覆技术进行污染物处理与控制。例如，在催化转化器中贵金属采用分区涂覆，以及通过涂覆几种不同种类的活性物质，从而使催化剂的性能不断得到优化，进一步提升材料的综合利用效率与污染物的处理效率。

3. 污染物后处理过程中的三元催化技术

采用三元催化技术可有效控制汽车中 NO_x、CO、HC 等污染物质的排放。其主要在一种封闭式的环孔系统中，采用氧传感装置获取排气混合气中氧含量信号，通过发动机电子控制单元（Electronic Control Unit，ECU，简称电控单元）进行精准的空燃比控制，将过量空气系数控制在 "1" 左右的狭窄窗口内，使排气污染物在催化转化器的氧化还原作用下将 HC 与 CO 一同转化为 CO_2 和 H_2O。与此同时，其还可促进 N_2 与 NO_x 进行还原反应。

4. 污染物后处理过程中汽油机颗粒的控制

众所周知，产生雾霾的重要原因是空气中出现了大量的污染颗粒物。因此，应对污染物中的颗粒物进行控制，主要采用壁流式的颗粒捕获后处理技术装置，使汽车尾气从捕获器的一端进入通道，此时通道在另一端被封闭。因此，汽车尾气只能从壁面进入到相邻孔道进行排放，在此处理过程中，污染物中的颗粒物会被有效沉积在壁面中的过滤装置中。当颗粒捕集器温度升高后，碳颗粒在高温下燃烧形成 CO_2 排出，实现颗粒捕集器再生。

5. 污染物后处理过程中的 NO_x 控制技术

NO_x 捕集技术（Lean NO_x Trap，LNT）是利用发动机混合气浓度变化而进行周期性的吸附-催化还原的一种后处理技术。对于我国现阶段轻型汽油机车辆污染物排放控制而言，这是一种十分有效的后处理技术。其主要在一种稀燃运行条件下，通过将三元催化剂或具有氧化性的催化剂置于汽车发动机的紧耦合位置，以此促进 NO_2 与 NO 转化。这种处理技术的主要优点是能够将硝酸盐与催化反应剂一同保存下来。当汽车发动机处于一种稀燃稳定运行工况时，这种技术处理可以形成由碱土金属和强碱及其他相关稀土元素组成的硝酸盐物质。因此，这种催化剂更适合排量在 2.0~2.5L 之间的汽车污染物后处理，在处理过程中，能够不断降低汽车在低负荷运行时 NO_x 的实际排放量。

6. 污染物后处理过程中采用稀燃的 NO_x 催化剂进行处理

稀燃催化剂又称为 HC-SCR（HC-Selective Catalytic Reduction，HC-SCR）催化剂，因此在具体应用过程中可以采用这一催化剂将 NO_x 还原为 N_2。其应用的主要优点是不需要在反应处理过程中加入新的尿素等催化剂。但是，其也具有一定的缺点，如在污染物后处理过程中，时间转化效率较低。

8.2.2 柴油机排放后处理

为了减轻柴油机排放中有害成分对环境的污染，柴油机排放后处理技术须同时能降低 NO_x 和颗粒物（Particulate Matter，PM）的排放。

1. 柴油颗粒捕集器（Diesel Particulate Filter，DPF）

DPF 是借助惯性碰撞、截留、扩散和重力沉降等机理将 PM 从气流中分离出来的装

置。根据不同的过滤方式，DPF可分为壁流式、流通式和部分流通式三种，由于（部分）流通式DPF的过滤效率较低，目前一般应用壁流式DPF。DPF再生有两种方式，一种是主动再生，需利用外部热源或非加热机械式再生；另一种是被动再生，如催化型颗粒捕集器（Catalyzed Soot Filter，CSF）、连续再生装置（Continuously Regeneration Technology，CRT）、催化型连续再生装置（Catalyzed Continuously Regenerating Technology，CCRT）。排气再循环系统（Exhaust Gas Recirculation，EGR）+DPF技术已较为成熟，在美国用来满足重型柴油机排放要求，在欧洲的轻型车上也得到了广泛应用。

2. 氧化催化转换器（Diesel Oxidation Catalyst，DOC）

DOC将NO转化为NO_2。置于DPF上游，用于DPF被动连续再生（如CRT）；置于SCR上游，用于调整NO和NO_2的比例（NO和NO_2的比例相同时，SCR反应较快）；置于SCR下游，用于控制氨气泄漏。同时，可氧化HC、CO，对下游SCR、LNT进行温度管理。DOC的缺点是对硫比较敏感，一方面，将SO_2转化为SO_3，造成PM排放量增加，DPF堵塞；另一方面，硫易使DOC催化剂中毒，若提高催化剂耐硫性，则需提高贵金属铂的含量，成本较高。

后处理技术之间的组合对发动机的改动小，能综合利用各技术的优点以达到更有效控制污染物排放的目的。一般存在三种组合：DOC+SCR+DPF、DOC+DPF+SCR和DOC+WSCR，其中WSCR是一种在DPF过滤器上涂有具有SCR能力催化剂的壁流式系统。由于小功率的发动机排气温度较低，流速较小，要考虑首先利用SCR来对其进行NO_x的还原，避免排气温度下降对SCR的转化效率造成影响，适合采用第一种路线；而对于大功率的汽车，首先利用NO来氧化颗粒进行DPF再生，由于大功率的发动机排气温度较高，且流速较大，因此将SCR催化器放在最后，对SCR的转化效率影响较小，即采用第二种路线；而DOC+WSCR组合在冷起动阶段和城郊循环中都有较好的转化效率。

3. 稀燃NO_x捕集器（Lean NO_x Trap，LNT）

LNT利用尾气中的CO和HC作为还原剂，使NO_x吸附再生。其用于中小型柴油车，转化效率超过90%。但其对硫非常敏感，硫含量（质量分数）须小于15×10^{-6}，再生过程中需要脱硫，控制较为复杂，贵金属消耗较多。

4. 选择性催化还原转换器（Selective Catalytic Reduction catalyst，SCR）

SCR使用尿素作为还原剂，NO_x的转化效率在稳态情况下超过90%，瞬态可达到70%~75%。本身对硫不敏感，但是前置或后置氧化催化转换器则有可能硫中毒。SCR入口处NO和NO_2的比例非常重要，二者最理想的比例是1:1，可通过对上游DOC或DPF进行温度管理，来调整SCR入口处NO和NO_2的比例。SCR技术成熟，在欧洲广泛采用。中国重汽等国内主机厂目前都是按照SCR的技术路线做好技术储备工作，并已进入整车（整机）批产状态。

5. 低温等离子催化辅助技术

近些年低温等离子催化辅助技术作为一个新的领域备受关注。等离子体是指通过放电、加热、辐射等方法使气体电离而形成的包含电子、离子、原子、分子及自由基等粒子的导电性流体，一般气体放电产生的等离子体属于低温等离子体。此项技术主要是促进活

性物质的生成，使得催化剂具有更高的活性和选择性，能够同时净化 NO_x 和 PM。与其他后处理技术相比，其特点主要是：反应物由常规电中性变为低温等离子状态，导致活性和选择性的改变；催化剂表面性质在等离子作用下也发生变化；催化剂与等离子体界面存在等离子体鞘。与等离子体电位相比，催化剂表面处于负电位，阳离子在鞘电位加速作用下撞击催化剂表面有助于产物的解吸，促进反应的进行。

低温等离子催化辅助技术可以在增加柴油机排气净化效率的同时降低能耗，是一项具有极强潜在优势的高新技术。

8.3　汽油机排放后处理设计

汽油车用三元催化转化器（以下简称催化器）作为降低废气排放量的有效装置，在国内外已得到很好的应用。如在电控发动机上良好匹配的催化器的稳态转化效率在 90% 以上，实际装车的运行寿命在 8 万公里以上。

目前，汽车用催化器几乎全为整体式蜂窝状结构，如图 8-1 所示，它主要由壳体、载体、涂层和垫层等部分组成。

1. 壳体设计

在催化器壳体设计中，形状设计和材料选择是两项主要的设计工作。

形状设计要求流经催化器的气流均匀，不发生分离，不产生涡流，具有良好的气流场性能。因此，基于流体力学中最基本的 Navier-Stokes 方程，对气流场进行计算机数值模拟是必要的。

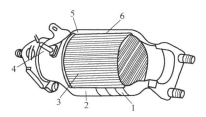

图 8-1　催化器结构
1—壳体　2—垫层　3—载体
4—温度传感器　5—支承环　6—涂层

材料选择的要求是抗腐蚀、热变形程度小。目前多采用含 Cr、Ni 的不锈钢制作。壳体的直径为 130~150mm，长为 75~150mm。

2. 载体设计

载体在催化器中是承担氧化还原反应的基体，它的形状和材料是最重要的设计参数。载体的截面形状常见的有圆形、椭圆形及跑道形等，如图 8-2 所示。

若以圆柱形和非圆柱形区分，则它们之间的性能比较见表 8-1。

图 8-2　常见的载体截面形状

表 8-1　圆柱形载体与非圆柱形载体的性能比较

载体形式	圆柱形载体	非圆柱形载体
压力分布	均匀	不均匀
温度梯度	径向均匀	不均匀
壳体变形的可能形式	拉伸、弯曲	拉伸、变曲、扭曲

（续）

载体形式	圆柱形载体	非圆柱形载体
加强肋设计	很有效	效果一般
壳体变形的程度	小	大
密封性	极好	不好
流场分布	均匀	不均匀
垫层腐蚀程度	低	高

载体的流通截面可分为颗粒状球形和蜂窝状整体形两种，因为前者的催化剂性能不稳定，所以近年来大多采用整体式蜂窝状结构。

载体按材料分为陶瓷载体和金属载体两种。整体式蜂窝陶瓷载体（图 8-3）一般用堇青石挤压制成，它具有耐高温、热变形小的特点；缺点是导热性不佳、升温较慢、机械强度低、抗冲击破坏能力差。整体式蜂窝金属载体（图 8-4）克服了陶瓷载体的不足，采用高耐热的铁素体不锈钢箔（厚约 0.5mm）平板与波纹板卷制而成，比陶瓷载体壁薄，几何表面积和孔密度大；不足之处是金属载体催化剂涂层的热膨胀系数差别较大，耐高温性低于陶瓷，且成本较高。但随着对排气污染限制的要求日趋严格，预计金属载体的使用将会占主导地位。

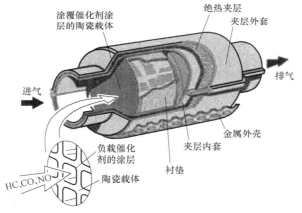

图 8-3　整体式蜂窝陶瓷载体结构

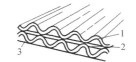

图 8-4　整体式蜂窝金属载体结构
1—夹层　2—金属板　3—涂层（铝）

3. 催化剂

催化剂是涂覆在载体上的涂层，是加速汽车排气氧化还原反应，提高净化效率的根本因素，其关键在于配方及其涂覆工艺。

1）对催化剂的性能要求：极高的活性，对废气中的 HC、CO、NO_x 应具有很高的转化能力；耐高温，在 $500 \sim 800℃$ 之间有稳定的转化性能，且能承受瞬时过热（超过 $800℃$，不发生烧结）；寿命为 $80000 \sim 160000km$。

2）较典型的配方是采用贵金属铂、铑、钯作为催化剂，它们具有转化效率高和使用

寿命长的优点，但因价格昂贵而限制了其使用。与贵金属相比，权衡选择，也有用稀土氧化物作为催化剂的。例如选用钙钛矿结构的稀土氧化物作为催化剂，具有成本低的优点；其缺点是活性低、老化快。为此，通常将两者结合起来使用，即在稀土元素中添加微量贵金属。一般，国外催化剂中贵金属钯的含量为 1.0g/L 左右，国内贵金属钯的含量小于 0.7g/L。国内外催化剂主要参数的比较见表 8-2。

表 8-2 国内外稀土型催化剂主要参数的比较

参数	国内		国外目前水平
	A 催化剂	B 催化剂	
贵金属含量/g/L	<0.7(全钯)	<0.7(全钯)	>1.0
比表面积/(m²/g)	38	80100	100250
载体孔数/(6.45×10⁻⁴ 孔/m²)	300	300	400
载体抗压强度/MPa	10	>15	>20
载体膨胀系数/(1/℃)	25×10⁻⁷	<20×10⁻⁷	11×10⁻⁷ 14×10⁻⁷
容积/L	1.0	1.2	—

3）涂覆工艺。催化剂在载体上的附着方法有涂刷法、热喷法和浸渍法。通过对比试验发现，采用浸渍法后再进行烧结处理的工艺最佳。它能使催化剂渗透到载体的表层，形成牢固的过渡层，且分布均匀。

4. 垫层

载体与壳体的配合采用垫层方式。由于排气温度变化较大，加之壳体与载体的材料热膨胀性能有较大差异（壳体用钢制成，载体用陶瓷材料制成），垫层的作用很重要。垫层应具有以下性能：

1）密封性。在温度变化范围内（从常温到 800~1000℃ 高温），垫层能完全处于充分的充填状态，具有良好的密封性。

2）缓冲性。垫层应具有一定的弹性和抗交变载荷性，防止载体冲击损坏。

3）隔热性。在车辆运行时，垫层应起一定的隔热作用，防止较高的温度传递给壳体。

目前垫层有金属网和陶瓷密封垫两种形式，两者的有关性能见表 8-3。

表 8-3 两种不同形式垫层的性能比较

垫层形式	金属网	陶瓷密封垫
机械黏着力	低温下好,高温下差	低、高温下均好
隔热性	不好	极好
抗冲击性	一般	极好
抗剪切位移	极好	好
摩擦阻力	小	较大
密封性	不好	好

5. 系统因素

催化器要与发动机很好地匹配工作，要考虑以下系统因素：发动机的性能及排放特性；发动机的动力损失；所选车型排气系统的结构与布置；催化器在系统中各参数的协调与配合；所用燃油的性质。

8.4 柴油机排放后处理设计

8.4.1 柴油颗粒捕集器（DPF）的设计

在目前各种柴油机颗粒捕捉技术中，使用颗粒捕集器过滤炭烟颗粒的技术是公认的最为有效的颗粒净化技术。

1. 颗粒捕集器过滤体的设计

(1) 过滤体材料的选择 陶瓷基过滤材料是目前研究和应用最多的一种，通常由氧化物或碳化物组成，具有多孔结构，在700℃以上能保持热稳定性，比表面积大于$1m^2/g$，主要结构有壁流式蜂窝陶瓷、泡沫陶瓷及陶瓷纤维毡。

1) 壁流式蜂窝陶瓷。如图 8-5 所示，壁流式蜂窝陶瓷中相邻的蜂窝孔道交替堵塞，气流从入口孔道进入时，由于入口孔道末端被堵塞，气流必须通过多孔介质壁面，从相邻的出口孔道流出，于是颗粒就沉积在入口孔道壁面内侧。壁流式蜂窝陶瓷是目前研究和使用最多的过滤体，其用热膨胀系数低、造价低廉的堇青石制成，对颗粒的过滤效率可达90%以上，可溶性有机成分（Soluble Organic Fractions，SOF）也能被部分捕集，且耐高温、机械强度高、流动阻力小。

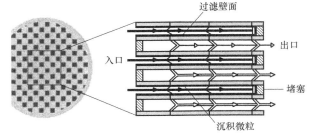

图 8-5 壁流式蜂窝陶瓷过滤体结构简图

2) 泡沫陶瓷。泡沫陶瓷主要有堇青石泡沫陶瓷和碳化硅泡沫陶瓷两种材料，一般称为通流式过滤体，如图 8-6a 所示。与蜂窝陶瓷相比，泡沫陶瓷可塑性大大增强，孔隙率大（80%～90%）且孔洞曲折，材料的热膨胀系数各向同性，具有更好的热稳定性，近年来被用作柴油机排气颗粒的过滤材料，通流式过滤体和壁流式过滤体是目前 DPF 发展的两个主要方向，随着新型过滤材料的研制不断取得进展，

a)   b)

图 8-6 泡沫陶瓷和陶瓷纤维
a) 泡沫陶瓷 b) 陶瓷纤维

通流式过滤体原来具有的一些缺陷正逐一被克服，而因其与 PM 接触面积大，利于催化连续再生等优点再次引起人们的关注。

3) 陶瓷纤维。陶瓷纤维材料不受固定尺寸的限制，过滤体的孔形状和孔分布有广泛的选择余地，通过改变各种设计参数可使其性能达到最优化，如图 8-6b 所示。陶瓷纤维毡过滤体内的纤维表面全是有效过滤面积，过滤效率可达95%。但存在的问题是需提高

陶瓷纤维的耐热性与缩小体积，且生产工艺复杂、易损坏。

对比泡沫陶瓷和壁流式陶瓷，泡沫陶瓷具有孔洞独特、深床过滤、热稳定性好及寿命长等特点，若采用径向过滤，过滤体可选用 SiC 泡沫陶瓷。

（2）过滤体的结构设计   载体外观形状对其使用性能的影响较大，其设计原则应保证有利于载体承受最大的载荷以及温度梯度分布均匀，从而保证载体在使用时的耐久性。

过滤体的形状一般为圆筒形，同时为减小加工难度，过滤单元的个数应为偶数。例如，将过滤体划分成 8 个过滤单元，每个单元端截面为扇形，形状如图8-7 所示。

单元化设计既保证了应力梯度（温度梯度）的匀速分布，又满足径向过滤的要求，并且还具备以下优点：

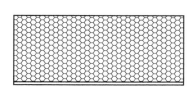

1）过滤体的过滤截面积与其体积之比较大，即一定过滤面积所需的过滤材料较少，节省了宝贵的过滤材料，降低系统造价。

图8-7   过滤体形状

2）过滤体的再生以单个过滤块为对象逐步进行，所需再生功率比较小，对车载电源的要求较低，无需安装特殊的车载电源，降低了整车的生产成本。

3）再生加热时，由于过滤单元的体积较小，加热不均匀而产生的应力较小，使过滤体开裂报废的可能性大大降低，整个过滤体的寿命大幅延长。

4）运行中，当某个过滤单元损坏时，仅将其更换即可，无需将过滤体整体换掉，故利于维护，节省使用成本。

在颗粒捕集器的实际应用中，颗粒捕集器体积 V_{cat} 与发动机排量之间的关系为

$$V_{cat} = (1 \sim 2)V_{st} \tag{8-1}$$

式中 V_{st}——发动机排量（L）。

2. 颗粒捕集器结构设计

颗粒捕集器包括捕集器外壳、出气管及端盖组件、过滤体组件、电动机传动轴、再生装置、轴承等部分。

（1）过滤体支架及外壳   为固定过滤体，过滤体单元间的隔板上设有卡环，为保证再生腔的密封，防止废气进入再生腔，对与接口相连的同轴电缆造成损坏，隔板的宽度应比过滤体单元的厚度略大。为保证过滤体固定的稳定性，安装后垫层厚度应适当减小。

在过滤体与过滤体支架接触处加有垫层。垫层用来密封气流、固定过滤体，且要抵消外壳和过滤体之间的膨胀差别，因此，垫层需要一定的厚度，太薄达不到性能要求，太厚必然

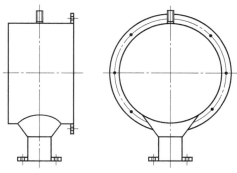

图8-8   捕集器外壳

会增大壳体外部尺寸。外壳主体部分为轧制成形，接口处采用无缝焊接，如图8-8 所示。

（2）进气管   进气端尺寸应与所配柴油机排气管尺寸相同，尽量避免急剧转弯，以

保证良好的气流通过性。

（3）**进气扩口**　为保证尾气导入时与过滤体充分接触，减小流速冲击作用，加装进气扩口与捕集器外壳焊接，如图 8-9 所示。

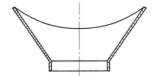

图 8-9　进气扩口

（4）**外壳端盖**　外壳右端盖与外壳用螺栓连接，步进电动机传动轴与右端盖间加装高温轴承，使步进电动机能够通过该传动轴带动过滤体支架及其上安装的过滤体旋转，而不影响捕集器外壳及其右端盖。外壳右端盖如图 8-10。

为保证颗粒捕集器壳体密封，所采用的方法如下：

尾气导出管、外壳端盖及外壳三者焊接在一起，形成一个封闭区域，右端盖与外壳用螺钉连接，并在过滤体支架孔与连接轴配合处加高温密封圈，保证气密性。

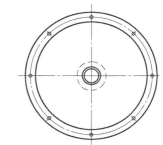

图 8-10　外壳右端盖

（5）**颗粒捕集器总成图**　颗粒捕集器内由多块过滤体单元组成，单元块之间由钢板及涂层隔开，其结构原理如图 8-11 所示。若采用微波再生方式，可以有效防止能源的散失，微波源入口固定在壳体上。

柴油机尾气沿径向流入圆筒形过滤体，排气中的颗粒被过滤后，从导出管排出。当排气背压达到限定值需要再生时，可旋转的过滤体总保持至少一个过滤单元处于再生腔中进行加热再生，其他则处于过滤工作状态。再生系统可采用微波再生，在微波能量的作用下，再生腔中过滤单元上沉积的颗粒物质自燃后被除去，该过滤单元块得到再生；圆盘形过滤体支架在步进电动机的作用下，适时旋转使各过滤单元依次进入微波能量作用的区域，在微波的作用下使过滤体得到连续再生。

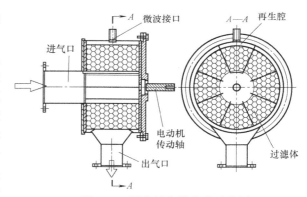

图 8-11　颗粒捕集器总成示意图

8.4.2　选择性催化还原转换器（SCR）的设计

SCR 转换器系统的作用是为整个脱硝过程提供空间，既要保证排气流动的流场均匀，又要满足还原剂在首层催化剂入口截面处达到良好的分布，其设计的优劣是 SCR 系统能否达到所要设计的转换器脱硝能力的关键因素之一。在设计过程中，SCR 转换器有其自身的特点，主要表现在 SCR 转换器的结构尺寸因车辆空间有限而受到限制，而且容易受

排气流速、氨氮摩尔比、反应温度等因素的影响。

1. SCR 转换器总体设计思路

根据排气温度要求选取合适的催化剂种类及其结构形式；根据燃油品质等因素，选取合适的催化剂节距。催化剂性能及结构和节距决定了催化剂的体积活性。根据车用柴油机 SCR 系统空速要求，再根据所要设计的催化剂催化能力及 100% 负荷下的参数得出所需催化剂的体积。催化剂体积确定后，根据流速要求设计出最佳孔内流速，从而确定催化剂截面积及转换器截面尺寸，进而确定催化剂的长度尺寸及转换器的长度尺寸。最后考虑催化转换器安装整流装置及吹灰设备的要求确定催化剂层数及催化转换器主体的高度，完成 SCR 转换器结构尺寸的设计及结构优化。SCR 转换器的设计思路如图 8-12。

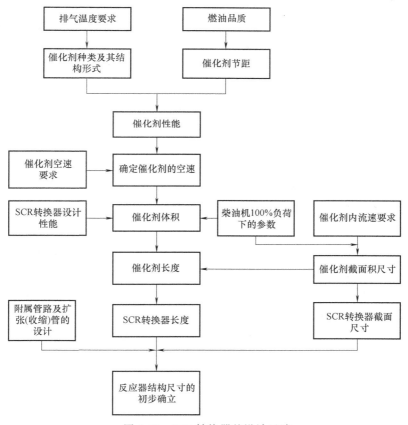

图 8-12　SCR 转换器的设计思路

2. SCR 转换器设计要点

为了保证 SCR 转换器能够达到所要设计的脱硝能力，应满足以下三点要求：

1）确保首层催化剂入口截面处排气流速有良好的均匀性。首先，初步设计出 SCR 转换器的结构尺寸，再根据排气流场分布特点，加导流装置对其结构进行优化，最终设计出满足流场分布均匀性要求的转换器及相连接的管路结构。

2）确保首层催化剂入口截面处还原剂分布有良好的均匀性。若还原剂在催化剂入口截面处的浓度分布不均，则还原剂浓度分布低的区域就会导致脱硝率降低，浓度高的区域

就会引起氨逃逸率的增加，产生二次污染；还会引起催化剂的不均利用，降低催化剂的使用寿命。因此，还原剂在催化剂入口截面处均匀分布至关重要。

3）确保 SCR 系统压力降降到最低。在 SCR 转换器的优化过程中，把排气流经 SCR 转换器的压力损失降到最低。一般要求脱硝装置的压力降小于 1kPa。

3. SCR 转换器催化剂尺寸设计

（1）**SCR 催化剂选型设计技术要求** SCR 系统中催化剂的选型尤为重要，不同催化剂具有不同的催化性能，因此，所选催化剂的性能关乎着整个 SCR 系统的性能。借鉴在其他行业的经验，考虑到车辆的运行环境，对催化剂的技术要求有 NO_x 脱硝率、氨逃逸量、SCR 系统压力降、SO_2/SO_3 转化率以及催化剂寿命。

（2）**催化剂介绍** 催化剂作为整个 SCR 系统的核心，它的成本投资约为整个系统投资的 1/3。如果没有催化剂的参与，还原剂将很难或者几乎不可能在较低的温度下实现对 NO_x 进行有选择性的还原。催化剂一般由活性成分和基体两部分组成。

1）催化剂活性成分。催化剂成分并不是单一组分，而是包含多种组分，根据其中不同活性成分的作用可分为主催化剂和助催化剂。主催化剂是指在催化过程中起主要作用的物质，催化作用的强弱取决于其添加量的多少；助催化剂是指催化剂本身没有催化活性，它的存在主要是改进催化剂的性能。

2）催化剂基体。催化剂基体作为催化剂活性成分的载体，它的存在会影响整个催化剂的性能。其主要作用是：提高催化剂的机械强度，为活性物质提供良好的支撑，利用基体与催化剂活性成分间的理化反应，还可以增强催化剂的性能；有利于活性物质的均匀分布，增大催化剂的活性面积，提高活性成分的利用率，降低催化剂成本；改善催化剂的导热性和热稳定性。

根据活性成分或者基体的不同，催化剂可分为贵金属催化剂、金属氧化物催化剂、分子筛催化剂以及碳基催化剂；根据催化剂适用的排气温度条件的不同可分为高温（450~600℃及以上）、中温（320~450℃）和低温（120~300℃）三种催化剂；根据催化剂结构类型的不同又可分为蜂窝式、平板式和波纹板式，其中以蜂窝式催化剂应用最为广泛。

金属氧化物催化剂因其制造技术成熟，具有成本低、催化活性高、选择性强、反应温度适中（300~450℃）、抗硫中毒能力强以及可靠性高等特点，在 SCR 系统中应用广泛。

当柴油中的含硫量较高，氮氧化物的排放要求不是十分严格时，适合采用钒催化剂。当氮氧化物和颗粒物的排放要求非常严格，同时柴油质量较高、含硫量很低时，适合采用铜基分子筛催化剂或铁基分子筛催化剂。相对而言，铜基分子筛催化剂比铁基分子筛催化剂在低温性能、耐久性等方面更有优势，因而得到更多的应用。

4. 催化剂尺寸设计思路

（1）**催化剂的选择** 选择催化剂配方至关重要，这不仅能够影响催化剂的催化能力及活性温度窗口，还能对催化剂所需体积的大小产生间接影响。一般来说，排气温度范围、排气成分的复杂程度及有毒元素的含量等是决定催化剂配方选取的重要因素。目前采用 SCR 技术的主要限制因素为排气温度范围。

（2）**催化剂节距的确定** 催化剂各个单元孔之间的孔间距一般称为催化剂的节距。对于蜂窝状 SCR 催化剂，催化剂孔数越多，其节距也就越小，但节距变小会导致排气阻

力的增大，容易堵塞催化剂孔道，对设备安全的运行非常不利。

车用柴油机所用燃料为轻油，宜采用较大节距的催化剂模块，如标准模块 40 孔×40 孔，该催化剂单元模块孔间距设计为 3.7mm。

（3）催化剂空速及催化剂体积选取 空速（Space Velocity，SV）是 SCR 转换器的一个关键参数，一般把反应物通过催化剂层所用时间的倒数，即反应时间的倒数，定义为空间速度，简称空速，又可定义为单位时间内单位体积的催化剂内流过的排气量，计算式为

$$SV = \frac{Q_v}{V_{catalyst}} \tag{8-2}$$

式中 SV——空速（h^{-1}）；

Q_v——排气体积流量（m^3/h）；

$V_{catalyst}$——催化剂的体积（m^3）。

（4）催化剂截面积及长度尺寸的确立 催化剂层内排气流速对于催化转换器的性能有很大的影响，排气流速过小，颗粒物可能附着在催化剂上，容易引起催化剂积灰、堵塞及系统阻力增大等问题；排气流速过高，则停留时间较短，受到反应速率的限制，SCR 反应不完全，催化剂不能充分利用并且会造成氨逃逸量升高，容易造成催化剂磨蚀，其机械寿命缩短。

SCR 催化剂截面积计算公式为

$$A_{catalyst} = \frac{Q_v}{3600v} \tag{8-3}$$

式中 $A_{catalyst}$——催化剂总的截面积（m^2）；

Q_v——排气流量（m^3/h）；

v——催化剂内排气流速（m/s）。

5. 立式 SCR 转换器设计

立式 SCR 转换器具体结构的设计主要包括转换器主体段设计和进、排气管及扩张（收缩）管的设计。

（1）转换器主体段设计 转换器为固定床催化转换器，转换器的尺寸设计根据空间布局及催化剂体积进行。考虑到催化剂的安装及余量，SCR 转换器的截面积尺寸 A_{SCR} 比催化剂截面积大 15%，即

$$A_{SCR} = 1.15A_{catalyst} \tag{8-4}$$

柴油机 SCR 转换器的高度包括催化剂段、整流格栅段、吹灰器空间及侧向安装扩张管所需空间的高度，计算式为

$$h_{SCR} = nh_{layer} + c_1 + c_2 + c_3 \tag{8-5}$$

式中 h_{SCR}——转换器的高度（m）；

n——催化剂的层数；

h_{layer}——催化剂层的高度（m）；

c_1——整流格栅段所需要的空间高度（m）；

c_2——催化剂之间安装吹灰器所需要的空间高度（m）；

c_3——安装扩张管所需要的空间高度（m）。

（2）转换器进、排气管及扩张（收缩）管设计

1）转换器进、排气管路的设计。排气在转换器进气管内流速的大小对整个转换器性能的影响是很大的。若排气在管内的流速过低，虽然达到了排气与还原剂良好混合的效果，但是排气与还原剂由于在管路内停留时间过长，还原剂容易被氧化，增加了还原剂的消耗，经济性差；若排气在管内的流速过高，排气与还原剂将得不到充分混合，而且由于排气流速过高会对下游的催化剂产生严重的冲刷，加大磨损，也会使导流设备的优化变得困难。在工程上一般大型设备的管内流速要求在 20m/s 左右。

2）扩张（收缩）管的设计。催化转换器主体段的截面尺寸比转换器进气管的截面尺寸大很多，为了达到良好的过渡，两者之间需要采用过渡结构连接——扩张（收缩）管。催化转换器催化剂前流速的不均匀将会直接影响整个催化转换器的性能。如何保证排气在催化转换器进气管路与催化剂层段之间良好的过渡，在转换器设计中是十分重要的。相关文献表明，收缩管对气流分布的影响远小于扩张管对气流分布的影响。

随着扩张（收缩）管角度的变小，排气流速贴壁性得到了一定的改善，在角度突变区域的排气流速也变得较为平滑，并且减轻了气流对催化剂进口截面的冲刷程度，改善了整个截面的流速均匀性。

8.4.3 排放后处理的整体设计

柴油机的尾气后处理系统需要达到四个目的，分别是减少碳氢化合物的排放，减少一氧化碳的排放，减少氮氧化物的排放和减少颗粒物的排放。其后处理系统比较复杂，需要组合几种不同的催化剂来达到排放要求。几种催化剂各自独立工作，但彼此又有关联。同时对于氮氧化物的转化，还要选择不同的技术路线。在设计后处理系统时，对于不同车辆、不同排放要求，需要决定使用哪种技术路线，以及后处理系统的构造。不存在一个适用于所有车辆的标准系统。下面简单介绍在设计柴油车后处理系统时需要考虑的一些问题。

1. 氮氧化物的转化

最新的排放标准对柴油车的氮氧化物提出了很高的要求，需要将绝大部分发动机产生的氮氧化物加以转化。一般来说，SCR 催化剂对氮氧化物的转化率较高，LNT 的转化率略低。如果两种技术都可以满足排放要求，那么采用哪种技术，主要从可行性和成本的角度考虑。

LNT 催化剂采用贵金属作为活性成分，其成本严重依赖于贵金属的使用量。一般来说，发动机的排量越大，需要的催化剂体积越大，贵金属的使用也越多，其成本就越高。由于贵金属的价格高昂，LNT 催化剂的成本随发动机排量的增加而显著增加。

SCR 催化剂使用非贵金属（铜、铁或钒）作为活性成分，虽然发动机排量增加时催化剂的体积也增加，但其成本变化的幅度不大。另外和 SCR 配套的尿素储存、尿素喷嘴、混合装置和控制设施都是固定费用，与发动机排量的关系不大。总的来说，SCR 催化剂的成本随发动机排量增加的变化不大。LNT 和 SCR 技术的成本比较如图 8-13 所示。

显然，对于大排量的发动机，由于 LNT 催化剂需要较多的贵金属，其综合成本将超过 SCR 催化剂，因此制造商偏向于选择使用 SCR 催化剂。而对于小排量的发动机，LNT 催化剂需要的贵金属量小，SCR 催化剂的综合成本可能超过 LNT 催化剂，制造商可能选

择使用 LNT 催化剂。

除了成本以外，还要考虑以下因素：

1）催化剂的安装问题。LNT 催化剂的结构比较简单，所占空间较小，容易安装。SCR 催化剂除了催化剂本身外，还需要安装喷嘴、喷射泵、尿素储存装置、混合装置等。尤其是小型车的发动机出口空间比较紧凑，使用 SCR 催化剂有一定的难度。

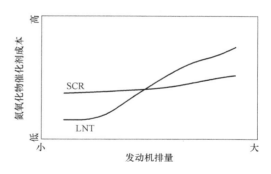

图 8-13　LNT 和 SCR 技术的成本比较

2）发动机的控制问题和碳氢化合物的排放。对于 SCR 催化剂，发动机的控制基本没有其他的要求。而对于 LNT 催化剂，由于在解吸氮氧化物时需要额外的还原剂，发动机会进行短暂但是频繁的低空燃比（富燃）操作提供碳氢化合物。但是柴油机的特性就是大空燃比、氧气过量燃烧，因此短暂且频繁的低空燃比燃烧对发动机的控制非常不利。同时在进行低空燃比操作时会产生大量的碳氢化合物，如果控制不当，DOC 没有将加入的碳氢化合物及时转化，很容易造成碳氢化合物的排放超标。

3）燃油经济性的影响。柴油机最大的优点是卓越的燃油经济性。在使用 LNT 催化剂时，由于需要频繁的富燃操作来还原氮氧化物，发动机的油耗将显著上升。另外，LNT 催化剂对柴油中的硫非常敏感，即使是使用超低硫柴油（小于 1.5×10^{-5}），也需要定期脱硫以恢复催化剂的活性。脱硫的条件是高温和富燃，其代价也是牺牲燃油经济性。因此在使用 LNT 催化剂时必须评估其综合燃油经济性，使柴油机的优点仍然得以保持。

2. DPF 和氮氧化物转化催化剂的相对位置

图 8-14 和图 8-15 所示分别为柴油颗粒捕集器（DPF）和氮氧化物转化催化剂在尾气处理系统中的两种相对位置，即柴油颗粒捕集器前置于氮氧化物转化催化剂（图 8-14），或者氮氧化物转化催化剂前置于柴油颗粒捕集器（图 8-15）。图中的氮氧化物转化催化剂既可以是 LNT 催化剂也可以是 SCR 催化剂。

图 8-14　柴油机排放系统中柴油颗粒捕集器
前置于氮氧化物转化催化剂的示意图

柴油颗粒捕集器前置的优点是颗粒捕集器的工作温度较高，而且可以接触较多的二氧化氮，用以提高颗粒捕集器连续或者被动方式的再生效率，从而减小主动再生频率并降低燃油消耗。但是，在柴油机排放系统中，将柴油颗粒捕集器前置于氮氧化物转化催化剂会明显降低氮氧化物转化催化剂的工作温度。通常氮氧化物转化催化剂需要持续工作在 200~250℃ 或以上的温度环境中，才会有比较高的氮氧化物转化率。氮氧化物转化催化剂如果长时间工作在 200℃ 以下的温度环境中，会造成转化率偏低，从而导致氮氧化物排放超标。大多数重型柴油机产生的排气温度在 300~450℃ 的范围内，轻型柴油机的排气温度可低至 200~300℃。因此柴油颗粒捕集器前置于氮氧化物转化催化剂的设计更

适合于排气温度较高的重型柴油机系统。由于发动机排气温度较低，在轻型柴油机的应用中，柴油颗粒捕集器更适合后置于氮氧化物转化催化剂，以确保氮氧化物转化催化剂能够在适当的温度下有效地转化氮氧化物，从而满足相应的氮氧化物排放标准。当 SCR 催化剂位于颗

图 8-15　柴油机排放系统中氮氧化物转化催化剂前置于柴油颗粒捕集器的示意图

粒捕集器之前时，颗粒物对 SCR 催化剂的性能有不利影响，当其后置于颗粒捕集器时，由于工作温度较低且排气中缺乏氮氧化物，无法实现二氧化氮氧化再生的功能。可见颗粒捕集器的再生基本上是由主动加热和氧气氧化的主动再生完成的。尽管这样会使燃油经济性变差，系统还是能够同时满足柴油机的氮氧化物和颗粒的排放标准。总之，柴油颗粒捕集器在尾气后处理系统中相对位置的选择取决于发动机的类型、车辆驾驶的工况条件、需要满足的排放要求以及车辆底部可利用的空间等因素，没有统一的标准。

3. SCR 捕集器：结合 SCR 和 DPF

SCR 催化剂是将金属基分子筛的涂层涂覆于催化剂的载体上，而柴油颗粒捕集器（DPF）是利用多孔载体的管壁过滤截留颗粒物。SCR 捕集器就是将 SCR 催化剂的涂层涂在 DPF 的管壁上，这样尾气流过时，既可以过滤颗粒物，又可以转化氮氧化物，不仅节省了催化剂的空间，还不用考虑 DPF 和 SCR 的先后顺序问题。

使用 SCR 捕集器的关键问题是 SCR 催化剂的用量有所限制。在单独使用 SCR 和 DPF 时，在催化剂载体上可以加载较多的 SCR 催化剂，如 $3 \sim 4g/in^3$（$1in = 0.0254m$）。而将 SCR 涂于 DPF 的管壁上时，因为在 DPF 上增加额外的 SCR 涂层会形成较高的压力降，所以 SCR 在 DPF 上的涂层不宜过厚，其加载量一般不超过 $2g/in^3$，否则 SCR 催化剂的活性成分和效率将受到影响。另外，将 SCR 涂层加在 DPF 的管壁上，在 DPF 再生时，颗粒物在 SCR 催化剂涂层附近燃烧，SCR 催化剂将经历频繁的高温环境，这对 SCR 催化剂的耐久性影响很大。在 2.5L 的柴油车上进行的 SCR 颗粒捕集器（SCR particulate ficter，SCRF）试验表明，由于 SCRF 不能负载足够的 SCR 催化剂涂层，在将 SCRF 单独用于氮氧化物的转化时，其在冷起动时的转化效率不够高。但是在将 SCR 催化剂和 SCRF 催化剂结合使用时（SCR+SCRF），其转化效率较高，同时氨的泄漏得到了较好的控制。

4. DPF 或 cDPF（催化型柴油颗粒捕集器）

DPF 的再生是颗粒物被氧化和燃烧的过程。如果没有催化剂的帮助，则需要 $600 \sim 650$℃ 的高温、$15 \sim 20min$ 的时间才能将 DPF 吸收的颗粒物燃烧完全。同时附着在颗粒上的液态碳氢化合物会在 DPF 升温时汽化，穿过 DPF 后冷凝形成液体颗粒，降低 DPF 的转化效率。如果在 DPF 中加入少量的贵金属催化剂，将非常有助于颗粒物的燃烧。一是可以降低燃烧温度；二是可以缩短燃烧时间；三是大部分的液态碳氢化合物在再生时由于催化剂的作用将被烧掉，这样减少了碳氢化合物和颗粒物的排放。贵金属的含量一般小于 $5g/ft^3$（$1ft = 0.3048m$）。显然贵金属的加入降低了 DPF 再生的强度，催化剂的耐久性要求下降，同时燃油经济性也得以提高。

使用 cDPF 的缺点是贵金属的使用将使成本上升。另外，在 DPF 的管壁上加涂贵金属涂层将导致 DPF 压力降的增加，这会对发动机的运行造成不利影响。

5. 常见的柴油机后处理系统

在 2010 年以后，美国（T2B5、LEVII）和欧洲（欧Ⅵ）对柴油车的排放要求大幅提高，使得 DOC、DPF 和 SCR 或 LNT 的使用成为必然。在美国，柴油机主要集中在中型和重型货车上，只有少数轻型车使用柴油机。在欧洲，柴油机被用于各种排量的车型。从成本和安装的角度考虑，SCR 催化剂适用于中型和重型车辆，LNT 催化剂适用于轻型车辆，但是在实际应用中这并不是固定的搭配。以下是几种比较常见的构造，实际催化剂的大小和位置与示意图不成比例（图 8-16 和表 8-4）。

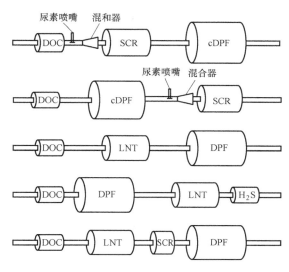

图 8-16　常见柴油机后处理系统构造示意图

对于具体的车型，催化剂的选择和整个后处理系统的构造没有绝对的标准。一般先考虑可行性和系统的性能是否可以满足要求，再从成本、方便性和用户使用经验等方面予以考虑。

表 8-4　常见柴油机后处理系统的使用车型

后处理构造	使用车型
DOC+SCR+cDPF	福特货车、通用货车
DOC+cDPF+SCR	克莱斯勒货车、奔驰乘用车、大众乘用车、宝马乘用车
DOC+LNT+DPF	道奇货车
DOC+DPF+LNT+H_2S	大众乘用车
DOC+LNT+SCR+DPF	福特乘用车、奔驰乘用车、大众乘用车

思　考　题

8-1　柴油机和汽油机清洁排放后处理的措施有哪些？

8-2　根据不同目的，SCR 安装的位置有哪些？

8-3　现阶段，国内执行的排放标准对发动机排放污染物的限制有哪些？

8-4　三元催化转化器的设计流程是什么？

8-5　柴油机的排放处理装置颗粒捕集器中有哪些再生措施？

第 3 篇

电动汽车设计篇

第9章 电动汽车性能计算及校核

9.1 概述

9.1.1 电动汽车的定义及特点

电动汽车主要以动力蓄电池为能量源、全部或部分由电动机驱动，是涉及机械、电子、电力、微机控制等多学科的高科技产品。电动汽车以动力蓄电池的电能作为动力源，其优点是环保性能好、没有排放污染，噪声很小，车辆轻便、行驶稳定，乘坐舒适，操纵安全性好及驾驶简单轻便等。

9.2 电动汽车结构形式的选择

汽车结构形式对整车的使用性能、外形尺寸、整车质量、轴荷分配和制造成本等方面有很大的影响。

9.2.1 整体造型对结构的影响

电动汽车的整体造型对汽车的结构有较大影响。电动汽车的整体造型与车辆的功能、车辆的使用环境及用户审美需求等因素有关。人们对电动汽车的造型有以下期望：

（1）外观造型新颖　整个造型应与传统汽车的风格不同，从外形便知这是电动汽车。由于电动汽车的驱动结构可以摆脱传统结构形式，在造型上容易有很大的突破。

（2）有明显的电动汽车标志　目前电动汽车尚未普及，对大众来说，电动汽车还是新鲜事物。应该有一个较为明显的标记，引起人们的关注。

（3）电动汽车的涂装可以更加新颖　突出电动汽车的环保和节能理念的涂装，使人们更容易接受。

（4）汽车造型更利于人性化设计　因为电动汽车可以突破传统汽车结构上的很多限

制，包括动力装置和动力分配，故在人性化设计上更加容易有所突破。

9.2.2　动力蓄电池种类对结构的影响

动力蓄电池设备是电动汽车的核心。合理选择电能存储方式，对电动汽车尤为重要。选择时，应注意以下原则：

1）储能设备的价格要适中。

2）选择能量密度匹配的储能设备

3）选择功率密度合适的储能设备。

4）储能设备具备合适的循环寿命。

5）车辆储能设备满足使用的气候条件和使用环境。

6）储能设备的安全性能满足使用功能。

7）储能设备必须与管理系统合理搭配。

8）储能设备本身的特性容易实现均衡一致。

9.2.3　轴数、驱动形式及布置形式

1. 轴数

电动汽车轴数的选择应根据车辆的用途、总质量、使用条件、公路车辆法规和轮胎负载能力等方面的因素综合考虑。电动汽车的轴荷分配也必须满足国家相关法律法规。电动汽车仍属于汽车，因而电动汽车的轴数、轴荷分配及其驱动形式等方面的规定还应参考传统汽车的要求。

2. 驱动形式

电动汽车采用的是电动机驱动，容易实现电子差速，因此电动汽车的驱动方式更加灵活。而且随着轮毂电动机的出现，电动汽车甚至可以实现全轮驱动。目前电动汽车还是以双轴汽车为主，电动汽车的驱动形式主要有 4×2 和 4×4 等，与传统汽车一样，其前一位数字表示车轮总数，后一位数字表示驱动轮数。汽车的驱动形式常由汽车的使用条件、通过性和平顺性等条件决定。

值得注意的是，增加驱动轮数能提高汽车的通过能力，但是驱动轮数越多，汽车的结构越复杂，整备质量和成本也随之增加。4×2 布置的汽车结构相对简单，制造成本相对较低，一般用在乘用车、大型客车上；而对于小型或微型汽车，采用轮毂电动机将更加简单方便，而且能够实现造型上的突破，因而可以采用 4×4 的驱动形式。

3. 布置形式

电动汽车的布置形式是指电动机、驱动桥和车身（或驾驶室）的相互关系及布置特点。电动汽车的使用性能除取决于整车和各总成的有关参数外，其布置形式对使用性能也有重要影响。

由于电动机的结构形式不断变化，电动汽车的布置形式也较传统汽车有了很大的变化，布置显得更加灵活。当然也有些电动汽车和传统汽车在布置上没有本质的区别，这类电动汽车由传统汽车转变而来，因而与传统汽车的布置相同。

（1）**电动乘用车的布置形式**　由于电动汽车的结构布置灵活多变，电动汽车的布置形式可以有很多种。图 9-1 所示为部分电动乘用车的布置形式，这些结构形式在电动汽车上是较为常见的。

这几种结构形式的特点是布置相对传统，结构简单，易于操作。这样布置的汽车的零部件，除了电力及驱动部分，绝大多数能够与传统汽车通用，甚至车身和底盘都可以通用。这样的结构最大的优势在于整车易于实现，避免大多数汽车零部件的重新设计，因而能够降低成本。其劣势在于不能够在电动汽车的设计上有所突破，汽车的整备质量也相对较大。

1）动力蓄电池布置在后排座椅的后下部，电动机前置，前轮驱动（图 9-1a）。前轮驱动方式使整车结构紧凑，有利于其他总成系统的安排，在转向和加速时的行驶稳定性较好。但在上坡时前轮附着力减小，易打滑；前轮驱动兼转向，结构复杂，使车辆维修不便。另外，动力蓄电池占据了后排座椅的空间。

2）动力蓄电池布置在底盘中部、座椅的地板下面，电动机前置，前轮驱动（图 9-1b）。在这种布置形式下，动力蓄电池横向分散，可以保证车厢有宽大的乘坐空间，行李舱也有宽大的装载空间。

3）动力蓄电池布置在后面行李舱内，电动机前置，前轮驱动（图 9-1c）。这种布置形式可以实现更宽大的乘坐空间，损失的是行李舱的空间。同样，也可以将动力蓄电池前置，电动机后置，后轮驱动，这有利于车轴载荷均匀分配，车辆操纵稳定性、行驶平顺性都较好。

4）采用轮毂驱动电机，直接驱动电动汽车的驱动轮（图 9-1d）。动力蓄电池可以布置在车身底部，或布置在行李舱内。采用这种布置的优点：省去了传统的传动系统，取消了变速器、离合器等部件，节省了空间；轮毂驱动电动汽车的很多部件集中在车轮上，使得汽车底盘外的车身受设计限制很小，车身设计可以更加多样灵活；省去了传统传动机构

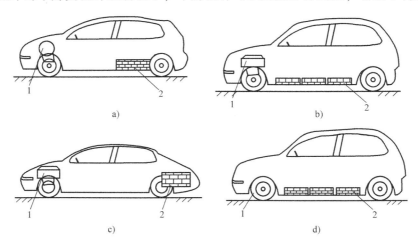

图 9-1　电动乘用车的布置形式

a）电动机前置前轮驱动（动力蓄电池在后排座椅后下部）　b）电动机前置前轮驱动（动力蓄电池布置在地板下面）　c）电动机前置前轮驱动（动力蓄电池布置在行李舱内）　d）轮毂驱动电机驱动

1—驱动电机系统　2—动力蓄电池

的轮毂驱动形式，机械传动效率也更高，同时由于没有了这些传动机构，汽车运行的声音也比较小；在制动方面，轮毂驱动电动汽车可以采用电子控制直接对驱动轮制动，同时与机械制动相结合，而且能够实现制动能量回收等；在车身重量方面，省去的普通传动机构减掉了不少车重，使得汽车更加轻便灵活；可以对各驱动轮进行独立驱动和制动控制，在车辆动力性方面的动态响应较好，有利于提高汽车的动力性；在车辆转弯时，对各驱动轮进行电子差速控制，特别是四轮驱动的情况，可以有效地减小车辆的转弯半径；与传统的电动汽车相比，轮毂驱动电动汽车有更大的利用空间布置动力蓄电池和电子控制系统，为实现电力驱动的性能提供了有利条件。

（2）**电动客车的布置形式**　目前，电动客车主要是在传统汽车的基础上进行改装而成，即使是新研发的电动客车，也是与传统汽车类似的。目前常见的电动客车主要以后置后驱为主，电动机替代了原发动机的位置，用固定速比的减速器或者简易变速器替代原变速器，电动机两侧被电能存储装置所替代，如图 9-2a 所示。由于采用电动机驱动，体积减小，有些车辆为了增大乘客的乘坐空间将电动机等采用后横置的方式，进一步缩小了后悬长度，如图 9-2b 所示，该结构可以实现较短的前后悬结构，因而车辆的乘客空间利用率比较高。相对于传统发动机，电动机噪声要小得多，而且热量辐射也较低，不需要像发

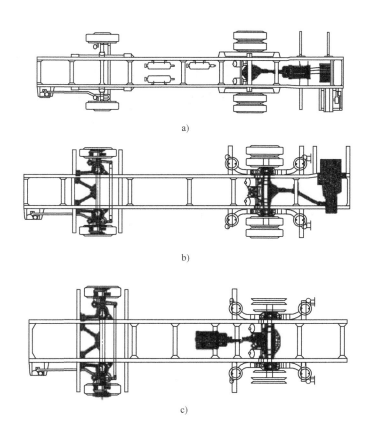

图 9-2　电动客车的布置形式

a）传统后置布置　b）电动机后横置布置　c）电动机中置布置

动机一样的排气系统，因而布置时可以将电动机置于两桥之间，如图 9-2c 所示，这种结构可以进一步合理安排其他零部件尤其是储能设备的位置。

（3）**电动货车的布置形式**　目前，采用电动驱动的货车较为少见，一般来说，电动货车都是在原货车的基础上改制而成的，有些是将原来的发动机及变速器直接更换为电动机及减速器结构，采用原来的传动系统实现车辆驱动，如图 9-3a 所示。电动机及减速器的体积相对发动机来说要小得多，为了便于驾驶室的布置，部分电动货车将电动机及减速器绑定后置于车辆的驱动桥附近，缩短了动力传递路线，提高了能量利用率，如图 9-3b 所示。

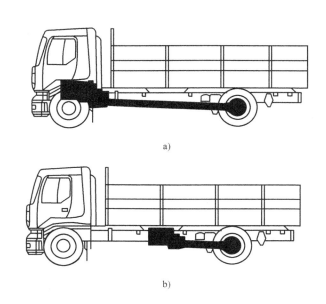

a)

b)

图 9-3　电动货车的布置形式

a）电动机位于驾驶室附近　b）电动机位于驱动桥附近

9.3　电动汽车的总体布置

1. 前舱关键零部件的布置设计

前舱是整车总布置设计中系统最复杂且布置零件最集中的区域，而且整车前舱的布置方案与整车性能有直接关系，如整车安全性和通过性等性能都要求在前舱总布置设计中充分考虑。前舱是传统汽车核心部件的集中区，同样电动汽车也将一些关键部件放进了前舱，如电动机控制器、电动机、减速器等，其原因如下：

1）电动汽车有较多的专用零部件，而整车内其他位置基本已经没有空间，前舱去掉发动机、变速器等相关零部件后，腾出了一定的空间。

2）对于电动汽车来说，前置动力前驱依然是比较有效的驱动形式。

3）电动机控制器、电动机等都是体积较大的零部件，集成在一起更有利于保证整体的工作效率，且减速器需要一个更有效的布置方式，因此基本选择放在前舱。

当然，在实际设计过程中，由于前舱空间有限且零部件多、高压走线等方面的原因，很难布置，需要进行多方协调和对相关零部件的不断改进。

电动汽车还额外增加了电动真空泵、电动空调压缩机、高压电器盒等部件，这些部件基本都布置在前舱，对空间需求提出了很大的挑战，因此前舱的布置是很重要的。

零件布置主要依据以下原则进行：

1）重要零部件按等级划分、按照重要程度进行优先布置。

2）按照占据空间的程度进行布置。

3）对有高压电磁干扰要求的零部件进行隔离或者布置出安全距离。

4）依据制造、安装、维修的相关要求。

5）依据碰撞的要求。

6）相关零部件集成的可行性分析。

7）国家法规中对行人保护的要求。

8）避开运动件的要求。

9）机械振动的要求。

2. 动力蓄电池的布置

电动汽车的动力蓄电池与传统汽车起动及辅助设备用的蓄电池大不相同，而且要复杂得多。动力蓄电池质量较大，占整车质量的20%～40%（随汽车对动力蓄电池容量的要求及所选形式的不同而不同）。而且蓄电池个数多，占用空间大。此外，有些动力蓄电池需要使电解液强制循环，需要加温、保温、散热、控制温度。还需要监测充电、放电程度，并对充电、使用及制动回收能量等进行电子控制自动管理。因此要布置整个动力蓄电池系统。

动力蓄电池系统对整车布置要求：

1）需要存放动力蓄电池的空间。

2）具有承载动力蓄电池重量的车身结构。

3）具有防护一定碰撞的要求。

4）具有密封等级的要求。

5）具有一定隔热和散热性能的要求。

3. 车载充电器、快慢充电口的布置

动力蓄电池是纯电动汽车唯一的能源提供者，因此，在使用一段时间后，需要进行充电以补充能量。这时需要一个车载充电器和慢充接口，用于家庭充电。

由于目前纯电动汽车的续驶里程普遍比较低，当需要进行长途行驶或由于驾驶人忘记充电造成电量不足，又不能返程充电时，有时需要进行快速充电。根据调查和现有的技术，目前消费者能接受的充电时间普遍低于20min。而由于动力蓄电池技术尚没有大的突破，充电时间仍比较长，如80%的充电量依然需要30min的时间。

纯电动汽车在充电上还面临一个非常大的障碍，即各个企业、国家及地区的接口不一样，欧洲、日本的接口有5PIN、7PIN，国内的标准也没有统一。同时，快充接口的通信协议也没有统一的标准，这在一定程度上阻碍了整个纯电动汽车行业的发展。

由于没有统一的标准，在车上的布置就比较困难，应按照与相关合作企业的约定进行设计和布置。

由于充电器体积比较大，而且有一定的发热量，对空间需求较大，同时需要进行强制冷却，因此可以考虑布置在行李舱或者前舱。如果布置在前舱，可以借助前舱风扇自然冷却；如果布置在行李舱，则需要设计专用的通风管道，用于充电器的强制制冷。

充电口的布置形式比较多，目前主流的布置主要有以下三种：

1）快、慢充电口均布置在原来的加油口位置。

2）快、慢充电口分开布置在加油口位置，车身一边一个。

3）布置在前舱盖前端位置。

考虑其他关键零部件的空间布置，同时综合人机工程、高压走线等方面的因素，其多布置在原加油口位置，并分开布置，即第二种布置方式。

4. 电动汽车减振设计

汽车在行驶过程中，不论是较平整的路面还是颠簸不平的路面，总会对汽车的平稳性产生影响。车辆是一个复杂的振动系统，减小汽车在运行过程中的振动对提升汽车的乘坐舒适性和车辆驾驶的平稳性有很大的意义。汽车的减振系统一般分为悬架系统和弹性轮胎系统两部分。悬架一般带有减振器，减振器可以提升车辆行驶的平顺性，它采用与弹性元件并联安装的方式，有助于衰减车架与车身的振动。减振器的阻尼越大，振动消除就会越快。

轮毂驱动电动汽车与传统汽车或者电机集中分布的电动汽车相比，由于电机直接装在车轮处，电动机的质量不是簧载质量而是非簧载质量的一部分，且一般而言，电机的质量占相当大的比例。由于非簧载质量的增加，势必会对电动汽车行驶过程中的平稳性和舒适性造成较大的影响。研究影响轮毂驱动汽车垂直载荷的因素以及寻求解决轮毂驱动汽车非簧载质量增加带来的不良影响也是目前国内外对于轮毂电动汽车的主要研究内容之一。

纯电动汽车的总布置设计工作是个系统工程，需要协调车身、动力系统、动力蓄电池、内外饰、造型等相关部门。如何在确保整车性能的基础上提高空间利用率，避免各部件的干涉，加快项目进行，需要进行科学的论证。同时，总布置工程师也需要对整车性能、驱动电机、动力蓄电池、高压安全等相关知识相当熟悉，才能进行合理布置，推动项目进展。

9.4 电动汽车的整车性能计算与优化

9.4.1 电动汽车动力性能参数

汽车的动力性是指汽车在良好路面上直线行驶时由汽车受到的纵向外力决定的、所能达到的平均行驶速度。汽车的动力性评价指标主要包括以下三个方面：

1）汽车的最高行驶速度，即最高车速，用 u_{amax} 表示。

2）汽车的加速时间，用 t 表示。

3）汽车的最大爬坡度，即爬坡能力，用 i_{max} 表示。

最高车速是指在水平良好路面（混凝土或沥青路面）上，汽车能够达到的最高行驶速度，单位为 km/h。纯电动汽车由于使用电动机驱动，其最高车速往往由电动机的最高转速及传动比的大小决定。

汽车的加速时间表示了汽车的加速能力，而加速能力是指汽车从初速度到末速度所用的时间，单位为 s。对于纯电动汽车，其加速性能主要由驱动电机的过载能力决定。

汽车的爬坡能力是指车辆在满载（或某一指定装载质量）时，车辆在良好路面上的最大爬坡度，一般用百分数表示。对于纯电动汽车，爬坡能力主要取决于电动机的最大扭转特性和过载能力。电动汽车在爬坡时应置于最低档或者处于低速大转矩范围。

根据相关标准和法规，以上三个参数的测量都是在环境条件较好，尤其是风速较小或者无风条件下测定的。

9.4.2　电动汽车主要性能参数的选择

1. 电动汽车的巡航行驶

（1）一般匀速巡航行驶时的驱动功率　电动汽车和混合动力汽车在无风状态条件下，在平坦、良好的路面上匀速巡航行驶时，由于车辆行驶速度基本不变，其所受到的滚动阻力和空气阻力基本不变。滚动阻力所消耗的功率和空气阻力所消耗的功率也基本不变。

以匀速 u_a 行驶时所需要的功率为

$$P_{1u} = \frac{1}{\eta_t}(P_{fu} + P_{wu}) \tag{9-1}$$

式中　P_{1u}——电动汽车以匀速 u_a 巡航行驶时的驱动功率（kW）；

P_{fu}——电动汽车以匀速 u_a 巡航行驶时克服滚动阻力所需的功率（kW）；

P_{wu}——电动汽车以匀速 u_a 巡航行驶时克服空气阻力所需的功率（kW）；

η_t——电动汽车驱动系统的总传动效率（%）。

（2）最高车速匀速巡航行驶时的驱动功率　电动汽车或混合动力汽车的驱动系统以最大稳定转速运转并采用变速器的最高档传动比，在平坦、良好的道路上以最大匀速 u_{amax} 巡航行驶时，由于车辆行驶速度达到最高，其所受到的滚动阻力和空气阻力也达到最高，即

$$P_{umax} = \frac{1}{\eta_t}(P_{fumax} + P_{wumax}) \tag{9-2}$$

$$P_{umax} = \frac{1}{\eta_t}\left(\frac{Gfu_{amax}}{3600} + \frac{C_D A u_{amax}^3}{76140}\right) \tag{9-3}$$

式中　P_{umax}——电动汽车达到最高车速时的驱动功率（kW）；

u_{amax}——最高车速（km/h）；

P_{fumax}——电动汽车以最高车速 u_{amax} 巡航行驶时克服滚动阻力所需的功率（kW）；

P_{wumax}——电动汽车以最高车速 u_{amax} 巡航行驶时克服空气阻力所需的功率（kW）；

C_D——电动汽车的空气阻力系数；

A——迎风面积（m^2）；

f——滚动阻力系数。

2. 电动汽车的最高车速、爬坡度与传动比

（1）**最高车速**　最高车速属于电动汽车的一个极端使用条件，是电动汽车的重要性能参数。电动汽车最高车速的确定与车辆的性能和要求有关，最高车速与车辆电动机的功率成正比关系。

可根据现有电动汽车的比功率 B_e，计算最高车速，其公式为

$$B_e = \frac{1000P_{umax}}{m} = \left(\frac{gfu_{amax}}{3.6\eta_t}\right) + \left(\frac{C_D A u_{amax}^3}{76.14m\eta_t}\right) \tag{9-4}$$

式中　m——电动汽车的总质量（kg）。

电动汽车的最高车速分为设计最高车速和实际最高车速，目前所指的车辆的最高车速均是指设计最高车速，所设计的电动汽车在试验时所测得的最高车速必须大于等于车辆所标示的最高车速。

（2）**爬坡度**　最大爬坡度也属于电动汽车的一个极端使用条件，也是电动汽车的重要性能参数。电动汽车的最大爬坡度与电动机转矩和传动系统的传动比都呈正比关系。最高车速与爬坡能力是一对矛盾的数据，对于一个固定传动比的电动汽车来说，最高车速越高，往往电动汽车传动系统的传动比越小，爬坡能力越差；反之亦然。

我国颁布的公路工程技术标准规定，一级路面最大坡度为 4%，山岭重丘区最大坡度为 9%。

1）电动汽车的上坡度为

$$i = \frac{3600\eta_t}{Gu_a}\left[P - \frac{1}{\eta_t}(P_f + P_w)\right] \tag{9-5}$$

式中　P——电动机的总功率。

2）电动汽车上坡时所需要的功率 P_i 为

$$P_i = h\left[P - \frac{1}{h}(P_f + P_w)\right] \tag{9-6}$$

（3）**传动比的选择**　根据电动汽车驱动平台的结构，各种电动机的集中驱动系统可以采用变速器、减速器或驱动桥；各种轮边驱动或轮毂驱动系统可以采用轮边驱动或轮毂驱动减速装置。在高速状态和爬坡工况下传动系统的传动比计算方法如下：

1）高速状态下的传动比。电动汽车在以最高车速行驶时，以最小传动比的档位（最高档）工作，因此高速状态下的传动比问题，即为最小传动比问题。根据所设计的车辆的最高车速、电动机的转速特性以及车辆的配置状况，即可计算该状态下的传动比需求。集中驱动系统的驱动电机到车轮之间的最小传动比，用变速器或减速器的最高档位（直接档或超速档）的传动比与驱动桥主传动比的乘积来计算。轮边驱动或轮毂驱动系统的驱动电机到车轮之间的最小传动比，用轮边驱动或轮毂驱动减速器的最小传动比来计算，即

$$i_{min} = 0.377\frac{n_{max}r}{u_{amax}}(i_{min} = i_{tmin}i_0) \tag{9-7}$$

式中　i_{min}——最小传动比；

i_{tmin}——变速器的直接档或超速档的最小传动比；

i_0——主减速器的传动比（对于轮毂传动系统 $i_0 = 1$）；

n_{max}——电动机的最高转速（r/min）；

r——驱动轮的滚动半径（m）；

u_{amax}——电动汽车的最高车速（km/h）。

式（9-7）计算出的为总的传动比，还需要对电动机高速特性进行验算，以及验算在最高车速下电动机的转矩特性能否满足克服阻力的需求。

2）爬坡状态下的传动比。电动汽车在最大坡度角 α_{max} 的坡道上爬坡时，一般以最大传动比的档位（最低档）工作，集中驱动系统的驱动电机到车轮之间的传动比，用变速器或减速器的最低档位（一档）的最大传动比与驱动桥的主传动比的乘积来计算。轮边驱动或轮毂驱动系统的驱动电机到车轮之间的最大传动比，用轮边驱动或轮毂驱动减速器的最大传动比来计算，即

$$i_{max} = \frac{mg(f\cos\alpha_{max} + \sin\alpha_{max})r}{T_{max}i_0\eta_t} \qquad (i_{max} = i_{tmax}i_0) \tag{9-8}$$

式中　i_{max}——最大传动比；

i_{tmax}——变速器或减速器一档传动比；

i_0——主减速器的传动比（对于轮毂传动系统 $i_0 = 1$）；

m——电动汽车的总质量（kg）；

f——滚动阻力系数；

r——驱动轮的滚动半径（m）；

T_{max}——电动汽车电动机的最大转矩（N·m）。

电动机的特性表明，当电动机的转速低于转折点转速时，电动机保持恒转矩，具有低转速大转矩的特点；当电动机的转速高于转折点转速时，电动机保持恒功率，具有高转速恒功率的特点。应根据不同的电动机来选择不同的传动方式和传动系统的传动比，充分发挥电动机的动力特性。

3. 电动汽车的加速性能

电动汽车的加速性能与传统汽车类似。实际上，汽车技术性能指标中的加速性能是一个参考值。一般来说，电动汽车电动机的最大转矩越大，其加速性能越好。而在相同动力条件下传动比越大，加速性能越好；车辆自重越小，加速性能越好。

在计算加速性能时，由于考虑车辆是在良好的水平路面上，且无风或微风条件下行驶，在计算车辆受到阻力的时候，忽略坡度影响，则阻力为

$$F_t = mgf + \frac{1}{2}C_DAu_a^2 + \delta m\frac{du}{dt} \tag{9-9}$$

根据电动机的外特性曲线分别选择在不同转速下，电动机满负荷时所能产生的转矩 T_t，计算电动机所能产生的最大牵引力 F：

$$F = \frac{T_t i h_t}{r} \tag{9-10}$$

同时可以根据该情况下的受力平衡，即最大牵引力等于车辆所受的阻力（$F_t = F$），

得到平衡式：

$$mgf+\frac{1}{2}C_\mathrm{D}Au_\mathrm{a}^2+\delta m\frac{\mathrm{d}u}{\mathrm{d}t}=\frac{T_\mathrm{t}ih_\mathrm{t}}{r} \tag{9-11}$$

于是可以得到加速度 $\mathrm{d}u/\mathrm{d}t$ 的表达式：

$$\frac{\mathrm{d}u}{\mathrm{d}t}=\frac{T_\mathrm{t}ih_\mathrm{t}}{\delta mr}-\frac{C_\mathrm{D}Au_\mathrm{a}^2}{2\delta m}-\frac{fg}{\delta} \tag{9-12}$$

导入速度与转速公式后，得：

$$\frac{\mathrm{d}u}{\mathrm{d}t}=\frac{T_\mathrm{t}i_\mathrm{g}i_0h_\mathrm{t}}{\delta mr}-\frac{0.142C_\mathrm{D}Ar^2n^2}{2\delta mi_\mathrm{g}^2i_0^2}-\frac{fg}{\delta} \tag{9-13}$$

式中　　n——电动机转速；

$\quad\quad T_\mathrm{t}$——电动机在指定转速 n 下所能达到的最大输出转矩；

$\quad\quad h_\mathrm{t}$——传动效率；

$\quad\quad i_\mathrm{g}$——变速器传动比；

$\quad\quad i_0$——主减速器传动比；

$\quad\quad m$——汽车质量；

$\quad\quad r$——轮胎半径；

$\quad\quad f$——滚动阻力系数；

$\quad\quad g$——重力加速度；

$\quad\quad \delta$——汽车旋转质量换算系数；

$\quad C_\mathrm{D}$——风阻系数；

$\quad\quad A$——汽车迎风面积。

对电动汽车来说，fg/δ 为常数；变量仅为电动机转速 n 和对应的转矩 T_t。

通过计算电动汽车的加速度，就可以得到各阶段加速性能情况，进而了解汽车的加速性能。此外，对于最终的加速性能数据，还需要经过试验确定。

9.4.3　电动汽车的续驶里程计算

电动汽车上的动力蓄电池组充满一次电后的最大行驶里程称为电动汽车的续驶里程。由于道路条件和使用工况不同，电动汽车的实际续驶里程也不同。因此，对于电动汽车续驶里程的标定就需要统一的测试规定。在规定条件工况下所测得的电动汽车的续驶里程称为标定续驶里程，标定工况目前是指 GB/T 18386—2017 所规定的工况。这种测量方式是一种验证测量，作为电动汽车的设计，必须做好规划和计算。

电动汽车的动力蓄电池总容量决定了电动汽车的续驶里程，但是由于当前动力蓄电池的能量密度还不够高，因而动力蓄电池的容量也决定了电动汽车的整车整备质量，这影响了车辆的承载量。因此，电动汽车的续驶里程需要在车辆设计阶段就进行计算。

1. 续驶里程的计算方法

不同类型的电动汽车在不同的行驶工况下单位行驶里程的能量消耗及续驶里程有着显著的差别，无法用标准的续驶里程计算方法，但可采用道路滑行试验方法获得电动汽车的

u_a-t 曲线，如图 9-4 所示。

在初步设计电动汽车时，设每次充放动力蓄电池的荷电状态都能符合要求，每一次充放电循环的续驶里程为 S_{lc}，则在电动汽车的使用寿命期间总的续驶里程可估算为

$$S_{sm} = S_{lc} n_{cfd} \tag{9-14}$$

式中　S_{sm}——动力蓄电池组的寿命期间总的续驶里程（km）；

　　　n_{cfd}——动力蓄电池组充放电循环次数。

电动汽车的续驶里程与电动汽车的总质量、动力蓄电池组的总能量有密切关系，每一次充放电循环的续驶里程 S_{lc} 可以由下式估算：

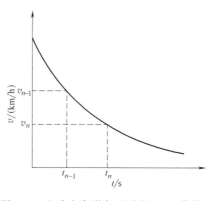

图 9-4　电动汽车滑行试验的 u_a-t 曲线图

$$S_{lc} = S_{sm}/n_{cfd} = W_{dcnl} m_{dc} / \left[W_{dgl}(m_{zc} + m_{zzl}) \right] \tag{9-15}$$

式中　S_{lc}——电动汽车每一次充放电的续驶里程（km）；

　　　W_{dcnl}——动力蓄电池组的能量密度（kW·h/kg）；

　　　m_{dc}——动力蓄电池组质量（kg）；

　　　W_{dgl}——电动汽车吨公里耗电量（kW·h/(t·km)）；

　　　m_{zc}——电动汽车的整备质量（t）；

　　　m_{zzl}——电动汽车的装载质量（t）。

纯电动汽车的续驶里程完全依赖于动力蓄电池的电能。目前各种电动汽车的续驶里程受制于动力蓄电池的比能量与比功率较低，动力蓄电池组电动汽车行驶过程中荷电状态的控制，防止过充或过放以及剩余电量的显示等。电源的能量对电动汽车的续驶里程和使用寿命有重要意义。

目前，电动汽车在水平、良好的路面上，按城市工况运行时，克服滚动阻力 F_f 和空气阻力 F_w 消耗的理论能量 E（kW·h）为

$$E = \frac{(F_f + F_w)S}{\eta_m} \tag{9-16}$$

式中　S——电动汽车的行驶里程（km）；

　　　η_m——传动系统的效率。

电动汽车单位质量、单位距离的理论能耗（比能耗）e（kW·h/L）为

$$e = E/(sm) = (F_f + F_w)/(m\eta_m) \tag{9-17}$$

式中　m——电动汽车的总质量（kg）。

电动汽车采用的动力蓄电池组的总能量 E_0 为

$$E_0 = UC \tag{9-18}$$

式中　U——动力蓄电池组的总电压（V）；

　　　C——动力蓄电池组的总容量（A·h）。

电动汽车在水平、良好的路面上，以匀速行驶时，电动汽车的续驶里程 S 为

$$S = E_0/(em) = E_0 \eta_m/(F_f + F_w) \tag{9-19}$$

2. 续驶里程的影响因素

影响电动汽车续驶里程的因素较为复杂，主要与电动汽车在行驶过程中的能量消耗、行驶的外部条件和自身结构等密切相关。

（1）**行驶的环境状况**　在相同的车辆条件下，道路与环境气候影响着电动汽车的能量消耗，如道路状况较差、交通拥挤等都会使车辆的能量消耗增加，从而降低电动汽车的续驶里程。

（2）**环境温度**　环境温度对电动汽车的续驶里程有重要的影响。温度对于动力蓄电池的性能影响较大，每种动力蓄电池都有其最佳的工作温度，温度过低时，动力蓄电池的可用容量和能量将显著下降，动力蓄电池内阻会呈非线性增长，严重降低了电动汽车的续驶里程。电动汽车在同一天不同时间运行时消耗的能量与行驶里程之间的关系如图 9-5 所示。

（3）**汽车总质量**　对电动汽车车身的要求与传统燃油汽车的基本一致，在满足刚度和强度要求的前提下，应力求车身的轻量化。在工况一定时，电动汽车的能耗和质量基本呈线性关系。

（4）**辅助装置**　电动汽车制动系统中的空气压缩机、转向系统的油泵等均需要辅助电机驱动。此外，照明、音响、通风、取暖和空调等系统也需要消耗动力蓄电池的电能。除空调之外，各辅助系统或设备的能量消耗占电动汽车总能耗的 6%～12%。

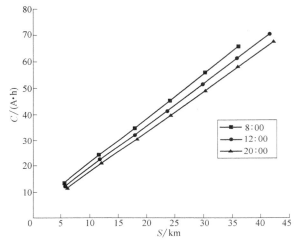

图 9-5　不同时间运行时电动汽车消耗的电池容量

（5）**动力蓄电池性能**　动力蓄电池性能参数，特别是动力蓄电池组的一致性是影响电动汽车能量消耗和续驶里程的重要因素。如果动力蓄电池持续处于高倍率的充放电状态下，将会导致动力蓄电池可用放电容量和能量的减小及电动汽车续驶里程的缩短。动力蓄电池组在充放电过程中，如果并联动力蓄电池组中的动力蓄电池性能存在差异，电压高的动力蓄电池会对电压低的动力蓄电池进行充电，这不仅会引起动力蓄电池的过充或者过放，还会消耗动力蓄电池组对外的输出功率，影响续驶里程。

思　考　题

9-1　电动汽车结构形式的选择要考虑哪些因素？

9-2　电动汽车与传统内燃机汽车的总布置有何异同？

9-3　电动汽车的性能参数有哪些？与传统内燃机汽车有何差别？

第10章 电动汽车的蓄电池选型设计

10.1 概述

电动汽车电源系统包括动力蓄电池、电池管理系统（Battery Management System，BMS）和充电机等，主要用来向电动机提供驱动电能、监测电源以及控制充电机向动力蓄电池充电。常用的动力蓄电池有铅酸电池、镍镉电池、镍氢电池和锂离子电池等。

作为汽车动力来源，动力蓄电池必须满足下列要求：

1）体积小、重量轻、储能密度高，使电动汽车的一次充电续驶里程长。

2）能量输出快，使电动汽车的加速性能和爬坡性能良好。

3）能够快速起动和运行，可靠性高。

4）循环次数高，使用寿命长。

5）环境适应性强，能在一定温度下正常工作，抗振动冲击性能好。

6）环保性能好，无二次污染，并有可再生利用性。

7）维修方便，保养费用低。

8）安全性好，能够有效防止因泄漏或短路引起的起火或爆炸。

9）价格低，经济性好。

10.2 电动汽车动力蓄电池的选择

在电动汽车的发展过程中，出现过很多种动力蓄电池，其中产生巨大影响并商业化使用的主要有铅酸电池、镍氢电池和锂离子电池。

10.2.1 铅酸电池

1. 电池结构

铅酸电池的每个单格电池电压约为2V，其主要由极板、隔板、电解液、外壳、连接

条和接线柱等组成，如图 10-1 所示。

（1）**极板** 极板是铅酸电池的核心部分，由栅架和活性物质组成。栅架由铅锑合金浇注而成，加锑是为了提高机械强度和浇注性能。活性物质主要由铅粉、添加剂与稀硫酸混合而成。

（2）**隔板** 为了防止相邻正、负极板彼此接触而短路，正、负极板之间要用隔板隔开。隔板的材料有木制材料、微孔橡胶和微孔塑料等。

（3）**电解液** 电解液由纯硫酸和蒸馏水按一定比例配制而成，相对密度约为 $1.28g/cm^3$。

（4）**外壳** 外壳用来装电解液和极板组，使电池构成一个整体。常见的外壳材料有硬橡胶和塑料两种。

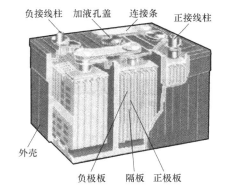

图 10-1 铅酸电池的组成

（5）**连接条** 连接条的作用是将单格电池串联起来，提高整个电池的端电压。

（6）**接线柱** 普通铅酸电池首尾两极焊有接线柱，接线柱有圆锥形、L 形和侧孔形三种。正接线柱上标有"+"或"P"，负接线柱上标有"–"或"N"。

2．工作原理

（1）**充电**

正极：$PbSO_4 + 2H_2O - 2e^- = PbO_2 + 4H^+ + SO_4^{2-}$

负极：$PbSO_4 + 2e^- = Pb + SO_4^{2-}$

总反应：$2PbSO_4 + 2H_2O = PbO_2 + Pb + 2H_2SO_4$

（2）**放电**

负极：$Pb + SO_4^{2-} - 2e^- = PbSO_4$

正极：$PbO_2 + 4H^+ + SO_4^{2-} + 2e^- = PbSO_4 + 2H_2O$

总反应：$PbO_2 + Pb + 2H_2SO_4 = 2PbSO_4 + 2H_2O$

10.2.2 镍氢电池

镍氢电池的正极采用氢氧化镍，负极采用由储氢材料作为活性物质的氢化物电极，电解质为氢氧化钾（KOH）水溶液。

镍氢电池的优势：与铅酸电池相比，运行电压、比能量和比功率均成倍提高，过度充放电耐受性和热性能好。与镍镉电池相比，镍氢电池的比能量较高且对环境无污染。电动汽车采用镍氢电池，节能可达 25%，减排可达 90% 以上。

1．电池结构

镍氢电池主要由氢氧化镍正极、储氢合金负极、隔膜、电解液、正、负极集流体、安全阀、密封圈、顶盖及外壳等部件组成。从外形上看，镍氢电池有圆柱形和方形两种结构形式。圆柱形结构是将正、负极片和隔膜卷绕在一起，然后用金属外壳封闭并注入电解液，结构示意图如图 10-2 所示。方形结构的设计和圆柱形结构类似，但采用多电极结构，容积利用率更高。

（1）**正极** 根据制造工艺的不同，镍氢电池的正极可分为烧结式和泡沫镍式。使用较广泛的是泡沫镍式，其能增加活性物质的填充量，从而提高电池容量。

（2）**负极** 镍氢电池的负极由集流体和储氢合金构成，将储氢合金粉与胶黏剂混合成膏状物质、再涂覆至泡沫镍基体，经烘烤、滚压制成。

（3）**隔膜** 目前市场上90%以上镍氢电池的隔膜都采用聚丙烯（PP）无纺布。

（4）**电解液** 电解液吸附于极片

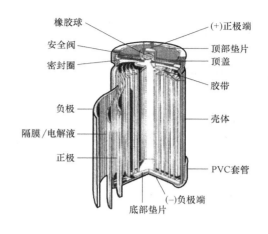

图10-2 圆柱形镍氢电池结构示意图

及隔膜中间，镍氢电池一般以KOH水溶液为电解液，有的加入少量LiOH或NaOH，增强电解液的导电性能。

（5）**黏结剂** 黏结剂用于将正、负极活性物质涂覆于泡沫镍或穿孔钢带等集流体上，通常采用聚四氟乙烯（PTFE）加少量羧甲基纤维素（CMC）。

（6）**外壳** 外壳多采用镀镍薄钢板或塑料外壳，塑料外壳多用于方形电池中。

2. 工作原理

镍氢电池充电时，负极板发生水分解反应，析出氢气和氢氧根离子，氢气储存在储氢合金中，氢氧根离子扩散到正极与氢氧化镍生成羟基氧化镍和水；放电时，正极释放氢氧根离子，羟基氧化镍变成氢氧化镍，氢氧根离子和存储在储氢合金中的氢气发生反应生成水。

电化学反应方程式如下：

（1）**充电**

正极：$Ni(OH)_2 + OH^- - e^- \rightarrow NiOOH + H_2O$

负极：$H_2O + e^- \rightarrow 1/2H_2 + OH^-$

总反应：$Ni(OH)_2 \rightarrow NiOOH + 1/2H_2$

（2）**放电**

正极：$NiOOH + H_2O \rightarrow Ni(OH)_2 + OH^- - e^-$

负极：$1/2H_2 + OH^- \rightarrow H_2O + e^-$

总反应：$NiOOH + 1/2H_2 \rightarrow Ni(OH)_2$

10.2.3 锂离子电池

锂离子电池主要由石墨负极、锂离子金属氧化物正极和电解液（有机溶剂溶解的锂盐溶液）组成。锂离子在正、负极材料晶格中可以自由扩散，当电池充电时，锂离子从正极脱出，嵌入到负极，反之为放电状态，即在电池充放电循环过程中，借助于电解液，

锂离子在电池的两极间往复运动以传递电能。

1. 电池结构

锂离子电池一般由正极片、负极片、电解液、隔膜、正、负极引线、绝缘材料、安全排气阀、正温度系数控制端子、外壳及盖板部件组成等。圆柱形锂离子电池的结构如图10-3所示。

（1）**正极**　锂离子电池的正极由锂盐化合物、导电剂和黏结剂按一定的比例混合成浆料，然后涂布在铝箔上制作而成，常用的锂盐化合物有钴酸锂（$LiCoO_2$）、锰酸锂（$LiMn_2O_4$）、镍钴锰三元材料和磷酸铁锂（$LiFePO_4$）等。

（2）**负极**　负极由活性物质、黏结剂和添加剂混合制成糊状，均匀涂抹在铜箔两侧，经干燥、滚压而成。

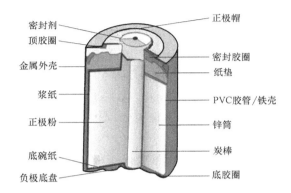

图 10-3　圆柱形锂离子电池的结构

（3）**隔膜**　聚烯烃材料具有优异的力学性能、化学稳定性且成本低，因此聚乙烯（PE）、聚丙烯（PP）等聚烯烃微孔膜是当前锂离子电池的主要隔膜材料。

（4）**电解液**　锂离子电池电解液按相态的不同可分为液体、固体和熔盐电解质三类，目前采用最多的是液体电解液。液体电解液由有机溶剂和电解质锂盐组成，常用的有机溶剂有碳酸二甲酯（DMC）、碳酸二乙酯（DEC）、碳酸丙烯酯（PC）、碳酸乙烯酯（EC）和碳酸甲乙酯（EMC）等。常用的电解质锂盐有 $LiPF_6$、$LiClO_4$ 及 $LiAF_6$ 等。

（5）**黏结剂**　锂离子电池正、负极活性物质由黏结剂涂覆在铝箔和铜箔等集流体上并干燥而成。常用的黏结剂有聚四氟乙烯、聚亚乙烯氟等。

（6）**外壳**　锂离子电池外壳主要有钢壳（现在很少使用）、铝壳、镀镍铁壳（圆柱电池使用）、铝塑膜（软包装）及盖帽（电池的正、负极引出端）等。

2. 工作原理

锂离子电池内部电化学反应示意图如图10-4所示。

锂离子电池通过 Li^+ 在正、负极之间反复脱出和嵌入而存储和释放能量。以磷酸铁锂电池为例，充电时，正极中的锂离子从磷酸铁锂的晶格中脱出，经过电解液嵌入负极石墨的层状结构中，在充电过程中，磷酸铁锂被氧化成 $FePO_4$，释放出电子。放电时，锂离子从石墨层间结构中脱出，经过电解液到达正极并嵌入正极材料的晶格中，在放电过程中，负极中的锂被氧化并释放出电子。电池的反应方程式如下：

充电：$LiFePO_4-xLi^+-xe^-\rightarrow xFePO_4+(1-x)LiFePO_4$

放电：$FePO_4+xLi^++xe^-\rightarrow xLiFePO_4+(1-x)FePO_4$

3. 系统模型

电动汽车用锂离子电池由单体电池、电池壳体及电线等组成。为了保证锂离子电池的使用安全性，检测电池组的使用情况，保护电池不至于过度充放电，平衡电池组中每个电

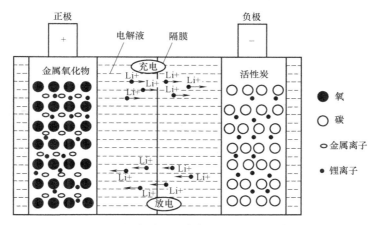

图 10-4 锂离子电池内部电化学反应示意图

池的电量，锂离子电池还需要配备电池管理系统（BMS）。

动力蓄电池包系统结构及实物图如图 10-5 所示。

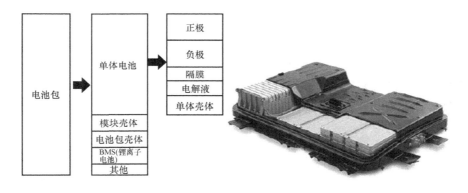

图 10-5 动力蓄电池包系统结构及实物图

10.2.4 电池类型的选择

铅酸电池在汽车上应用最为广泛，主要作为内燃机汽车各种电器和电子设备的电源。由于铅酸电池性能可靠，价格低廉，技术较成熟，可以大批量生产，在早期的电动汽车上也得到过广泛应用，至今仍作为动力源应用于旅游观光车、电动叉车和短距离行驶的公交车上。

由于铅酸电池存在质量大，过充/放电性能差，易自放电，快速充电困难以及污染环境等难以消除的缺点，一些研究机构和企业认为铅酸电池将逐步退出电动汽车市场，但现在国内一些混合动力城市客车依然在使用铅酸电池。

镍氢电池虽然比铅酸电池能储存更多的能量，但过放电会造成永久性损伤，荷电状态（State of Charge，SOC）必须被限制在一个较小的范围内，电池储存的大部分能量并没有被实际使用，而且镍氢电池在低温时容量减小且自放电率高。此外，金属镍非常昂贵，也

制约了镍氢电池的发展。基于上述原因，镍氢电池的电动汽车电池技术已表现出局限性。

锂离子电池作为一种新型的化学电源，具有以下突出优势：单体电池电压高，组成电池组时一致性要求比铅酸电池和镍氢电池低，可以提高其使用寿命；重量轻、比能量大，使得整车质量减小且行驶里程增加；同等容量下体积更小；循环寿命长，可达铅酸电池的 2~3 倍；自放电率低，每月不到 5%；此外还具有电压范围宽、无记忆效应、环境友好等优点，被认为是当前最具发展潜力的电动汽车动力蓄电池。

几种常见的电动汽车动力蓄电池性能比较如图 10-6 所示。从图中可以看出，在主流电池中，锂离子电池除了在价格和

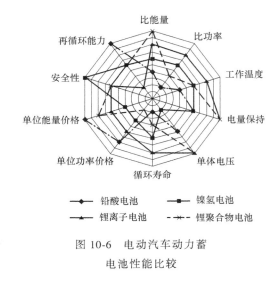

图 10-6　电动汽车动力蓄
电池性能比较

安全性方面处于劣势以外，其他方面均处于领先地位，有进一步研发和大规模应用的前景。

电动汽车的一次充电行驶里程由动力蓄电池储存的电量决定，一般要求比能量高的能量型动力蓄电池与之配套。在目前的电池体系中，锂离子电池具有最高的能量密度，成为电动汽车的首选配套动力蓄电池。如特斯拉电动汽车，采用的是松下公司为其定制的锂离子电池。

10.2.5　电极材料选型

根据正极材料的不同，锂离子电池主要有钴酸锂、磷酸铁锂以及三元材料，其中三元材料又分为镍钴锰酸锂和镍钴铝酸锂两种。锂离子正极材料参数对比见表 10-1。

表 10-1　锂离子正极材料参数对比

参数	分子式	电压/V	比容量 /(mA·h/g)	振实密度	优点	缺点
钴酸锂 （LCO）	$LiCoO_2$	3.7	150	2.8~3.0	电化学特性稳定、制备工艺简单	价格昂贵、循环寿命较低
镍钴锰酸锂 （NCM）	$LiNi_xCo_y$ $Mn_{1-x-y}O_2$	3.6	160	2.0~2.3	电化学性能稳定、循环寿命长	用到一部分金属钴、价格昂贵
锰酸锂 （LMO）	$LiMn_2O_4$	3.8	120	2.2~2.4	价格低、安全性高	低能量密度、电解质相容性差
磷酸铁锂 （LFP）	$LiFePO_4$	3.3	150	1.0~1.4	安全性高、环保长寿	低温性能较差、放电电压低
镍钴铝酸锂 （NCA）	$LiNi_xCo_y$ $Al_{1-x-y}O_2$	3.7	170	2.0~2.4	能量密度高、低温特性好	高温性能差、安全性差、生产技术复杂

在电动汽车应用领域，日本和韩国的电动汽车企业侧重发展锰酸锂和三元材料，中国的电动汽车企业则偏向磷酸铁锂动力蓄电池。主流锂离子电池在电动汽车中的应用情况见表10-2。

表 10-2　主流电动汽车锂离子电池的应用情况

正极材料类型	NCM（镍钴锰酸锂）	NCA（镍钴铝酸锂）	LFP（磷酸铁锂）	LMO（锰酸锂）石墨负极	LMO（锰酸锂）金属负极
电池供应商	Litcel（Mistsubishi/TKD）、Kokam、NECLaMillion	Johnson Controls-Saft、GAIA、Matsushita、Lishen Panasonic	BYD、A123、Systems、GAIA、Valence、LI Tech	GS Yuasa、Litcel、NEC Lamillion、Compact Power（LG）、Sano	EnerDel、Ltair Nano
汽车制造商	日产	丰田、梅赛德斯、迈尔斯、特斯拉	比亚迪、克莱斯勒、通用、雪佛兰	三菱、日产、雪佛兰、本田、福特、雷诺	现代、土星
电动车型	Cube	Prius、S400 Blue、Xs500、Model S	F3DM、200C、Volt	MiEV、Leaf Volt、Civic、Focus、Zoe/Fluence	Elantra、Vue

10.2.6　单体电池规格选型

锂离子单体电池按照外形分为圆柱形卷绕式电池（18650、26650等）和方形电池。不同外形的单体动力蓄电池各有其优缺点，具体见表10-3。

表 10-3　不同外形的单体动力蓄电池比较

参数	圆柱形电池	方形电池
优点	发展较早、技术成熟、内在安全性高、一致性好	功率密度与能量密度高、重量轻、连接容易、冷却方便、空间利用率最高
缺点	外壳贵、笨重、包装密封差、成组复杂、BMS压力大	脆弱、密封泄漏膨胀
应用	特斯拉	比亚迪

圆柱形卷绕式单体电池通常容量较小，方形软包层叠式电池适用于大容量单体电池封装。典型的特斯拉电动汽车采用小容量电池单体组成动力蓄电池，使用8000多个圆柱形单体电池组合成动力蓄电池组为电动汽车提供能量，采用的单体电池型号为18650（图10-7），直径18mm，高65mm。每个单体电池

图 10-7　18650 动力蓄电池单体外观及尺寸

能量小，安全性高，个别单体故障对其他单体以及整车性能影响较小，但是数量众多的单体电池也存在着不一致性的问题，BMS设计也更加复杂；比亚迪则优先发展大型单体电池，比亚迪E6电动出租车的动力蓄电池仅由96节单体电池组成。

10.3 电动汽车动力蓄电池主要参数的选择

动力蓄电池是整车的能量来源，因此所选择的电池组的类型、质量和各种技术参数都会影响电动汽车的整车性能。电动汽车动力蓄电池系统的参数匹配主要包括电池类型、电池组数目、电池组容量和电池组电压等。

10.3.1 动力蓄电池匹配原则

动力蓄电池类型的选择要符合电动汽车的运行要求。电动汽车要求动力蓄电池具有较高的比能量和比功率，以满足电动汽车续驶里程和动力性的要求。同时也希望动力蓄电池具有与汽车使用寿命相当的充放电循环寿命，拥有高效率、良好的性价比以及免维护等特性。

动力蓄电池的电压等级要与驱动电机的电压等级相一致且满足电机电压变化的要求。同时，由于电动空调、电动真空泵和电动转向助力泵等附件也消耗一定的电能，电池组的总电压要大于电机的额定电压。

动力蓄电池一般有能量型与功率型两种，为满足电动汽车的行驶要求，采用能量型电池，匹配时主要考查电池的能量，即电池应具有较大的容量，以增加车辆的续驶里程。电池容量与其功率成正比，容量越大，其输出的功率越大，所以其输出功率均能满足整车电力系统的要求，因此主要是根据其续驶里程来确定电池容量，并且确定的电池容量还须符合市场现有产品的标准，并通过对现有产品反复验证进行设计。

10.3.2 动力蓄电池组参数匹配

1. 电池组数目的确定

电池组数目必须满足电动汽车行驶时所需的最大功率和续驶里程的要求。

满足电动汽车行驶时所需的最大功率要求的电池组数目为

$$n_{\mathrm{p}} = \frac{P_{\mathrm{emax}}}{P_{\mathrm{bmax}} \eta_{\mathrm{e}} \eta_{\mathrm{ec}} N} \tag{10-1}$$

式中　P_{emax}——电动机的峰值功率（kW）；

　　　η_{e}——电动机的工作效率；

　　　η_{ec}——电动机控制器的工作效率；

　　　P_{bmax}——单体电池最大输出功率（kW）；

　　　N——每个电池组所包含的单体电池数。

满足电动汽车续驶里程要求的电池组数目为

$$n_{\mathrm{x}} = \frac{1000SW}{C_{\mathrm{s}} V_{\mathrm{s}} N} \tag{10-2}$$

式中　S——续驶里程（km）；

　　　W——电动汽车行驶 1km 所消耗的能量（kW）；

C_s——单体电池的容量（A·h）；

V_s——单体电池的电压（V）；

N——每个电池组所包含的单体电池数。

电池组数目为

$$n = \max\{n_p, n_x\} \tag{10-3}$$

2. 电池组容量

电池组能量为

$$E_B = \frac{U_m C_E}{1000} \tag{10-4}$$

式中　E_B——电池组能量（kW·h）；

U_m——电池组电压（V）；

C_E——电池组容量（A·h）。

电池能量应满足以下条件：

$$E_B \geqslant \frac{mgf + C_D A u_a^2/21.15}{3.6 DOD \eta_t \eta_{mc} \eta_{dis}(1-\eta_a)} S \tag{10-5}$$

式中　m——汽车质量；

g——重力加速度；

f——地面滚动阻力系数；

C_D——汽车风阻系数；

A——汽车迎风面积；

u_a——汽车等速工况行驶速度；

S——续驶里程；

η_t——汽车传动系统机械效率；

η_{mc}——电动机效率；

η_{dis}——电池放电效率；

η_a——汽车附件能量消耗比例系数；

DOD——电池放电深度。

或者电池容量满足以下条件：

$$C_E \geqslant \frac{mgf + C_D A u_a^2/21.15}{3.6 DOD \eta_t \eta_{mc} \eta_{dis}(1-\eta_a) U_m} S \tag{10-6}$$

10.3.3 动力蓄电池的成组方式

依据现有的电池技术，无论选用何种类型的动力蓄电池，单体电池的能量、功率、电压等性能参数均无法满足电动汽车实际工况运行所需的电压等级与功率等级。常常采用串联方式提高电池组的电压、并联方式增加电量。

目前动力蓄电池在电动汽车上应用时均为成组集成方式，即几十、几百甚至上千个单体电池串联或并联使用。常见的电池组拓扑方式主要有三种，如图10-8所示。

（1）**先串后并** 先串后并适用于较大容量电池系统需求。由于电池组并联之后强制均压，组内不同单体电池电压不一致性差异较大，同时存在电池组并联均流问题，BMS 设计任务复杂。

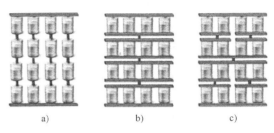

图 10-8 电池组拓扑方式
a）先串后并 b）先并后串 c）混合串并联

（2）**先并后串** 同批次同规格单体电池的初期一致性较好，通过单体电压、容量、内阻等一致性评价筛选后成组，目前主流电动汽车电池采用先并后串的连接方式，如特斯拉的电池系统使用先并后串的拓扑结构。

（3）**混合串并联** 混合串并联使用的 BMS 设计复杂，使用较少，如日产聆风（LEAF）使用 2P2S（每个单体电池并联成组，然后每两组串联）的基本模块结构。

思　考　题

10-1　常见的电动汽车动力蓄电池有哪些种类？各有何特点？

10-2　电动汽车锂离子动力蓄电池的基本构成有哪些？

10-3　设计一款电动汽车，长/宽/高为 3600mm/1550mm/1540mm，整车质量为 1080kg，滚动阻力系数为 0.018，风阻系数为 0.3，续驶里程为 300km（等速 80km/h），传动系统效率为 90%，电动机效率为 92%，汽车附件能量消耗为 5%，忽略电池放电损失，放电深度不超过 80%，试确定电池组能量。

10-4　简述动力蓄电池的主要成组方式及其特点。

第11章　电动汽车驱动电机系统设计

11.1　概述

电动汽车驱动电机系统主要包括电机、电机控制器、功率转换器、机械传动装置和车轮等，其作用是将存储在动力蓄电池中的电能高效地转化为车轮的动能，控制汽车在各种工况下行驶，并能在汽车减速制动时回收部分能量。

电动汽车常用的电动机主要有直流电动机和交流电动机两类。采用直流电动机时，电动汽车的驱动系统不需要离合器和变速器，具有起步加速牵引力大，控制系统简单等优点，但整个动力传动系统效率低。采用交流电动机时，具有体积小、重量轻、效率高、调速范围宽和维护方便等优点，但制造成本较高。随着电力电子技术的发展、电动机制造成本的逐步降低，交流电动机在电动汽车上的应用也越来越广泛。

11.2　电动汽车驱动电机的选择

能用于汽车驱动的电动机有很多种，常用的有直流电动机、交流感应电动机、永磁电动机和开关磁阻电动机四种。

1. 直流电动机

直流电动机技术相对成熟，控制特性优良，主要用于早期开发的电动汽车驱动系统。但是直流电动机有电刷和机械换向器，不仅影响电动机瞬时过载能力，还限制了电动机转速的提高。如果直流电动机长时间工作，换向器和电刷需要定期更换，增加了使用成本。直流电动机运转时电刷会产生火花，形成的高频电磁干扰汽车的其他电器工作。此外，直流电动机工作时转子旋转产生热量，导致部分能量以热能形式流失，散热也比较困难，不利于提高电动机的转矩质量比。由于存在以上缺点，直流电动机在新研发的电动汽车驱动系统中应用越来越少。

常见的直流电动机外形和内部结构如图11-1所示。

2. 交流感应电动机

交流感应电动机采用硅钢片叠压而成定子和转子，在定子和转子中间不需要安装集电环和换向器等复杂机械部件，结构简单、便于维修。工作时调速范围比较宽，转速最高可达 15000r/min，而且能进行能量的回收再利用，能量利用率也相对较高。虽然交流感应电动机工作时温度较高，但冷却方法简单，用空气就能冷却。随着功率电子元件和功率变换器的快速发展，交流感应电动机的控制器采用矢量控制方法的逆变器，具有更好的可控性和宽广的调速范围。目前市场上已有效率高、可靠性好且带逆变器的交流感应电动机出售，可以直接运用到电动汽车驱动系统中。

交流感应电动机如图 11-2 所示。

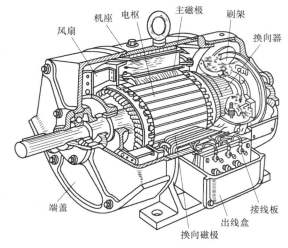

图 11-1　直流电动机

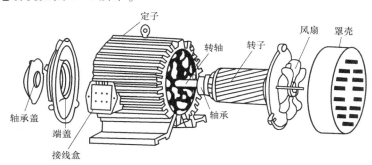

图 11-2　交流感应电动机

3. 永磁电动机

永磁电动机依靠永磁体转子工作，减少了励磁所带来的损耗，具有效率高（最高能达 97%）、质量功率较大（超过 1kW/kg）的特点，应用越来越广泛。永磁电动机的转子没有励磁绕组，可以高速运转，可靠性好，体积小、重量轻，便于维修。采用矢量控制的变频调速系统，使永磁电动机具有宽广的调速范围。永磁电动机的控制系统要比感应电动机的控制系统简单和便宜。永磁电动机的永磁材料强度较差，大功率的永磁电动机所需要的永磁材料需要特别加固，因此，永磁电动机的功率一般较小。有些永磁材料在高温作用下，会发生磁性衰退现象，电动机需要采取水冷却方式来控制温度。目前永磁材料的价格较高，因此永磁电动机及其控制系统的成本较高。

永磁电动机的结构如图 11-3 所示。

4. 开关磁阻电动机

开关磁阻电动机（图 11-4）结构简单，定子、转子均为普通硅钢片叠压而成的双凸

极结构，转子中没有绕组，定子装有简单的集中绕组，一般径向相对的两个绕组串联成一相。其发展是基于现代大功率半导体开关器件和现代控制技术的进步，具有结构紧凑、效率高、可靠性好、适于大批量生产且成本低等优点。但作为一种新型电动机，技术还不够成熟，在使用中振动噪声较大，降低乘坐舒适性，此外电动机的控制较复杂，限制了它在电动汽车上的应用。

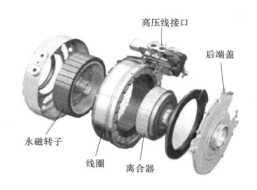

图 11-3　永磁电动机

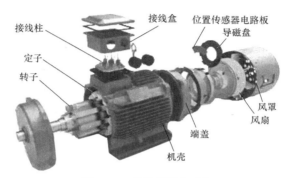

图 11-4　开关磁阻电动机

5. 电动机的选用

为了选择合适的电动机，需要比较上述四种电动机的性能，见表 11-1。

表 11-1　电动汽车常用电动机性能比较

类别	直流电动机	交流感应电动机	永磁电动机	开关磁阻电动机
力矩转速性能	一般	好	好	好
转速范围/(r/min)	4000~6000	9000~15000	4000~10000	>15000
最大功率(%)	85~89	94~95	95~97	<90
效率(%)	80~87	85~90	90~92	78~86
可靠性	差	好	一般	好
易操作性	最好	好	一般	好
结构的坚固性	差	好	一般	好
尺寸及重量	大,重	一般,一般	小,轻	小,轻
单位轴功率成本	10	8~12	10~15	6~10
控制器成本	1	3	2.5	4.5
功率密度	差	好	好	一般

电动汽车最早采用的是直流电动机系统，其特点是成本低、控制简单，但质量大，需要定期维护。随着电力电子、自动控制、计算机技术的发展，包括感应电动机及永磁电动

机在内的交流电动机系统体现出比直流电动机系统更加优越的性能，目前已逐步取代了直流电动机控制系统。特别是由于设计方法、开发工具及永磁材料的不断进步，用于汽车驱动的永磁同步电动机得到了飞速发展。

交流感应电动机主要应用于电动汽车（包括乘用车及客车），开关磁阻电动机目前主要应用于客车。由于具有高效、高功率密度的特点，目前在混合动力乘用车中采用的基本都是永磁同步电动机。例如日本丰田公司的普锐斯采用的永磁同步电动机的功率已达到了 50kW，新配置的 SUV 车型所用电动机的功率甚至达到了 123kW。

与普通工业用驱动电机系统及通用变频器不同，电动汽车用驱动电机系统的特点是高性能、高功率密度、高可靠性，低成本、低污染和良好的环境适应性，见表 11-2。

表 11-2 工业用与汽车用驱动电机系统的主要差别

项目	汽车用系统	工业用系统
封装尺寸	布置空间有限 必须根据具体产品进行特殊的针对性设计	空间不受限制 可用标准封装配套结构
工作环境	环境温度变化大（-40～+105℃）	环境温度适中（-20～+40℃）
可靠性要求	很高，以保障乘员安全	较高，以保证生产效率
冷却方式	通常为水冷（体积小）	通常为风冷（体积大）
控制性能	需要精确的力矩控制,动态性能较好	多为变频调速控制
功率密度	较高	较低
性价比	高	一般

11.3 电动汽车驱动电机主要参数的选择

电动机参数设计主要包括电功机额定功率、峰值功率、最高转速、额定转速、最大转矩及额定电压等参数的设计。

1. 电动机的额定功率和峰值功率

电动机的功率越大，汽车的动力性越好，但是如果功率过大，电动机的质量和体积也会增大，且电动机的工作效率不高，不能充分利用有限的车载能源，导致汽车续驶里程降低。因此，电动机功率参数设计要参考汽车的最高车速、最大爬坡度和加速性能。

（1）根据电动汽车最高车速确定电动机功率 设计中初步选择电动机的额定功率应不小于汽车以最高车速行驶时行驶阻力消耗的功率之和，电动汽车以最高车速行驶消耗的功率 P_{vmax}，详见式（9-2）。

（2）根据电动汽车最大爬坡度确定电动机功率 电动汽车以某一车速爬上最大坡度消耗的功率为

$$P_{imax} = \frac{u_p}{3600\eta_t}\left(mgf\cos\alpha_{max} + mg\sin\alpha_{max} + \frac{C_D A u_p^2}{21.15}\right) \quad (11\text{-}1)$$

式中 u_p——电动汽车爬坡时的行驶速度（km/h）；

η_t——机械传动系统效率；

m——整车质量（kg）；

g——重力加速度（m/s²）；

f——滚动阻力系数；

α_{max}——最大坡度角（°）；

C_D——汽车风阻系数；

A——迎风面积（m²）。

（3）根据电动汽车加速性能确定电动机功率　电动汽车在水平路面上加速行驶消耗的功率为

$$P_{amax}=\frac{u_f}{3600\eta_t}\left(mgf+\frac{C_D Au_f^2}{21.15}+\delta m\frac{du}{dt}\right) \qquad (11\text{-}2)$$

式中　u_f——电动汽车加速后达到的速度（km/h）；

δ——汽车旋转质量换算系数；

$\dfrac{du}{dt}$——汽车加速度（m/s²）。

电动机额定功率应满足电动汽车对最高车速的要求，峰值功率应能同时满足电动汽车对最高车速、最大爬坡度和加速度的要求。电动汽车电动机的额定功率和峰值功率分别为

$$p_e\geqslant p_{vmax} \qquad (11\text{-}3)$$

$$p_{emax}\geqslant \max\{P_{vmax},P_{imax},P_{amax}\} \qquad (11\text{-}4)$$

电动汽车电动机的峰值功率与额定功率的关系为

$$P_{emax}=\lambda P_e \qquad (11\text{-}5)$$

式中　P_{emax}——电动机的峰值功率（kW）；

P_e——电动机的额定功率（kW）；

λ——电动机过载系数。

2. 电动机的最高转速和额定转速

（1）最高转速　根据电动汽车速度、动力性能的要求，需要选择不同转速的驱动电机。一般情况下，转速在3000～6000r/min之间的为低速电动机，转速在6000～10000r/min之间的为中速电动机，转速在10000～15000r/min之间的为高速电动机。电动机的转速对其制造工艺、生产成本以及传动结构的尺寸有着重要影响。电动机的转速过高，不但会降低电动机和传动系统的机械效率，而且会提高电动机生产工艺的要求，同时，传动系统中变速器内配套使用的齿轮和轴承要具有很高的耐冲击、抗疲劳能力，增加了使用成本。

电动汽车最高行驶速度与电动机最高转速之间的关系为

$$n_{max}=\frac{u_{max}\sum i}{0.377r_r} \qquad (11\text{-}6)$$

式中　n_{max}——电动机的最高转速（r/min）；

u_{max}——电动汽车的最高行驶速度（km/h）；

$\sum i$——传动系统传动比，一般包括变速器传动比和主减速器传动比；

r_r——车轮滚动半径（m）。

（2）额定转速　电动机最高转速和额定转速的比值需要有一个范围，此范围被称为

电动机扩大恒功率区系数，其值的大小与电动机转矩的大小有关，其值越大，电动机在低速工作时获得的转矩越大，越能满足汽车的爬坡和加速需求。额定转速 n_e 的计算式为

$$n_e = \frac{n_{max}}{\beta} \tag{11-7}$$

式中　β——电动机扩大恒功率区系数，通常取值在 2~4 之间。

3. 电动机的最大转矩和额定电压

（1）**电动机最大转矩**　电动机最大转矩 T_{max} 的选择需要满足汽车起动转矩和最大爬坡度的要求，同时结合传动系统最大传动比来确定，计算式为

$$T_{max} = \frac{mg(f\cos\alpha_{max} + \sin\alpha_{max})r}{\eta_t i_{max}} \tag{11-8}$$

式中　i_{max}——传动系统最大传动比。

（2）**电动机额定电压**　电动机额定电压与电动机的额定功率成正比，额定功率越大，额定电压也就越大。电动机额定电压的选择主要依据车辆总体参数的要求，车辆的自重、动力蓄电池等相关参数确定后，才能确定电动机的电压、转速等参数。即当车辆的自重确定后，动力蓄电池的个数就确定了，电动机的电压等级也随之确定。总体要求是尽可能提高电压等级，使电动机在满足驱动要求的情况下，电动机的功率和电流小一点。这样，动力蓄电池的容量选择、安装空间、安装方式等就比较容易处理了。

11.4　电动汽车再生制动系统的设计

再生制动也称为反馈制动，是一种广泛应用于电动汽车或铁路列车上的制动技术。电动汽车的再生制动是把牵引电机的电动机工况转变为发电机工况，把制动动能转化为电能，电能通过功率转换器反馈给蓄电池并可继续使用的制动方式。再生制动能够把车辆的部分制动动能转化并储存起来，而不是以热的形式损耗。研究表明，在城市工况运行条件下，有效地回收制动能量，电动汽车大约可降低 15% 的能耗，行驶里程延长 10%~30%。

11.4.1　电动汽车再生制动系统的原理

电动汽车制动时，电机转速大部分是低于理想空载转速的，为实现制动能量回馈，通常都需要升压斩波调制。图 11-5 所示为电动汽车再生制动系统的电路示意图。电路主要由两个 IGBT（绝缘栅双极型晶体管）器件 VT$_1$ 和 VT$_2$、电机 M、电感 L 及电阻 R 等组成。

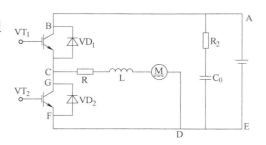

图 11-5　电动汽车再生制动系统电路示意图

电动汽车正常行驶时，VT$_1$ 工作，而 VT$_2$ 关断，工作回路如图 11-5 中的 ABCDEA 所示。

当驾驶人松开加速踏板需要制动时，VT$_1$ 和 VT$_2$ 均关断，电流通过 VD$_2$ 续流，此时

的电流回路如图 11-6a 中的 DFGD 所示，回路转化为热能消耗，由于汽车的惯性，此时电机处于发电状态，回路电流反向。

VT_1 关断，VT_2 导通时，电流通过 VT_2，如图 11-6b 所示的回路，经过 t_{on} 时间后，VT_2 关断，形成图 11-6c 所示的回路 EDCBAE，电能反向充入电池。

电动汽车的再生制动过程通常可分为三个阶段，即续流阶段、电流反向阶段和能量回馈阶段。

1. 续流阶段

电动汽车开始减速，控制 VT_1 和 VT_2 均关断，电机电感中的电能经 L—VD_2—R 消耗一部分，如图 11-6a 所示。

根据基尔霍夫定律，电路满足下列方程：

$$iR+E+L\frac{\mathrm{d}i}{\mathrm{d}t}=0 \tag{11-9}$$

$$E=K_e n_0 \tag{11-10}$$

式中 E——电机电动势（V）；

K_e——电动势常数；

n_0——电机转速（r/min）。

初始条件 $t=t_0=0$，$i=I_0$，I_0 为一个 PWM（脉冲宽度调制）周期

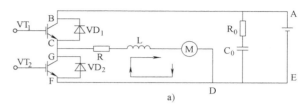

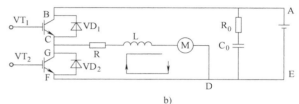

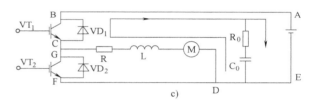

图 11-6 再生制动过程

开始时的电枢电流，求解方程（11-9），可得电流续流阶段回路电流为

$$i_1=-\frac{E}{R}+\left(I_0+\frac{E}{R}\right)^{-\frac{R}{T}t} \tag{11-11}$$

2. 电流反向阶段

由于电动汽车的惯性，电机继续同向运转，电机处于发电状态，电流方向为 CGFD，由于 IGBT 器件 VT_2 的开关频率比较高，可近似认为此时电机转速不变，电路方程与式（11-9）、式（11-10）相同，电动势的方程为

$$E=K_e n_1 \tag{11-12}$$

式中 n_1——电机转速（r/min）。

初始条件 $t=t_1=0$，$i_{10}=I_1$，若 I_1 为开始再生制动时的回路电流，可得电流反向阶段回路电流为

$$i_2=-\frac{E}{R}+\left(I_1+\frac{E}{R}\right)^{-\frac{R}{T}t} \tag{11-13}$$

设 VT_2 导通时间为 t_{on}，则 t_{on} 结束时回路电流 i_{on} 为

$$i_{on}=-\frac{E}{R}+\left(I_1+\frac{E}{R}\right)^{-\frac{R}{T}t_{on}} \tag{11-14}$$

3. 能量回馈阶段

经过 t_{on} 时间后，控制 VT_2 关断，由于 L 的续流作用，电流通过 VD_1 向蓄电池充电，电流回路为 EDCBAE，此时电路的微分方程为

$$-U_b + iR + E + L\frac{di}{dt} = 0 \tag{11-15}$$

式中　U_b——蓄电池端电压（V），且忽略蓄电池内阻。

初始条件 $t = t_2 = 0$，$I_{20} = I_{on}$，求解方程（11-15），可得回馈阶段回路电流 i_2 为

$$i_2 = \frac{E - U_b}{R} + \left(I_{on} - \frac{E - U_b}{R}\right)^{-\frac{R}{\tau}t} \tag{11-16}$$

设 VT_2 关断时间为 t_{off}，则此阶段向蓄电池充电的电能为

$$W = \int_0^{t_{off}} U_b i dt$$

$$= \int_0^{t_{off}} U_b \left[\frac{E - U_b}{R} + \left(I_{on} - \frac{E - U_b}{R}\right)^{-\frac{R}{\tau}t}\right] i dt \tag{11-17}$$

此后，电机将反复工作于电流反向阶段与能量回馈阶段，直至驾驶人踩下加速踏板或电动汽车停止行驶为止。

11.4.2　电动汽车再生制动系统的结构

电动汽车的再生制动虽然可以回收制动能量并向车轮提供部分制动力，但是无法使车轮完全停止转动，制动效果受到电机、蓄电池和车速等诸多因素的限制，在紧急制动和高强度制动时不能独立满足制动要求。为了保证汽车的制动安全，在采用电机再生制动的同时，必须使用传统的液压摩擦制动作为辅助，从而达到既保证汽车的制动安全性，又可回收能量的目的。

常见的电动汽车再生制动系统是在传统液压制动系统的基础上增加了蓄电池、电机、转矩合成器、再生制动控制器及电机控制器等，同时在每个车轮上还分别安装了轮速传感器以测量车轮转速。电动汽车再生制动系统的结构原理图如图 11-7 所示。可以看出，蓄电池和电机之间的连接为双向交互方式，即蓄电池向电机供电，电机也可以向蓄电池充电。

再生制动的实现过程如下：

1）在制动开始时，能量管理系统将动力蓄电池 SOC 值发送给制动控制器，根据 SOC 值来实现不同控制。

当 SOC>0.8 时，取消能量回收。

当 $0.7 \leqslant SOC \leqslant 0.8$ 时，再生制动受蓄电池允许的最大充电电流制约。

当 SOC<0.7 时，再生制动不受蓄电池允许的最大充电电流制约。

2）制动控制器接收由压力变送器传送的主缸压力信号，并计算出需求的电机再生制动强度上限。

3）制动控制器根据电机转速，计算电机实际能够提供的制动强度。

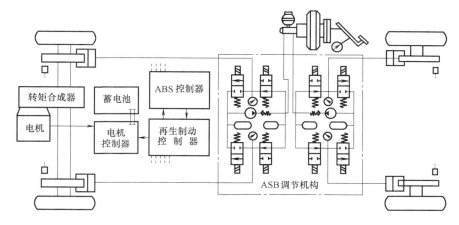

图 11-7　典型电动汽车再生制动系统结构原理图

4）比较需求的电机再生制动强度上限和电机实际能够提供的制动强度，并将结果以电信号的形式发送给电机控制器。

5）此时的电机工作在发电机状态下，可以提供电压恒定的电流，再通过逆变器限制电机产生的最高电压和对电压进行升压，以便满足电流输出要求，充到动力蓄电池组中。

6）为了保护蓄电池，能量管理系统需要时刻监测蓄电池温度，温度过高则停止再生制动。

11.4.3　电动汽车再生制动控制策略

1. 常见的再生制动控制策略

一般电动汽车主要采取前轮驱动的形式，再生制动的控制策略关注前、后轮制动器提供的制动力和前轮电机提供的再生制动力三部分之间的关系。由此得到的基于电机再生制动的能量回收控制策略主要有以下三种：

（1）**前后轴制动力理想分配控制策略**　当减速度要求较小时，仅电机再生制动系统工作。

随着制动减速度逐渐增大，前后轴制动力将被控制在理想制动力分配曲线上。其中前轴制动力等于再生制动力和机械制动力之和。

当控制系统达到驾驶人的减速度要求时，根据制动电机的特性和车载能量存储系统的SOC值来决定驱动轴制动力是由再生制动系统单独提供，还是由机械制动系统和再生制动系统共同提供。

（2）**前后轴制动力比例分配控制策略**　当需要的总制动力较小时，全部由再生制动力提供。

当需要的减速度增大时，电机再生制动力所占的比例逐渐减小，机械制动力开始起作用。

当总制动力大于一定值时，意味着这是一个紧急制动，再生制动力减小到零，机械制动力提供所有的制动力。

当所需的制动减速度介于两者之间时，再生制动与机械制动共同作用。

（3）**最优能量回收控制策略** 当总制动力需求小于最大再生制动力时，仅由再生制动力起作用。

当总制动力大于最大再生制动力时，总制动力减去最大再生制动力是应该提供的机械制动力，分配到前轮机械制动力和后轮机械制动力。

前、后轮机械制动力的分配按照尽量使总的前、后轮制动力分配接近理想制动力曲线的原则进行。

三种制动控制策略的比较结果见表11-3。

表11-3 三种常见制动控制策略的比较结果

	硬件组成的复杂程度	制动稳定性	制动能量回收效率
前后轴制动力理想分配控制策略	较复杂、需专门的制动力控制系统	较高	较高
前后轴制动力比例分配控制策略	一般，改动较小	中等	中等
最优能量回收控制策略	较复杂、需专门的制动力控制系统	较低	较高

从表11-3可以得出，三种回收策略各有优缺点，其中，前后轴制动力比例分配控制策略既能保证一定的能量回收效率，同时制动稳定性较理想，而且结构较简单，是当前技术条件下的一种比较好的选择。

2. 四轮驱动下的再生制动控制策略

汽车采用四轮驱动时，前、后车轮都由轮毂电机直接驱动，因而再生制动在前轮和后轮同时存在。

四轮驱动下的再生制动控制策略主要考虑三部分的内容：一是摩擦制动力与电机再生制动力的分配关系；二是前后轴摩擦制动力的分配关系；三是前后轴电机再生制动力的分配关系。

对于四轮驱动，同时包含前后轮的再生制动，采用前后轴制动力比例分配，能量回收控制策略的逻辑图如图11-8所示，主要根据制动强度进行逻辑控制。

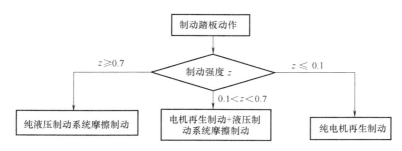

图11-8 四轮驱动下再生制动控制策略逻辑图

当需求的制动强度 $z \leq 0.1$ 时，仅由电机的再生制动力提供整车制动所需的力；随着需求制动力的增加，摩擦制动力逐渐开始起作用，电机再生制动力所占比例逐渐减小。

当需求的制动强度 $z \geq 0.7$ 时，认为车辆在进行紧急制动，为了保证制动安全性，制动力完全由摩擦制动来提供。

当需求的制动强度 $0.1 < z < 0.7$ 时，整车的制动力由液压摩擦制动力与电机再生制动力

共同提供。

基于上面的控制逻辑的整车再生制动控制策略如图11-9所示。

图11-9中，*OAB* 曲线为纯液压系统摩擦制动时前后轴制动力的分配曲线；*OACBD* 为再生-液压制动系统的前后轴制动力的分配曲线，前后轴的摩擦制动力分配按照一定的比例进行。

结合前面的制动控制策略，相应的控制算法如图11-10所示。控制算法的总输入量为总制动力，由制动踏板力传感器得到。总再生制动力以及前后车轴的再生制动力由制动控制器中的再生制动力曲线得到，前后轮摩擦制动力分配由制动

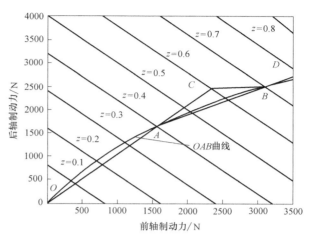

图 11-9　四轮驱动下的制动能量控制策略

回路中的高速开关阀实现。控制算法的输出量为前轮再生制动力、后轮再生制动力、前轮摩擦制动力和后轮摩擦制动力。所有的电机再生制动力由电机控制单元来实现控制。

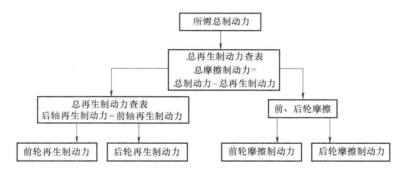

图 11-10　四轮驱动汽车再生制动控制算法

思　考　题

11-1　常见的电动汽车驱动电动机有哪几种？各有何特点？

11-2　设计一款电动汽车，长/宽/高为 3600mm/1550mm/1540mm，整车质量为 1080kg，最高行驶车速为 130km/h；机械传动效率为 90%；滚动阻力系数为 0.018；风阻系数为 0.3，试确定驱动电动机的额定功率。

11-3　试述常见电动汽车再生制动的实现过程。

11-4　常见的再生制动控制策略有哪几种？试述其各自优缺点。

附 录

附录 A 汽车设计常用标准

表 A-1 FMVSS 200 系列被动安全法规

法规序列号	法 规 名 称	法规序列号	法 规 名 称
201	乘员在车内碰撞时的保护	214	侧面碰撞保护
202	头枕汽车工程	215	车外保护装置
203	驾驶人免受转向控制系统碰撞伤害的保护	216	乘用车车顶抗压强度
204	转向控制装置的后向位移	217	客车紧急出口及车窗的固定与松放
205	玻璃材料	218	摩托车头盔
206	车锁及车门固定组件	219	风窗玻璃区的干扰
207	座椅系统	220	校车侧翻防护
208	乘员碰撞保护	221	校车车身的连接强度
209	座椅安全带总成	222	校车乘员座椅和碰撞保护
210	座椅安全带总成固定点	223	后碰撞防护装置
211	车轮螺母、轮辐及轮辋盖	224	后碰撞防护
212	风窗玻璃的安装	225	儿童约束系统固定点
213	儿童约束系统	131	校车行人安全装置

表 A-2 欧盟关于汽车碰撞安全性的指令和法规

法规编号	法规名称	法规编号	法规名称
ECE R11	关于就车门锁和车门保持件方面批准车辆的统一规定	ECE R25	关于批准与车辆座椅一体或非一体的头枕方面车辆的统一规定
ECE R12	关于就碰撞中防止转向机构伤害驾驶人方面批准车辆的统一规定	ECE R26	关于就外部凸出物方面批准车辆的统一规定
ECE R14	关于就安全带固定点、IOSFIX 固定系统和 IOSFIX 顶部系带固定系统方面批准车辆的统一规定	ECE R29	关于就商用车驾驶室乘员保护安全方面批准车辆的统一规定
ECE R16	安全带和约束系统方面批准车辆的统一规定	ECE R32	关于就后面碰撞车辆结构特性方面批准车辆的统一规定
ECE R17	座椅、座椅固定点和头枕方面批准车辆的统一规定	ECE R33	关于就正面碰撞中被撞车辆的结构特性方面批准车辆的统一规定
ECE R21	关于就内部凸出物方面批准车辆的统一规定	ECE R34	关于就火灾预防方面批准车辆的统一规定
ECE R22	关于批准摩托和轻便摩托车驾驶人及乘客头盔和面罩方面车辆的统一规定	ECE R42	关于就车辆前、后端碰撞保护装置（保险杠等）方面批准车辆的统一规定

（续）

法规编号	法规名称	法规编号	法规名称
ECE R44	关于批准机动车儿童乘员用约束系统（儿童约束系统）方面批准车辆的统一规定	ECE R80	关于就座椅及其固定点方面批准大型客车座椅和车辆的统一规定
ECE R58	关于1. 批准后下部防护装置（RUPDs）2. 就已批准的后下部防护装置的安装方面批准车辆3. 就后下部防护装置方面批准车辆的统一规定	ECE R93	关于就1. 批准前下部防护装置（FUPDs）2. 就已批准的前下部防护装置的安装方面批准车辆3. 就前下部防护方面批准车辆的统一规定
ECE R61	关于就驾驶室后围板前外部凸出物方面批准车辆的统一规定	ECE R94	关于就正面碰撞中乘员保护方面批准车辆的统一规定
ECE R66	关于就上部结构强度方面批准大型客车的统一规定	ECE R95	关于就侧面碰撞中乘员保护方面批准车辆的统一规定
ECE R73	关于就侧面防护方面批准货车、挂车、半挂车的统一规定	ECE R126	关于就批准用于保护乘员免受行李冲击伤害、作为非原始车辆装备供应的隔离系统的统一规定
ECE R79	关于就转向装置方面批准车辆的统一规定		

表 A-3 我国的汽车行业常用强制性标准

序号	分类	条目	国家标准
1	代号	道路车辆 世界制造厂识别代号（WMI）	GB 16737—2004
2		道路车辆 车辆识别代号（VIN）	GB 16735—2004
3	车辆安全	机动车运行安全技术条件	GB 7258—2017
4		客车结构安全要求	GB 13094—2017
5		安全色	GB 2893—2008
6		安全标志及其使用导则	GB 2894—2008
7		汽车前、后端保护装置	GB 17354—1998
8		汽车及挂车侧面和后下部防护要求	GB 11567—2017
9	乘员保护	汽车正面碰撞的乘员保护	GB 11551—2014
10		专用校车学生座椅系统及其车辆固定件的强度	GB 24406—2012
11		机动车儿童乘员用约束系统	GB 27887—2011
12		乘用车后碰撞燃油系统安全要求	GB 20072—2006
13		客车上部结构强度要求及试验方法	GB 17578—2013
14		乘用车顶部抗压强度	GB 26134—2010
15		商用车驾驶室乘员保护	GB 26512—2011
16		商用车前下部防护要求	GB 26511—2011
17		汽车侧面碰撞的乘员保护	GB 20071—2006
18		汽车安全带安装固定点、ISOFIX 固定点系统及上拉带固定点	GB 14167—2013
19		机动车乘员用安全带、约束系统、儿童约束系统和 ISOFIX 儿童约束系统	GB 14166—2013
20		商用车驾驶室外部凸出物	GB 20182—2006

（续）

序号	分类	条　目	国家标准
21	乘员保护	乘用车外部凸出物	GB 11566—2009
22		乘用车内部凸出物	GB 11552—2009
23		防止汽车转向机构对驾驶员伤害的规定	GB 11557—2011
24		汽车驾驶员前方视野要求及测量方法	GB 11562—2014
25		汽车内饰材料的燃烧特性	GB 8410—2006
26	灯光	道路机动车辆灯泡　尺寸、光电性能要求	GB 15766.1—2008
27		灯的控制装置　第1部分:一般要求和安全要求	GB 19510.1—2009
28		灯具　第1部分:一般要求与试验	GB 7000.1—2015
29		汽车昼间行驶灯配光性能	GB 23255—2009
30		汽车用气体放电光源前照灯	GB 21259—2007
31		汽车用灯丝灯泡前照灯	GB 4599—2007
32		汽车用前照灯清洗器	GB 21260—2007
33		机动车用前雾灯配光性能	GB 4660—2016
34		汽车驻车灯配光性能	GB 18409—2013
35		汽车及挂车前位灯、后位灯、示廓灯和制动灯配光性能	GB 5920—2008
36		机动车及挂车侧标志灯配光性能	GB 18099—2013
37		机动车和挂车用后雾灯配光性能	GB 11554—2008
38		汽车及挂车倒车灯配光性能	GB 15235—2007
39		汽车及挂车转向信号灯配光性能	GB 17509—2008
40		汽车及挂车外部照明和光信号装置的安装规定	GB 4785—2007
41		机动车回复反射器	GB 11564—2008
42		货车及挂车　车身反光标识	GB 23254—2009
43		汽车及挂车后牌照板照明装置配光性能	GB 18408—2015
44	车身附件	汽车罩(盖)锁系统	GB 11568—2011
45		汽车门锁及车门保持件的性能要求和试验方法	GB 15086—2013
46		汽车和挂车号牌板(架)及其位置	GB 15741—1995
47		机动车用喇叭的性能要求及试验方法	GB 15742—2001
48		汽车操纵件、指示器及信号装置的标志	GB 4094—2016
49		机动车辆　间接视野装置　性能和安装要求	GB 15084—2013
50		机动车用三角警告牌	GB 19151—2003
51		汽车护轮板	GB 7063—2011
52	座椅	客车座椅及其车辆固定件的强度	GB 13057—2014
53		汽车座椅、座椅固定装置及头枕强度要求和试验方法	GB 15083—2006
54		汽车座椅头枕强度要求和试验方法	GB 11550—2009
55	刮水器	汽车风窗玻璃刮水器和洗涤器　性能要求和试验方法	GB 15085—2013
56		汽车风窗玻璃除霜和除雾系统的性能和试验方法	GB 11555—2009

（续）

序号	分类	条　目	国家标准
57	玻璃	防弹玻璃	GB 17840—1999
58		平板玻璃	GB 11614—2009
59		汽车安全玻璃	GB 9656—2003
60	发动机	乘用车燃料消耗量限值	GB 19578—2014
61		轻型商用车辆燃料消耗量限值	GB 20997—2015
62		重型汽车排气污染物排放控制系统耐久性要求及试验方法	GB 20890—2007
63		轻型汽车污染物排放限值及测量方法（中国第五阶段）	GB 18352.5—2013
64		重型柴油车污染物排放限值及测量方法（中国第六阶段）	GB 17691—2018
65		重型车用汽油发动机与汽车排气污染物排放限值及测量方法（中国Ⅲ、Ⅳ阶段）	GB 14762—2008
66		装用点燃式发动机重型汽车曲轴箱污染物排放限值及测量方法	GB 11340—2005
67		装用点燃式发动机重型汽车　燃油蒸发污染物排放限值及测量方法（收集法）	GB 14763—2005
68		汽油车污染物排放限值及测量方法（双怠速法及简易工况法）	GB 18285—2018
69		柴油车污染物排放限值及测量方法（自由加速法及加载减速法）	GB 3847—2018
70		汽车燃油箱安全性能要求和试验方法	GB 18296—2001
71		机动车用液化石油气钢瓶	GB 17259—2009
72		汽车用压缩天然气钢瓶	GB 17258—2011
73		乘用车后碰撞燃油系统安全要求	GB 20072—2006
74	底盘	商用车辆和挂车制动系统技术要求及试验方法	GB 12676—2014
75		乘用车制动系统技术要求及试验方法	GB 21670—2008
76		汽车转向系　基本要求	GB 17675—1999
77		制动软管的结构、性能要求及试验方法	GB 16897—2010
78		乘用车轮胎	GB 9743—2015
79		载重汽车轮胎	GB 9744—2015
80		汽车用车速表	GB 15082—2008
81		汽车、挂车及汽车列车外廓尺寸、轴荷及质量限值	GB 1589—2016
82	防盗	汽车防盗装置	GB 15740—2006
83		车辆防盗报警系统　乘用车	GB 20816—2006
84		车用电子警报器	GB 8108—2014
85	噪声	汽车定置噪声限值	GB 16170—1996
86		汽车加速行驶车外噪声限值及测量方法	GB 1495—2002
87	危险货物	道路运输危险货物车辆标志	GB 13392—2005
88		危险货物运输车辆结构要求	GB 21668—2008
89		道路运输爆炸品和剧毒化学品车辆安全技术条件	GB 20300—2018
90		车辆、船和内燃机　无线电骚扰特性　用于保护车外接收机的限值和测量方法	GB 14023—2011
91		关于中国汽车行业新车生产停止使用氟利昂物质（CFCs）的通知	机汽车[97]099号

附录 B　汽车设计常用钢材及力学性能

汽车零部件因工作条件和加工工艺不同会使用不同类型的钢材,下面给出常见的冲压钢材、大梁用钢和弹簧钢的牌号与力学性能。

1. 优质碳素结构钢冷轧钢板和钢带的力学性能

普通冷轧钢板适用于对冲压性能要求不是特别高的汽车零件,表 B-1 所示为一些优质碳素结构钢冷轧钢板和钢带的力学性能。

表 B-1　一些优质碳素结构钢冷轧钢板和钢带的力学性能

牌号	抗拉强度[1],[2] $R_m/$ (N/mm^2)	以下公称厚度(mm)的断后伸长率[3] A_{80mm} $(L_0=80mm, b=20mm)$ (%)					
		≤0.6	>0.6~1.0	>1.0~1.5	>1.5~2.0	>2.0~≤2.5	>2.5
08Al	275~410	≥21	≥24	≥26	≥27	≥28	≥30
08	275~410	≥21	≥24	≥26	≥27	≥28	≥30
10	295~430	≥21	≥24	≥26	≥27	≥28	≥30
15	335~470	≥19	≥21	≥23	≥24	≥25	≥26
20	355~500	≥18	≥20	≥22	≥23	≥24	≥25
25	375~490	≥18	≥20	≥21	≥22	≥23	≥24
30	390~510	≥16	≥18	≥19	≥21	≥21	≥22
35	410~530	≥15	≥16	≥18	≥19	≥19	≥20
40	430~550	≥14	≥15	≥17	≥18	≥18	≥19
45	450~570	—	≥14	≥15	≥16	≥16	≥17
50	470~590	—	—	≥13	≥14	≥14	≥15
55	490~610	—	—	≥11	≥12	≥12	≥13
60	510~630	—	—	≥10	≥10	≥10	≥11
65	530~650	—	—	≥8	≥8	≥8	≥9
70	550~670	—	—	≥6	≥6	≥6	≥7

① 拉伸试验取横向试样。

② 在需方同意的情况下,25、30、35、40、45、50、55、60、65 和 70 牌号钢板和钢带的抗拉强度上限值允许比规定值提高 50MPa。

③ 经供需双方协商,可采用其他标距。

2. 冷轧低碳钢板和钢带的力学性能

冷轧低碳钢板和钢带在乘用车制造中用量较大,这些钢板适用于对冲压性能要求较高的情况,表 B-2 所示为一些冷轧低碳钢板和钢带的力学性能。

表 B-2　一些冷轧低碳钢板和钢带的力学性能

牌号	屈服强度 R_{eL} 或 $R_{p0.2}$/MPa 不大于	抗拉强度 R_m/MPa	断后伸长率 A_{80}(%) ($L_0=80mm, b=20mm$) 不小于	r_{90} 值 不小于	n_{90} 值 不小于
DC01	280	270~410	28	—	—
DC03	240	270~370	34	1.3	—
DC04	210	270~350	38	1.6	0.18
DC05	180	270~330	40	1.9	0.20
DC06	170	270~330	41	2.1	0.22
DC07	150	250~310	44	2.5	0.23

3. 汽车大梁用热轧钢板的力学性能

汽车大梁用热轧钢板主要用于制造货车车架的纵梁和横梁受力结构件和安全件，表 B-3 所示为一些汽车梁用热轧钢板的力学性能。

表 B-3　一些汽车梁用热轧钢板的力学性能

牌号	拉伸试验				厚度 ≤12.0mm	厚度 >12.0mm
	下屈服强度 R_{eL}/MPa	抗拉强度 R_m/MPa	厚度<3.0mm A_{80mm} ($L_0=80mm, b=20mm$)	厚度≥3.0mm A	180°弯曲试验 弯曲压头直径 D	
			断后伸长率(%)			
370L	≥245	370~480	≥23	≥28	$D=0.5a$	$D=a$
420L	≥305	420~540	≥21	≥26	$D=0.5a$	$D=a$
440L	≥330	440~570	≥21	≥26	$D=0.5a$	$D=a$
510L	≥355	510~650	≥20	≥24	$D=a$	$D=2a$
550L	≥400	550~700	≥19	≥23	$D=a$	$D=2a$
600L	≥500	600~760	≥15	≥18	$D=1.5a$	$D=2a$
650L	≥550	650~820	≥13	≥16	$D=1.5a$	$D=2a$
700L	≥600	700~880	≥12	≥14	$D=2a$	$D=2.5a$
750L	≥650	750~950	≥11	≥13	$D=2a$	$D=2.5a$
800L	≥700	800~1000	≥10	≥12	$D=2a$	$D=2.5a$

4. 弹簧钢的力学性能

表 B-4 所示为一些弹簧钢的力学性能。

表 B-4　一些弹簧钢的力学性能

牌号	热处理制度			力学性能,不小于				
	淬火温度/℃	淬火介质	回火温度/℃	抗拉强度 R_m/MPa	下屈服强度 R_{eL}/MPa	断后伸长率 A (%)	$A_{11.3}$ (%)	断面收缩率 Z (%)
65	840	油	500	980	785	—	9.0	35
70	830	油	480	1030	835	—	8.0	30

（续）

牌号	热处理制度			力学性能,不小于				
	淬火温度/ ℃	淬火介质	回火温度/℃	抗拉强度 R_m/MPa	下屈服强度 R_{eL}/MPa	断后伸长率		断面收缩率 Z (%)
						A (%)	$A_{11.3}$ (%)	
80	820	油	480	1080	930	—	6.0	30
85	820	油	480	1130	980	—	6.0	30
65Mn	830	油	540	980	785	—	8.0	30
70Mn		—	—	785	450	8.0	—	30
28SiMnB	900	水或油	320	1275	1180	—	5.0	25
40SiMnVBE	880	油	320	1800	1680	9.0	—	40
55SiMnVB	860	油	460	1375	1225	—	5.0	30
38Si2	880	水	450	1300	1150	8.0	—	35
60Si2Mn	870	油	440	1570	1375	—	5.0	20
55CrMn	840	油	485	1225	1080	9.0	—	20
60CrMn	840	油	490	1225	1080	9.0	—	20
60CrMnB	840	油	490	1225	1080	9.0	—	20
60CrMnMo	860	油	450	1450	1300	6.0	—	30
55SiCr	860	油	450	1450	1300	6.0	—	25

注：70Mn 的推荐热处理制度是正火 790℃，允许调整范围为±30℃。

参 考 文 献

[1] 成艾国，沈阳，姚佐平. 汽车车身先进设计方法与流程 [M]. 北京：机械工业出版社，2011.

[2] 林程，王文伟，陈潇凯. 汽车车身结构与设计 [M]. 北京：机械工业出版社，2014.

[3] 赵英勋. 汽车概论 [M]. 北京：机械工业出版社，2012.

[4] 毕斯·汽车设计中的人机工程学 [M]. 李惠彬，刘亚茹，译. 北京：机械工业出版社，2014.

[5] 羊拯民. 汽车车身设计 [M]. 北京：机械工业出版社，2008.

[6] 刘涛. 汽车设计 [M]. 北京：北京大学出版社，2008.

[7] 王望予. 汽车设计 [M]. 4 版. 北京：机械工业出版社，2004.

[8] 罗永革，冯樱. 汽车设计 [M]. 北京：机械工业出版社，2011.

[9] 张炳力. 汽车设计 [M]. 合肥：合肥工业大学出版社，2011.

[10] 洪永福，等. 汽车总体设计 [M]. 2 版. 北京：机械工业出版社，2016.

[11] 唐新蓬. 汽车总体设计 [M]. 北京：高等教育出版社，2010.

[12] 刘惟信. 汽车车桥设计 [M]. 北京：清华大学出版社，2004.

[13] 大野進一. 汽车设计基础 [M]. 王利荣，译. 北京：机械工业出版社，2016.

[14] 李胜琴，王若平. 张文会. 现代汽车设计方法 [M]. 北京：机械工业出版社，2013.

[15] 李舜酩，刘献栋. 汽车底盘现代设计 [M]. 北京：国防工业出版社，2013.

[16] 张缓缓，杨国平. 汽车设计 [M]. 北京：清华大学出版社，2016.

[17] 王霄锋. 汽车底盘设计 [M]. 2 版. 北京：清华大学出版社，2018.

[18] 彭莫，刁增祥，党潇正. 汽车悬架构件的设计计算 [M]. 2 版. 北京：机械工业出版社，2016.

[19] 莱夫. BOSCH 汽车工程手册 [M]. 4 版. 魏春源，译. 北京：北京理工大学出版社，2016.

[20] 日本自动车技术会. 汽车工程手册 5：底盘设计篇 [M]. 中国汽车工程学会，译. 北京：北京理工大学出版社，2010.

[21] 刘惟信. 汽车设计 [M]. 北京：清华大学出版社，2001.

[22] 王霄锋. 汽车悬架和转向系统设计 [M]. 北京：清华大学出版社，2015.

[23] 周长城，赵雷雷. 车辆悬架弹性力学解析计算理论 [M]. 北京：机械工业出版社，2012.

[24] 中国汽车工程学会. 世界汽车技术发展跟踪研究：轻量化篇 [M]. 北京：北京理工大学出版社，2013.

[25] 德吉舍尔，吕夫特. 轻量化——原理、材料选择与制造方法 [M]. 陈力禾，译. 北京：机械工业出版社，2011.

[26] 克莱恩. 轻量化设计——计算基础与构件结构 [M]. 2 版. 陈力禾，译. 北京：机械工业出版社，2016.

[27] 苑世剑. 轻量化成形技术 [M]. 北京：国防工业出版社，2010.

[28] 唐磊，杜仕国. 轻量化材料技术 [M]. 北京：国防工业出版社，2014.

[29] 亨宁，穆勒. 轻量化手册 4：轻量化结构连接技术 [M]. 北京永利信息技术有限公司，译. 北京：北京理工大学出版社，2015.

[30] 亨宁，穆勒. 轻量化手册 3：轻量化加工工艺——成型，加工和处理 [M]. 北京永利信息技术有限公司，译. 北京：北京理工大学出版社，2015.

[31] 亨宁，穆勒. 轻量化手册 1：轻量化产品开发过程与生命周期评价 [M]. 北京永利信息技术有限公司，译. 北京：北京理工大学出版社，2015.

[32] 亨宁，穆勒. 轻量化手册 2：轻量化材料和属性 [M]. 北京永利信息技术有限公司，译. 北京：

北京理工大学出版社，2015.

[33] 亨宁，穆勒. 轻量化手册5：轻量化部件和结构的评价 [M]. 北京永利信息技术有限公司，译. 北京：北京理工大学出版社，2015.

[34] 中国汽车工程学会. 汽车先进制造技术跟踪研究（2016）[M]. 北京：北京理工大学出版社，2016.

[35] 何莉萍. 汽车轻量化车身新材料及其应用技术 [M]. 长沙：湖南大学出版社，2016.

[36] 迈利克 P K. 汽车轻量化——材料、设计与制造 [M]. 于京诺，宋进桂，梅文征，等译. 北京：机械工业出版社，2012.

[37] 柯尔 D A. 汽车工程手册（美国版）[M]. 田春梅，李世雄，等译. 北京：机械工业出版社，2012.

[38] 布雷斯 H，赛福尔特 U. 汽车工程手册（德国版）[M]. 魏春源，译. 北京：机械工业出版社，2012.

[39] 宋晓琳. 汽车车身制造工艺学 [M]. 2版. 北京：北京理工大学出版社，2006.

[40] 王宏雁，陈君毅. 汽车车身轻量化结构与轻质材料 [M]. 北京：北京大学出版社，2009.

[41] 王开坤. 铝镁合金半固态成形理论与工艺技术 [M]. 北京：机械工业出版社，2011.

[42] 节能与新能源汽车技术路线图战略咨询委员会，中国汽车工程学会. 节能与新能源汽车技术路线图 [M]. 北京：机械工业出版社，2016.

[43] 思凯泽克，康克林，扎鲁泽克，等. 多材料轻量化车辆设计与测试 [M]. 王扬卫，韩维文，陈瑶，译. 北京：北京理工大学出版社，2017.

[44] 孙凌玉. 车身结构轻量化设计理论、方法与工程实例 [M]. 北京：国防工业出版社，2011.

[45] 陈潇凯. 车辆多学科设计优化方法 [M]. 北京：北京理工大学出版社，2018.

[46] 韩维建，张瑞杰，郑江，等. 汽车材料及轻量化趋势 [M]. 北京：机械工业出版社，2017.

[47] 武雪原，夏勇，周青. 薄壁方管在冲击载荷下的应变及应变率特性 [J]. 汽车技术，2006（s1）：19-22.

[48] WIERZBICKI T，ABRAMOWICZ W. On the Crushing Mechanics of Thin-Walled Structures [J]. Journal of Applied Mechanics，1983，50（4a）：727.

[49] HUANG GX，WANG H，WANG G P，et al. Closed loop geometry based optimization by integrating subdivision，reanalysis and metaheuristic searching techniques [J]. Computers & Structures，2017，182：459-474.

[50] 周青. 汽车碰撞安全基础 [OL]. http：//www. xuetangx. com/courses/course-v1：TsinghuaX + 80150193X +sp/about.

[51] 黄金陵. 汽车车身设计 [M]. 北京：机械工业出版社，2007.

[52] 水野幸治. 汽车碰撞安全 [M]. 韩勇，陈一唯，译. 北京：人民交通出版社股份有限公司，2016.

[53] 钱宇彬，胡宁. 现代汽车安全技术 [M]. 上海：上海交通大学出版社，2006.

[54] 张金换，杜汇良，马春生，等. 汽车碰撞安全性设计 [M]. 北京：清华大学出版社，2010.

[55] 邱少波. 汽车碰撞安全工程 [M]. 北京：北京理工大学出版社，2016.

[56] 郑安文，郭健忠. 汽车安全概论 [M]. 北京：北京大学出版社，2015.

[57] 贺岩松，涂梨娥，徐中明，等. 汽车声品质研究综述 [J]. 汽车工程学报，2014，4（6）：391-401.

[58] 范习民. 汽车NVH正向设计探讨 [D]. 合肥：合肥工业大学，2007.

[59] 张丰利. 基于汽车NVH正向设计流程的整车模态匹配研究 [D]. 合肥：合肥工业大学，2009.

[60] 马大猷. 噪声与振动控制工程手册 [M]. 北京：机械工业出版社，2002.

[61] 周长城，周金宝，任传波，等. 汽车振动分析与测试 [M]. 北京：北京大学出版社，2011.

[62] 陈端石，赵玫，周海亭. 动力机械振动与噪声学 [M]. 上海：上海交通大学出版社，1996.

[63] 庞剑，谌刚，何华. 汽车噪声与振动——理论与应用 [M]. 北京：北京理工大学出版社，2006.

[64] 庞剑. 汽车车身噪声与振动控制 [M]. 北京：机械工业出版社，2015.

[65] 郭刚，徐立峰，张少君. 汽车尾气净化处理技术 [M]. 北京：机械工业出版社，2017.

[66] 张更娥，滕庆庆，周清，等. 脉冲二次空气喷射系统的研究与应用 [J]. 汽车实用技术，2017（22）：66-67，87.

[67] 薛惠文. 柴油机颗粒物捕集器设计与仿真分析 [D]. 秦皇岛：燕山大学，2016.

[68] 余明果. 柴油机旋转式过滤体 DPF 设计及再生研究 [D]. 长沙：湖南大学，2010.

[69] 李骏. 汽车发动机节能减排先进技术 [M]. 北京：北京理工大学出版社，2011.

[70] 黄锦成，沈捷. 车用内燃机排放与污染控制 [M]. 北京：科学出版社，2015.

[71] 张翠平，王铁. 内燃机排放与控制 [M]. 北京：机械工业出版社，2012.

[72] 钟文彬，周林杰. 纯电动乘用车总布置设计研究 [J]. 上海汽车，2010（8）：3-7.

[73] 赵立军，佟钦智. 电动汽车结构与原理 [M]. 北京：北京大学出版社，2012.

[74] 姜久春. 电动汽车相关标准 [M]. 北京：北京交通大学出版社，2016.

[75] 姜久春. 电动汽车概论 [M]. 北京，北京交通大学出版社，2017.

[76] 付主木. 电动汽车运用技术 [M]. 北京：机械工业出版社，2015.

[77] 杨世春. 电动汽车设计基础 [M]. 北京：国防工业出版社，2013.

[78] 段敏. 电动汽车技术 [M]. 北京：北京理工大学出版社，2015.

[79] 胡骅，宋慧. 电动汽车 [M]. 北京：人民交通出版社，2012.

[80] 王文伟，毕荣华. 电动汽车技术基础 [M]. 北京：机械工业出版社，2010.

[81] 刘海朝. 技术革命之电动汽车关键技术解析 [M]. 北京：中国水利水电出版社，2017.

[82] 何洪文. 电动汽车原理与构造 [M]. 2 版. 北京：机械工业出版社，2018.

[83] 崔俊博，张勇，王晶星. 电动汽车用动力电池的研究 [J]. 新技术新工艺，2010（9）：81-83.

[84] 宋永华，阳岳希，胡泽春. 电动汽车电池的现状及发展趋势 [J]. 电网技术，2011，35（4）：1-7.

[85] 丁玲. 电动汽车用动力电池发展综述 [J]. 电源技术，2015，39（7）：1567-1569.

[86] 田玉冬，朱新坚，曹广益. 电动汽车的动力电池技术 [J]. 移动电源与车辆，2003（3）：36-41.

[87] 谭晓军. 电动汽车动力电池管理系统设计 [M]：广州：中山大学出版社，2011.

[88] 吴宇平，袁翔云，董超，等. 锂离子电池——应用与实践 [M]. 2 版. 北京：化学工业出版社，2012.

[89] 李关艳. 动力锂电池组均衡技术的研究与实现 [D]. 武汉：武汉理工大学，2015.

[90] 苑国良. 电动汽车的蓄电池技术 [J]. 汽车电器，2004（1）：1-3.

[91] 时玮. 动力锂离子电池组寿命影响因素及测试方法研究 [D]. 北京：北京交通大学，2014.

[92] 姜顺明. 新能源汽车基础 [M]. 北京：北京大学出版社，2015.

[93] 崔胜民. 新能源汽车技术 [M]. 北京：北京大学出版社，2014.

[94] 徐艳民. 电动汽车动力电池及电源管理 [M]. 北京：机械工业出版社，2015.

[95] 卢强. 电动汽车动力电池全生命周期分析与评价 [D]. 长春：吉林大学，2014.

[96] 王志福，张承宁. 电动汽车电驱动理论与设计 [M]. 2 版. 北京：机械工业出版社，2017.

[97] 李斌花. 纯电动汽车驱动电机系统控制策略研究 [D]. 长沙：湖南大学，2005.

[98] 陈安红. 电动汽车电机驱动控制系统研究 [D]. 西安：长安大学，2006.

［99］ 张翔. 电动汽车建模与仿真的研究 ［D］. 合肥：合肥工业大学，2004.

［100］ 徐亚磊. 纯电动汽车驱动系统选型及仿真研究 ［D］. 武汉：武汉理工大学，2012.

［101］ 徐林勋，赵小羽，张送. 纯电动汽车驱动电机选型方法研究与计算界面设计 ［J］. 机电产品开发与创新，2014，27（2）：37-39.

［102］ 陈晓丽，陈文强，曲毅. 纯电动汽车驱动电机的设计 ［J］. 汽车与配件，2011（35）：30-31.

［103］ 刘博. 基于纯电动汽车的制动能量回收系统的研究与实现 ［D］. 北京：清华大学，2004.

［104］ 刘新. 纯电动汽车动力参数匹配与仿真研究 ［D］. 重庆：重庆交通大学，2013.

［105］ 尹伟. 纯电动汽车电机控制器的研究 ［D］. 济南：山东大学，2014.

［106］ 王思哲，赵小羽. 纯电动汽车整车控制策略及其开发流程 ［J］. 机电产品开发与创新，2016，29（2）：84-86.

［107］ 强珊珊. 电动汽车的电机驱动控制技术研究 ［D］. 芜湖：安徽工程大学，2011.

［108］ 北京汇智慧众汽车技术研究院. 纯电动汽车的驱动电机系统 ［J］. 汽车维修与保养，2016（3）：96-99.

［109］ 徐斌. 新能源汽车 ［M］. 北京：人民交通出版社股份有限公司，2015.